걸음마기 유아를 위한
부모-아동 상호작용치료

— 애착과 정서조절능력 향상을 위한 지침서 —

Emma I. Girard · Nancy M. Wallace · Jane R. Kohlhoff · Susan S. J. Morgan · Cheryl B. McNeil 공저
이유니 역

Parent-Child Interaction Therapy with Toddlers:
Improving Attachment and Emotion Regulation

학지사

부모-아동 상호작용치료(Parent-Child Interaction Therapy: PCIT)는 학령전기 아동의 다양한 문제와 부모가 경험하는 양육의 어려움을 돕는 데 매우 효과적인 프로그램으로 인정받아 왔다. 지난 10여 년 동안 국내에서도 PCIT는 많이 발전하였다. PCIT 치료사를 길러 낼 수 있는 트레이너, 훈련받은 치료사 그리고 PCIT를 제공하는 장소가 점점 확장되고 있고, 그 발전 속도는 다른 어느 나라보다 빠르다. 이런 발전은 PCIT가 탄탄한 이론적 근거를 바탕으로 구성되었고 그 효과성을 직접 경험한 임상가와 부모님들이 있었기에 가능하였다. 많은 가족에게 PCIT가 접근 가능하게 되는 것은 매우 고무적이다. 앞으로도 계속해서 PCIT의 접근 가능성을 높이고 더 많은 아동과 양육자가 문제 해결과 더불어 안정적인 관계와 긍정적인 상호작용을 이루어 갈 수 있도록 노력을 해 나갈 것이다. 동시에 국제적인 흐름에 맞추어 이미 쌓인 경험과 연구를 바탕으로 PCIT의 적용 대상과 범위가 확장되어 가는 일에도 관심을 두어야 할 것이다.

걸음마기 유아를 위한 부모-아동 상호작용치료(Parent-Child Interaction Therapy with Toddler: PCIT-T)는 기존의 PCIT 개입을 만 12~24개월 걸음마기 유아에게 적용하고 이들의 발달적 특성을 고려하여 만들어진 개입이다. 걸음마기는 애착이 형성되고 양육자의 영향을 크게 받는 시기로, 양육자와의 상호작용 경험이 유아의 정서, 인지, 자존감과 타인과의 관계 형성에 매우 중요하다는 것은 널리 알려져 있는 사실이다. 이 책의 저자들은 불안정한 애착을 보이던 유아들이 PCIT-T 개입을 통해서 안정된 애착을 보인다는 초기 연구 결과를 보고하였고, 그 놀라운 결과에 흥분감과 기대감으로 가득 찼다. 이제는 기존 PCIT 프로그램의 긍정적인 효과를, 어쩌면 그 이상을 걸음마기 유아와 부모에게서도 기대해 볼 수 있게 되었다.

이 책은 크게 두 부분으로 구성되어 있다. 첫 번째 부분은 PCIT-T를 이해하는 데 필요한 배경과 이론적 설명 등을 포함한다. PCIT를 이미 알고 있는 독자라면, PCIT-T에서는 걸음마기 유아의 발달적인 측면을 고려하여 정서조절의 중요성을 강조한다는 점과 부모의 말에 따르는 것을 '학습 과정'(훈육 과정이 아닌)으로 접근한다는 점을 발견하게 될 것이다. 두 번째 부분은 PCIT-T를 실제 진행할 때 필요한 회기별 안내를 제공한다. PCIT-T가 걸음마기 유아를 양육하면서 어려움을 느끼는 부모님들과 조기 개입의 중요성을 알고 있는 임상가들에게 좋은 길잡이로서의 역할을 할 수 있게 되기를 기대한다. 이 책에서 PCIT-T를 설명할 때 '유아'는 만 12~14개월의 걸음마기 유아를 의미한다는 것을 밝혀 둔다.

이 책이 나오기까지 도움을 주신 분들께 감사한 마음을 전하고 싶다. 먼저, PCIT의 여정을 함께해 준 치료사 선생님들과 PCIT에 참여해 주신 많은 가족에게 감사한다. 특히 횃불트리니티상담센터에서 함께 시간을 보낸 치료사, 스태프 선생님들께 감사하고, PCIT 협회에서 함께 PCIT의 발전을 위해 수고하는 선생님들께도 감사한다. 그리고 더 좋은 번역이 될 수 있도록 피드백을 준 횃불트리니티신학대학원대학교 박사과정의 이소영, 조윤정 선생님에게도 깊은 감사의 마음을 전한다. 마지막으로 이 책이 나올 수 있도록 지원해 주신 학지사 김진환 사장님과 편집부 이영봉 님을 비롯한 관계자분들께도 감사한다.

Soli Deo Gloria
2021년 1월
이유니

저자
서문

아동은 가장 소중한 국가적 자원이며, 우리가 보지 못할 시간을 향한 살아 있는 메시지이다. 과학의 발전은 아동의 첫 몇 년, 특히 수정(conception)부터 2세까지의 첫 1001일이 신경인지 발달, 평생 동안의 건강과 웰빙 그리고 사회경제적 성공의 발판으로서 결정적으로 중요하다는 것을 보여 준다.

　　　　　− 전국아동발달학술위원회(National Scientific Council on the Developing Child),
　　　　　　　　　　　　　　　하버드 대학교. AIMH 웹사이트에서 발췌

모든 인간은 생물학적으로 어머니와 연결되어 삶을 시작한다. 생물학적 결속은 출생 후에는 더 이상 지속되지 않지만, 아기가 세상에 영향을 주는 성인이 될 때까지 아기를 돌보고 양육하는 사람에 의해서 인간의 삶의 궤적은 지속적으로 복잡하게 영향을 받는다. 이 거대한 책임은 부모와 양육자에게 막대한 기쁨과 스트레스가 될 수 있다. 어린 아동이 행동의 어려움을 나타낼 때 전형적인 양육 스트레스가 가중된다. 지지와 개입이 제공되지 않으면 이런 어려움은 부모-아동 애착에 부정적인 영향을 미칠 수 있다. 더 나아가 이런 행동 문제는 학령기까지 지속되고, 사회적 · 정서적 어려움의 요인이 되는 것으로 보인다(Briggs-Gowan, Carter, Bosson-Heenan, Guyer, & Horwitz, 2006).

이 책은 걸음마기 유아를 위한 부모-아동 상호작용치료(PCIT-T)라는 새로운 개입을 통하여 정신건강전문가들이 부모가 유아의 행동 문제를 가장 빠른 단계에서 이해하고 개입하도록 돕는 것을 안내하기 위해 쓰였다. 더 나아가 PCIT-T 개입은 부모와 유아가 유대관계를 맺도록 돕고, 이들의 정서 발달을 지지함으로써 부적응적인 행동 궤도를 예방하며, 강하고 안정적인 부모-자녀 관계의 토대를 세우는 데 도움을 줄 것으로 예상된다.

PCIT-T는 부모가 12~24개월 자녀와 상호작용하는 동안 부모를 코칭하는 조기 개입 프로그램으로, PCIT의 놀이 개입과 지시이행 훈련 절차를 조정하여 부모가 치료적인 양육을 실천하도록 코딩하고 코칭한다. 이런 치료적인 양육은 문제 행동을 감소시키고, 아동의 언어를 향상시키며, 지시를 따르도록 어린 아동을 격려한다고 입증되었다. 부모는 'PRIDE' 기술(칭찬, 반영, 모방, 묘사, 즐기기)이 마스터 수준에 도달할 때까지 과도할 만큼 연습한다. 여러 통제 연구에서 PRIDE 기술은 아동의 행동 문제를 정상 범위로 개선하였다.

이 PCIT-T 책은 걸음마기 유아의 특별한 욕구에 대한 새로운 요소를 설명하는데, 여기에는 애착 관계 및 양육자와 아동 모두의 정서조절을 촉진하는 구체적인 절차가 포함된다. 이 모델의 중심은 다루기 어려운 유아의 행동을 의도적인 반항이라기보다는 정서조절 곤란의 신호로 이해하는 것이다. 아동은 양육적이고 민감한 양육자의 도움으로 정서를 다룰 수 있는 능력이 발달된다. PCIT-T의 CARES 모델은 아동이 이 연령의 특징인 '큰 정서(big emotion)'를 경험할 때 부모가 가까이 가기, 아동을 도와주기, 아동을 안심시키기, 정서를 타당화하기, 진정시키기를 하도록 코칭한다. 또한 부모에게는 스트레스가 유발되는 양육 상황에서 이완 및 긍정적인 자기대화를 촉진하도록 고안된 성인 CARES 기술을 자신에게 적용하도록 코칭한다. 마지막으로, PCIT-T는 부모주도 상호작용을 조정하였다. 말해 주기-보여 주기-다시 하기-안내하기 절차와 이를 따를 때의 구체적 칭찬을 통해 아동이 지시 따르기를 학습하도록 했다. 의뢰 사유에는 다음이 포함된다.

- 분노 발작
- 공격성(예: 때리기, 깨물기, 꼬집기)
- 까다로움(예: 괴성 지르기, 징징대기, 울기)

- 분노, 짜증, 머리 부딪치기
- 애착의 어려움(예: 부모 거부, 안정시키기 어려움)
- 분리불안 또는 부모로부터의 철수
- 발달적 문제(예: 자폐적 행동, 언어 문제)
- 아동 학대와 방임
- 양육 스트레스(예: 불안, 불만족, 대처의 어려움, 자신감 부족)

이 책은 총 2부로 이루어져 있다. 제1부는 10개의 장으로 구성되어 있고 각 장은 이전 장을 바탕으로 진행된다. 제1장에서는 PCIT-T의 이론적·실증적 배경, 프로그램 설명에 대한 포괄적인 개관을 제공하는데, PCIT-T에 대한 근거가 애착 및 행동 관점의 맥락에서 소개된다. 제2장에서는 PCIT-T의 핵심 요소와 주요 치료 목표를 설명하며, 제3장에서는 독자를 PCIT 개발 배경과 연구로 안내한다. 제4장은 PCIT의 실증적 증거와 걸음마기 유아를 대상으로 PCIT를 적용하는 것을 설명한다. 제5장에서는 PCIT-T를 걸음마기 유아를 위한 정서조절 개입으로 개념화한다. 제6장은 PCIT-T 전반의 행동 평가에 대해 논의하고, 제7장은 치료실 구성과 장난감 선택에 대한 자세한 내용을 포함한다. 제8장과 제9장은 PCIT-T의 아동주도 상호작용(CDI-T)과 부모주도 상호작용(PDI-T)에서 사용하는 기술을 각각 설명한다. 마지막으로, 코칭에서 고려해야 할 내용 및 훈련 요건과 함께 결론 및 PCIT-T의 요약이 제10장에서 제공된다.

제2부에서는 PCIT-T를 아동과 가족에게 실행하는 데 필요한 회기별 지침서와 모든 자료가 포함된 부록을 치료사에게 제공한다. 제1부에서 임상가들이 성실성을 충족하면서 PCIT-T를 제공하고 배경 문헌을 철저하게 이해하는 데 필요한 정보를 제공하기 때문에 독자들은 이 책을 순서대로 읽기를 권장한다.

이 책에서 설명하는 PCIT-T 모델은 크게 두 개의 초기 연구를 토대로 한다. 첫째는 Kohlhoff와 Morgan(2014)의 연구로, PCIT-T 모델의 CDI 단계 초기 버전이 아동의 행동 문제를 감소시키는 증거가 있음을 입증했다. 둘째 연구는 대기자 통제 실험으로, 이 책을 쓰는 동안 거의 완성되고 있다. 이 연구의 예비 결과는 개입 5주 만에 아동의 행동 문제와 부모의 정서적 가용성이 눈에 띄게 향상되었음을 시사했다(Kohlhoff & Morgan, 미출판). 게다가 개입 전 낯선 상황 절차(Strange Situation Procedure: SSP; Ainsworth, Blehar, Waters, & Wall, 1978)에 따라 혼란형(disorganized) 애착 패턴으로 분류된 아동의 80%가 6개월 후 평가에서 조직적(organized) 애착 패턴으로 바뀌었다. 이 영유아 애착 결과는 14개의 가정이라는 적은 수를 대상으로 했기에 해석에 유의해야 하지만, 유사한 개입에서 비슷하게 인상적인 결과를 보이는 경험적 연구는 소수에 불과하다는 사실을 고려할 때 이런 결과는 여전히 희망적이다. 현재 이미 인정받는 개입(즉, Circle of Security-Parenting) 및 대기자 통제 조건과 함께 비교하여 PCIT-T의 효과성을 평가하는 무작위 통제 실험이 진행 중이다. 연구에 기반한 임상과 임상에 기반한 연구 모델을 사용하는 지속적인 임상 작업과 공식적인 조사 결과는 PCIT-T의 개발에 계속 영향을 줄 것이다.

　5명의 저자는 모두 임상 실제에서 직접 가족들과 작업하는 응용 · 중개 연구자이다. 우리는 PCIT-T 모델을 사용해서 개입한 가족들로부터 얻은 희망적인 결과에 흥분하여 이 모델이 조기 개입 전문가와 정책 입안자에게 폭넓게 접근이 가능해지게끔 하기 위해 이 책을 썼다. PCIT-T 결과에는 부모–자녀 애착 관계 향상, 아동의 발달 극대화, 양육자에게 따뜻함과 민감성 격려, 모든 가족원의 정서조절 향상 그리고 아동의 행동 문제 감소를 포함한다. 우리는 한 PCIT-T 부모의 말에 감명을 받았다. "내 아들의 행동에 도움을 받으려고 왔습니다. 그런데 아들과의 관계도 발전될 줄은 몰랐습니다." 우리는 PCIT-T가 치료사에게 아동의 행동과 가족 관계 향상을 위한 유용한 도구를 제공하기를 바라고, 그래서 이 세상의 셀 수 없이 많은 유아에게 밝은 미래를 만들어 주기를 바란다.

미국, 캘리포니아, 리버사이드　Emma I. Girard

미국, 메릴랜드, 볼티모어　Nancy M. Wallace

호주, 뉴사우스웨일즈, 랜드윅　Jane R. Kohlhoff

호주, 뉴사우스웨일즈, 카라마　Susan S. J. Morgan

미국, 웨스트버지니아, 모건타운　Cheryl B. McNeil

· 제1부 ·
걸음마기 유아를 위한 부모-아동 상호작용치료:
이론적 배경, 실증적 배경, 프로그램 설명

· 제2부 ·
걸음마기 유아를 위한 부모-아동 상호작용치료 임상 매뉴얼: 회기별 지침서

부록

걸음마기 유아를 위한
부모-아동 상호작용치료:

이론적 배경, 실증적 배경,
프로그램 설명

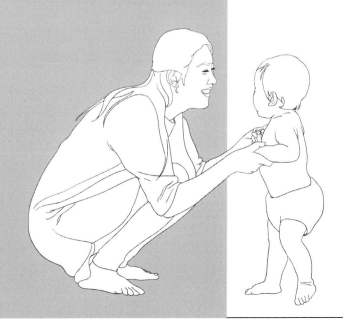

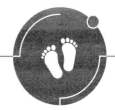

제1장

PCIT-T 소개:
애착 및 행동 원리의 통합

19개월 된 '잭'은 소아과 의사에 의해 분노 발작과 공격적인 행동에 도움을 받도록 PCIT-T 클리닉에 의뢰되었다. 소아과 의사의 전략들은 잭의 행동에 아무런 변화를 가져오지 못했다.

잭은 어머니 '레이첼'. 아버지 '팀'과 함께 초기 평가회기에 참석했다. 평가에서 레이첼과 팀은 잭이 깨물기. 때리기. 머리카락 뽑기. 머리 부딪치기와 분노 발작(소리치기. 바닥에 드러눕기. 분노 발작 시 머리를 앞뒤로 흔들기)을 포함하는 다루기 힘든 행동을 매일 보인다고 말했다. 잭의 분노와 좌절감은 주로 어머니와 형들을 향한 것으로 보였다. 레이첼과 팀은 이런 도전적인 행동의 근원이 무엇인지 알지 못했고, 잭의 공격성이나 분노 발작이 발생하게 되는 특정한 계기나 촉발 사건을 알아차리는 것을 어려워했다.

레이첼은 잭의 행동을 다루지 못하는 것에 대해 큰 괴로움을 표현했고, 그녀가 잭과 정서적인 연결을 느끼지 못한다고 말했다. 그녀는 종종 압도되어 어찌할 바를 모르고 잭의 행동을 통제하는 데 어려움을 경험하는데. 특히 공공장소에서 어렵다고 말했다. 레이첼과 팀은 둘 다 과거에 잭의 엉덩이도 때려 보고 잭의 행동을 무시하는 것도 시도했지만 이런 방법들이 효과가 없었다. 의욕 상실과 좌절감으로 인해 부모는 도움을 요청했고, PCIT-T에 의뢰되었다.

PCIT-T 개관

걸음마기 유아를 위한 부모–아동 상호작용치료(Parent-child Interaction Therapy-Toddler: PCIT-T)는 부모–아동 상호작용치료(PCIT)를 조정한 프로그램으로 행동 문제를 보이는 12~24개월 걸음마기 유아의 독특한 발달적 욕구를 충족시키는 것을 목적으로 한다. Sheila Eyberg 박사가 개발한 원래의 PCIT 프로그램은 다양한 행동 및 정서 문제를 보이는 2~7세 아동을 위한 효과가 검증된 개입이다. PCIT는 정해진 놀이치료 및 훈육 기술을 부모가 마스터하도록 돕기 위해 실시간 코딩과 코칭 기법(일반적으로 일방경 뒤에서 블루투스 장비를 사용해서 실시)을 사용한다는 점에서 독특하다. 그 기술들은 아동의 지시이행을 증가시키고, 공격성을 감소시키며, 부모–자녀 관계를 향상시키는 것으로 입증된 것들이다. 일방경 뒤에서 코칭하는 것은 임상가가 방 안에 있어 주의를 빼앗지 않고 유아에게 모든 상호작용이 직접 부모로부터 온다는 것을 경험하게 해 주며 치료실 안에서 오직 부모–유아 쌍만이 집중받도록 하는 데 이상적이다. 연구에서 PCIT는 아동의 정신건강 영역에서 일부 가장 큰 효과크기를 나타냈고(예: d=1.65; Ward, Theule, & Cheung, 2016), 아동학대와 관련된 트라우마, 미취학 아동의 반항성, 공격성, 과잉행동, 불안에 가장 좋은 치료로 고려된다(McNeil & Hembree-Kigin, 2010).

PCIT-T는 어린 12~24개월 나이의 발달적 욕구에 맞게 프로그램을 조정하면서 코딩, 코칭, 마스터 기준, 놀이치료 기법, 지시이행 훈련과 같은 기본 PCIT 구조를 포함시킨다. 원래의 PCIT 프로그램처럼 PCIT-T의 이론적 틀은 애착과 사회학습 이론이다. 그러나 PCIT-T의 구별되는 특징은 걸음마기 유아의 정서적·신체적 욕구를 알아차리고 지원해 주는 것에 큰 중점을 두는 것이다. PCIT-T 모델은 '아기 버릇을 잘못 들이기'가 가능하다는 개념과는 정반대의 입장이다. 이 개념은 일부 부모로 하여금 어린 아동에게 해를 끼칠 것에 대한 두려움 때문에 그들의 욕구 충족을 꺼리게 만들었다. 오히려 PCIT-T 모델은 걸음마기 유아의 욕구를 충족하는 부모(양육자)의 역할과 그렇게 하는 것이 아동이 삶 전체에서 사회정서적 기능을 최적화할 수 있는 기술과 능력을 발달시키는 데 도움이 된다는 것을 전제로 한다(Tronick & Beeghly, 2011).

정서조절은 "개인이 어떤 정서를 가지며, 언제 가질 것인지, 정서를 어떻게 경험하고 표현할 것인지에 영향을 주는 과정"이라고 정의되며(Gross, 1998, p. 275), 발달 과정의 기본적인 구성 요소이다. 따라서 PCIT-T의 세 가지 전제는 다음과 같다. ① 2세 미만 아동의 파괴적 행동은 의도적ㆍ고의적 관심을 끌기 위한 행동이거나 (행동 문제를 보이는 더 나이 많은 아동의 일반적인 사례처럼) 강압적인 부모-아동 상호작용 주기의 구성 요소가 아니라 정서조절 곤란의 징후이다(Patterson, 1982). ② 초기 부모-아동 애착 관계는 정서 및 행동 조절 역량을 형성하고 강화할 수 있게 해 주는 도구이다(Sroufe, 1995). ③ 걸음마기 유아는 지시를 따르는 법을 배울 수 있는 역량이 있고, 부모는 이 기술을 개발하는 데 중요한 역할을 할 수 있다(McNeil & Hembree-Kigin, 2010). 그래서 PCIT-T는 부모-자녀 관계의 질을 향상하는 데 중점을 둔다. 특히 아동의 욕구에 대한 부모의 민감도와 아동의 정서조절을 지지하는 부모의 역량을 향상시키는 것에 집중한다. 이런 맥락에서 부모의 민감도는 아동의 정서적 욕구를 정확히 알아차리고 그 욕구에 알맞게 시기적절하게 반응하는 능력으로 정의한다. 부적절한 행동에 관심을 보이지 않는 것과 부정적 대가를 치르게 하는 것이 포함되었지만 어린 아동의 발달적 욕구에 부합하도록 조정되었다. 중요한 것은 선택적으로 무시하거나 표준 PCIT의 부모주도 상호작용 타임아웃 절차를 사용하기보다, PCIT-T에서는 부모가 아동의 파괴적인 행동을 아동이 '큰 정서(big emotion)'를 경험하고 있고 그것을 다루기 위해서 부모의 지원이 필요하다는 신호로 해석하도록 코칭한다.

어린 아동은 일반적으로 정서 상태를 언어화할 수 없고, 관찰자는 언제 아동이 '큰 정서'를 보이는지 확신하기가 어렵다. 큰 정서의 조작적 정의는 아동의 행동 변화이며 종종 울음, 징징거림, 소리 지르기와 결부된다. 이는 아동이 통제하기 어려운 정서 반응에 압도되었음을 나타내는 것으로 보인다. 큰 정서는 종종 분노와 절망감을 포함한다. 강도가 점점 세지고 부모에게 바로 접근하려는 강한 욕구를 보이거나 부모를 노골적으로 거절한다(예: 부모를 밀친다). 큰 정서는 단순한 울음, 징징거림, 소리 지르기를 넘어서는 발성과 얼굴 표정의 변화를 포함한다. 신체적 공격성, 물건의 파손, 팔다리 흔들기, 등을 아치형으로 구부림, 바닥에 구르기를 포함할 수 있으며 모서리를 향하기, 그 자리에 굳어 있기, 부모로부터 철수, 자해와 같은 일반적이지 않은 행동까지도 포함할 수 있다.

유아의 정서조절을 성공적으로 지원하는 민감하고 반응적인 부모와의 반복적인 경험을 통해서, 아동은 점진적으로 '비계설정(scaffolding)'이 덜 필요하게 되고 독립적으로 정서를 조절할 수 있는 능력을 개발한다. 많은 부모는 그 자신이 정서조절 기술이 부족하고, 아동이 정서조절 곤란을 겪을 때 민감하고 반응적으로 되기가 힘들다. 따라서 PCIT-T 개입의 중요한 부분은 평행 프로세스이다. 평행 프로세스를 통해서 치료사는 부모에게 '안전기지'를 제공한다. 부모의 감정을 알아차리고 타당화하고, 이후 부모가 평정심을 유지하고 자신의 정서조절 기술을 개발하도록 실시간 코칭을 한다. 동시에 부모가 아동에게도 이와 같은 작업을 하도록 한다. 그렇게 함으로써 유아가 지시를 따르고 부모의 안내와 한계 설정을 수용하는 것을 배우게 한다.

PCIT-T는 한계 설정 면에서 전통적인 PCIT와 다르다. 안내된 지시이행(guided compliance) 접근은, 응용행동분석에서 사용하는 것처럼 반복적으로 직접 지시를 이행하지 않는 경우를 위해 타임아웃 대신 포함되었다. 이 매뉴얼에는 이 발달 범위 아동에게 적절한 지시가 명시되어 있다. 걸음마기 유아의 주의 지속 시간을 고려하여 회기 시간은 더 나이 많은 아동을 대상으로 하는 전형적인 PCIT보다 짧다. 마지막으로, 아이버그 아동행동검사(Eyberg Child Behavior Inventory: ECBI; Eyberg & Pincus, 1999)는 2세 이하 아동에 대한 타당도가 확보되지 않았기 때문에 행동 변화를 측정하는 도구로 사용하지 않는다. 또한 ECBI는 아동의 사회정서적 건강과 관련된 정보를 제공하지 않고, 품행 문제와 관련된 정보를 제공한다. 따라서 데브러 영유아평가(Devereux Early Childhood Assessment: DECA; LeBuffe & Naglieri, 2003; LeBuffe & Naglieri, 2009; Mackrain, LeBuffe, & Powell, 2007)나 간편 영아-걸음마기 유아 사회정서평가(Brief Infant Toddler Social Emotional Assessment: BITSEA; Briggs-Gowan, Carter, Bosson-Heenan, Guyer, & Horwitz, 2006)와 부모양육스트레스검사-단축형(Parenting Stress Index-Short Form: PSI-SF; Abidin, 1995)과 같은 보충 척도를 사용하여 치료 과정의 특정 시점에서 변화를 모니터링한다.

개입을 걸음마기 유아의 독특한 발달적 욕구에 맞춰 적용하기 위해 일반적인 PCIT 절차에 추가 내용을 포함하였다. 추가 내용에는 대기실과 치료실 간의 전환 프로토콜, 상호작용 동안의 부드럽고 안정적인 목소리 톤 사용, 신체 접촉(예: 등 쓰다듬기)에 대한 인식 및 사용 증가가 포함된다. 양육자-아동 상호작용에서 즐거움의 중요성은 양육자가 기쁨을 활기차게 표현하는 것으로 강화한다. 여기에는 양육자의 박수, 즐거운 감정을 나타내는 긍정적인 얼굴 표정, 놀이하는 동안 신나는 소리내기를 포함한다. 마지막으로, 발달적으로 적절한 장난감 사용, 치료실 배치, 일정한 일과(routine)의 필요성에 특별히 초점을 둔다. 유아의 발달적 욕구를 고려하기 위한 일환으로 수면, 영양, 발달이정표,

치아, 질병이 유아의 행동에 미치는 영향에 관한 심리교육 정보를 제공하는 유인물을 제공한다. 개입의 수준에 따라 치료 기간은 12~18회기로 예상된다. 유아의 짧은 기억주기와 학습이 되기 위한 일관되고 잦은 노출의 필요성 때문에 경험적 학습이 이루어지기 위해서는 양육자가 유아와 주 2회 참석하는 것을 권장한다. 아동의 발달적 욕구와 부모의 기술 습득 및 일관된 출석에 따라 필요한 회기 수에는 큰 차이가 있다. 걸음마기 유아 나이에는 한 회기를 결석하면 큰 지연이 발생하는데, 이 나이 집단에서 질병은 매우 흔한 일이다. 그렇기 때문에 가장 빠른 시간 내에 결석한 회기를 보충하는 것이 중요하다. 우리는 이 책이 이전 임상 문헌의 공백을 채우고, 어린 아동과 가족에게 복잡하지만 큰 보람이 있는 이 효과적인 치료를 제공하는 임상가에게도 도움이 되길 바란다.

애착 관점의 통합

　순수한 행동적 접근과는 달리 PCIT-T는 영유아 및 양육자들과 효과적으로 작업하는 데 매우 중요한 애착 관점을 통합한다. 순수한 행동적 개념화에서는 관계 안에서 긍정적 강화 수준이 증가하면 부모-자녀 관계가 강화된다고 본다. 이와 비교해서 애착 관점에서는 부모의 자기반영과 아동의 욕구에 맞추는 것이 점점 더 증가되고, 그래서 아동의 욕구에 민감하게 반응하여 갈등이 감소하고 두 사람의 상호작용의 흐름과 상호 호혜성이 증가할 때 관계가 강화된다고 제안한다(Troutman, 2015). Stern(1995)이 제안한 것처럼 부모-자녀 관계는 상호 의존적인 '체계'이고, 체계 안의 어떤 요소가 변화하면(예: 부모 행동, 부모의 아동 표상) 필연적으로 다른 요소도 변화한다(예: 아동 행동, 아동의 부모 표상). 부모와 아동이 서로 즐거움을 경험하기 시작하면서 각각 견디고 인내하는 것을 배우게 되고, 아동에 대한 부모의 작동 모델이 긍정적인 이해로 바뀌기 시작한다(Troutman, 2015). 부모 안에서 일어난 이러한 변화의 결과로 부모에 대한 아동의 작동 모델 역시 바뀌며, 아동은 민감한 반응, 안전, 애정 어린 돌봄을 기대하게 된다. PCIT가 성공하는 데 매우 중요한 기술을 양적으로 마스터하는 것이 PCIT-T에서도 유지되지만, 프로그램의 애착 초점 측면은 명확하게 정의되거나 측정되지 않는다. 대신 애착기반 기술은 프로그램 전반에 걸쳐서 개발되고 아동이 성장해 갈 때 변화될 수 있다. 궁극적으로 애착기반 기술은 양육자와 치료 팀이 아동의 신호, 정서, 행동에 세

심하게 맞추는 데 도움이 될 것이라고 추정한다. 이는 건강한 부모-자녀 관계와 치료 성공에 매우 중요한 요소이다. 이런 작업은 애착 초점 작업의 이론적·실증적 기반과도 맥락을 같이한다. 그렇기 때문에 PCIT-T 치료사는 애착 문헌의 기초 용어와 개념에도 익숙해야 한다.

애착 이론의 실증적 개념화는 공식적으로 John Bowlby(1951, 1958, 1969, 1973, 1980, 1988)의 작업에서부터 시작되었다. Bowlby는 초반에 어머니의 철수가 성격 형성에 미치는 영향을 연구한 후 '동물행동학적 애착 이론'을 개발했다. Bowlby는 애착 행동 시스템이 존재한다고 주장했고 인간의 생존에 애착 행동은 필수적이라고 보았다. 유아가 양육자와의 근접성을 획득할 가능성과 유아의 욕구가 충족될 기회를 증가시키기 때문이다. Bowlby의 선구자적인 작업은 Mary Ainsworth가 우간다(Ainsworth, 1967)와 메릴랜드주 볼티모어(Ainsworth, Blehar, Waters, & Wall, 1978)에서 관찰한 유아-모 상호작용으로부터 세 가지 주요한 애착 유형을 독창적으로 개념화할 수 있게 해 주었다. 관찰을 통해서 Ainsworth는 12개월 유아가 체계적으로 양육자로부터 분리되고 재결합하게 되는 낯선 상황 절차(Strange Situation Procedure: SSP; Ainsworth et al., 1978)라는 구조화된 관찰 틀을 개발했다. Ainsworth의 원래 SSP 코딩시스템에서는 유아를 세 가지 조직적 행동 유형 중 하나에 해당되는 것으로 분류했는데, 그것은 안정, 회피, 저항/양가였다. 안정 애착 유형의 유아는 일반적으로 부모와 분리될 때 괴로움 또는 부모를 갈망하는 다른 표현을 보이고, 부모와 재결합 시 다시 놀이로 돌아가기 전에 부모로부터 위안을 추구하는 데 종종 신체적 접촉 방식을 보인다. 안정 애착 유형 아동의 부모는 일반적으로 민감하고 반응적이며 아동의 신호와 정서에 지지를 제공하는 것으로 관찰되었다(Fearon & Belsky, 2016). 반대로 회피 애착 유형의 유아는 분리된 후 (괴로움을 느낌에도 불구하고) 괴로움을 보이지 않고 재결합될 때 부모와의 접촉을 회피하는 경향이 있다. 이 유형의 유아는 회피 또는 철수된 양육자를 경험했을 가능성이 높다. 마지막으로, 저항/양가 애착 유형의 유아는 부모에게 화난 것으로 보이고 부모와의 접촉 및 거리감에 대한 욕구를 비일관적으로 보이거나 무기력감과 수동적 행동을 보인다. 재결합 시 유아는 부모에게 관심을 두면서도 괴로움의 신호를 보인다. 이런 아동은 종종 부모가 강렬한 침해하는 행동을 보인 후 분리하는 비일관적인 양육을 경험했다(Fearon & Belsky, 2016). 1986년 Main과 Solomon은 네 번째 유형의 필요성을 알아차렸고 '비조직적/혼란형'이라고 명명했다. 비조직적/혼란형 애착 패턴은 특이하고 비조직적인 행동 특성을 보이고, 부모가 있을 때 상반되는 행동이 자주 나타난다(Main & Solomon, 1986). 예를 들면, 비조직적 애착 유형의 유아는 명확하게 부모와의 접촉을 추구하지만 곧 얼어붙기와 같은 두려움이나 철수를 나타내는 행동을 보인다. 가장 흔하게, 비조직적 애착 패턴은 공포스러운 부모 또는 공포감을 경험하고 있는 것으로 보이는 부모와의 상호작용을 경험한 유아에게서 나타나는 것으로 발견되었다(Main & Hesse, 1990).

Ainsworth와 동료들(1978), Main과 Solomon(1986)이 설명한 유아 애착 패턴은 다양한 표본을 대상으로 반복되었다(Fearon & Belsky, 2016). 애착 이론과 SSP의 임상적 적용과 적절성은 양육자의 높은 민감도 수준이, 특히 부모의 '반영적 기능(reflective functioning)' 역량의 향상과 결합될 때 유아 애착의 안정성을 예측한다는 것을 보여 주는 메타분석과 종단연구의 증거에서 나타났다(Fearon & Belsky, 2016). 반영적 기능은 양육자가 자기와 타인의 감정, 소원, 신념과 같은 정신 상태를 이해할 수 있는 역량을 말한다. 이 역량은 부모가 아동의 내적 세계를 생각해 보고 아동의 정서적·신체적 욕구에 따라서 민감하게 반응할 수 있도록 해 준다(Fonagy & Target, 1997; Slade, 2005). 불안정 애착과 비조직적 애착 패턴이 아동기의 외현화 장애(Fearon, Bakermans-Kranenburg, Van IJzendoorn, Lapsley, & Roisman, 2010) 및 삶 전반의 정신병리(Sroufe, 2005)의 높은 위험성과 관련이 있다는 많은 증거에서 임상적인 지지와 적절성은 더욱 확고해진다.

PCIT-T의 목표는 아동의 안정 애착 패턴을 최적화할 수 있는 기술을 부모에게 가르쳐 주는 것이다. 부모-자녀 관계와 아동 행동 문제에 대한 애착기반 개념화는 PCIT-T 치료사가 아동의 행동과 욕구를 이해하는 데도 영향을 줄 것이다. 치료를 시작하는 시점에 부모가 '문제' 또는 '힘들다'고 보는 많은 행동은 기저에 있는 불안정 또는 비조직적 애착 패턴이 외적으로 표출된 것으로 이해하는 것이 바람직하다. 예를 들면, 코칭 회기에서 유아가 부모에게 자주 속상해하거나 화를 내지만 접촉에 대한 욕구를 나타내면(예: 매달리고 징징대는 행동을 보임) 양가적 애착 유형일 수 있다. 〈표 1-1〉에 명시된 것처럼, 이 아동은 침해와 분리가 뒤섞인 경험을 했을 것이고, 따라서 코칭은 부모가 일관되게 정서적·신체적으로 아동에게 가용적(available)이 되는 것에 집중해야 한다. 이 방법은 아동으로 하여금 부모가 안전기지이며 필요시 위안과 지지의 근원이라는 것을 배우게 해 준다. 회피 애착 유형의 유아는 자급자족하는 것으로 보이고 놀이 회기 동안 부모의 관여나 분리에 영향을 받지 않는 것처럼 보이지만 장난감을 가지고 노는

표 1-1 애착 유형, 아동의 주요 특성, 양육 특성

아동 애착 유형	아동의 주요 특성	관련 양육 특성
안정	• 분리 시 괴로움 • 분리 시 부모에 대한 갈망을 나타내는 신호 • 재결합 시 놀이에 돌아가기 전에 부모에게서 위안을 추구(예: 신체 접촉)	• 민감한, 반응적 유형 • 아동의 신호와 정서에 적절한 지지적 반응 제공
회피	• 분리 후 부정적인 정서를 보이지 않음 • 부모와의 상호작용을 하지 않음으로써 무신경하게 부모와 함께 참여하는 것을 지속적으로 회피함	• 아동과의 상호작용 동안 철수 또는 분리 • 아동과의 상호작용을 좌절시킴
저항/양가	• 부모에 대해 속상해하거나 무기력하게 수동적임 • 비일관적으로 부모와의 접촉과 거리감에 대한 욕구를 표현함 • 재결합 시 부모에 대한 관심을 유지하면서 괴로움을 나타내는 신호를 보임	• 비일관적 양육 스타일 • 부모가 강렬한 침해적인 행동 이후 분리를 했을 것으로 보임
비조직	• 얼어붙기와 같은 기이한 행동으로 두려움 또는 분리를 보인 후 부모와의 접촉을 시도함 • 행동들이 서로 상반되고 빠르게 뒤따라 나타남	• 대부분 공포감을 경험했거나 공포스러운 양육을 경험한 유아에게서 나타남

데 어려움이 발생하거나 자신의 뜻대로 되지 않을 때 정기적으로 분노 발작을 보일 수 있다. 이런 유아는 유아가 속상해할 때 회피하거나 철수하기보다 아동의 정서조절을 적극적으로 민감하게 지지해 주는 부모 능력의 향상에 초점을 두는 부모 코칭으로부터 도움을 받을 수 있다. 마지막으로, 혼란형 애착 유형 아동의 부모는 그들의 무력감과 아동에 대한 반감 및 아동으로부터의 단절에 대해 도전하는 코칭에서 도움을 받을 수 있다.

부모도 자신의 관계와 애착 경험을 부모-자녀 관계로 가져온다는 것을 기억하는 것은 중요하다. 따라서 PCIT-T 치료사는 유아의 애착 패턴과 그것이 행동에 미치는 영향에 관심을 두는 것과 더불어 부모의 애착 특성과 욕구를 인식하고 민감해야 한다. 성인 애착면접(Adult Attachment Interview: AAI; Hesse, 2008)은 성인의 과거와 현재 애착 관계에 대한 심리 상태를 평가하는 반구조화 면접이다. 이 면접은 성인 애착 심리 상태를

안정-자율형, 불안정-몰입형, 불안정-무시형과 비조직적/혼란형의 네 유형으로 나눈다. 애착기반 접근 시 부모와 작업할 때 이 유형들을 염두에 두면 유용하다. AAI 분류에 대한 특성(Hesse, 2008), 양육 및 치료 프로그램 참여에 미치는 영향(Heinicke et al., 2006; Teti et al., 2008), AAI와 SSP로 측정한 불안정 애착의 다세대 전수(Van IJzendoorn, 1995)와 관련된 자세한 논의는 다른 곳에서 찾아볼 수 있다. PCIT와 PCIT-T와 관련해서는 Troutman(2015)이 시사한 것처럼 불안정 애착 유형의 부모는 다루기 힘든 아동의 정서와 대면할 때 자신의 정서를 다루는 것을 힘들어한다. 치료사의 제안을 통합하는 데 의욕이나 능력이 낮을 수 있고 지적받는 피드백을 수용하기 어려워할 수 있다. 그렇기 때문에 PCIT-T의 행동적 기술 코칭은 행동 변화의 주요한 작동 원리로 기능하지만, 유아와 부모의 애착 특성의 독특한 결합에 적합하도록 조정되어야 한다.

따라서 PCIT-T 코치는 부모의 반영적 기능 역량을 증가시켜 아동의 정서 및 애착 욕구를 정확하게 알아차리고, 해석하고, 민감하게 반응하도록 부모를 도와주어야 한다. PCIT-T 치료사는 부모-아동 쌍을 애착 초점 렌즈를 통해서 보고, 부모 자신의 애착 특성과 이와 관련된 아동의 정서와 행동에 대한 해석을 고려해야 한다. 평행 프로세스를 통해서 PCIT-T 치료사는 부모에게 정서적 지지와 비계설정(scaffolding)을 제공하고, 동시에 부모도 아동에게 제공하는 것을 배운다(Troutman, 2015).

PCIT-T의 애착 및 행동 기반 요소

걸음마기 유아 연령을 대상으로 하는 개입은 애착과 행동 이론을 통합할 수 있는 독특한 기회를 조성한다. 이 치료 접근은 증거기반 치료와 아동 발달, 애착, 행동주의 분야의 기존 연구에 기반을 두고 있다. 따라서 부모와 유아의 발달적 욕구를 가장 잘 만족시키기 위해서 두 모델의 요소가 결합되었다. 〈표 1-2〉는 애착과 행동 관점에서 PCIT-T의 핵심 요소를 자세히 설명한다.

표 1-2 애착과 행동 관점에서 PCIT-T의 핵심 요소

애착 요소	행동 요소
• 평행 프로세스(코치는 부모에게 안전기지, 부모는 아동에게 안전기지이다) • 부모를 위한 외부 정서조절 자원으로서의 코치: 독립적으로 기술을 실행할 수 있을 때까지 정서조절 기술에 대한 비계설정 • 부모의 정서와 행동이 아동의 정서와 행동에 미치는 영향을 반영하고 이해하고 알아차리기 • CARES 모델(부모가 아동에게 실행, 부모는 자기 CARES 사용) 　◦ 다루기 어려운 행동의 관점은 부정적 관심 끌기보다는 정서조절 곤란 　◦ 부적절한 행동 교정보다는 유아의 정서적 · 행동적 욕구 충족 강조 　◦ 아동의 욕구와 신호를 정확하게 알아차리고 민감하게 반응하도록 부모 코칭 강조 • 긍정적이고 조화로운 상호작용과 부모를 안전기지로 삼고 탐색을 촉진하도록 치료실 구성하기 • 아동의 발달단계에 대한 심리교육에 중점을 두기: 정서적 욕구, 아동의 정서 및 행동 조절에 부모-자녀 관계의 중요성 포함	• 주요 정적 강화 스케줄로서의 PRIDE 기술 • 개입하는 동안 학습에 기반한 즉각적 코칭, 피드백, 코딩 • 부모주도 상호작용-걸음마기 유아(PDI-T)-안내된 지시이행 절차: 학습을 촉진하는 비계설정 기법 • 언어 형성과 유지를 돕고 강화하기 위해 PDI-T 따르기 언어 반복 사용 • 낮은 강도의 한계 설정 절차로서 절제된 반응 기법: 관심 철회 • PDI-T에서 물리적 신호와 가리키기 사용 • 공격성 대가 절차: 한계 설정 • 평가 반복: 부모-아동 상호작용 코딩시스템(DPICS) 관찰, CARES 코딩, 정서에 이름 붙이기 코딩, 도표, 마스터 기준 • 모델링/모방 강조 • 기술 습득을 강화하기 위한 가정에서의 연습

'빨리 시작하기': 조기 개입 프로그램으로서의 PCIT-T

영유아기에 시작되는 파괴적 행동이 치료되지 않으면 사회정서적 문제, 학업 문제, 아동기 중기와 청소년기의 품행장애(Campbell, 1995; Campbell, Spieker, Burchinal, Poe, & Network, 2006), 성인기의 정신병리와 반사회적 행동(Campbell, 1995; Campbell, Shaw, & Gilliom, 2000; Kim-Cohen et al., 2003)과 같이 삶 전반에서 좋지 않은 결과를 나타내는 경로의 시작점이 될 수 있다. 영유아기의 파괴적 행동 문제와 관련된 개인적 · 사회적으로 높은 비용을 고려할 때 효과적인 개입을 제공하는 것에 대한 절박성은 분명하다. 희망적인 것은 연구에서 강압적인 부모-아동 행동과 상호작용이 단단히 자리 잡

기 전 매우 어린 나이에 효과적으로 개입하면 좋지 않은 결과의 경로가 달라질 수 있다고 시사한 것이다. 축적되고 있는 증거에 의하면, 치료는 성공할 수 있는 가장 좋은 기회가 제공되도록 가능한 가장 빠른 시기에, 즉 영아기와 걸음마기에 제공되어야 한다(All Party Parliamentary Group for Conception to Age 2-First 1001 Days, 2015). 영아기와 걸음마기의 신경생물학 체계의 가소성은 이 시기가 개입과 예방의 최적의 시기라는 것을 강조한다(Fox & Hane, 2008; National Scientific Council on the Developing Child, 2007; Schore, 2001).

메타분석 결과도 단기간의 행동 요소가 포함되고 부모의 민감도를 증가시키는 개입이 아동의 애착을 안정되게 향상시키고 그에 따른 학습 역량 및 행동과 정서조절의 긍정적인 향상을 지속시킬 가능성이 높다는 점을 시사한다(Bakermans-Kranenburg, Van Ijzendoorn, & Juffer, 2003). 또한 이런 개입은 생애 초기의 역경이 뇌 기능에 미치는 영향을 완화할 가능성이 높다(Glaser, 2000; Gunnar, 1998).

태아기, 출생, 의료적 상태, 생애 초기 경험이 발달적으로 어린 나이의 유아에게 현저한 영향을 미친다는 것은 잘 알려져 있다. 제한적인 표현 및 수용 언어 능력, 발달 중인 인지적 이해, 강한 생리적 욕구(예: 수면, 배고픔, 건강, 관심, 안정)는 유아의 정서조절 능력에 강력한 영향을 준다. 그렇기 때문에 걸음마기 유아의 행동 및 정서 신호에 양육자가 일관되고 예측 가능하게 반응하는 것은 유아의 양육자 애착에 강력한 영향을 끼친다. 결과적으로 그런 반응은 유아가 세상이 안전한 환경인지 아닌지를 이해하게 해 준다.

더불어 수십 년간의 획기적인 아동 발달 연구는 어린 아동의 삶에 있어서 부모에게 초점을 둔 프로그램의 필요성과 잠재적 영향력을 명확하게 보여 주었다. 특히 1995년에 연구자 Betty Hart와 Todd Risley는 『어린 미국 아동의 일상 경험에서의 의미 있는 차이(Meaningful Differences in the Everyday Experience of Young American Children)』를 출간했다. 이 책은 2년 6개월에 걸쳐 기초수급 가정, 노동계층, 전문직 배경의 아동 42명의 언어기반 가정환경을 자세하게 조사한 내용을 담고 있다. 연구는 아동의 나이가 7개월 된 시점부터 시작됐다. 성인이 아동 앞에서 했던 1,300시간의 대화를 전사한 후의 결과는 충격적이었다. 4세가 되었을 때 전문직 가정의 아동이 4,500만 단어를 듣는 동안 기초수급 가정의 아동은 1,300만 단어를 들었고, 그 차이는 3,200만 단어이다. 각 그룹의 아동이 들었던 단어의 종류도 달랐다. 기초수급 가정의 아동은 더 부정적인 단어를 들었고 같은 단어를 반복적으로 들었던 것에 비교하여 전문직 가정의 아동은 더 많은 다양한 단어에 노출되었다. 가정환경 내 언어의 질의 유의미한 차이는 아동들이 학교에 들어갈 때 학습 능력, 특히 어휘와 읽기 능력에서 더욱 분명해졌다(Hart & Risley, 1995; Leffel & Suskind, 2013). 2016년 빈곤 상태에서 살고 있는 미국 아동 1,320만 명에게 초기 언어의 불리한 조건이 아동의 미래에 미치는 영향은 막대하다. 시간이 갈수록 이런 차이는 더 커질 것이고 낮은 사회경제적 수준 가정의 아동은 학업적인 결함의 위험, 궁극적으로 경제적 어려움의 위험에 놓이게 된다(Laffel & Suskind, 2013). 이와 같은 통계가 나타내는 당혹스러움에도 불구하고, 아동의 생의 초반에 제공되는 부모 초점 개입은 효과적이고, 지속 가능하고, 긍정적인 변화를 가져올 수 있는 잠재력이 있어 아동을 더욱 안전한 발달 궤도에 올려놓으면서 환경적인 결핍의 영향에 효과적으로 대항하게 해 줄 수 있다. 언어 관련 문헌은 조기 언어 발달 지연을 보이는 어린 아동에게 헤이넌 센터(Hanen Centre)의 '말하기에는 두 사람이 필요해요(It Takes Two to Talk)' (The Hanen Centre, 2018)와 같은 개입을 통해 부모기반 접근을 활용해 왔다. 이 6~8시간 집단 접근은 언어치료사가 주도하며, 주목표는 부모가 아동의 언어와 행동에 더욱 반응적이 되도록 돕는 것이다. 따라서 아동중심 행동, 상호작용 촉진 전략, 언어 모델링의 세 범주의 기술이 포함된다.

최근 Hart와 Risley의 결과에 영감을 받아 ASPIRE 프로젝트(ASPIRE, 2013)와 3천만 단어 프로젝트(Thirty Million Words Project; Center for Early Learning and Public Health, 2018)가 만들어졌다. 이 프로젝트들은 낮은 사회경제적 수준의 환경에 있는 어린 아동, 특히 정상 발달을 보이는 난청 아동의 언어기반 환경을 향상시키는 것을 목표로 한다(Laffel & Suskind, 2013). 부모 초점 개입은 양자 간의 부모-아동 상호작용에서 부모가 변화 주도자의 위치에 있다고 보고 부모의 기술, 지식, 효능감을 향상시키는 것에 중점을 둔다. 부모가 아동의 뇌 발달에 긍정적인 영향을 줄 수 있는 막대한 기회를 가지고 있다는 확신은 두 가지 개입의 전반에 스며 있다. 추가적으로 치료사는 부모에게 비디오 녹화가 된 상호작용에 대해 질적인 피드백을 구두로 제공한다. 부모에게 아동과의 의사소통을 질적·양적으로 증가시키는 기술을 가르치는 것에 집중한다. '세 가지 T(the three Ts)' 기술은 귀 기울이기(tuning in), 더 많이 말하기(talking more), 순서 지키기(taking turns)라는 적절한 제목이 붙여졌다(Dubner, 2015). 구체적으로 '귀 기울이기'는 부모가 상호작용을 아동이 주도하도록 하고 아동에게 활발하고 열광적인 목소리로 말하는 것을 가르친다. '더 많이 말하기'는 경험하고 있는 부모와 아동의 행동과 관련이 있는 주제에 대해 더 자주 말하는 동안 다양한 단어를 많이 사용하는 것에 중점을 둔다. 마지막으로, '순서 지키기'는 부모에게 아동의 소리와 언어에 반응하도록 격려한다. 양적 피드백은 말의 단어를 수량화하고 언어 환경의 질(예: 텔레비전 대 구어)을 측정하도록 만들어진 전자 기기(Language Environment Analysis: LENA)를 통해 제공된다. 이런 과학기술을 사용하여 부모와 치료사는 언어기반 목표를 설정하고 진척을 기록할 수 있다.

3천만 단어 프로젝트의 효과를 조사하는 무작위 실험 연구 결과는 이 개입이 아동의 언어 발달에 미치는 부모의 영향에 대한 이해와 아동에게 말하는 빈도 및 가변성에서 유의미한 증가를 보였다. 또한 개입 이후 아동의 언어 빈도가 증가하는 결과를 보였고, 이는 조기 언어 환경을 풍부하게 해야 하는 것의 증거가 되었다. 불행히도, 이런 변화의 효과는 개입 이후 지속되지 않았다. 이는 개입에서 노력했던 것이 지속되기 위해서는 추가적인 지원과 구조가 필요하다는 것을 의미한다(Leffel & Suskind, 2013). PCIT-T는 위기 가족의 불평등한 언어 차이를 감소시키고자 유아의 언어 환경 향상을 목표로 하는 반영(적극적 경청을 촉진함), 행동 묘사(부모의 말을 증가시킴)와 같은 몇 가지 기술을 포함한다(Tempel, Wagner, & McNeil, 2009).

아동의 장기적인 발달과 정신건강 결과를 향상시키는 효과적이고 증거기반이 있는 부모 초점 프로그램은 반드시 필요하다. PCIT-T 치료 패키지의 실행은 두 가지 주요 방법을 통해 아동에게 효과가 유지되고 광범위하게 나타날 수 있는 잠재력이 있다. ① PCIT-T는 행동 문제(예: 과잉행동, 공격성, 분노 발작, 안정되기 어려움), 언어 지연, 문제적 애착 유형, 분리불안, 자폐 행동, 트라우마 경험(예: 아동학대, 가정폭력 목격)이 있는 아동을 대상으로 조기 개입의 도구로 사용될 수 있다. ② PCIT-T는 이런 문제의 지속적인 효과를 최소화하거나 막기 위해 위기에 있는 아동에게 적용하여 **예방적** 도구로도 사용될 수 있다.

참고문헌

Abidin, R. R. (1995). *Parenting stress index: Professional manual* (3rd ed.). Lutz, FL: Psychological Assessment Resources, Inc.

Ainsworth, M., Blehar, M. C., Waters, E., & Wall, S. N. (1978). *Patterns of attachment:*

assessed in the strange situation and at home. Hillsdale, NJ: Erlbaum.

Ainsworth, M. D. S. (1967). *Infancy in Uganda: Infant care and the growth of love.* Baltimore, MD: Johns Hopkins University Press.

All Party Parliamentary Group for Conception to Age 2—First 1001 Days. (2015). *Building Great Britons.* Retrieved from www.1001criticaldays.co.uk:

ASPIRE, P. (2013). *The power of parent talk.* Retrieved from project-aspire.org

Bakermans-Kranenburg, M. J., Van Ijzendoorn, M. H., & Juffer, F. (2003). Less is more: Meta-analyses of sensitivity and attachment interventions in early childhood. *Psychological Bulletin, 129*(2), 195.

Briggs-Gowan, M. J., Carter, A. S., Bosson-Heenan, J., Guyer, A. E., & Horwitz, S. M. (2006). Are infant-toddler social-emotional and behavioral problems transient? *Journal of the American Academy of Child and Adolescent Psychiatry, 45,* 849-858.

Campbell, S. B. (1995). Behavior problems in preschool children: A review of recent research. *Journal of Child Psychology and Psychiatry, 36*(1), 113-149.

Campbell, S. B., Shaw, D. S., & Gilliom, M. (2000). Early externalizing behavior problems: Toddlers and preschoolers at risk for later maladjustment. *Development and Psychopathology, 12,* 467-488.

Campbell, S. B., Spieker, S., Burchinal, M., Poe, M. D., & Network, T. N. E. C. C. R. (2006). Trajectories of aggression from toddlerhood to age 9 predict academic and social functioning through age 12. *Journal of Child Psychology and Psychiatry, 47*(8), 791-800.

Center for Early Learning and Public Health. (2018). Retrieved from http://tmwcenter.uchicago.edu

Dubner, S. J. (Producer). (2015). *Does "Early Education" come way too late? a new Freakonomics radio podcast.* Retrieved from http://freakonomics.com/podcast/does-early-education-comeway-too-late-a-new-freakonomics-radio-podcast/

Eyberg, S., & Pincus, D. (1999). *Eyberg child behavior inventory and Sutter-Eyberg student behavior inventory.* Lutz, FL: Psychological Assessment Resources.

Fearon, R., Bakermans-Kranenburg, M. J., Van IJzendoorn, M. H., Lapsley, A. M., & Roisman, G. I. (2010). The significance of insecure attachment and disorganization in the development of children's externalizing behavior: a meta-analytic study. *Child Development, 81*(2), 435-456.

Fearon, R. M. P., & Belsky, J. (2016). Precursors of attachment security. In J. Cassidy & P. R. Shaver (Eds.), *Handbook of attachment: Theory, research, and clinical applications* (3rd ed., pp. 291-313). New York, NY: The Guilford Press.

Fonagy, P., & Target, M. (1997). Attachment and reflective function: Their role in selforganization. *Development and Psychopathology, 9,* 679-700.

Fox, N. A., & Hane, A. A. (2008). Studying the biology of human attachment. In J. Cassidy & P. R. Shaver (Eds.), *Handbook of attachment: Theory, research, and clinical applications* (pp. 217-240). New York, NY: The Guilford Press.

Glaser, D. (2000). Child abuse and neglect and the brain—a review. *Journal of Child Psychology and Psychiatry, 41*(1), 97-116.

Gross, J. J. (1998). The emerging field of emotion regulation: an integrative review. *Review of General Psychology, 2*(3), 271-299.

Gunnar, M. R. (1998). Quality of early care and buffering of neuroendocrine stress reactions: Potential effects on the developing human brain. *Preventative Medicine, 27,* 208-211.

Hart, B., & Risley, T. R. (1995). *Meaningful differences in the everyday experience of young American children.* Baltimore, MD: Brookes.

Heinicke, C. M., Goorsky, M., Levine, M., Ponce, V., Ruth, G., Silverman, M., & Sotelo, C. (2006). Pre- and postnatal antecedents of a home-visiting intervention and family developmental outcome. *Infant Mental Health Journal, 27*(1), 91-119.

Hesse, E. (2008). The adult attachment interview: Protocol, method of analysis, and empirical studies. In J. Cassidy & P. R. Shaver (Eds.), *Handbook of attachment: Theory, research, and clinical.* New York, NY: Guilford Press.

Kim-Cohen, J., Caspi, A., Moffitt, T. E., Harrington, H., Milne, B. J., & Poulton, R. (2003). Prior juvenile diagnoses in adults with mental disorder. *Archives of General Psychiatry, 60,* 709-717.

LeBuffe, P. A., & Naglieri, J. A. (2003). *The Devereux Early Childhood Assessment Clinical Form (DECA-C): A measure of behaviors related to risk and resilience in preschool children.* Lewisville, NC: Kaplan Press.

LeBuffe, P. A., & Naglieri, J. A. (2009). The Devereux Early Childhood Assessment (DECA): A measure of within-child protective factors in preschool children. *NHSA Dialog, 3*(1), 75-80.

Leffel, K., & Suskind, D. (2013). Parent-directed approaches to enrich the early language environments of children living in poverty. *Seminars in Speech and Language, 43*(4), 267-278.

Mackrain, M., LeBuffe, P., & Powell, G. (2007). *Devereux early childhood assessment infants and Toddlers*. Lewisville, NC: Kaplan Early Learning Company.

Main, M., & Hesse, E. (1990). Parents' unresolved traumatic experiences are related to infant disorganized attachment status: Is frightened and/or frightening parental behavior the linking mechanism? In M. Greenberg, D. Cicchetti, & E. M. Cummings (Eds.), *Attachment in the preschool years: Theory, research and intervention* (pp. 161–184). Chicago, IL: University of Chicago Press.

Main, M., & Solomon, J. (1986). Discovery of an insecure-disorganized/disoriented attachment pattern. In T. B. Brazelton & M. W. Yogman (Eds.), *Affective development in infancy* (pp. 95-124). Westport, CT: Ablex Publishing.

McNeil, C. B., & Hembree-Kigin, T. (2010). *Parent-child interaction therapy*. New York, NY: Springer.

National Scientific Council on the Developing Child. (2007). *The timing and quality of early experiences combine to shape brain architecture* (Working Paper #5). Retrieved from http://developingchild.harvard.edu/resources/reports_and_working_papers/working_papers/wp5/

Patterson, G. R. (1982). *Coercive family process*. Eugene, OR: Castalia.

Schore, A. (2001). Effects of a secure attachment relationship on right brain development, affect regulation, and infant mental health. *Infant Mental Health Journal, 22*(1-2), 7-66.

Slade, A. (2005). Parental reflective functioning: An introduction. *Attachment & Human Development, 7*(3), 269--281.

Sroufe, L. A. (1995). *Emotional development. The organization of emotional life in the early years*. Cambridge, UK: Cambridge University Press.

Sroufe, L. A. (2005). Attachment and development: A prospective, longitudinal study from birth to adulthood. *Attachment & Human Development, 7*(4), 349-367.

Stern, D. N. (1995). *The motherhood constellation: A unified view of parent-infant psychotherapy*. London, UK: Karnac books.

Tempel, A. B., Wagner, S. M., & McNeil, C. B. (2009). Parent-child interaction therapy and language facilitation: The role of parent-training on language development. *The Journal of Speech and Language Pathology-Applied Behavior Analysis, 3*(2-3), 216-232.

Teti, D. M., Killeen, L. A., Candelaria, M., Miller, W., Reiner Hess, C., & O'Connell, M. (2008). Adult attachment, parental commitment to early intervention, and developmental outcomes in an African American sample. In H. Steele & M. Steele (Eds.), *Clinical applications of the adult attachment interview* (pp. 126-153). New York, NY: The

Guilford Press.

The Hanen Centre. (2018). It takes two to talk: The Hanen program for parents. Retrieved from http://www.hanen.org/helpful-info/research-summaries/it-takes-two-to-talk-research-summary.aspx

Tronick, E., & Beeghly, M. (2011). Infants' meaning-making and the development of mental health problems. *The American Psychologist, 66*(2), 107-119.

Troutman, B. (2015). *Integrating behaviorism and attachment theory in parent coaching*. New York, NY: Springer.

Van IJzendoorn, M. H. (1995). Adult attachment representations, parental responsiveness, and infant attachment: a meta-analysis on the predictive validity of the Adult Attachment Interview. *Psychological Bulletin, 117*(3), 387-403.

Ward, M. A., Theule, J., & Cheung, K. (2016). Parent-Child interaction therapy for child disruptive behaviour disorders: A meta-analysis. *Child & Youth Care Forum, 45*(5), 675-690.

제2장

PCIT-T의 핵심 요소 및 치료 목표

들어가는 말

PCIT-T는 (제3장에서 소개되는) 많은 PCIT의 핵심 요소를 유지한다. 여기에는 부모-아동 놀이 회기에서의 실시간 코칭과 부모와 자녀가 상호작용을 하는 동안 부모의 긍정적인 언어를 증가시키고 부정적인 언어를 감소시키도록 코칭하는 아동주도 상호작용(child directed interaction: CDI) 단계의 활용을 포함한다. 그러나 본 개입의 CDI 단계는 표준 PCIT의 CDI와 구분하기 위해서 CDI-T(CDI-걸음마기 유아)라고 이름 붙였다. 또한 PCIT-T 개입은 걸음마기 유아의 특별한 발달적 욕구에 적절하게 다음의 내용을 포함하는 몇 가지 독특한 특징으로 구성되었다. 그 내용에는 평가와 정서조절 강조하기, 지속적으로 아동 발달 고려하기, 일반적인 유아 발달에 대한 부모 교육 제공하기, 지시불이행에 대한 부정적인 결과를 실시하기보다는 따르기 기술에 초점을 둔 나이에 적절한 부모주도 상호작용-걸음마기 유아(PDI-T) 단계의 실행을 코칭하기를 포함한다. 이 프로그램이 12~24개월 생활연령의 아동을 대상으로 하지만, 아동의 발달 수준과 그에 따른 욕구를 고려하여 더 높은 연령(예: 26개월)과 더 낮은 연령(예: 11개월)에도 적용할 수 있다. 만약 PCIT-T의 연령 범위를 지났고 행동 문제가 지속된다면 표준 PCIT를 고려해 볼 수 있다.

PCIT-T의 코칭 철학

과학적으로, 부모-아동 상호작용이 진행되는 동안 지체 없이 실시간으로 피드백을 제공하는 독특한 점은 아마도 PCIT의 가장 강력한 요소이며, PCIT 문헌에서 종종 논의되는 큰 효과크기도 이에 기인한다(Kaminski, Valle, Filene, & Boyle, 2008). 표준 PCIT와 마찬가지로, PCIT-T 코칭은 치료사가 일방경 뒤에서 부모에게 블루투스 이어폰 장치 또는 워키토키 장치를 사용하여 이야기하면서 제공된다. 이런 장비는 부모와 아동이 치료사가 없는 자리에서 상호작용하는 실제적인 환경을 활성화시키기 위한 것이다. 더욱이 이런 기법은 실제 상호작용에서 아동에게 미치는 영향을 경험하면서 부모가 교육 시간에 배웠던 기술을 실행하고 연습할 수 있도록 해 준다. 정서적·행동적 어려움이 발생할 때 코칭은 학습 그리고 궁극적으로 성공적인 해결이 이루어지는 틀을 제공한다. 본질적으로 코칭은 긍정적이어야 하고, 기술 습득이라는 중심 목표에 집중하면서도 부모-아동 쌍의 강점을 바탕으로 진행하는 것에 집중해야 한다.

걸음마기 유아의 부모는 종종 부모로서 평가받는다고 느끼는 말을 들으면 매우 민감하게 반응한다. 미취학 아동의 부모와 달리 걸음마기 유아의 부모는 현재 아동의 부모로서 정체성을 발달시키고 아동의 기질과 욕구를 이해하는 데 채 2년도 안 되었다. 이 시간 동안 PCIT-T에 참여하는 유아의 부모는 개인적, 아동 집중적, 또는 양자 간의 혼란스러움을 경험했을 것이고, 그 결과는 아동의 행동, 부모의 자신감, 취약한 현재의 부모-자녀 관계에 영향을 주었을 것이다. 부모 또는 아동의 의료 트라우마(예: 난산, 특히 고통스러운 출산 경험), 산후우울증 또는 불안, 부부 불화, 아동의 발달 지연, 기타 다양한 잠재적 개인 요소들이 이런 어려움에 포함될 수 있다. 아동의 어린 나이를 고려할 때, 발생한 사건의 영향은 여전히 부모에게 생생한 감정을 일으킬 수 있다. 뿐만 아니라 부모 자신의 부모와의 관계 그리고 경험했던 그들 부모의 양육 유형의 영향은 부모로서 그들 자신에게 강력한 영향을 주었을 것이다. 부모의 과거 경험과 아동으로서 가졌던 인식에 따라 자신이 부모가 된 경험은 양육 신념과 실제에 강한 정서를 유발할 수 있다. 더불어 미취학 아동과 달리 걸음마기 유아의 언어 표현 능력은 종종 아예 없거나 제한적이다. 의사소통의 부재는 특히 큰 정서(big emotion)가 표현되었을 때 부모가 아동의 욕구에 대해 확신이 없고 어떻게 적절하게 관심을 보여야 할지 모르는 순간에 느끼는 혼란감, 좌절감, 공포감을 갖게 하는 원인이 된다. 그러므로 각 PCIT-T 회기의 주요 목표는 부모가 부모의 역할을 하는 데 더욱 자신감을 갖고 능숙해지도록 돕는 것이다.

코치는 부모-걸음마기 유아 쌍의 정서적 취약성을 고려하여 그들의 직관력과 공감적·치료적 본성을 사용하고 상호작용하는 동안 특정한 기술이나 행동에 근접하거나 벗어나도록 안내해 주어야 한다. 코치는 두 사람의 욕구를 예약된 회기의 강도와 균형을 이루도록 해야 하기 때문에 부모와 아동의 기분을 알아차리는 것은 매우 중요하다. 예를 들어, 치료사는 아동의 간식 욕구가 회기 시작보다 우선된다고 판단할 수 있다. 다른 경우에는 치료사가 부모와 중요한 내용을 논의하기 위해 잠들어 있는 유아를 깨우지 않기로 결정할 수 있다. 코치는 부모와 아동이 힘들어할 때 차분하고, 자신감 있고, 따뜻한 리더십을 모델링해 주어야 한다. 이런 특성은 내면화될 것이고, 치료사에서 부모로, 그리고 아동으로 평행 애착 프로세스를 통해 전달될 것이다. 코칭이 아동과 부모에게 강력한 영향을 주는 것을 고려하여, 코치는 부모가 재현하기를 바라는 언어와 태도만을 모델링하도록 코칭 시 단어와 목소리 톤을 사려 깊게 선택해야 한다. 구체적으로, PCIT-T 정신의 중심이 되는 긍정적인 언어만을 사용해야 한다. 교정이 필요한 경우 '안 돼요, 하지 마세요, 멈추세요, 그만 하세요, 아니요'와 같은 단어를 빼고 건설적인 제안이 되도록 해야 한다. 부정적인 피드백을 피하기 위해서 코칭에서 가장 흔하게 사용하는 기법은 전략적 무시이다. 이 기법은 코치가, ① 부모의 실수(예: 질문하기, 지시하기, 부정적인 말 사용하기)를 무시하고, ② 부모가 실수와 정반대의 행동을 처음 할 때를 기다리며, ③ 반대 행동에 대해 구체적 칭찬을 제공한다(예: "이번에 문장으로 잘 말해 주셨어요." "이제 아이가 주도하도록 잘 따라 주시니 좋습니다." "지금 긍정적인 단어 사용이 훌륭합니다."). 더욱이 교정 또는 지시를 한 번 할 때마다 코치는 그 문장이 가져올 잠재적인 부정적 정서를 보상하기 위해 긍정적인 말 또는 칭찬 문장을 다섯 번 제시해야 한다.

관찰과 코칭의 방식은 부모에게 초기에는 불편감과 불안감을 가져올 수 있다. 코칭 형식에 대해 부모가 불안해한다고 감지하면, 치료사는 이러한 방식 뒤의 목적을 설명하면서도 공감을 제공할 수 있는 짧은 논의 시간을 가져야 한다. 치료사는 이 접근에 대한 부모의 두려움을 밝혀낼 수도 있다. 많은 사례의 경우 지지적인 강점기반 피드백은 두려움을 가라앉히고 이 모델과 연관된 인지적 왜곡이 사실이 아님을 확인할 수 있게 한다.

이와 비슷하게, 새 코치도 새로운 접근을 시행하기 전에 불안을 경험한다. 시간이 지나면서 지속적인 연습과 명확한 치료적 효과를 관찰하게 되면 이러한 공포감이 분산될 것이다. 더욱이 각 언어 표현 후 부모에게 피드백을 제공하는 핵심 코칭 기술은 코칭 순서에 리듬을 만드는 데 도움이 된다. 이렇게 자주 제공하는 피드백은 간략해야 하고, 본질적으로 전보 치는 것과 같으며 종종 3~7단어로 제한되어 상호작용의 흐름을 방해하지 않아야 한다. 기본 코칭은 부모가 PCIT-T 기술을 실시한 후 바로 기술 사용을 칭찬하는 것이다. 고차원 코칭 문장은 기술 중심의 칭찬에서 아동에게 미치는 영향(예: "그 반영은 아동의 말하기에 도움을 줍니다." "그런 행동 묘사는 ○○이가 하는 일에 집중할 수 있게 해 줍니다.")에 대한 심리사회적 지식 또는 아동 또는 상호작용에서 관찰된 기술의 효과(예: "어머니가 모방하시니까 ○○이가 더 많이 나눠 쓰고 있네요." "아버지께서 정리한 것을 칭찬하시니까 ○○이가 또 하나 정리했어요." "안아 주시니까 ○○이가 행복해하네요.")로 확장한다. 더 긴 설명이나 논의는 회기 후 또는 회기 사이에 전화로 할 수 있다. 상호작용이 잘 진행되면 코칭은 매우 긍정적이고, 부드럽고, 기술 중심으로 유지된다. 어려운 상황이 발생하거나 부모가 부정적인 상호작용을 시작하면 다시 상호작용이 차분해지고 기술을 효과적으로 실행하도록 코칭은 더 직접적이 될 수 있다(예: "장난감을 집어서 버튼을 누르기 시작하세요. 전환 잘하셨어요."). 비계설정의 개념 또는 예측되는 수준보다 약간만 더 높은 수준에 도달하도록 도전하는 것은, 특히 이 부모들에게 많은 양육 기법이 새로운 것임을 고려해 볼 때 PCIT-T 코칭 내내 사용된다. 가장 강력한 학습은 다양한 임상 상황에 대한 반복적인 경험과 노출에 의해 일어나지만, 추가적인 코칭 안내와 정보가 이 책 마지막의 부록 A에 참고문헌으로 제공된다.

PRIDE 기술

PCIT와 비슷하게, PRIDE(칭찬, 반영, 모방, 묘사, 즐기기) 기술은 개입의 아동주도 상호작용-걸음마기 유아(CDI-T) 단계에서 마스터할 수 있도록 가르치고 코칭한다. 이 개입 단계는 양육자를 격려하여 아동과 매일 5분 치료적 놀이 세션을 갖고 클리닉의 전문가의 놀이치료 세션에서 볼 수 있는 것처럼 부모-자녀 관계를 위해서 PRIDE 기술을 높은 수준에서 사용할 수 있도록 한다. PRIDE 기술은 부모가 긍정적 관심을 사용하여 다양한 아동의 행동을 관리하는 것을 배우는 동안 아동과 강하고 긍정적인 관계를 맺을 수 있게 하는 토대의 역할을 한다. PRIDE 기술은 Eyberg와 Funderburk(2011)에 근거한다.

구체적 칭찬(Labeled Praise)

기술 중 가장 큰 특징은 구체적 칭찬이라고 알려진 'P'일 것이다. 구체적이지 않은 칭찬과 달리 구체적 칭찬은 부모가 긍정적으로 평가하는 행동이나 특성을 구체적으로 나타낸다. 예를 들어, 부모는 "얌전히 앉아 있어 줘서 고마워."라고 할 수 있다. 이런 칭찬은 그 행동을 반복하게 해 주고, 아동의 자존감을 향상시키고, 부모-자녀 관계를 개선하는 것과 같은 무수한 긍정적인 효과를 가져올 가능성이 높다.

반영(Reflection)

'R'은 아동의 말에 대한 반영, 언어적 반복, 또는 재진술을 나타낸다. 유아기가 언어 발달에 중대한 시기라는 점을 고려할 때, 언어 반영은 부모가 적절한 언어 기술을 강화

하고, 발판을 만들고, 모델링해 주는 데 절대적으로 필요한 도구의 역할을 한다. 추가적으로 유아의 말과 학습에 중요한 요소인 말로 나타내는 소리도 말하는 것에 근접한 것으로 보고 반영한다.

모방(Imitation)

다음으로 'I'는 행동 모방을 의미한다. 이 기술이 수량화되지는 않지만 부모가 아동의 놀이를 흉내 낼 수 있는 능력에 대한 질적 평가는 각 상호작용의 순서 후에 제공된다. 모방은 아동이 '원인과 결과'와 같은 기본 기술을 습득하는 데 주요한 도구가 되고, 적절한 행동은 모델링되고 강화될 수 있다.

묘사(Description)

묘사 또는 'D'는 행동 묘사를 나타내는 것으로 아동의 행동에 대한 실시간 중계가 제공된다. 높은 질의 이 언어는 적절한 행동을 강화하며 동시에 아동의 행동에 대한 언어

적 묘사와 방금 완수한 아동의 행동을 짝지을 수 있도록 해 준다. 그렇기 때문에 각 단어는 아동의 흥미와 활동과 연관이 있고 아동에게 의미가 있다. 언어적 혜택 외에도 행동 묘사는 아동이 하는 일에 관심을 유지할 수 있도록 돕고, 하나의 활동에서 학습을 향상시키는 중대한 역할을 한다.

즐기기(Enjoyment)

마지막으로, 'E'는 즐기기를 나타낸다. 이 기술은 어느 나이의 아동이든지 상호작용을 강화시키는 역할을 하지만 부모의 목소리와 얼굴 표정의 열정적인 면은 PCIT-T에서 더욱 강조된다. 열정적인 언어 표현은 유아를 놀이에 참여시키고 부모와 아동의 유대감을 향상시키는 데 기여한다. 예시와 자세한 설명을 포함한 PRIDE 기술에 대한 추가적인 정보는 제6장을 참고하라.

마스터 기준

PCIT와 비슷하게 부모는 마스터 기준에 도달해야 하는데, 회기 시작 시 5분 코딩 동안 부모는 아동에게 10개의 구체적 칭찬 문장, 10개의 언어 반영 문장 그리고 10개의 행동 묘사를 제시해야 하고, 질문, 지시, 비난 문장은 3개 이하로 제시해야 한다. 이 연령대의 많은 아동은 5분 코딩 시 말을 열 번 이상 하지 않을 수 있기 때문에 그런 경우 부모가 아동의 전체 언어의 75%를 적절하게 문장으로 반영하면 마스터 기준에 도달한 것이다. 결과적으로 이런 표준은 부모가 자녀와 상호작용하는 동안 자신의 언어의 종류와 질에 대해 상세히 인식하도록 해 준다.

CARES 모델

핵심적이면서 독특한 PCIT-T의 요소 하나는 어린 아동이 정서를 조절하는 것을 배울 수 있도록 돕는 것에 중점을 두는 것이다. 삶의 만족도를 예측하는 요인을 조사하는 전 생애 발달 연구는 아동기의 정서적 건강과 품행을 지적 발달보다 확실히 훨씬 더 중요한 위치에 둔다(Layard, Clark, Cornaglia, Powdthavee, & Vornoit, 2014). 이런 연구는 부모-자녀 관계, 자기통제, 정서조절과 같이 정서 건강에 긍정적인 영향을 줄 수 있는 요인에 더욱 초점을 맞춰야 하는 강력한 증거를 제공한다(Banyard, Hamby, & Grych, 2017; Brauner & Stephens, 2006; Moffitt et al., 2011; White, Moffitt, Earls, Robins, & Silva, 1990). 부정적인 정서와 행동을 문제시하거나 본질적으로 관심 끌기라고 보기보다는 그런 정서와 행동을 부모가 아동에게 자신의 정서를 더 잘 조절하게끔 가르칠 수 있는 기회로 본다. 그러한 행동과 정서는 발달적 렌즈를 통해서 보고, 이때 생리적 욕구(예: 배고픔, 목마름, 수면, 배변)를 고려하게 된다.

그러므로 CARES 모델은 아동이 강한 정서와 행동을 표현할 때 유아의 부모를 안내하는 구체적인 단계로 사용된다. 이 단계의 기본 전제는 벌주기보다는 따뜻함과 이해함을 표현하여 아동의 감정을 지지하는 것이다. 따라서 부모는 어린 아동을 비난하거나 정서에 대한 대가를 치르게 하기보다는 정서를 통과하도록 안내하기 위해 아동에게 대처 기술을 가르친다. 본질적으로 매우 어린 아동을 그들의 정서에 대처하도록 가르치는 일은 스트레스가 유발되고 종종 압도되는 일임을 고려하여, CARES 단계는 치료사의 코칭을 통해서 부모에게도 동시에 적용한다. 이 기술을 부모에게 적용하는 것은 부모의 정서적 역량을 강화하고 이후 기술을 아동에게 적용함과 동시에 기법을 모델링하도록 해 준다. 이 과정을 통해 부모는 치료사가 부모에게 하는 것처럼 아동의 정서적 신호를 예상하고 예측하는 것을 배우게 된다. 이로써 부모는 어린 자녀의 어려운 정서가 증폭되기 전에 이해하고 빠르게 개입할 수 있게 된다. 이것은 강한 부모-자녀 유대감을 나타내는 뚜렷한 특징이기도 하다.

PRIDE 기술과 마찬가지로, CARES 모델의 각 알파벳은 상호작용에서 적용되는 행동적 단계를 나타낸다(〈표 2-1〉 참고). 어떤 경우에는 CARES 모델 중 단 하나의 단계만 필요할 수도 있고, 다른 경우에는 모든 단계가 사용될 수도 있다. 단계는 상황에 따

표 2-1 CARES 모델 명칭

CARES 모델	
C(Come in)	가까이 가기
A(Assist child)	아동을 도와주기
R(Reassure child)	아동을 안심시키기
E(Emotional validation)	정서를 타당화하기
S(Soothe)	진정시키기

라 순서에 상관없이 사용될 수 있지만 다음에 단계에 대한 설명이 순서대로 제공되었
다. 모델의 예시와 더 자세한 설명은 제8장 '아동주도 상호작용-걸음마기 유아'를 참
고하라.

가까이 가기(Come In)

CARES의 'C'는 가까이 가기(come in)를 의미한다. 어린 아동에게 신체적 근접성은 상
호작용의 보상 차원에서 매우 중요하다. 어려운 정서와 행동을 다룰 때 근접성은 지지
와 이해의 메시지와 더불어 반응성, 가용성, 따뜻함을 전달한다. 추가적으로, 가까움은
부모가 다른 CARES 기술을 활용할 수 있게 해 주고 아동이 그 혜택을 경험할 수 있게
해 주어 이 단계는 CARES 모델을 사용하는 기초가 된다.

아동을 도와주기(Assist Child)

'A'는 도와주기(assist)를 의미한다. 아동이 특정한 문제에 부딪쳤을 때 해결할 수 있도록 부모에게 코칭한다. 비계설정은 부모가 어려운 문제를 전적으로 해결해 주기보다는 지원하는 기회로 삼도록 안내해야 한다. 이런 비계설정 안내가 아동의 정서를 완화하고 해결하는 결과를 가져오지 못하는 경우에는 부모가 아동을 위해서 작업을 완수할 수 있다. 그러나 치료사는 부모가 완수해서 해결이 필요한 비율을 고려해야 한다. 그리고 필요하다면 아동의 독립성을 증가시킬 수 있도록 발달적 어려움을 감소시키는 장난감을 고려할 수 있다.

아동을 안심시키기(Reassure Child)

신체적 움직임이 실행의 중심이 되는 이전 단계와 달리 언어적 위로 또는 안심시키기가 'R'의 기본이다. 말의 내용은 명확하게 돌봄과 양육의 메시지를 전달해야 하며, 더욱 중요한 것은 말의 톤과 질이 진정시키고 따뜻하며 차분해야 하는 것이다. 치료사가 이 기술을 사용하여 부모의 정서조절을 지원하는 역할을 하는 것은 부모가 아동에게 적절하게 기술을 실행하는 능력에 대단히 중요하다. 요약하자면, 'R'은 돌봄과 정서적으로 함께한다는 메시지를 전달하는 데 주로 집중한다.

정서를 타당화하기(Emotional Validation)

'E'는 정서를 타당화하기(emotional validation)를 의미하고 아동의 정서에 이름 붙이기(labeling) 위해 사용한다. 이런 언어의 분류는 아동의 경험에 단어를 붙여 주어 아동의 정서를 인증해 주는데, 이는 정서지능의 핵심 요소의 하나이기도 하다. 행복, 슬픔, 화남과 같은 흔한 정서가 경험되고, 알아차려지고, 이름 붙여지며, 그러면서 이 단계는 짜증남, 신남, 실망함과 같은 더 복잡한 정서를 사용하여 아동의 어휘 확장을 지지한다.

진정시키기(Soothe)

마지막으로, 'S'는 진정시키기(soothe)를 의미하는 것으로 다른 CARES 단계에 모두

스며들어 있을 가능성이 많다. 이 단계에서 부모는 아동과 상호작용하는 동안 위안이 되는 말의 톤, 목소리, 신체적 접촉을 사용한다. 기초적인 CARES 기술은 아동에게 정서적 위안과 지지를 제공한다. 동시에 어느 상호작용에서든 자연스럽게 유대감을 형성하게 만들어 주는 돌봄, 사랑, 양육을 전제로 의사소통을 한다.

부모가 자녀에게 CARES 모델을 효과적으로 실행하기 위해서는 이 모델을 자신에게 적용할 수 있는 능력에 대해서도 지지받고 있다고 느낄 수 있어야 한다. 특히 아동이 심리적 고통을 경험하는 순간에는 더욱 그렇다. 치료사는 부모가 CARES 기술을 부모 자신에게 적용하고 실행하도록 코칭하며, 이 평행 프로세스에서 매우 중대한 역할을 한다. 유아가 큰 정서를 관리하는 능력을 모델링하고 촉진하기 위해 양육자가 자신의 정서를 인정하고 조절하는 것을 배우도록 성인 CARES 접근을 사용한다. 기술 중 부모를 위한 CARES에는 호흡과 이완 기법을 통한 자기진정이 포함된다. 제8장에 부모를 위한 구체적인 정서조절 기술이 설명되어 있다.

절제된 반응과 방향 전환

선택적 관심을 사용하는 것이나 적절한 행동에 전략적으로 관심을 보이고 부적절한 행동이 발생할 때 그런 관심을 철회하는 전략을 제공하는 것은 표준 PCIT의 핵심 행동 관리 기술이다. 그러나 이 기술은 일정 수준의 의도적인 부정적 관심 끌기를 전제로 실행한다. 부정적 관심 끌기는 종종 행동이 악화된 강압적인 순환 경험으로부터 학습된 것이다. 이런 맥락에서 이 기술은 더 나이 많은 아동이 강하고 부정적인 정서를 경험할 때(예: 전형적인 분노 발작)도 적절하게 적용될 수 있다. 발달적으로 걸음마기 유아 연령대에 정서조절 능력이 형성되는 면을 고려하여 전형적인 선택적 관심을 적용하는 대신 CARES 모델을 사용한다. 특히 나이가 많은 유아는 부모의 반응을 이끌어 내기 위해 부모에게 원인-결과 기반 활동에 참여하도록 할 수 있다. 이런 경우는 강한 부정적 정서 요소를 포함하지 않을 가능성이 높다. 대신 아동은 정서적으로 차분하고 행복해하고 미소 지으면서 게임과 같은 방식으로 부모의 관심을 요구할 수 있다. 이런 상황에서 부모의 반응은 (긍정적이든 부정적이든) 아동의 행동이 계속되는 결과를 가져올 수 있고, 따라서 조용한 '절제된 반응과 방향 전환(under-reaction and redirection)' 반응이 필요하다. 이런 반응을 실행할 때 부모는 아동의 행동을 인정하는 것을 삼가고 대신 구두로 다른 활동에 참여한다. 아동의 부정적 행동에 대한 긍정적인 반대를 구체적으로 칭찬할 수도 있다. 절제된 반응이 곧바로 실행된다면 아동의 행동은 빠르게 멈추게 된다. 행동적으로 또는 정서적으로 악화된다면 CARES 모델을 적용해야 한다. 유아의 행동 뒤에 숨은 동기와 관련 있는 절제된 반응과 방향 전환 기술에 대한 더 자세한 설명은 제8장을 참고하라.

공격적이고 파괴적인 행동 관리

어린 아동의 어려운 정서는 공격적이고 파괴적인 행동의 양상으로 표현될 수 있지만 그런 행동이 지속되는 것은 심각한 문제이고 잠재적으로 위험하다. 표준 PCIT에서 더 나이 많은 아동에게 대응하는 것처럼 문제 행동에 대한 반응으로 높은 수준의 대가 절차(예: 의자에서의 타임아웃)를 실행하는 것은 걸음마기 유아 연령에게는 발달적으로 부적절하다. 그렇기 때문에 PCIT-T에서는 공격성(예: 때리기, 발로 차기, 밀기, 깨물기)과 파괴적 행동(예: 장난감 부수기)이 발생한 후 그런 행동이 재발하는 것을 감소시키기 위해 가벼우면서 발달적으로 적절한 대가 절차를 적용한다. 이 절차는 의도적으로 간략하다. 이 절차에서 언어적인 표현은 프로그램의 나머지 부분에서 강조된 활기차고 열정적인 태도와 직접적인 반대가 되도록 명확하지만 분명한 톤으로 전달한다. 구체적으로는 아동의 손을 덮고, 붙잡고, 아동과 직접 눈맞춤을 하고, 단호하게 "때리면 안 돼."라고 말하고는 3초간 아동으로부터 시선을 돌리는 단계로 구성되어 있다. 그다음 두 번째 문장으로 "때리면 안 돼, 예쁜 손."이라고 말해 준다. 그런 다음 아동의 손을 풀어 주고 아동의 몸을 다른 장난감 쪽을 향하게 돌려 준다. PRIDE 기술을 사용하여 아동이 다시 적절한 놀이에 참여하도록 방향 전환을 한다. 마지막으로, 필요한 경우 CARES 모델을 활용할 수 있다. 공격성이 되풀이되면 이 절차를 반복한다. 어린 아동은 공격성을 보인 후 지속적으로 정서조절 어려움을 경험할 가능성이 높기 때문에 이런 방향 전환과 CARES 단계를 사용하는 것이 강조된다. 마찬가지로 '예쁜(안전한) 손과 발', 장난감을 사용하여 적절하게 놀이하기, 속상한 상황에서 차분함을 유지하기에 대한 높은 수준의 칭찬을 사용하여 공격성을 예방하는 시도는 아동이 자신의 정서와 행동을 조절하는 것을 배우는 데 매우 중요하다. 추가적으로, 공격적이고 파괴적인 행동으로 표현하기 전에 부모와 치료사가 아동의 신호를 알아차리는 능력은 그런 강도 높은 행동이 발생하는 것을 예방하는 데 도움이 된다. 이 절차에 대한 예시와 설명은 제8장의 '위험하고 파괴적인 행동' 절에서 찾아볼 수 있다.

부모주도 상호작용-걸음마기 유아

PCIT-T의 부모주도 상호작용-걸음마기 유아(Parent-directed interaction-toddler: PDI-T)는 표준 PCIT에서 사용하는 절차 중 가장 벗어나는 부분이다. 개념적으로는 어린 아동에게 어떻게 지시를 따라야 하는지 가르쳐 줘야만 한다는 점을 강조한다. 지시 따르기는 학업 성공에 필수적인 기술이라고 알려져 있다. 조기 개입 연구는 정서조절에서 자기통제, 집중, 지시이행이 결정적으로 중요하다는 점을 지지한다. 예를 들면, 2015년에 경제학자 Fryer, Levitt과 List는 전통적인 학업 중심의 커리큘럼과 차분하게 앉기, 작업 기억, 실행 기능 능력과 같은 비학업적인 기술 중심의 커리큘럼의 효과를 검증하고자 하는 주요 목표를 가지고 시카고의 빈곤 지역에 어린이집을 만들었다 (Fryer, Levitt, & List, 2015). 이에 더하여 부모 회기에 참여하면 장려금을 지급받는 부모 학교를 동시에 만들었는데, 장려금은 아동이 숙제를 제출하거나 시험 점수가 오를 때도 지급했다. 인지 능력은 우드콕-존슨(Woodcock-Johnson) 검사로 측정했고, 블레어와 윌러비 실행기능척도(Blair and Wiloughby Measure of Executive Function)와 영유아 자기조절평가(Preschool Self-Regulation Assessment)로 비학업적 기술을 평가했다. 이 연구 결과에 따르면, 치료 전 비학업적 기술이 평균 이하이며 어려움을 보인 아동은 인지 능력과 상관없이 프로그램으로부터 어떤 도움도 받지 못했다. 반대로 치료 전 비인지적 능력이 평균 이상이며 어려움을 보인 아동은 프로그램을 통해서 눈에 띄는 혜택을 받았다. 이는 아동의 비인지적 능력이 학업적 잠재력의 자연적인 토대가 된다는 것을 말해 준다.

걸음마기 유아에게는 지시불이행이 불충분한 학습과 행동 실천으로부터 발생하는 것이며, 학령전기 아동과 같이 고의적인 반항으로 인해 일어나지 않는다는 것을 아는 것이 매우 중요하다. 그렇기 때문에 PDI-T 절차는 구체적·점진적 단계로 구성되어 어린 아동에게 지시를 따르지 않을 때 벌을 기반으로 하는 결과를 실행하는 대신, 따르기 기술을 가르칠 수 있는 비계설정을 사용한다. 표준 PCIT에서와 같이 효과적인 지시 규칙을 가르쳐 준다. 지시는 간접적이기보다 직접적으로 말해야 하고, 한 번에 하나만 해야 하고, 구체적이어야 하며, 지시 전이나 지시이행 후에 짧은 설명과 함께 자연스러운 목소리 톤으로 제공되어야 한다. 부모는 하루 동안 몇 개의 질문을 하는지, 구체적으로 긍정적 문장(예: PRIDE 기술) 대비 지시의 비율을 고려해야 한다. 표준 PCIT와는 달리 아동이 기대하는 행동을 하는 데 준비되도록 긍정적인 신체 접촉과 함께 지시를 전달하는 것을 강조한다. 덧붙여 부모와 아동의 근접성이 두 번째 강조되는 영역에 포함된다. 근접성은 자극 쪽으로 아동의 관심을 끌고 유지하는 데 도움이 된다. 또한 근접성은 각 지시가 교육적 기회가 될 수 있게 해 주어 부모가 아동의 학습 과정을 적극적으로 지지할 수 있게 된다. 마지막으로, PCIT-T PDI-T 프로토콜은 할 수 있는 지시의 유형 면에서 표준 PCIT에서 벗어난다. 표준 PCIT에서는 발달적으로 적절한 어떤 지시든 할 수 있다. 그러나 PCIT-T PDI-T 절차에서는 유아의 이해와 발달 수준에 매우 중요하다고 생각되는 소수의 구체적이고 미리 결정된 지시만을 할 수 있다. 또한 아동에게 어려운 순서대로 그러한 지시를 배열하도록 부모에게 요청한다. 이 과정 동안 부모는 아동이 이전에 그 지시에 노출되었던 경험과 그 지시를 따를 가능성 및 일관성에 대한 정보를 제공할 수 있다. 매긴 순위에 따라 어린 아동이 지시를 마스터할 때까지 순서대로 따르기 절차를 안내한다.

응용행동분석에서 안내된 지시이행(guided compliance)으로 알려진 이 절차는 '말해 주기' '보여 주기' '다시 하기' '안내하기'로 명명된 구체적인 단계로 구성되어 있다. 절차에서는 다양한 발달적 강점과 능력을 가지고 있는 유아에게 요청하고 도움을 주기 위해 언어적 신호와 시각적 신호를 결합한다. 이어지는 각 단계는 이전 단계에서 지시 따르기가 이루어지지 않은 경우에 시도된다. 지시를 따르면 상세하고 열정적인 구체적 칭찬이 긍정적인 신체 접촉과 함께 제공된다. 신체 접촉은 칭찬의 가치와 관계의 따뜻함을 향상시키는 데 중요하기 때문에 이 연령의 대상에게 강조된다. 추가적으로, 특히 어린 유아는 표현된 언어의 의미를 이해하기 어려울 수 있기 때문에 부모 목소리의 열정적인 면과 구체적 칭찬 문장과 연결된 신체 접촉에서 더 큰 강화를 얻을 수 있다. PDI-T 절차는 나중의 지시이행 문제를 예방하기 위해서 어린 아동에게 기본적인 따르기 기술을 가르치는 토대가 된다. 또한 지시이행 훈련 단계는 부모-자녀 관계에서 일관성, 예측 가능성, 절차 완수 패턴을 조기에 조성한다.

PDI-T의 한 부분으로, 치료사는 독립성 획득이 이 연령대의 중요한 발달 과정의 하나라는 점을 인식하도록 부모와 함께 작업한다. 따르기 기술을 가르치는 것은 아동이 독립을 주장하고 세상에서 통제감을 발달시키려는 자연적 욕구를 지지하는 것과 균형을 이루어야만 한다. 매일 일상에서 부모는 간접적 지시를 사용하고 가능할 때마다 선택권을 부여하여 유아의 독립을 격려한다. PDI-T 절차는 아동이 성공할 수 있는 방법으로 사용된다. 그래서 PDI-T 5분 연습 세션은 아동의 기분이 긍정적일 때만 진행하고, 따르기 연습은 아동이 지시를 따를 수 있는 능력이 형성되고 있는 것을 축하하는 긍정적인 교육 도구로 구조화되었다. PDI-T 절차는 의도적으로 하루 최대 3회로 연습이 제한된다.

개입 목표

PCIT-T의 구체적인 목표는 세 가지 주요 범주에 집중한다. ① 양육자의 기술, ② 아동의 행동, ③ 양육자-아동 관계의 질이다. 양육자의 기술과 관련하여 PCIT-T는 ① 긍정적인 아동주도 언어 표현을 증가시키고 부정적인 아동주도 언어 표현을 감소시킴으로써 양육자 말의 긍정성을 향상시키고, ② 양육자의 심리적 고통과 전반적인 스트레스 수준을 감소시키고, ③ 적절한 발달기대에 근거하여 유아의 발달적 욕구에 대한 양육자의 이해를 증가시키고, ④ 아동이 자신의 정서를 조절할 수 있도록 돕기 위한 양육자의 능력을 향상시키고, ⑤ 양육자가 자신의 정서를 조절할 수 있는 능력을 향상시키는 것이다. 아동의 행동에 대하여 PCIT-T는 유아의 사회정서 기능, 긍정적 사회 기술, 정서조절 능력을 향상시키는 것을 목표로 한다. 마지막으로, PCIT-T는 ① 상호 간에 보람되는 경험을 발달시키도록 도와 양육자와 아동의 상호적인 즐거움을 향상시키고, ② 아동이 정서조절에 도움이 필요하다는 이해를 강화하여 걸음마기 유아와 걸음마기 유아의 행동에 대한 양육자의 부정적인 지각을 감소시킴으로써 양육자-아동 관계의 질을 향상시키려는 목표를 둔다(〈표 2-2〉 참고).

이와 같은 목표에 맞추고 걸음마기 유아의 독특한 발달적 욕구를 고려하여 PCIT-T에는 표준 PCIT와 구분되는 몇 가지 기본 요소가 있다. 유아의 부정적 행동이 일반적으

| 표 2-2 | PCIT-T 개입 목표와 측정 방법 |

PCIT-T 개입 목표	PCIT-T 개입 목표 측정 방법
긍정적인 아동주도 언어 표현을 증가시키고 부정적인 아동주도 언어 표현은 감소시킴으로써 양육자 언어의 긍정성 향상하기	PRIDE 기술과 피해야 할 기술에서의 마스터 기준 도달
양육자의 심리적 고통과 스트레스 수준 감소시키기	치료 과정 동안 부모양육 스트레스검사, 에든버러 산후우울척도 점수 개선
적절한 발달기대에 근거하여 유아의 욕구에 대한 양육자의 이해를 증가시키기	유아 CARES 모델의 만족스러운 실행
아동이 자신의 정서를 조절할 수 있도록 돕기 위한 양육자의 능력을 향상시키기	유아 CARES 모델의 만족스러운 실행
유아의 정서조절 능력을 지원할 수 있는 명확하게 정의된 도구를 양육자에게 제공하기	유아 CARES 모델의 만족스러운 실행
양육자 자신의 정서를 조절할 수 있는 능력을 향상시키기	성인 CARES 모델의 만족스러운 실행
유아의 사회정서 기능을 향상시키기	치료 과정 동안 DECA 또는 BITSEA 점수 개선
유아의 긍정적 사회 기술을 향상시키기	치료 과정 동안 DECA 또는 BITSEA 점수 개선
유아의 정서조절 능력을 향상시키기	치료 과정 동안 DECA 또는 BITSEA 점수 개선
상호 간에 보람된 경험을 발달시키도록 도와 양육자와 아동의 상호적인 즐거움을 향상시키기	PRIDE 기술과 피해야 할 기술에서의 마스터 기준 도달. '다른 긍정적 기술'의 성공적 실행
아동이 정서조절에 도움이 필요하다는 이해를 강화하여 아동의 행동에 대한 양육자의 부정적인 해석을 감소시키기	유아 CARES 모델의 만족스러운 실행

로 욕구의 표현이고 정서조절의 발달적 과제와 관련이 있다는 것을 전제로, PCIT-T는 부모가 심리적 고통을 경험하고 있는 유아에게 따뜻한 양육과 지지를 제공하고 아동의 정서조절을 도울 수 있도록 지원한다. 심화 접근은 높은 수준의 파괴적 행동(예: 신체적 공격성, 자해 행동)을 이론적 기반에 따라 발달적으로 적절하게 다루기 위한 것으로 이 모델에 적용되었다. 이 기본 요소는 어린 아동의 적절한 행동(예: 언어화, 가리킴)에 대한 비계설정을 하면서 따뜻하고 반응적인 양육 기술을 촉진하기 위해 유아가 정서조절 곤란을 나타낼 때 부모가 알아차리고 적절하게 반응하도록 돕는 일에 중점을 둔다. 가능할 때마다 파괴적 행동(예: 공격성, 장난감 던지기)의 발생을 예방하기 위해 선행 관리

(예: 예방적 반대 행동 칭찬, 아동의 심리적 고통을 나타내는 조기 신호에 반응)를 사용한다. 그러나 파괴적 행동이 발생하면 절제된 반응과 방향 전환과 같은 기법과 간략한 대가 절차를 사용하여 유아에게 정서조절 기술을 가르친다.

아동의 정서조절의 중요성을 고려할 때 발달적으로 적절한 방향 전환(redirection)과 전환(transition) 기법이 강조되고, 마스터 수준에 도달할 때까지 과도할 정도로 연습한다(부모가 긍정적인 반응을 자동적으로 하게 됨). 치료사는 일반적으로 일방경 뒤에서 블루투스 장치를 사용하여 양육자를 코칭하지만, 때로 양육자를 돕기 위해 특히 다음 세 가지의 높은 위험 상황이 발생하면 치료실에 들어갈 수 있다. ① 아동이 높은 수준의 공격적인 행동을 보인다. ② 치료사가 양육자의 상호작용에서 잠재적으로 학대 위험을 느낀다. ③ 양육자가 정서적으로 압도되어 보이고 아동의 행동조절을 돕지 못한다. 이런 상황이 발생하면 치료사는 직접 대면하여 부모와 아동이 필요로 하는 위안과 지지를 제공하여 놀이가 끝나지 않고 다시 시작될 수 있도록 한다.

참고문헌

Banyard, V., Hamby, S., & Grych, J. (2017). Health effects of adverse childhood events: Identifying promising protective factors at the intersection of mental and physical well-being. *Child Abuse & Neglect, 68*, 88-98.

Brauner, C. B., & Stephens, C. B. (2006). Estimating the prevalence of early childhood serious emotional/behavioral disorders: challenges and recommendations. *Public Health Reports, 121*(3), 303-310.

Eyberg, S., & Funderburk, B. W. (2011). Parent-child interaction therapy protocol. Gainesville, FL: PCIT International.

Fryer, R. G. J., Levitt, S. D., & List, J. A. (2015). *Parental incentives and early childhood achievement: A field experiment in Chicago heights.* Retrieved from http://www.nber.org/papers/w21477

Kaminski, J. W., Valle, L. A., Filene, J. H., & Boyle, C. L. (2008). A meta-analytic review of components associated with parent training program effectiveness. *Journal of Abnormal Child Psychology, 36*(4), 567-589.

Layard, R., Clark, A., Cornaglia, F., Powdthavee, N., & Vornoit, J. (2014). What predicts a successful life? a life-course model of well-being. *The Economic Journal, 124*(580), F720-F738.

Moffitt, T. E., Arseneault, L., Belsky, D., Dickson, N., Hancox, R. J., Harrington, H., . . .Caspi, A. (2011). A gradient of childhood self-control predicts health, wealth, and public safety. *PNAS, 108*(7), 2693-2698.

White, J. A., Moffitt, T. E., Earls, F., Robins, L., & Silva, P. A. (1990). How early can we tell?: Predictors of childhood conduct disorder and adolescent delinquency. *Criminology, 28*(4), 507.

제3장

실증적 기초:
표준 PCIT 개관

부모-아동 상호작용치료: 개관

부모-아동 상호작용치료(PCIT)는 다양한 행동 및 정서 문제를 보이는 아동에게 효과를 나타내는 강력하고 광범위한 실증적 연구에 의해 지지되고 있다(Eyberg & Funderburk, 2011). 1980년대 오리건 보건과학대학에서 Sheila Eyberg 박사에 의해 개발된 이 치료는 원래 파괴적 행동 문제(예: 분노 발작, 지시불이행, 공격성)를 보이는 2~7세 아동을 치료하기 위해 개발되었다. 이 개입은 조작적 조건화, 사회학습, 애착 이론의 견고한 이론적 틀에 뿌리를 두었고, 자녀 양육과 부모-자녀 관계 분야의 개척적인 임상가와 연구자의 영향력이 있는 작업을 포함시켰다(Eyberg, 1998; McNeil & Hembree-Kigin, 2010). Diana Baumrind의 권위 있는(authoritative) 자녀 양육 유형은 이 개입의 맥락을 긍정적이고, 따뜻하고, 민감한 양육과 한계 설정, 행동의 결과, 통제의 중요성 간의 균형으로 설정했다. Gerald Patterson(1982)의 강압 주기(coercive cycle)는 부모-자녀 상호작용이 악화되는 패턴을 이해하는 데 도움을 주었다(McNeil & Hembree-Kigin, 2010). 이 패턴은 이전에 아동이 부모의 요구를 지체하거나 벗어날 수 있게 되어 부정적 행동이 강화되었고 이는 지시불이행으로 이어졌다는 것을 보여 주었다. 이러한 개념의 균형은 개입의 2단계 치료 모델에 반영되었다. 2단계 치료 모델은 Eyberg 박사의 초기 멘토였던 Constance Hanf 박사가 최초로 개발하고 임상적으로 실행했던 개입이다(Reitman & Mcmahon, 2013).

개입의 첫 단계인 아동주도 상호작용(CDI)에서는 부모의 긍정적 관심 기술이 마스터 수준에 도달하도록 가르치고 실시간 코칭을 사용한다. 이 기술에는 구체적 칭찬("예쁘게 앉아 있어서 고마워."), 아동의 적절한 말의 언어 반영(아동: "집을 만들고 싶어요.", 부모: "너는 집을 만들고 싶구나."), 그리고 행동 묘사(아동이 블록을 쌓고 있다.) 부모: "너는 빨강 블록을 초록 블록 위에 쌓고 있구나.")가 포함된다. 적절한 행동의 모방, 상호 간의 즐기기와 같은 질적 기술도 이 단계에서 주요하게 중점을 둔다. 추가적으로, 부모는 아동이 주도하지 못하도록 하고 부정적이고 부적절한 행동에 관심을 보이는 질문("지금 뭐하고 싶어?"), 지시("앉아라."), 그리고 비난하는 말("나는 네가 말 안 들어서 싫어.")의 사용을 최소화하는 것을 배운다(Eyberg & Boggs, 1998). PRIDE 기술(칭찬, 반영, 모방, 묘사, 즐기기)은 부분적으로 전통적인 놀이치료에서 어린 아동과 빠르게 라포를 형성하기 위해 사용하는 기법에 기반한다. CDI 단계의 주요 행동 관리 형식으로 선택적 관심 기술을 가르치고 연습한다. 아동의 적절한 행동에는 높은 수준의 긍정적 관심을 주고 부적절하게 관심을 끄는 부정적인 행동에는 최소한의 관심을 주는 것은 수용할 만한 행동을 강화하고, 따뜻함과 부모-자녀 관계의 질을 향상시키며, 부정적인 행동의 발생을 감소시킨다. 또한 이런 기술을 사용하면 긍정성, 신뢰, 따뜻한 관계의 기초를 형성하기 위한 부모-자녀 관계의 질이 향상된다. 개입의 두 번째 단계인 부모주도 상호작용(PDI)에서는 부모가 점진적으로 명확하고, 직접적이고, 긍정적이고, 나이에 적절한 방식으로 제공하는 효과적 지시를 포함한다. 이러한 지시는 크고 실제적인 지시("신발 벗으렴.")로 발전하기 전에 간단한 놀이 지시("엄마에게 빨강 블록을 건네줘.")부터 시작한다. 최초 지시 후 5초 이내에 지시이행을 시작해야 하고 그렇지 않으면 부모는 타임아웃 절차 단계를 실시하기 전에 경고를 한다. 타임아웃 절차는 피하는 것을 방지하고 부정적 행동에 최소한의 관심을 주도록 고안되었다. 치료의 마지막 단계는 선택된 실생활 상황(예: 기저귀 교체, 낮잠 시간)이 개선되도록 기술을 적용한다(Eyberg & Bussing, 2010).

구체적인 기술 사용을 뒷받침하는 강력한 증거기반에 더하여, 치료사로부터 부모, 부모로부터 아동에게 지시하고, 전달하고, 기술을 이동하는 방법은 부모 훈련 문헌에서 성공적인 치료의 토대가 되는 것이다(Kaminski, Valle, Filene, & Boyle, 2008). 이런 방법에는 실제 상황, 적극적인 코칭, 코딩 그리고 실시간 피드백 제공이 포함된다. 이런 기법은 부모가 적극적인 안내를 받으면서 새로운 기술을 습득하고 아동에게 실행할 수 있게 해 준다. 이런 기술은 연습을 통해서 부모의 자연스러운 레퍼토리에 포함되고 다양한 실제 생활환경(예: 가정, 공공장소)에서 습관처럼 나타날 수 있다. 그렇게 되면 집중된 치료와 가정치료 연습 시간의 효과가 아동의 하루 전반에 나타날 수 있다. 그러나 강도 높은 기술 연습의 일반화가 일어날 수는 있지만, 부모가 하루 종일 매 순간 어린 자녀에게 치료적인 양육 기법으로 반응할 것이라고 기대하는 것은 비현실적이다. 소아과 의사이면서 정신분석가인 Donald Winnicott(1953)이 개발한 '충분히 좋은 부모' 개념은 완벽한 양육과 현실 사이의 균형을 현실적 개념으로 표현하였다. 따라서 치료사는 기질적으로 다루기 어려운 유아에게 일관되게 치료적 양육 기법을 적용하려고 시도하는 완벽주의 부모를 둘러싸고 있는 현실에 공감하면서, 이 모델에 내장된 높은 강도의 기술 연습을 매일 하는 것의 중요성을 강조해야 한다. 이와 같은 복잡한 개념을 실행하는 것과 관련된 예시와 기타 논의는 이후 회기별 지침서에 설명한 것처럼 PCIT-T 프로토콜 전반에서 제공될 것이다.

부모-아동 상호작용치료: 증거기반

다른 증거기반 부모 양육 프로그램(예: Triple P)을 능가하는 치료 전과 후의 특히 큰 효과크기(예: $d=1.65$; Ward, Theule, & Cheung, 2016)가 입증하는 것처럼 강력한 메타분석은 아동의 파괴적 행동 문제 감소에 대한 PCIT의 영향을 명확하게 보여 준다(Costello, Chengappa, Stokes, Tempel, & McNeil, 2011; Eyberg & Bussing, 2010; Eyberg & Funderburk, 2011; Eyberg, Nelson, & Boggs, 2008; Thomas & Zimmer-Gembeck, 2007; Ward et al., 2016). 효능(Eyberg et al., 2008; Hood & Eyberg, 2003; Nixon, Sweeney, Erickson, & Touyz, 2003) 및 효과(Abrahamse, Junger, & Lindauer, 2012; Lanier, Kohl, Benz, Swinger, & Drake, 2014; Pearl et al., 2011) 연구는 강력한 연구 증거를 제공하여 Chambless와 Hollon(1998)이 설정한 기준에 따라 PCIT를 효과적인 치료로 인정받을 수 있게 한다. 탄탄한 치료의 긍정적 효과는 학대받은 아동(Chaffin, Funderbunk, Bard, Valle, & Gurwitch, 2011), 가정폭력에 노출된 아동(Timmer, Ware, Urquiza, & Zebell, 2010)

을 포함하여 매우 다양한 대상에게 나타났다. 이런 연구를 통해 PCIT는 전국 아동 트라우마 스트레스 네트워크(National Child Traumatic Stress Network: NCTSN)에 의해 트라우마를 경험한 아동을 위한 6개의 증거기반 치료 중 하나로 인정받게 되었다. 추가적으로, PCIT는 저소득층, 한부모 어머니(Naik-Polan & Budd, 2008), 위탁부모(Mersky, Topitzes, Janczewski, & McNeil, 2015)와 같은 취약한 대상에게서도 부정적인 아동 행동을 감소시키고 부모-자녀 관계를 향상시키는 데 효과적임을 나타냈다. 더욱 포괄적인 PCIT 연구 문헌을 이해하기 위해서 Lieneman, Brabson, Highlander, Wallace와 McNeil(2017)을 참고하기 바란다.

부모-아동 상호작용치료: 치료 환경

일반적으로 PCIT는 대학기반 또는 외래 지역사회 클리닉 환경에서 제공된다. 일방경을 사용하여 치료사는 반대편에서 놀이하는 성인-아동 쌍으로부터 자신을 분리한다. 회기 동안 부모-아동 상호작용을 실시간으로 코칭하기 위해 이어폰 장치 또는 워키토키와 마이크 시스템을 사용하여 부모-아동과 치료사 간에 의사소통을 한다. PCIT 모델을 조정하기도 하지만 일반적인 대학이나 외래 클리닉 환경에서 벗어나는 치료 장소에서도 PCIT가 실행되고 조사되었다. 교사-아동 상호작용 훈련(Teacher-Child Interaction Training: TCIT)은 학교 시스템 안에서 PCIT 실행을 위해 포괄적으로 조정되었고, 놀라운 결과를 나타내며 어린이집과 유치원 교실에 적용되었다. 그 결과로 교사의 기술과 교사-학생 상호작용이 개선되었고, 아동의 지시이행이 증가하였으며, 치료 프로그램에 대한 교사의 만족도가 높았다(Fernandez, Gold, Hirsch, & Miller, 2015; Lyon et al., 2009; Stokes, Tempel, Costello, & McNeil, 2010). TCIT에 참여한 학생은 가정에서 부정적 행동 비율이 개선되었다고 보고되었다(Campbell, 2011). TCIT 모델은 많은 PCIT 기술을 유지했고, 교사들이 질문과 지시를 감소시키도록 코칭했다. 추가적으로, 교사는 부적절한 행동을 보이는 아동을 선택적으로 무시하면서 긍정적 행동을 보이는 아동에게 관심을 보이도록 행동 묘사와 구체적 칭찬을 사용했다. 마지막으로, 전통적인 PDI 타임아웃 절차는 학교 방침과 절차에 부합하면서도 행동에 대한 관심을 감소시키는 교실에 적절한 결과로 종종 대체되었다.

가정 환경에 맞게 조정한 PCIT는 가정에서 아동의 긍정적인 행동 비율을 향상시켰고 부모의 긍정적인 양육 기술의 사용을 증가시켰다(Ware, McNeil, Masse, & Stevens, 2008). PCIT를 가정기반으로 조정한 것에는 특별한 강점이 있는 것으로 나타났는데, 여기에는 개별 가정 환경 맥락에서 PCIT 절차(예: 타임아웃)에 대한 타당성 증가와 중도탈락 비율의 감소가 포함된다(Fowles et al., 2017; Masse & McNeil, 2008). 가정(in-home) 모델의 문제점으로는 실생활 환경 통제의 어려움, 방 안에서의 코칭 환경, 치료사가 가정으로 이동할 때 발생하는 잠재 비용이 포함된다(Masse & McNeil, 2008). 이 연구가 진행된 후, 가정 코칭으로 조정한 모델은 미국 전체 주에 확산되었고, 이 강력한 모델을 과학적으로 실행하는 것에 특별히 주목하였다(Beveridge et al., 2015; Fowles et al., 2017).

부모-아동 상호작용치료: 치료 대상

PCIT를 적용해 본 다양한 대상의 욕구를 더 잘 충족하기 위해 연구자들은 PCIT를 조정하여 개발하고 실행했다. 초기에 McNeil과 Hembree-Kigin(2010)은 일반적인 발달 수준을 보이지만 PCIT 연령 범위 밖에 있는 더 높은 연령의 7~8세 아동을 위한 조정을 설명했다. 조정된 모델에는 같은 행동 원칙(예: 정적 강화, 선택적 관심, 한계 설정)이 일관되게 유지되지만 학령기 아동의 신체 크기와 발달된 인지 능력을 고려했다. 구체적으로, 양육자에게 더 복잡하고 구조적으로 다양한 언어 표현을 하면서 아동주도 기술 수준 감소를 권장하는 조정을 했다(Stokes, Tempel, Costello, & McNeil, 2017). 또한 치료사와 아동 사이의 라포(rapport) 증가를 위해 개별 치료 시간이 추가되었다. 마지막으로, PCIT의 부모주도 상호작용 단계는 효과적인 지시를 가르치고 실행하는 단계와 이후 수정된 타임아웃 절차와 토큰경제 장려 시스템을 실행하는 단계로 나뉘었다.

표준 PCIT를 사용하여 파괴적 행동을 보이는 2~8세 아동의 정서조절이 연구되었다(Lieneman, Girard, Quetsch, & McNeil, 2018). 지역사회 정신건강센터에서 치료를 받고 있는 대부분이 히스패닉계와 저소득층인 66가정의 양육자와 아동의 정서조절을 평가했다. 양육자는 성인의 정서조절 곤란을 측정하는 자기보고 척도인 정서조절 어려움 척도(Difficulties in Emotion Regulation Scale: DERS; Gratz & Roemer, 2004)를 작성했다. 부모는 또한 아동의 정서조절과 관련해서 정서조절 체크리스트(Emotion Regulation

Checklist: ERC; Shields & Cicchetti, 1997)를 작성했다. ERC는 적응적 조절과 불안정성/부정성의 두 소척도를 제공한다. 치료 전과 후 검사에서 양육자는 PCIT 후에 자신의 정서조절이 유의미하게 개선되었다고 보고했다(Cohen의 d = 0.78). 마찬가지로 부모는 아동들이 PCIT 후에 그들의 정서를 조절할 수 있는 능력이 크게 개선되었다고 보고했다(불안정성/부정성 Cohen의 d = 1.93). 양육자와 아동의 정서조절은 CDI와 PDI 치료 단계에서 모두 시간이 경과할수록 대부분 직선형으로 개선된 것으로 나타났다. 저자들은 양육자의 정서조절 개선이 아동의 파괴적 행동에 대해 무시하면서 순간에 머물고 양육자-아동 관계에 집중하는 것을 배우기, 자신의 정서와 아동의 정서에 더 맞추기, 아동의 파괴적 행동에 자연스럽고 대본대로 하는 방식으로 반응하기, 아동과의 스트레스가 유발되는 상호작용에 차분하게 절제된 반응하기를 배우는 PCIT 기술에 기인한다고 보았다. 아동의 정서조절에서의 큰 개선은 아동의 파괴적 행동의 긍정적 변화와도 함께 이루어졌다. Lieneman과 동료들(2018)의 연구는 PCIT 후 부모와 아동 모두의 정서조절 변화를 보여 준 첫 연구라는 점에서 PCIT 문헌에 크게 기여한다. 불안정성과 부정성 부분에서 아동의 정서조절 곤란의 감소는 미래의 정신건강에 중요한 함의를 갖는다. 연구에서는 아동기의 정서조절이 사회/정서 기능, 학업 성공, 나중의 전반적인 삶의 웰빙과 관련 있다는 것이 반복적으로 나타났다(Lieneman et al., 2018). 이 연구에서 나타난 정서조절의 변화는 PCIT가 단순한 행동수정 프로그램 이상이라는 것을 나타낸다. 또한 연구는 전반적인 정서 기능을 가정 단위에서 다룬다.

정서조절의 개념은 내재화 장애를 보이는 아동에게도 PCIT를 사용하여 다루어졌다. 유아기에 우울과 불안이 행동적으로 나타난다는 점과 증상들의 발현과 치료에 환경의 영향이 중요하다는 점을 고려하여, 연구자들은 PCIT가 내재화 장애에 미치는 영향을 탐색했다. Lenze, Pautsch와 Luby(2011)는 우울한 유아기 아동을 위하여 PCIT를 조정한 모델을 개발했다. 구체적으로, 아동주도와 부모주도 모듈은 마스터 수준과 상관없이 6회기로 제한했다. 아동의 정서 인식과 정서조절능력을 증가시키기 위해 독특한 정서발달(Emotional Development: ED) 모듈을 추가했다. 이 모듈에서는 정서에 이름 붙이기, 아동에게 이완 기술을 사용하도록 촉진하기와 같은 기법을 사용하여 부모에게 아동의 정서조절을 돕도록 가르쳤다. 이 조정 모델 연구 결과, 임상적으로 유의미하게 아동의 우울 증상 수준은 감소했고 친사회적 행동과 정서적 대처는 증가했다. 나중에 Comer와 동료들(2012)은 분리불안장애, 사회불안, 범불안장애, 또는 특정공포증 진단을 받은 불안한 유아를 위한 접근행동 코칭과 모델링으로 이끌기(Coaching Approach behavior and Leading by Modeling: CALM)라는 PCIT 조정 프로그램의 실행을 시험했다. 지시불이행을 목표로 하는 훈육 절차에 중점을 두기보다는 부모가 아동을 점진적으로 두려워하는 자극에 노출시켜 용기 있는 행동을 촉진하고 불안 반응을 감소시키도록 부모를 코칭하는 데 부모 기술을 사용하였다. 연구 결과, 대부분의 참석자는 치료 후 불안장애 진단 기준을 충족하지 않는 진단적 · 기능적 개선을 나타냈다.

어린 아동의 주의력결핍 과잉행동장애(ADHD)의 유병률과 증상의 발현이 잘 알려진 것을 고려하여, PCIT가 ADHD를 보이는 미취학 아동의 정서조절을 목표로 조정 · 개발되기도 하였다. 미취학 아동의 우울증을 치료하기 위해 개발된 PCIT–ED 프로그램을 조정한 모델로 PCIT 정서 코칭 프로토콜은 파괴적 행동이 나타나지 않을 때 아동의 긍정 및 부정 정서에 이름 붙이고 반영함으로써 양육자가 아동의 정서에 반응할 수 있게 해 준다(Chronis-Tuscano et al., 2016). 이런 조정의 결과로 치료 후 시점에서 아동의 증상이 감소하고 정서조절 기술은 향상되었다.

약 12개의 연구는 PCIT가 자폐스펙트럼 아동의 파괴적 행동을 개선하는 것을 보여 주었다(자세한 조사 내용은 McNeil, Quetsch, & Anderson, 출판 중 참고). 예를 들면, Zlomke, Jeter와 Murphy(2017)는 자폐스펙트럼 아동 17명을 연구하여 일반적 발달을 보이는 아동의 PCIT 결과와 비슷하다는 것을 발견했다. 아이버그 아동행동검사 점수는 정상 범위 밖에서 안으로 개선되었고(Cohen의 *d* 효과크기 2.45), 지시이행률은 41%에서 87%로 개선되었다. 자폐스펙트럼장애 아동을 위해 PCIT를 조정한 모델도 개발되었다(Lesack, Bearss, Celano, & Sharp, 2014). 자폐스펙트럼장애 아동을 위한 PCIT의 아동주도 단계의 조정에는 기능적인 의사소통만을 반영하기와 반복 또는 정형화된 놀이를 최소화하기 위한 장난감을 제공하기가 포함된다. PCIT의 부모주도 단계의 조정에는 지시 전에 아동의 이름을 부르기, 특정한 지시를 가르치기 위해 직접 손을 잡고 지시이행을 안내하는 절차, 타임아웃 시간 축소, 타임아웃에서 벗어날 때 의자에서 붙들기가 포함된다. 이러한 조정을 활용한 사례 연구에서 아동의 파괴적 행동이 감소했을 뿐만 아니라 부모의 긍정적 언어는 증가했고 부정적 언어는 감소했다.

마지막으로, PCIT의 강력한 효과는 라틴계 남/여(McCabe, Yeh, Garland, Lau, & Chavez, 2005), 뉴질랜드 원주민(Capous, Wallace, McNeil, & Cargo, 2016; McNeil & Hembree-Kigin, 2010), 유럽인(Abrahamse et al., 2012), 아시아인(Leung, Tsang, Heung, &

Yiu, 2009)을 포함하여 세계의 다양한 문화에도 조정되어 긍정적인 결과가 나타났다. 각 문화적 조정에서는 개별 문화적 가치의 주요 부분을 통합하고 수정하면서 동시에 PCIT의 핵심 원리를 유지한다. 문화에 따라 PCIT를 검토한 전체 내용은 Capous와 동료들(2016)을 참고하기 바란다.

참고문헌

Abrahamse, M. E., Junger, M., & Lindauer, R. J. (2012). The effectiveness of parent-child interaction therapy in the Netherlands: Preliminary results of a randomized controlled trial. *Neuropsychiatriede l'enfance et de l'adolesence, 60*, S88-S88.

Beveridge, R. M., Fowles, T. R., Masse, J. J., Parrish, B. P., Smith, M. S., Circo, G., & Widdoes, N. S. (2015). The dissemination and implementation of parent-child interaction therapy (PCIT): Lessons learned from a state-wide system of care. *Children and Youth Services Review, 48*, 38-48.

Campbell, C. (2011). *Bringing PCIT to the classroom: The adaptation and effectiveness of the teacher-child interaction training-preschool program.* Paper presented at the Biennial Parent-Child Interaction Therapy International Convention, Gainesville, FL.

Capous, D. E., Wallace, N. M., McNeil, D. J., & Cargo, T. A. (2016). Best Practices for Parent Child Interaction Therapy across Diverse Cultural Groups. *In Parent-child interactions and relationships: Perceptions, practices and developmental outcomes.* New York, NY: Nova Science Publishers.

Chaffin, M., Funderbunk, B., Bard, D., Valle, L. A., & Gurwitch, R. (2011). A combined motivation and parent-child interaction therapy package reduces child welfare recidivism in a randomized dismantling field trial. *Journal of Consulting and Clinical Psychology, 79*, 84-95.

Chambless, D. L., & Hollon, S. D. (1998). Defining empirically supported therapies. *Journal of Consulting and Clinical Psychology, 66*(1), 7-18.

Chronis-Tuscano, A., Lewis-Morrarty, E., Woods, K. E., O'Brien, K. A., Mazursky-Horowitz, H., & Thomas, S. R. (2016). Parent-child interaction therapy with emotion coaching for Preschoolers with attention-deficit/hyperactivity disorder. *Cognitive and Behavioral Practice, 23*(1), 62-78.

Comer, J. S., Puliafico, A. C., Aschenbrand, S. G., McKnight, K., Robin, J. A., Goldfine, M. E., & Albano, A. M. (2012). A pilot feasibility evaluation of the CALM program for anxiety disorders in early childhood. *Journal of Anxiety Disorders, 26*(1), 40-49. https://doi. org/10.1016/j.janxdis.2011.08.011

Costello, A. H., Chengappa, K., Stokes, J. O., Tempel, A. B., & McNeil, C. B. (2011). Parent-child interaction therapy for oppositional behavior in children: Integration of child-directed play therapy and behavior management training for parents. In A. A. Drewes, S. C. Bratton, & C. E. Schaefer (Eds.), *Integrative play therapy*. Hoboken, NJ: Wiley.

Eyberg, S. (1988). Parent-child interaction therapy: Integration of traditional and behavioral concerns. *Child & Family Behavior Therapy, 10*(1), 33-46.

Eyberg, S., & Funderburk, B. W. (2011). *Parent-child interaction therapy protocol*. Gainesville, FL: PCIT International.

Eyberg, S. M., & Boggs, S. R. (1998). Parent-child interaction therapy for oppositional preschoolers. In C. E. Schaefer & J. M. Briesmeister (Eds.), *Handbook of parent training: Parents as cotherapists for children's behavior problems* (2nd ed., pp. 61-97). New York, NY: Wiley.

Eyberg, S. M., & Bussing, R. (2010). Parent-child interaction therapy for preschool children with conduct problems. In R. C. Murrihy, A. D. Kidman, & T. H. Ollendick (Eds.), *Clinical handbook of assessing and treating conduct problems in youth* (pp. 132-162). New York, NY: Springer.

Eyberg, S. M., Nelson, M., & Boggs, S. R. (2008). Evidence-based psychosocial treatments for children and adolescents with disruptive behavior. *Journal of Clinical Child and Adolescent Psychology, 37*(1), 215-237.

Fernandez, M. A., Gold, D. C., Hirsch, E., & Miller, S. (2015). From the clinics to the classrooms: A review of teacher-child interaction training in primary, secondary, and tertiary prevention settings. *Cognitive and Behavioral Practice, 22*, 217-229.

Fowles, T. R., Masse, J. J., McGoron, L., Beveridge, R. M., Williamson, A. A., Smith, M., & Parrish, B. P. (2017). Home-based vs. clinic-based parent-child interaction therapy: Comparative effectiveness in the context of dissemination and implementation. *Journal of Child and Family Studies*, 1-15. https://doi.org/10.1007/s10826-017-0958-3

Hood, K. K., & Eyberg, S. M. (2003). Outcomes of parent-child interaction therapy: Mothers' reports of maintenance three to six years after treatment. *The Family Journal: Counseling and Therapy for Couples and Families, 8*, 180-186.

Kaminski, J. W., Valle, L. A., Filene, J. H., & Boyle, C. L. (2008). A meta-analytic review of components associated with parent training program effectiveness. *Journal of Abnormal Child Psychology, 36*(4), 567-589.

Lanier, P., Kohl, P. L., Benz, J., Swinger, D., & Drake, B. (2014). Preventing maltreatment with a community-based implementation of parent-child interaction therapy. *Journal of Child and Family Studies, 23*(2), 449-460.

Lenze, S., Pautsch, J., & Luby, J. (2011). Parent-child interaction therapy emotion development: A novel treatment for depression in preschool children. *Depression and Anxiety, 28*, 153-159.

Lesack, R., Bearss, K., Celano, M., & Sharp, W. G. (2014). Parent-child interaction therapy and autism spectrum disorder: Adaptations with a child with severe developmental delays. *Clinical Practice in Pediatric Psychology, 2*(1), 68-82.

Leung, C., Tsang, S., Heung, K., & Yiu, I. (2009). Effectiveness of parent-child interaction therapy (PCIT) among Chinese families. *Research on Social Work Practice, 19*, 304-313.

Lieneman, C. C., Brabson, L. A., Highlander, A., Wallace, N. M., & McNeil, C. B. (2017). Parent-child interaction therapy: Current perspectives. *Psychology Research and Behavior Management,10*, 239-256.

Lieneman, C. C., Girard, E. I., Quetsch, L. B., & McNeil, C. B. (2018). Emotion regulation and attrition in parent-child interaction therapy. *Manuscript submitted for publication.*

Lyon, A., Gershenson, R., Farahmand, F., Thaxter, P., Behling, S., & Budd, K. (2009). Effectiveness of teacher-child interaction training (TCIT) in a preschool setting. *Behavior Modification, 33*(6), 855-884.

Masse, J. J., & McNeil, C. B. (2008). In-home parent-child interaction therapy: Clinical considerations. *Child & Family Behavior Therapy, 30*(2), 127-135.

McCabe, K. M., Yeh, M., Garland, A. F., Lau, A. S., & Chavez, G. (2005). The GANA program: A tailoring approach to adapting parent child interaction therapy for Mexican Americans. *Education & Treatment of Children, 28*(2), 111.

McNeil, C. B., & Hembree-Kigin, T. (2010). *Parent-child interaction therapy.* New York, NY: Springer.

McNeil, C. B., Quetsch, L. B., & Anderson, C. M. (In Press). *Handbook of parent-child interaction therapy with children on the Autism Spectrum.* New York, NY: Springer.

Mersky, J. P., Topitzes, J., Janczewski, C. E., & McNeil, C. B. (2015). Enhancing foster parent training with parent-child interaction therapy: Evidence from a randomized field experiment. *Journal of the Society for Social Work and Research, 6*(4), 591-616.

Naik-Polan, A. T., & Budd, K. S. (2008). Stimulus generalization of parenting skills during parentchild interaction therapy. *Journal of Early and Intensive Behavior Intervention, 5*(3), 1-92.

Nixon, R. D. V., Sweeney, L., Erickson, D. B., & Touyz, S. W. (2003). Parent-child interaction therapy: A comparison of standard and abbreviated treatments for oppositional defiant preschoolers. *Journal of Consulting and Clinical Psychology, 71*, 251-260.

Patterson, G. R. (1982). *Coercive family process.* Eugene, OR: Castalia.

Pearl, E., Thieken, L., Olafson, E., Boat, B., Connelly, L., Barnes, J., & Putnam, F. (2011). Effectiveness of community dissemination of parent-child interaction therapy. *Psychological Trauma: Theory, Research, Practice, and Policy, 4*(2), 204-213.

Reitman, D., & McMahon, R. J. (2013). Constance "Connie" Hanf (1917-2002): The mentor and the model. *Cognitive and Behavioral Practice, 20*, 106-116.

Stokes, J. O., Tempel, A. B., Costello, A. H., & McNeil, C. B. (2010). *Parent-child interaction therapy with an 8-year-old child: A case study.* Paper presented at the Association for Behavioral and Cognitive Therapies 44th Annual Conference, San Francisco, CA.

Stokes, J. O., Tempel, A. B., Costello, A. H., & McNeil, C. B. (2017). Parent-child interaction therapy with an eight-year-old child: A case study. *Evidence-Based Practice in Child and Adolescent Mental Health, 2*(1), 1-11.

Thomas, R., & Zimmer-Gembeck, M. J. (2007). Behavioral outcomes of parent-child interaction therapy and triple P-positive parenting program: A review and meta-analysis. *Journal of Abnormal Child Psychology, 35*(3), 475-495.

Timmer, S. G., Ware, L., Urquiza, A., & Zebell, N. M. (2010). The effectiveness of parent-child interaction therapy for victims of interparental violence. *Violence & Victims, 25*, 486-503.

Ward, M. A., Theule, J., & Cheung, K. (2016). Parent-child interaction therapy for child disruptive behaviour disorders: A meta-analysis. *Child & Youth Care Forum, 45*(5), 675-690.

Ware, L. M., McNeil, C. B., Masse, J., & Stevens, S. (2008). Efficacy of in-home parent-child interaction therapy. *Child & Family Behavior Therapy, 30*(2), 99-126.

Winnicott, D. (1953). Transitional objects and transitional phenomena. *International Journal of Psychoanalysis, 34*, 89-97.

Zlomke, K. R., Jeter, K., & Murphy, J. (2017). Open-trial pilot of parent-child interaction therapy for children with Autism Spectrum Disorder. *Child and Family Behavior Therapy,*

39(1), 1-18.

Gratz, K. L., & Roemer, L. (2004). Multidimensional assessment of emotion regulation and dysregulation: Development, factor structure, and initial validation of the Difficulties in Emotion Regulation Scale. *Journal of Psychopathology and Behavioral Assessment, 26*(1), 41-54. https://doi.org/10.1023/B:JOBA.0000007455.08539.94.

Shields, A., & Cicchetti, D. (1997). Emotion regulation among school-age children: The development and validation of a new criterion Q-sort scale. *Developmental Psychology, 33*(6), 906-916. https://doi.org/10.1037/0012-1649.33.6.906

제4장

걸음마기 유아 연령에 PCIT 적용하기

PCIT 접근 안에 내재된 강한 구조는 다양한 치료 환경, 구성원, 진단을 망라하여 2세 미만의 아동에게 실시하는 것과 실증적인 성공이 가능하게 해 주었다. 각 PCIT 조정 모델의 뉘앙스는 다르지만, 아동의 행동이 긍정적으로 변화하는 데 부모-아동 관계의 질을 향상시키는 것을 강조하는 공통점이 있고, 12~24개월 유아 연령의 독특한 발달적 능력과 욕구에 전형적인 PCIT 절차를 적용하지 않아야 한다는 것을 인정한다. PCIT-T는 고위험군 영아/걸음마기 유아와 양육자를 대상으로 하는 다른 애착기반 개입과 특징이 비슷하다. 애착기반 개입은 애착과 생리행동 따라잡기(attachment and biobehavioral catchup; Yarger, Hoye, & Dozier, 2016), 아동-부모 심리치료(child-parent psychotherapy; Lieberman, Silverman, & Pawl, 2005)를 포함한다. 또 다른 개입으로 가족 체크업(family checkup: FCU)은 동기강화 기반 기법에 중점을 두고 (부모 코칭 모델 대신) 간략한 컨설팅 모델을 사용한다. 이 개입의 종단연구 결과, 아동의 행동과 언어 능력이 개선되었다(Lunkenheimer et al., 2008). 애착기반과 행동기반 개입 접근의 차이점에도 불구하고 추가적인 문헌은 두 접근을 결합했을 때 양방향으로 효과가 나타나는 것을 보여 주었다. Dombrowski, Timmer, Blacker와 Urquiza(2005)는 PCIT의 증거기반을 가장 먼저 걸음마기 유아에게 조정하여 적용했는데, 구체적으로 이들은 학대를 경험한 유아를 대상으로 했다. 부모-아동 조율치료(parent-child attunement therapy: PCAT)라고 명명한 이 개입은 12~30개월 유아에 중점을 두었다. 전통적인 PCIT와 많은 점에서 비슷하지만(예: 장비, 마스터 기준, PRIDE 기술, 부정적 행동에 대한 선택적 무관심) 조정 모델은 덜 복잡한 언어, 회기 시간 축소, 열정 증가, 타임아웃 생략, 신체 접촉 증가 등을 사용했다. 사례 연구 결과, 상호작용의 긍정성과 질이 개선되었음을 나타냈다.

12~24개월 연령의 독특한 발달적 욕구에 맞춘 PCIT는 언어 발달 지연을 현재 경험하고 있거나 경험할 고위험군 어린 아동의 언어 표현을 증가시키는 것으로 나타났다(Bagner, Garcia, & Hill, 2016; Blizzard, Barroso, Ramos, Graziano, & Bagner, 2017). Bagner와 동료들(2016)은 가정기반, 아동중심 상호작용 초점 개입인 영아행동 프로그램(Infant Behavior Program: IBP)을 다문화 고위험군 영아 집단에 적용했다. 이들은 영유아의 행동 문제를 측정하는 표준화된 도구인 간편 영아-걸음마기 유아 사회정서평가(Brief Infant-Toddler Social and Emotional Assessment; Briggs-Gowan, Carter, Bosson-Heenan, Guyer, & Horwitz, 2006) 점수가 75% 이상에 해당되었다. 매 코칭 회기 동안 양육자는 PRIDE 기술 사용을 증가시키고 공격성을 포함한 부정적인 행동에는 선택적 무관심을 보이도록 안내되었다. 박수치기와 말소리 따라 하기와 같은 조정도 권장했다. 마지막으로, 양육자가 매일 헌신적으로 5분 가정 연습 시간 동안 이런 기술을 연습하노록 했다. 최대 7회기 후 두 연구 결과에서 개입 후의 높은 PRIDE 기술은 부모의 따뜻함 수준, 민감도, 반응성과 같은 높은 애착기반 양육 기술과 관련이 있음이 나타났다(Blizzard et al., 2017). 아동의 지시이행 증가, 신체적 공격성 감소, 내재화 행동 감소와 같은 전통적인 부모 훈련 결과도 나타났다. 연구자들은 아동의 지시이행을 위한 표준화된 지시이행 훈련에 초점을 두지 않았기 때문에 이 결과가 놀라웠다고 보고했다(Blizzard et al., 2017). 마지막으로, 부모의 긍정적 기술의 증가와 부정적 기술의 감소가 보고되었다(Bagner, Garcia, et al., 2016).

최근 우리 팀원들은 클리닉의 영아와 걸음마기 유아를 대상으로 강력한 개입의 효과를 실증적으로 밝힘으로써 이 치료의 한계를 시험하기 시작했다. 구체적으로 걸음마기 유아들을 대상으로 하는 우리의 조정은 부정적인 행동이 발생하는 것을 제한하기 위해 긍정적인 양육 기법을 사용하면서 유아의 정서조절을 향상시키는 것을 중심으로 했다. Kohlhoff와 Morgan(2014)은 먼저 2세 미만의 아동이 있는 29가정을 대상으로 예비 PCIT-T 버전을 설명하고 실시했다. 연구자들은 특별히 이 연령의 발달적 욕구를 충족하기 위해 조정된 주목할 만한 내용의 개요를 설명했다. 첫째, 일반적으로 45∼60분 동안에 진행되는 PCIT 회기와 달리 PCIT-T 회기는 30∼45분이 걸렸다. 또한 PDI(예: 간단한 지시)에서 일반적으로 실시되는 훈육은 덜 강조하였다. 대신, PDI 아이디어의 일부는 CDI 단계에 주입하였다. 방향 전환이 행동 관리의 주요한 방식으로 사용되었고, 발달적으로 적절한 기대에 대한 부모대상 심리교육이 치료 전반에 통합되었다. 마지막으로, PCIT-T는 안전하면서 발달적으로 적절한 환경을 만들고 정서조절 곤란의 조기 징후에 빠르게 개입하는 것에 집중하여 문제 행동의 발생을 예방하도록 부모를 도왔다. 저자들이 추후 연구의 필요성을 나타내는 제한점을 설명하였지만, 결과는 문제 행동 감소, 양육 기술 개선, 높은 치료 만족도를 나타내는 유망한 치료임을 보여 주었다.

이 연구를 확장하기 위하여 Kohlhoff와 동료들은 현재 15∼24개월 걸음마기 유아를 대상으로 한 더 큰 수의 대기자 대조군 연구의 PCIT-T 개입 결과를 평가하고 있다. 이 연구는 현재 진행 중에 있지만 초기 자료는 분명하게 PCIT-T 모델의 효과성을 나타내고 있다(Kohlhoff, Morgan, & Mares, 2017). 처음 시험을 완료한 부모−걸음마기 유아 27쌍(PCIT-T 치료 조건 14쌍, 대기자 대조군 13쌍) 중 PCIT-T에 참여한 걸음마기 유아 집단은 아동행동평가척도(Child Behavior Checklist: CBCL; Achenbach & Rescorla, 2000)를 사용한 평가에서 유의미하게 큰 외현화와 내재화 행동 감소를 보였다[CBCL 외현화 척도, $F(1,23)=10.26$, $p<0.05$, $\eta_P^2=0.23$, 즉 큰 효과크기; CBCL 내재화 척도, $F(1,22)=15.01$, $p<0.05$, $\eta_P^2=0.24$, 즉 큰 효과크기]. 구체적 칭찬, 행동 묘사, 반영과 같은 부모의 긍정적 양육 기술은 대기 집단과 비교하여 PCIT-T 집단에서 더 급격히 증가했고[DPICS '해야 할 기술' $F(1,11)=33.60$, $p<0.001$, $\eta_P^2=0.75$, 즉 큰 효과크기], 비난, 지시, 질문과 같은 부정적 양육 기술은 유의미하게 감소했다[DPICS '하지 말아야 할 기술' $F(1,11)=5.68$, $p<0.05$, $\eta_P^2=0.32$, 즉 큰 효과크기]. 중요하게도, 이 연구의 예비 결과는 부모의 정서적 가용성 증가가 통계적으로 유의미하다는 추세를 보여 준다. 구체적으로, PCIT−T 개입 집단의 부모는 대기 조건의 부모와 비교하여 치료 후/대기 평가에서 정서적 가용성 척도(Emotional Availability Scales; Biringen, Robinson, & Emde, 2000)의 부모 민감성이 더 크게 향상되었고 유아를 위해 상호작용을 구조화하는 데 더 큰 가용성을 보였다($ps<0.08$). 또한 부모의 침해 감소와 적대감 감소 추세도 나타났다($ps<0.14$). 마지막으로, 영유아의 애착 유형에 PCIT-T 개입의 영향을 밝히려는 노력의 일환으로 이 연구의 유아들은 기초선과 6개월 후(즉, PCIT-T 개입의 완료 약 4∼5개월 후)에 SSP(Ainsworth,

Blehar, Waters, & Wall, 1978)를 사용하여 평가했다. 이 부분의 연구는 공개 임상 시험으로 자료 수집/코딩이 아직 진행 중에 있지만(이 책이 출간되는 시점에 유아 14명의 사전-사후 애착 자료가 수집되었다), 개입 전 '비조직적' 애착 유형으로 분류된 6명의 아동 중 5명이 추수 평가에서 '조직적' 애착 유형으로 바뀌었다는 예비 결과는 대단히 유망하다. 이 결과는 적은 표본 수에 기반을 두기 때문에 해석에는 주의를 기울여야 하지만, 유사한 개입에서 비슷하게 인상 깊은 결과를 나타내는 실증적 연구가 몇 개 안 되는 점을 고려하면 주목할 만하다. 종합하면, Kohlhoff와 Morgan 연구의 예비 결과는 PCIT-T의 초기 버전이 부모와 아동의 행동에서만 긍정적인 결과가 있는 것이 아니라 부모-아동 상호작용의 정서의 질과 영유아의 애착 유형과도 관련이 있다는 것을 시사한다. PCIT-T의 초기 버전은 이 책이 설명하고 있는 PCIT-T의 핵심 요소로 구성되어 있고 기본 전제 가정이 같다. Kohlhoff와 Morgan의 연구가 종료되면 더 확실한 결과를 제공할 것이다. 적절한 때에 가장 최근의 PCIT-T 모델(이 책이 설명하고 있는)을 시험하는 후속 연구도 이러한 결과를 확인하기 위해 진행될 것이다.

요약하면, 2세 이하의 아동에게 적용하기 위해 고안된 PCIT 조정 모델은 지시이행의 증가 및 공격성, 반항성, 내재화 문제의 감소와 같이 아동의 행동을 긍정적으로 개선시키는 결과를 나타냈다. 부모의 긍정적인 행동의 증가와 부정적인 행동의 감소도 나타났고, 부모-자녀 관계의 질과 정서적 가용성의 향상도 보였다. 마지막으로, 이런 효과는 부모의 마스터 기준과 상관없이 7회기 이하의 코칭 회기 이후 달성되었다(Bagner, Coxe, et al., 2016; Bagner, Rodríguez, Blake, & Rosa-Olivares, 2013; Kohlhoff & Morgan, 2014). 이 대상의 연령과 이 조정 모델의 긍정적 영향은 개입을 하는 것뿐만 아니라 어린 아동을 긍정적인 발달 궤도에 위치하도록 도우면서 행동 문제를 예방하는 데 노력을 기울여야 한다는 강력한 시사점을 제공한다(Dombrowski et al., 2005). 종합적으로, 이런 연구들은 영아와 초기 걸음마기 유아의 치료에서 행동적 개입과 애착기반 개입을 결합하는 것과 성과 측정의 중요성을 나타낸다.

참고문헌

Achenbach, T. M., & Rescorla, L. A. (2000). *Manual for the ASEBA Preschool forms and profiles*. Burlington, V.T: University of Vermont, Research Center for Children, Youth &

Families.

Ainsworth, M., Blehar, M. C., Waters, E., & Wall, S. N. (1978). *Patterns of attachment: Assessed in the strange situation and at home*. Hillsdale, NJ: Erlbaum.

Bagner, D. M., Coxe, S., Hungerford, G. M., Garcia, D., Barroso, N. E., Hernandez, J., & Rosa-Olivares, J. (2016). Behavioral parent training in infancy: A window of opportunity for high-risk families. *Journal of Abnormal Child Psychology, 44*(5), 901-912.

Bagner, D. M., Garcia, D., & Hill, R. M. (2016). Direct and indirect effects of behavioral parent training on infant language production. *Behavior Therapy, 47*, 184-197.

Bagner, D. M., Rodríguez, G. M., Blake, C. A., & Rosa-Olivares, J. (2013). Home-based preventive parenting intervention for at-risk infants and their families: An open trial. *Cognitive and Behavioral Practice, 20*(3), 334-348.

Biringen, Z., Robinson, J. L., & Emde, R. N. (2000). Appendix B: The emotional availability scales (; an abridged infancy/early childhood version). *Attachment and Human Development, 2*(2), 256-270.

Blizzard, A. M., Barroso, N. E., Ramos, F. G., Graziano, P. A., & Bagner, D. M. (2017). Behavioral parent training in infancy: What about the parent–infant relationship? *Journal of Clinical Child and Adolescent Psychology*, 1-13.

Briggs-Gowan, M. J., Carter, A. S., Bosson-Heenan, J., Guyer, A. E., & Horwitz, S. M. (2006). Are infant-toddler social-emotional and behavioral problems transient? *Journal of the American Academy of Child and Adolescent Psychiatry, 45*, 849-858.

Dombrowski, S. C., Timmer, S. G., Blacker, D. M., & Urquiza, A. J. (2005). A positive behavioural intervention for toddlers: Parent attunement therapy. *Child Abuse Review, 14*, 132-151.

Kohlhoff, J., & Morgan, S. (2014). Parent child interaction therapy for toddlers: A pilot study. *Child and Family Behavior Therapy, 36*(2), 121-139.

Kohlhoff, J., Morgan, S., & Mares, S. (2017). *Parent-Child Interaction Therapy for young Toddlers (PCIT-T): Changing experience as well as behaviour*. Paper presented at the International Attachment Conference, London, June 2017.

Lieberman, A. F., Silverman, R., & Pawl, J. H. T. (2005). Infant-parent psychotherapy: Core concepts and current approaches. In C. H. Zeanah (Ed.), *Handbook of infant mental health*. New York: Guilford.

Lunkenheimer, E. S., Shaw, D. S., Gardner, F., Dishioin, T. J., Connell, A. M., Wilson, M. N., & Skuban, E. M. (2008). Collateral benefits of the family check-up on early childhood school readiness: Indirect effects of parents' positive behavior support. *Developmental Psychology, 44*(6), 1737-1752.

Yarger, H. A., Hoye, J. R., & Dozier, M. (2016). Trajectories of change in attachment and biobehavioral catch-up among high-risk mothers: A randomized clinical trial. *Infant Mental Health Journal, 37*(5), 525-536.

제5장

걸음마기 유아를 위한 정서조절 치료로 PCIT-T를 개념화하기

PCIT-T와 좀 더 나이 많은 아동에게 적용되는 표준 PCIT의 중요한 차이점은 정서조절이라는 핵심 개념 안에 있다. 나이 많은 아동은 관심을 끌기 위함을 주목적으로 부정적인 행동을 의도적으로 하는 것이 인지적으로 가능하다. 따라서 선택적 관심의 실행은 발달적으로 독립적인 사용이 가능한 정서조절 기술을 강화하고 활용하도록 동기부여하면서 부정적인 행동의 보상 가치를 감소시킴으로써 그러한 행동을 최소화시킨다. 그러나 걸음마기 유아는 독립적으로 정서를 관리하고 통제하는 데 필요한 인지적 또는 정서적 기술을 아직 가지고 있지 않다. 게다가 부모-자녀 유대감의 발달이 형성되는 가장 중요한 단계에 있다. 따라서 부모가 자신의 정서를 알아차리고 조절할 수 있는 능력은 유아가 자신의 감정을 통제할 수 있는 능력에 매우 큰 영향을 미친다. 이런 정서조절 기술은 부모의 모델링과 직접적인 가르침을 통해서, 아동의 정서 발달을 편안하고 일관되고 예측되는 방식으로 지지하는 부모의 능력을 통해서 전수될 수 있다. 그러나 이 원칙은 부모가 기술을 가지고 있고, 발달적 이해를 바탕으로 이러한 정서조절 기술을 아동에게 적절하게 모델링하고 전수하는 정서적인 능력이 있다는 것을 전제로 한다. PCIT-T는 치료 팀의 모든 구성원(예: 치료사, 부모, 아동)이 실제로 상대방에게 기술을 적용하는 동안 서로 모델링하고, 강화하고, 지지하는 상호작용 과정을 제공한다. 구

표 5-1 | 아동의 행동과 관련된 동기 및 부모 반응을 안내하기 위한 PCIT-T 코칭 문장 예시

상황	정서/동기	아동의 욕구	코칭 문장 예시	부모 반응
상황: 아동이 독립적으로 장난감을 분리하려고 하려고 시도한다. 분리되지 않는다. 아동이 울기 시작한다. 아동이 장난감을 던지고, 발을 구르고, 팔을 휘두른다.	좌절감/분노	정서조절에 민감한 관여와 지지	"○○이가 어머니 도움이 필요하네요. 가까이 가세요. 들어서 안아주세요."	CARES 단계가 실행된다. 부모가 가까이 이동[CARES 단계: 가까이 가기], "엄마는 네가 화가 난 걸 알아. 엄마가 널 도와주려고 여기 있어."라고 말한다[CARES 단계: 정서를 타당화하기, 아동을 안심시키기, 목소리 톤으로 진정시키기]. 부모는 부분적으로 장난감을 분리시켜서 아동이 독립적으로 완수할 수 있도록 아동의 능력에 대한 비계설정을 한다[CARES 단계: 아동을 도와주기].
상황: 같은 방에서 시간이 좀 지난 후 아동이 접으며 공간을 탐색한다. 하나의 활동에 참여하지 못한다. 아동이 징징대기/팔을 휘두르기 시작한다.	지루함	생산적인 놀이로 돌아갈 수 있도록 자극, 권여, 지지	"○○이가 좀 지루한 것 같아요. 장난감 하나를 잡으시고 아주 흥미롭게 놀아 보세요. 재미있게 만들어 보세요. [아동이 부모에게 합류하고 놀이를 시작한다.] '어머니께서 ○○이가 다시 돌아오게 하셨어요. ○○이가 피곤한 것 같은데요. [회기가 오래 진행되었다면 곧 마치도록 하겠습니다.]"	부모는 새로운 장난감을 제공하거나 활동에 변화를 준다. 아동을 참여시키기 위해 높은 수준의 열정을 사용한다. 아동이 피로감을 평가하고, 회기 종결을 고려한다.
상황: 아동이 바닥에서 작은 큰 조각을 집는다. 부모가 아동의 손에서 끈을 빼느다. 아동이 부모를 때린다.	부모를 향한 분노	심리 위험에 대한 한계 설정, 민감한 관여, 정서조절 지지	아동에게 가까이 가고, 아동의 손을 앞으로 내밀어 붙잡고, 단호하게 "아프게 하면 안 돼."라고 말하세요. 3초간 시선을 다른 곳으로 돌리세요.	부모는 아동에게 가까이 가고[CARES 단계: 가까이 가기] 신체적 공격성을 차단한다. 아동의 등을 쓰다듬기 시작한다[CARES 단계: 부드러운 신체 접촉으로 진정시키기].

상황	유형	핵심 기술	부모 안내 예시	중재 반응
참고: 유아에게서 무언가를 빼앗아 와야 한다면, 눈에 보이지 않게 두어야 한다. 유아는 발달적으로 눈에 보이지 않는 것은 잊어버릴 가능성이 높다.			"마지막으로 '예쁜 손 '이라고 말해 주세요. '엄마는 네가 화난 걸 알아.'라고 말해 주세요. 등을 조금만 쓰다듬어 주세요. 다른 장난감을 집고 열정적으로 어머니 놀이를 묘사해 주세요."	부모는 "나는 네가 화난 걸 알아. 엄마가 여기 있어.'라고 말한다[CARES 단계: 정서를 타당화하기]. 부모는 근처에서 불빛이 와 아동을 안심시키기. 나는 다른 장난감을 집어 놓기 시작한다. 아동이 장난감을 집으려고 하면 부모는 아동에게 장난감을 주고 "잘 가지고 노네"[PRIDE 기술: 구체적 칭찬]
상황: 새로운, 노래하는, 불빛이 비치는 장난감으로 돌고 난 후 아동은 반복적으로 방글방글 웃고 바닥에 넘어진다.	과잉자극	전환, 환경의 변화, 민감한 관여, 정서조절 지지	"새로운 장난감으로 ○○이가 약간 지나치게 흥분한 것 같아요. 활동에 변화를 주는 게 필요한 것 같습니다. ○○이를 들어서 안고 잠시 흔들어 주세요. ○○이를 방 안에서 돌아다니게 해 주세요. 방 안에서 어머니께서 보이는 것을 묘사해 주세요."	부모가 아동을 들어 안는다[CARES 단계: 가까이 가기], 아동을 흔든다[CARES 단계: 진정시키기]. "엄마는 네가 흥분된 것을 알겠어."라고 말한다[CARES 단계: 정서를 타당화하기], "자기 넘쳐 트 릴하고 쉬이 있네. 블록 옆에 공룡이 있네. 엄마는 아주 크고 높은 탑을 쌓아야 겠다."[긍정적 기술: 전환]
상황: 아동이 오랜 시간 음식을 섭취를 못했다. 여러 장난감을 제공했지만 아동은 차분해지지가 못했다.	충족되지 못한 신체적 욕구(예: 배고픔, 목마름, 배변, 수면)	음식, 신체적 안정, 민감한 관여, 정서조절 지지	"새로운 장난감들이 ○○이가 차분해지는 네 도움이 안 되네요. 배가 고픈 것이 아닌가 궁금해요. ○○이가 마실 것과 간식이 필요한 것 같은데요?"	부모는 기저귀 가방에서 아동의 음료와 간식을 꺼내 오고 말한다. "엄마는 네가 수상한 걸 알아."[CARES 단계: 정서를 타당화하기] 나는 배가 고픈 것 같아. 엄마가 ○○이에게 줄 우유를 가지고 여기 있어.'[CARES 단계: 아동을 안심시키기]와 아동을 도와주기. 아동에게 음료를 준다.
상황: 아동이 부모를 쳐다보고 웃고 먼저 방 밖으로 나가려고 순간이를 잡으려고 한다.	관심 끌기 게임	관심	"이게 게임처럼 되는 것 같아요. ○○이의 관심을 전환해 보죠. 새로운 장난감을 집으시고 열정적으로 가지고 놀아 보세요."	부모는 조용하고 차분하게 새로운 불빛이 들어오는 장난감으로 관심을 돌린다. "우~ 엄마는 이 장난감을 방금 금 돌릴 수 있어!"["여기 있어."라고 한 손은 지시 모든 "문 열지 마.'와 같은 비난 피하기[행동 관리 기술: 절제된 반응과 방향 전환]

체적으로, 코치는 부모에게 안정적인 정서 기지를 제공하고, 그 결과 부모는 같은 지지를 아동에게 제공할 수 있게 된다. 이 과정은 종종 평행 프로세스라고 불린다. 평행 프로세스를 효과적으로 실행하는 하나의 열쇠는, 복잡하지만 아동의 정서조절 곤란 행동(예: 소리 지르기, 신체적 공격성, 장난감 던지기) 뒤에 있는 기저 기능을 정확하게 읽고, 해석하고, 반응하는 코치와 부모의 능력에 달려 있다. 한 회기 내에서 다양한 동기가 나타날 가능성이 높다. 한 행동의 기능을 잘못 해석하면 부적절한 반응, 불필요한 정서적 악화, 그리고 부모와 아동이 적절한 정서조절 전략을 배울 수 있는 기회를 놓치는 결과를 가져올 수 있다. 〈표 5-1〉은 유아의 행동에 동기가 되는 정서를 요약했다. 〈표 5-2〉와 〈표 5-3〉은 부모가 유아에게 실행하는 정서조절 기술과 자신에게 정서조절 기술을 실행하는 방법을 설명하는 유인물이다. 예시는 치료사가 부모에게 적절한 반응을 코칭하기 위한 지침으로 제공되었고 CARES 모델을 개별 아동에게 적용하는 데 사용되어야 한다. CARES 모델은 제8장에서 자세하게 논의된다.

앞의 예시와 같이 PCIT-T는 강압 주기가 작동한다는 가정을 전제하지 않기 때문에 훈육 기법에 중점을 두지 않는다. PCIT-T는 부모와 유아의 관계가 향상되고 양육자의 민감성이 개발되는 것을 목표로 한다. 이 모델은 유아의 행동을 변화시키려고 하기보다는 유아의 신호를 알아차리고 유아의 욕구에 맞추는 방법을 강조한다. CARES 정서조절 기법을 통하여 PCIT-T는 부모와 유아 사이에 신뢰를 형성하고, 부모와 유아 모두에게 자기진정 기술을 가르치고, 아동을 스트레스 상황에서 벗어나도록 하는 방법으로 빠르게 행동을 전환하도록 매우 중요한 비계설정을 제공한다. 효과적으로 유아를 전환시키기 위해서는 먼저 유아가 안정 상태가 되어야 한다. 부모는 또한 부모가 다루기 어려울 수 있는 좌절, 울음, 분노와 같은 감정을 유아가 표현할 때 함께 앉아 있을 수 있도록 자신의 감정을 다루는 것을 배운다. PCIT-T를 하는 동안 유아가 어려운 정서를 경험하는 것이 그들에게 새로운 교육적 경험이 되기 때문에 부모는 이를 막지 않는다. 추가적으로 아동을 절대로 혼자 두어서는 안 되고, 아동에게 정서 코칭을 통해 부모가 이해한다는 것을 알려 준다(제8장의 '정서에 이름 붙이기와 정서 코칭' 절 참고).

표 5-2 걸음마기 유아를 위한 CARES 정서조절 기술

PCIT-T: 걸음마기 유아를 위한 정서조절

CARES

단계는 순서에 상관없이, 종종 동시에 제공된다.

그림 표상		기술	어떻게 및 왜 기술을 사용하는가?
	C	가까이 가기 (Come in)	• 신체적으로 아동에게 가까이 이동한다. • 천천히 차분하게 움직인다. • 아동에게 가까이 감으로써 아동은 부모가 가까이 있고 도움을 줄 수 있다는 것을 볼 수 있다. • 아동의 양육자에 대한 신뢰감을 증가시킨다.
	A	아동을 도와주기 (Assist child)	• 아동이 현재 문제를 해결하도록 돕는다. • 조기 교육 경험을 제공한다. • 아동과 함께 수행하기 대 아동 대신 하기 예시: (아동) 장난감을 분류할 수 없어 짜증을 낸다. (부모) 아동이 장난감을 잡고 있는 상태에서 천천히 장난감의 방향을 바꾸어 장난감 분류 위치를 보여 준다.
	R	아동을 안심시키기 (Reassure child)	• 신뢰를 증가시킬 수 있는 기회를 제공한다. • 양육자가 아동을 돌볼 것이라고 언어로 표현한다. 예시: (부모) "괜찮아. 엄마/아빠가 여기 있어." (부모) "엄마/아빠가 도와줄게. 넌 괜찮아."
	E	정서를 타당화하기 (Emotional validation)	• 아동이 표현한 감정을 읽어 준다. • 이해받고 지지받는 느낌을 준다. • 정서 단어를 확장하는 데 도움을 준다. 예시: (부모) "……(어떤) 때 슬프다는/짜증나는 것을 알아." (부모) "……해서 네가 자랑스럽구나/행복하구나."
	S	진정시키기 (Soothe) (목소리/ 신체 접촉)	• 안전과 안정감을 제공한다. • 모든 것이 괜찮다는 신체적인 신호를 준다. • 아동에게 이완되고 평온한 태도를 모델링한다. 예시: (부모) 아동을 껴안아 주거나 부드럽게 어루만진다. (부모) 조용하고 안심시키는 목소리 톤을 사용한다.

CARES 이후에 방향 전환을 제공한다.

소리 나는 장난감을 사용하여 주의를 돌린다.　　　　　　다른 위치/장소로 이동한다.
아동이 피곤한지, 배고픈지, 기저귀가 젖었는지 확인한다.　　얼굴 표정과 언어 표현을 더 활기차게 한다.

표 5-3 성인을 위한 CARES 정서조절 기술

PCIT-T: 성인을 위한 정서조절

CARES

그림 표상		기술	어떻게 및 왜 기술을 사용하는가?
	C	인지 확인하기, 자신에 대한 단서 찾기 (Check cognition, clue into yourself)	• 유아와의 특별시간을 시작하기 전에 알아차린다. ㅇ왜 함께 시간을 보내는가에 대한 생각/이유 ㅇ당신이 놀이에 들여오는 감정 ㅇ당신의 신체 언어가 나타내는 현재 상호작용 스타일
	A	자신을 돕기 (Assist self)	• 정서적으로 놀이할 준비가 되지 않았다면 이완 기법을 사용하여 에너지를 다시 집중한다. ㅇ깊은 호흡 ㅇ빠른 샤워 ㅇ점진적 근육 이완 ㅇ지지자에게 전화하기
	R	자신을 안심시키기 (Reassure self)	• 양육에는 도전이 따르고, 한 기법이 모든 아동에게 효과적이지는 않다. 따라서 다음을 사용한다. ㅇ긍정적인 자기대화 ㅇ마음 따뜻했던 순간 기억하기 ㅇ아동과 함께하며 기쁨을 가져올 장래의 일을 예견하기
	E	정서를 인식하기 (Emotional awareness)	• 아기와 유아는 놀라울 만큼 정서를 잘 감지한다. 그들은 스트레스를 추적하고 대응하는 것으로 보인다. • 긍정적인 생각과 정서로 놀이에 참여할 때 특별시간은 재미와 유대감을 경험하게 해 준다.
	S	민감하기와 진정시키기 (Sensitive and soothing)	• 유아에게 진정시키는 목소리를 사용하는 것과 비슷하게, 자신을 안심시킬 때와 자기대화의 톤에서 자신에게 친절하고 민감하게 대한다. 스스로에게 배우는 것은 시행착오의 과정이고 진행하면서 조정하는 과정이라고 상기시킨다.

단계는 순서에 상관없이, 종종 동시에 제공된다.

우리 자신에게 **정서조절**을 더 많이 해 줄수록
우리 자녀가 더 큰 혜택을 누리게 됩니다.

제6장

PCIT-T의 행동 평가

　PCIT와 마찬가지로 PCIT-T도 데이터 기반 치료 접근이다. 지속적인 임상적 데이터를 수집하는 것은 치료에 대한 정보를 제공하는 데 필수적이다. 유아의 행동 문제 감소와 부모의 양육 기술 향상이라는 두 가지 주요 치료 목표를 고려하여 아동의 행동 및 정서 결과 변화를 측정하기 위해 데브러 영유아평가(Devereux Early Childhood Assessment: DECA; LeBuffe & Naglieri, 2003, 2009; Mackrain, LeBuffe, & Powell, 2007) 또는 간편 영아-걸음마기 유아 사회정서평가(Brief Infant-Toddler Social and Emotional Assessment: BITSEA; Briggs-Gowan, Carter, Bosson-Heenan, Guyer, & Horwitz, 2006)를 필수적으로 실시해야 한다. 이에 더하여 부모의 기술 습득을 측정하기 위해 부모-아동 상호작용 코딩시스템(Dyadic Parent-Child Interaction Coding System: DPICS; Eyberg, Nelson, Duke, & Boggs, 2010)을 사용해야 한다. 앞서 제시한 척도 외에 임상 현장에서 임상 평가와 관련된 다양한 필요, 고려사항 및 한계가 있을 것으로 사료된다. 따라서 임상가와 기관은 기초선, 치료 중간 그리고 치료 후 시점에서 실시할 추가적인 평가 도구를 결정할 수 있다.

　아동 평가와 더불어 임상가는 아동의 기능과 부모-자녀 관계에 영향을 줄 수 있는 성인의 정신건강과 관련된 우려를 인식하고 있어야 한다. PCIT-T 치료사는 특히 어린 아동의 부모가 높은 불안과 우울을 경험한다는 사실을 인식해야 한다. PCIT-T의 의뢰 질문 중 하나는 산후우울증(현재 또는 과거)이 애착과 아동 행동에 문제를 남겼는가이다. 만약 양육자가 활성화된 산후우울증 증상을 보이거나 다른 정신건강 장애가 있다면, 적절한 의료적/정신의학적 치료 및 다른 필요한 서비스를 받기 위해서 종합 평가에 의뢰하는 것이 적절하다. 양육자의 다른 정신건강 이슈에는 부부 문제, 약물 중독, 트라우마 경험이 포함될 수 있다. 양육자의 전반적인 심리 기능을 평가하기 위해 자세한 초기 면접을 진행해야 한다. 문제되는 부분이 발견되면, 임상가는 불안과 우울 척도와 같은 성인 평가 도구로 보충할 수 있다. 임상적 치료에 자세한 정보를 제공하는 평가 데이터를 얻을 수 있도록 선택 가능한 아동과 성인 평가 도구 목록이 다음에 제시되어 있다.

필수 평가 도구

데브러 영유아평가(DECA)

데브러 영유아평가(Devereux Early Childhood Assessment: DECA; LeBuffe & Naglieri, 2003, 2009; Mackrain et al., 2007)는 영유아기에 흔하게 나타나는 정서, 사회 및 행동 문제를 평가하기 위한 도구이다. DECA는 1~18개월 아동을 위한 DECA-영아(DECA-I)와 18~36개월 아동을 위한 DECA-걸음마기 유아(DECA-T)의 두 버전이 있다. 자기보고 도구이며 작성하는 데 일반적으로 15분이 소요된다. 또한 적응적 기술, 의사소통, 운동 기술, 놀이 그리고 학업 전/인지 능력과 같은 발달·성장의 중요한 영역에서 평가가 이루어진다. DECA-I는 강점기반 도구이며 아동의 성장을 두 개의 보호 요인 척도, 즉 주도성 척도와 애착/관계 척도로 측정하며, 보호 요인 총점을 제공한다. DECA-T는 아동의 성장을 세 개의 보호 요인 척도, 즉 주도성, 애착/관계 그리고 자기조절 척도로 측정하며, 보호 요인 총점을 제공한다. 평가 결과는 임상가에게 개입 전과 후의 변화를 측정할 수 있는 t점수와 백분위 점수를 제공한다.

간편 영아-걸음마기 유아 사회정서평가(BITSEA)

간편 영아-걸음마기 유아 사회정서평가(Brief Infant-Toddler Social Emotional Assessment: BITSEA; Briggs-Gowan et al., 2006)는 12~36개월 아동의 사회정서적 어려움을 평가하기 위한 부모보고 선별 질문지이다. 이 도구는 42문항으로 구성되어 있으며, 결과는 문제 점수와 능력 점수의 두 소척도로 분류된다.

심리측정 평가는 BITSEA와 널리 알려진 아동행동평가척도(CBCL; Achenbach & Rescorla, 2000), 그리고 긴 버전의 영아-걸음마기 유아 사회정서평가(ITSEA; Carter, 2013; Carter, Briggs-Gowan, Jones, & Little, 2003)와 겹치는 부분이 많다는 것을 보여 주었다.

부모-아동 상호작용 코딩시스템(DPICS)

부모-아동 상호작용 코딩시스템(Dyadic Parent-Child Interaction Coding System: DPICS; Eyberg et al., 2010)은 부모-자녀 관계의 질을 평가하기 위해 표준화된 코딩시스템이다. 부모-자녀의 놀이 상호작용 동안 각 부모의 언어 표현을 코딩 규칙에 따라 나누고 분류한다. '해야 할' 기술이라고 적절하게 묘사된 범주는 부모-자녀 상호작용의 질을 향상시키는 것으로 나타났다. 이 분류에 포함되는 것은 구체적 칭찬, (언어적) 반영, 행동 묘사이다. 그러나 다른 범주는 부모-자녀 상호작용의 질을 감소시키는 것으로 나타났다. 이 범주에는 질문, 지시, 비난의 말이 포함된다. 심리측정 연구는 DPICS로 훈련을 받은 코딩자들 사이에서 DPICS의 타당도와 신뢰도가 매우 높은 것으로 나타났다.

보충 평가 도구 목록

부모 작성형 유아모니터링체계(ASQ)

부모 작성형 유아모니터링체계(Ages and Stages Questionnaire: ASQ; Squires & Bricker, 2009)는 30문항의 자기보고 질문지로 부모와 양육자가 1개월에서 5.6년 연령 아동의 다양한 발달 영역에 대해 평가하기 위해 작성한다. 여기에는 의사소통, 대근육 기술, 소근육 기술, 문제 해결, 개인-사회성 발달의 영역이 포함된다. 이 평가는 일반적으로 약 10~15분 소요된다. 심리측정 연구는 높은 신뢰도, 타당도, 민감도(0.86), 특이도(0.85)를 나타냈다. 평가 결과는 아동의 발달이 일반적인지, 모니터링이 필요한지, 또는 추가 평가가 필요한지에 대한 정보를 제공한다.

부모양육스트레스검사-단축형(PSI-SF)

부모양육스트레스검사-단축형(Parenting Stress Index-Short Form: PSI-SF; Abidin, 1995)은 36문항의 자기보고 도구이며 부모-자녀 쌍의 맥락에서 자녀 양육 관련 평가를 하기 위해 사용한다. 질문은 부모와 아동 영역을 동시에 평가하도록 만들어졌고, 두 영역을 결합하여 총 스트레스 척도 점수를 제공한다. 부모의 고통, 부모-자녀 역기능적 상호작용, 까다로운 아동을 포함하는 3개의 소척도로 구성된다. 추가적인 타당도 척도(방어적 반응)는 부모가 방어적으로 반응했는지 알게 해 준다. 이 척도는 10분 이내에 작성할 수 있고 12세 이하 아동의 가족에게 사용할 수 있다. 심리측정 연구는 신뢰도와 타당도가 높다고 나타났다. 자세한 정보는 Abidin(1995)을 참고하기 바란다.

에든버러 산후우울척도(EPDS)

에든버러 산후우울척도(Edinburgh Postnatal Depression Scale: EPDS; Cox, Holden, & Sagovsky, 1987)는 10문항의 자기보고 척도로, 원래 출산한 여성의 우울 증상을 선별하기 위해 만들어졌다. 이 간략한 척도는 출산 전의 여성, 4세 이하 아동의 어머니 그리고 아버지의 우울 증상을 평가하는 데도 사용할 수 있다. 참여자에게 질문에 대답을 할 때 지난 7일 동안을 고려하도록 요청해야 한다. 영어를 사용하는 대상이라면 총점이 13 이상일 때 임상적으로 유의미하다고 여기고 추가적인 서비스가 필요하다는 것을 나타낼 수 있다.

아동행동평가척도(CBCL)

아동행동평가척도(Child Behavior Checklist: CBCL; Achenbach & Rescorla, 2000)는 99문항 자기보고 척도로 18개월 이상의 아동의 행동 문제를 평가하는 데 사용한다. 내재화와 외현화 소척도를 결합하여 총 문제 행동 척도 점수가 형성되고, 해당 t점수와 백분위 점수가 계산된다. 잘 표준화된 척도로 높은 신뢰도와 타당도를 포함한 좋은 심리측정 특성을 나타낸다.

수정된 걸음마기 유아 자폐 체크리스트-후속 개정판(M-CHAT-R/F)

수정된 걸음마기 유아 자폐 체크리스트-후속 개정판(Modified Checklist for Autism in Toddlers, Revised with Follow-Up: M-CHAT-R/F; Robins et al., 2014)은 16~24개월 아동의 자폐스펙트럼장애 위험도를 평가하는 무료 부모보고 선별 도구이다. M-CHAT-R/F는 초기 20문항 부모보고 질문지와 전문가(예: 간호사, 일반의)가 실시하는 후속 질문지의 두 부분으로 구성되어 있다. 초기 질문지는 아동의 현재 기술 수준에 대한 질문에 부모가 예/아니요 형식으로 답하고, 작성하는 데 약 5분 정도 소요된다. 만약 아동이 초기 질문지에 해당 조건으로 나타나면(점수>3점), 평가자는 추가 정보를 얻기 위해 부모에게 구조화된 후속 질문을 한다(Robins, Fein, & Baton, 2009). 후속 절차는 5~10분 소요되며 2점보다 높은 점수는 진단 평가가 더 필요하다는 것을 나타낸다. 또한 저자들은 초기 선별 점수가 8점보다 높으면 후속 절차를 생략하고 곧바로 아동이 진단 평가를 받기를 권장한다.

초기 행동 평가

표준화된 평가 도구를 완료하면 치료사는 양육자와 아동의 기초선 기술 수준에 대한 행동 평가를 실시한다. 구체적으로, 부모-아동 상호작용 코딩시스템(DPICS)을 사용하여 양육자와 아동 간 상호작용의 기초선 질을 평가한다. 세 가지 평가 시나리오는 각각 5분씩 소요되고, 흔히 볼 수 있는 세 가지 양육자-아동 상호작용 상황을 만들어 보려고 시도한다. 세 상황에서 양육자의 언어 표현을 코딩하는 데 사용하는 코딩 용지는 제2부 치료 전 면담과 평가회기에 수록되었다. 평가 종료 시점에서 치료사는 양육자의 긍정적 기술(예: 모방, 즐기기, 애정), 전환, 정서적 기술(예: 상호 눈맞춤, 활기찬 목소리 톤, 얼굴 표정, 발달적으로 적절한 놀이 방식) 사용에 대해 알아보고, 아동의 정서조절 곤란에 대한 반응으로 양육자가 CARES 단계를 사용하는지도 알아봐야 한다.

평가를 시작하기 전에 임상가는 이 책의 장난감 선택과 치료실 구성 부분을 참고하여 아동의 발달적 욕구와 평가에 적절한 공간을 마련해야 한다.

아동주도 상호작용-걸음마기 유아(CDI-T): 이 상황은 아동에게 적은 요구가 주어졌을 때 양육자-아동 상호작용의 질을 평가하기 위해 고안되었다. 양육자에게 아동이 장난감과 활동을 선택하고 놀게 해 주며 아동의 주도를 따라가도록 요청한다.

"이번 상황에서는 [아동 이름]이에게 어떤 것이든 선택해서 놀 수 있다고 말해 주세요. 아동이 원하는 어떤 활동이든 선택하게 해 주세요. 부모님께서는 아동이 주도하는 대로만 따라가면서 함께 놀아 주세요."(Eyberg & Funderburk, 2011, p. 13)

코딩하기 전에 부모와 아동이 5분 동안 '워밍업' 시간을 갖게 해 준다. 워밍업 시간이 지나면 시간을 재고 5분 동안 DPICS를 사용하여 코딩한다.

부모주도 상호작용-걸음마기 유아(PDI-T): 이 상황은 부모가 원하는 대로 아동에게 지시해야만 할 때 양육자-아동 상호작용의 질을 평가하기 위해 고안되었다. 따라서 아동에게 선호하는 장난감이 제한되고, 선호하지 않는 것이 요구될 수 있으며, 파괴적 행동이 나타날 수 있다. 다음 지시문을 읽어 준 후 시간을 재기 시작하고 5분 동안 DPICS 코딩을 한다.

"좋습니다. 이제 두 번째 활동으로 바꾸겠습니다. [아동 이름]이가 어머니/아버지께서 선택하신 방 안의 다른 장난감을 가지고 놀도록 전환해 주세요. [아동 이름]이가 어머니/아버지와 함께 놀도록 하실 수 있는지 보세요."(Eyberg & Funderburk, 2011, p. 13)

정리 상황(CU): 이 마지막 상황은 양육자가 아동이 일반적으로 달가워하지 않는 과제를 수행하도록 지시해야 할 때 양육자—아동 상호작용의 질을 평가하기 위해 고안되었다. 어린 연령을 고려하여 양육자는 아동의 장난감 정리를 도와주어야 한다. 다음 지시문을 읽은 후 시간을 재고 5분 동안 DPICS 코딩을 한다.

> "좋습니다. 이제 [아동 이름]이에게 장난감을 정리할 시간이라고 말해 주세요 (Eyberg & Funderburk, 2011, p. 13). 아동이 모든 장난감을 장난감 상자에 넣고 모든 상자는 장난감 함[또는 다른 장소를 지정한다]에 넣도록 도와주세요."

지속적인 행동 평가

아이버그 아동행동검사(Eyberg Child Behavior Inventory: ECBI; Eyberg & Pincus, 1999)를 매 회기 초에 제공하는 일반적인 PCIT와 비교하여, PCIT-T에서는 걸음마기 유아 발달단계의 아동은 감독과 관심이 크게 필요하다는 점을 고려하여 빈번하게 시간을 할애해야 하는 평가는 제한적으로 제공한다. 그 대신 양육자는 데브러 영유아평가(DECA) 또는 간편 영아—걸음마기 유아 사회정서평가(BITSEA)와 기타 소속 기관이 요구하는 도구를 치료 전, 치료 중간, 치료 후 시점에서 작성한다. 종종 초기 면접, 부모주도 상호작용 교육회기, 치료 종결 시 졸업회기 바로 전 시점에서 이루어진다. 척도에 대한 피드백은 이후 회기(CDI 교육회기, PDI 코칭 1회기, 졸업회기)에서 제공되어야 한다. 대상의 연령과 발달적 필요에 따라 어떤 아동은 CDI-T 단계 이후에 치료를 졸업하게 되고, 이런 경우에는 치료 전과 후 시점의 측정만 이루어진다.

부모와 체크인을 완료한 후 매 회기를 시작하면 임상가는 부모—아동 상호작용 코딩시스템(DPICS)을 사용한 5분 행동 평가에서 양육자와 아동의 상호작용을 코딩한다. 성실성을 충족하며 PCIT-T를 실시하기 위해서는 치료사가 DPICS 훈련을 받아야 하며, 일반적으로 국제 PCIT 공인 트레이너의 라이브 워크숍에서 제공된다. 기본 훈련은 DPICS-IV 임상 매뉴얼(Eyberg, Chase, Fernandez, & Nelson, 2014)을 학습하고 임상 워크북(Fernandez, Chase, Ingalls, & Eyberg, 2010)의 연습문제를 푸는 것이 필수적인데, 이 둘은 www.pcit.org에서 구입할 수 있다. 연구자들은 연구와 트레이닝을 위한 DPICS 종합코딩시스템-제4판(DPICS Comprehensive Coding System for Research and Trianing-4th Edition; Eyberg, Nelson, Ginn, Bhuiyan, & Boggs, 2013)을 사용해야 한다. 주요한 DPICS 코드는 다음에 간략하게 설명한다.

　　DPICS의 '해야 할' 기술과 '하지 말아야 할' 기술은 양육자와 아동의 관계를 향상시키기 위해 놀이치료에서 사용하는 개념을 기초로 한다. 부모는 매일 아동과 5분 동안의 일대일 놀이치료 시간을 제공해야 한다. 이 매일의 놀이 시간은 다음과 같은 여러 가지 목표를 달성하기 위해 고안되었다. ① 부모-자녀 관계 향상하기, ② 아동의 자존감 향상하기, ③ 양육자에게 따뜻하고 민감한 양육 스타일과 관련된 기술을 (습관이 될 때까지) 과도할 만큼 연습할 수 있는 기회 제공하기, ④ 양육자와 아동이 함께 정서조절 기술을 연습하기, ⑤ 긍정적 의사소통 격려하기, ⑥ 파괴적 행동 전환하기를 배우기, ⑦ 걸음마기 유아에게 친사회적 기술(예: 장난감을 가지고 적절하게 놀이하기, 나누기, 부드럽게 대하기) 교육하기이다. 이 놀이치료 시간의 최우선 원칙은 아동이 놀이를 주도하는 것이다. '아동주도 상호작용' 또는 CDI라고 불리며, 양육자에게 매일 5분 놀이 시간 동안 집중적으로 사용하도록 다음의 기술을 가르쳐 준다. CDI 시간에 기술들을 높은 빈도로 사용하도록 가르쳐 주어 부모가 자동적/습관적으로 민감하고 따뜻한 방식으로 아동의 정서적·신체적 욕구에 반응하도록 한다. '해야 할' 기술('Do' skills)과 '하지 말아야 할' 기술('Don't' skills)은 Eyberg와 Funderburk(2011)에 따른 것이다.

'해야 할' 기술

구체적 칭찬

　　구체적 칭찬(labeled praise)은 아동의 행동, 자질, 생산물을 구체적이고 긍정적으로 평가하는 문장이다. 어떤 묘사 단어는 칭찬으로 여겨지기에 충분히 긍정적이지만(예: '좋다' '대단하다' '훌륭하다' '좋아한다' '자랑스럽다'), 다른 단어는 그렇지 않다(예: '웃기다' '에너지가 넘친다' '흥미롭다'). '그림을 너무 잘 그렸다.' '의자에 예쁘게 앉아 있으니까 너무 좋다.' '장난감을 부드럽게 가지고 놀아서 고마워.'와 같은 문장은 구체적 칭찬에 들어간다. 유아에게 하는 칭찬의 문장은 간략해야 하고 간단한 단어를 사용해야 한다. 치료사는 놀이 회기 동안 여러 적절한 상황에서 같은 칭찬 문장을 반복하도록 부모를 격려해야 한다(예: '예쁘게 앉아 있네.' '멋지게 말하는구나.' '나눠 줘서 고마워.' '부드럽게 만지니까 좋다.'). 구체적 칭찬은 부모-아동 상호작용의 긍정성 증가와 아동의 자존감 증가 그리고 칭찬받은 행동을 다시 할 가능성을 증가시키는 것으로 알려졌다.

구체적이지 않은 칭찬

반대로 구체적이지 않은 칭찬(unlabeled praise)은 긍정적인 평가 문장이지만 행동, 자질 또는 생산물을 구체적으로 언급하지 않는다. 예를 들어, 구체적이지 않은 칭찬 문장은 '좋아' '고마워' '멋져' 또는 '우와'를 포함할 수 있다. 구체적이지 않은 칭찬은 상호 작용에 긍정성을 더할 수 있지만 구체적 칭찬보다 행동 변화를 덜 일으킨다.

반영

언어 반영은 아동이 처음 말한 것에 대한 반응으로 아동의 말을 따라 하거나 그 의미를 요약하는 문장이다. 반영(reflection)은 많은 경우 아동의 말을 단어 그대로 반복해서 말하는 것이지만 아동이 내는 소리와 소음도 반영할 수 있다. 예를 들면, 다음과 같다.

> 아동: [장난감 자동차를 가리키며] 차!
> 부모: 네가 차를 보고 있구나!

반영 문장은 아동의 말하기를 강화하고 아동의 어휘가 증가하는 데 도움을 주기 때문에 유아와의 상호작용에서 특별히 중요하다. 치료사는 양육자에게 소리와 소음을 포함하는 어떤 언어 표현이라도 반영하는 것의 중요성을 강조해야 한다.

행동 묘사

행동 묘사(behavior description)는 아동이 방금 한 행동에 대한 언급을 하는 문장이다. 긍정적이고 적절한 행동만 묘사해야 한다. 행동 묘사는 아동이 더 긴 시간 하나의 장난감이나 활동에 집중할 수 있도록 도울 뿐 아니라 아동의 어휘 확장에도 도움이 된다. 행동 묘사는 어린 아동과 상호작용할 때, 특히 아동이 조용히 놀고 있을 때 부모에게 매우 높은 가치가 있는 자원이다. 예측 가능성에 대한 유아의 높은 욕구를 고려하여 치료사는 같은 묘사가 반복되더라도 부모가 유아의 반복적인 행동을 묘사하도록 격려해야 한다. 예를 들면, 다음과 같다.

아동: [블록을 통에 집어넣고 다시 뒤집어 쏟기를 계속 반복한다.]

부모: ○○이가 파랑 블록을 통에 넣었네, 이제 빨강 블록, 이제 노랑 블록. ○○이가 쏟았네. ○○이가 파랑 블록을 통에 넣었네, 이제 다른 파랑 블록, 이제 초록 블록. ○○이가 쏟았네.

정서에 이름 붙이기

정서에 이름을 붙이기(emotion labeling)는 마스터 기준이 없지만 부모가 아동의 정서와 상태를 알아차리고 이름을 붙이는 것은 중요한 기술이다("네가 행복한 것 같아." "네가 슬퍼 보여." "네가 집중하고 있구나."). 또한 부모가 자신의 정서와 상태에 이름을 붙이는 것도 중요하다("너와 함께 놀이할 수 있어서 신난다." "나는 너무 피곤해." "엄마는 배가 고파."). 유아가 감정 단어에 노출이 되어 정서를 알아차리고 정서 상태와 관련 행동을 연결 짓는 것을 배우는 것은 도움이 된다. 그렇기 때문에 아동의 정서 또는 부모 자신의 정서와 관련된 부모의 문장을 이 항목에 코딩한다. 추가적으로 이 기술은 아동의 정서 어휘 증가를 목적으로 사용한다. 이는 의사소통과 정서조절에 중요한 단계가 된다.

일반적인 말

일반적인 말(neutral talk)은 상호작용과 연관되고 자연스럽게 이어지게 해 주는 부모의 문장을 포함한다. 이 문장들은 유아의 행동, 활동 또는 감정을 묘사해 주지 않는다. 일반적인 말은 부모의 교육적인 문장('이것은 파란 차야.'), 부모가 무엇을 하고 있는지 묘사하는 문장('엄마 트럭은 도로를 가고 있어.'), 간단한 인정의 말('그래' '오케이' '물론이지' 등)을 포함하여 부모가 아동에게 언급하는 말이다.

다른 긍정적 기술

모방(아동의 행동을 신체적으로 따라 하는 것), 즐기기, 신체적 애정 표현, 상호 눈맞춤, 절제된 반응과 방향 전환 사용, 활기찬 목소리 톤, 활기찬 얼굴 표정, 발달적으로 적절한 놀이와 같은 다른 항목은 양적으로 코딩하지 않지만, 치료사는 회기 또는 코딩 절차를 마친 후 신중하게 언어 표현과 행동을 모니터하여 부모가 '만족스러움' 또는 '연습이 더 필요함' 기준에 해당되는지를 신중하게 결정해야 한다.

'하지 말아야 할' 기술

질문

질문(questions)은 아동의 언어 반응이 요구되는 물어보는 문장이다. 질문은 사실상 서술형이거나 정보 제공을 위한 것이고, 아니면 아동에게 이전 언어 표현을 반복하게 하거나 더 확장하도록 하는 것이다. 서술형 질문은 누가, 무엇을, 어디서, 어떻게, 언제와 같은 단어를 포함한다. 많은 질문은 아동의 문장에 대한 반응으로 발생한다. 질문의 형식으로 아동의 문장을 반복하여 아동에게 다시 반응을 하게 할 수도 있다. 질문은 대화를 주도하게 하는 경향이 있고 아동의 행동을 이끌어 갈 수 있다. 유아가 놀이를 주도할 수 있도록 하는 것은 파괴적 행동을 최소화하는 데뿐만 아니라 유아의 호기심 및 독립성과 자율성의 욕구를 강화하는 데 특히 중요하다. 예를 들면, 다음과 같다.

> 아동: 저그 요랑.
> 부모: 저거 노랑?

지시

지시(commands)는 아동이 행동으로 실행해야만 하는 문장이다. 어떤 지시는 간접적으로 표현되지만("네 신발을 가져올 수 있어?"), 어떤 지시는 직접적으로 표현된다("블록을 나에게 줘."). 다른 경우에 지시는 부모와 아동이 함께 행동으로 실행할 것을 의미할 수 있다("이 인형을 치우자."). 질문과 마찬가지로 지시 역시 상호작용을 주도하는 경향이 있어 놀이에 재미가 없어진다. 지시는 아동의 자연스러운 자기주도성을 감소시키고 파괴적 행동을 증가시킨다. 지시는 유아의 반응을 조사하는 유일한 항목으로서 결과를 평가하여 세 가지로 분류한다.

지시이행(CO): 유아가 5초 이내에 지시에서 말한 일을 실행한다.
지시불이행(NC): 유아는 5초 이내에 지시에서 말한 일을 실행하지 않거나 실행하려는 노력을 하지 않는다.
지시이행 기회 없음(NOC): 아동이 5초 이내에 지시를 이행하거나 이행하려는 노력을 할 수 없는 형태로 지시가 내려진다. 지시를 빠르게 이어서 주기, 아동이 완수하기 이

전에 반복해서 여러 번 주기, 미래에 수행해야 하는 지시, 아동이 모든 단계를 기억할 수 있는지 명확하지 않은 목록 형식의 지시, 그리고 "들어 봐." "기다려 봐." "조심해." 또는 다른 자세한 내용 없이 집중하도록 아동의 이름을 부르기와 같이 신뢰도 있는 관찰 측정을 할 수 없는 지시가 여기에 해당된다.

비난의(부정적인) 말

비난의 문장은 종종 '아니야' '하지 마' '멈춰' '그만해' 또는 '안 돼'와 같은 단어를 포함하고, 아동의 행동, 생산물 또는 아이디어에 대한 못마땅함을 나타낸다. 비난의(부정적인) 말[critical(negative) talk]은 아동의 자존감을 감소시키고 부정적인 행동에 관심을 제공하여 그런 행동이 반복될 가능성을 증가시키는 것으로 나타났다. 마지막으로, 비난의 말은 부모-아동 상호작용의 보상적인 면을 감소시키고 부모-자녀 관계에 손상을 입힌다. 비난의 말의 예에는 "그렇게 하지 마." "그건 좋지 않다." "그만 뛰어 다녀."가 있다.

마스터 기준

CDI 마스터 기준(mastery criteria)에 도달하기 위해서 부모는 5분 코딩 절차에서 구체적 칭찬 문장 10개, 반영 10개, 행동 묘사 10개를 해야 한다(Eyberg & Funderburk, 2011). 아동이 말을 못하거나 5분 코딩 시간 동안 언어 표현을 10개보다 적게 한다면 예외가 발생한다. 이런 경우에는 부모가 시간 안에 최소 75% 언어 표현을 반영해야 한다. 추가적으로, 양육자의 질문, 지시, 비난의 말은 3개 이하여야 한다. 양육자가 이런 필수 요건을 성공적으로 충족하고, 만족스러운 모방, 즐기기, 신체적 애정 표현, 전환, 활기찬

표 6-1 PCIT-T DPICS 코딩 관련 아동주도 상호작용-걸음마기 유아 단계 마스터 기준

항목	마스터 기준
구체적 칭찬	10
행동 묘사	10
반영	10* 또는 아동의 언어 기술/반영 기회가 제한적일 때 아동의 언어 표현 75%
질문/지시/비난의(부정적인) 말	합계 ≤3

목소리 톤, 활기찬 얼굴 표정, 발달적으로 적절한 놀이를 만족스럽게 실시하는 것으로 결정되면, 치료의 PDI 부분으로 나아갈 수 있다(〈표 6-1〉 참고).

코딩 절차 후 치료사는 아동의 정서조절 곤란에 대한 반응으로 양육자의 CARES 단계(제6장에서 자세하게 논의됨) 사용과 양육자의 긍정적 기술(모방, 즐기기, 신체적 애정 표현, 상호 눈맞춤, 절제된 반응과 방향 전환, 활기찬 목소리 톤/얼굴 표정, 발달적으로 적절한 놀이 스타일, 정서에 이름 붙이기) 사용을 알아봐야 한다. 이런 코딩은 치료사에게 CDI-T 기술과 긍정적 항목에서 양육자의 상대적 강점과 약점에 대한 정보를 제공한다. 치료사는 양육자에게 상호작용의 강점과 개선해야 하는 영역에 대한 피드백을 제공해야 한다. 피드백은 먼저 강점 영역을 제공하고 그다음 개선이 필요한 영역(긍정문으로 말하기), 그리고 양육자의 기술 또는 양육자-아동의 상호작용에 대한 긍정적으로 관찰된 부분으로 마치는 '피드백 샌드위치' 형식으로 제공되어야 한다. 피드백의 예는 다음과 같다. "어머니께서는 두 가지 기술을 훌륭하게 마스터하셨습니다. 반영이 총 14개이었고요, 행동 묘사는 12개를 제가 들었습니다. 한 가지 좀 더 집중하면 좋을 것은 구체적 칭찬입니다. 코칭하는 동안 ○○이가 잘하는 모든 것을 알아차리는 데 집중하고 행동을 칭찬하겠습니다. 전반적으로 어머니 기술이 아주 좋습니다. 모방을 멋지게 하시면서 활기찬 목소리로 아이의 주도를 훌륭하게 따라가셨습니다." 코딩과 이후의 피드백 샌드위치는 치료사가 코칭하는 동안 개선해야 할 한두 개 영역에 집중하는 데 도움이 되는 유용한 정보를 제공해야 한다.

행동 평가 중단하기

5분 상호작용을 코딩하는 동안 아동이 정서적으로 조절 곤란을 보이고 양육자가 압도된 것처럼 보이거나 적절한 정서조절 절차를 잘못 시행하면 치료사는 코딩을 멈추고 코칭을 시작해야 한다. 어려움을 겪는 부모가 도전적인 상황에서 건설적으로 반응하는 데 큰 지지가 필요한 것으로 보일 때 코딩을 유보하고 코칭을 한다. 대부분의 경우, PCIT-T의 코딩은 중단 없이 진행된다. 양육자가 혼란스러워하거나 아동이 큰 정서를 다루도록 빠르게 돕는 것을 망설이는 흔치 않은 상황에서만 코딩이 유보된다.

발달이정표

PCIT-T의 임상가는 12~24개월 연령 아동의 발달적 이슈에 대해 예리한 감각을 갖고 있어야만 한다. 치료사는 걸음마기 유아의 표현 및 수용 언어 능력과 그들의 신체/운동 능력에 대한 이해를 할 수 있어야 한다. 효과적으로 코칭하기 위해 치료사는 이 연령대 아동의 관심을 끄는 활동의 종류와 흔한 안전 문제에 대해서도 알고 있어야 한다. PCIT-T에서는 유아의 인지, 정서, 신체 및 행동 이슈에 대한 민감성이 전반적인 양육자의 효능감을 향상하는 비결이다. 여기에는 양육자가 아동의 강점, 한계, 발달 수준을 인식하고 아동의 욕구에 공감적으로 반응하는 기술이 포함된다. 이 모델에서 발달에 대한 전문성이 중요하기 때문에 이 책의 곳곳에 아동 발달에 대한 정보가 들어 있다.

출생부터 12개월 연령 사이에는 아동의 인지, 신체 및 정서 발달이 빠르게 일어나는데, 이는 이런 변화를 지켜보는 모든 사람에게 놀라운 일이기도 하다. 1년이 되면 많은 유아는 걷고, 한 단어로 말하고, 자신들의 물리적 세상에 간단한 인지적 개념(예: 원인과 결과)을 적용하기 시작한다. 그러나 이 초기 단계에서는 발달이 매우 넓은 스펙트럼에서 이루어지는 것을 신중하게 고려해야 한다. 미숙아로 출생한 아동은 만삭아의 발달 수준보다 뒤처질 수 있다. 첫해에 중이염을 자주 앓았던 아동은 명확한 한 단어가 아닌 알아들을 수 없는 옹알이만 할 수도 있다. 정서적으로 어떤 유아는 원하는 물건을 가리킬 수 있고, 다른 아동은 단순히 울기만 할 수 있다. 마지막으로, 유아의 각 발달 영역의 기량은 그의 기분에 좌우될 수 있다. 배고픔, 목마름, 수면, 자극, 배변과 관련된 것들도 유아의 행동에 크게 영향을 줄 수 있다. 예를 들어, 일반적으로 인내심이 많은 아동도 배가 고프거나 낮잠 시간이 가까워질 때는 다루기 복잡한 장난감에 쉽게 짜증을 낼 수 있다. 마찬가지로 아동의 문화와 환경의 자원이 풍요로운지 또는 궁핍한지가 아동의 발달이 진행되는 데 강력하게 영향을 미친다. 유아가 2년차 삶을 지나면서 발전은 계속되며 다양한 발전 수준은 좀 더 명확해진다. 조기 개입 서비스(예: 언어·물리치료)는 발달 지연을 보이는 아동에게 큰 영향을 줄 수 있다. 그러므로 이 어린 나이 대상과 함께 작업하는 임상가는 아동의 현재 능력을 알아차릴 뿐만 아니라 치료 목표를 세우고 그 목표를 중심으로 비계설정을 하는 개입을 할 수 있도록 일반적인 발달의 기대치를 이해해야 한다. 독자는 3세까지 유아의 각 단계의 발달 기대치를 자세하게 이해

생후 9개월 아기

아동 이름 _____ 아동 나이 _____ 오늘 날짜 _____

아이가 놀고, 배우고, 말하고, 행동하는 방식은 아이의 발달에 관한 중요한 실마리를 제공합니다. 발달이정표는 대부분의 아이가 특정 연령에서 할 수 있는 것들입니다. 아이가 9개월에서 도달한 발달이정표에 체크하세요. 이 양식을 가져가셔서 소아과에 방문할 때마다 자녀가 도달한 발달이정표와 그다음에 무엇을 예상할 수 있는지에 대해 의사와 상담하세요.

이 연령의 아기가 하는 것들:

사회성/정서

☐ 낯선 사람을 두려워할 수 있다.
☐ 친숙한 어른과 떨어지지 않으려 할 수 있다.
☐ 가장 좋아하는 장난감이 있다.

언어/의사소통

☐ '안 돼'라는 말을 이해한다.
☐ '마마마마'와 '바바바바'와 등의 다양한 소리를 낸다.
☐ 다른 사람의 소리와 몸짓을 따라 한다.
☐ 손가락으로 사물을 가리킨다.

인지력(학습, 사고, 문제 해결)

☐ 무엇인가가 떨어질 때 경로를 지켜본다.
☐ 내가 숨기는 물건을 보면 찾으려고 한다.
☐ 까꿍 놀이를 한다.
☐ 물건을 입에 넣는다.
☐ 물건을 한 손에서 다른 손으로 부드럽게 옮긴다.
☐ 시리얼과 같은 것을 엄지와 검지로 집는다.

운동/신체 발달

☐ 무언가를 잡고 서 있다.
☐ 앉을 수 있다.
☐ 도움 없이 앉는다.
☐ 무언가를 잡고 일어선다.
☐ 기어간다.

아이가 다음과 같은 행동을 하면 의사에게 이야기하여 조기에 대응하세요.

☐ 도움을 주어도 다리로 체중을 지탱하지 못한다.
☐ 도움을 주어도 앉지 못한다.
☐ 옹알이('마마' '바바' '다다')를 하지 않는다.
☐ 둘이서 주고받는 방식의 게임을 하지 않는다.
☐ 자기 이름에 반응하지 않는다.
☐ 친숙한 사람을 인식하지 못하는 것 같다.
☐ 가리키는 곳을 보지 않는다.
☐ 한 손에서 다른 손으로 장난감을 옮기지 못한다.

이 연령에서 생길 수 있는 이러한 발달 지연 가능성 징후를 발견하면 아이의 의사나 간호사에게 이야기하고, 커뮤니티에서 지역의 아동서비스(거주하는 주의 공공 조기 개입 프로그램 등)에 대해 잘 알고 있는 사람과 상담하세요. 추가정보: www.cdc.gov/concerned 또는 전화 1-800-CDC-INFO

미국소아과학회(American Academy of Pediatrics)는 모든 아동이 생후 9개월 시점의 방문에서 전반적인 발달에 관한 선별검사를 받도록 권장합니다. 의사에게 아이의 발달 선별검사에 대해 물어보세요.

www.cdc.gov/actearly | 1-800-CDC-INFO

징후 감지, 조기 대응

[그림 6-1] 발달 체크리스트: 9개월

생후 1년 아동

아동 이름　　　아동 나이　　　오늘 날짜

아이가 놀고, 배우고, 말하고, 행동하는 방식은 아이의 발달에 관한 중요한 실마리를 제공합니다. 발달이정표는 대부분의 아이가 특정 연령에서 할 수 있는 것들입니다. 아이가 첫돌에서 도달한 발달이정표에 체크하세요. 이 양식을 가져가서 소아과에 방문할 때마다 자녀가 도달한 발달이정표와 그다음에 무엇을 예상할 수 있는지에 대해 의사와 상담하세요.

이 연령의 아동이 하는 것들:

사회성/정서

☐ 낯선 사람이 있으면 수줍어하거나 불안해한다.
☐ 엄마나 아빠가 떠나면 운다.
☐ 좋아하는 물건과 사람이 있다.
☐ 특정 상황에서 무서움을 표현한다.
☐ 이야기를 듣고 싶으면 책을 건네준다.
☐ 주의를 끌기 위해 소리나 동작을 따라 한다.
☐ 옷을 입기 위해 팔이나 다리를 내민다.
☐ '까꿍'과 '쎄쎄쎄'와 같은 놀이를 한다.

언어/의사소통

☐ 말로 간단한 요청을 하면 반응한다.
☐ 머리를 흔들며 "싫어."라고 하거나 손을 흔들어 작별인사를 하는 등 간단한 몸짓을 사용한다.
☐ 음의 높낮이에 변화를 주면서 소리를 낸다(말하는 것처럼 들림).
☐ '마마' '다다' '어!'라는 감탄사를 말한다.
☐ 내가 말하는 단어를 말하려고 노력한다.

인지력(학습, 사고, 문제 해결)

☐ 흔들기, 부딪치기, 던지기 등 다양한 방식으로 사물을 탐구한다.
☐ 숨겨 둔 물건을 쉽게 찾는다.
☐ 그림이나 사물의 이름을 부르면 올바른 대상을 본다.
☐ 몸짓을 따라 한다.
☐ 물건을 통에 넣고, 통에서 꺼낸다.
☐ 두 개의 물건을 맞부딪친다.
☐ 물건을 올바르게 사용하기 시작하다(예: 컵으로 마시기, 머리 빗기).

www.cdc.gov/actearly ｜ 1-800-CDC-INFO

☐ 도움 없이 물건을 놓는다.
☐ 검지로 찌른다.
☐ 간단한 지시를 따른다(예: "장난감을 잡으렴.").

운동/신체 발달

☐ 도움 없이 앉는다.
☐ 무언가를 잡고 일어서고, 가구를 짚고 걸어 다닌다('짚고 걷기')
☐ 무언가를 짚지 않고 몇 걸음을 걸을 수 있다.
☐ 혼자 일어설 수 있다.

아이가 다음과 같은 행동을 하면 의사에게 이야기하여 조기에 대응하세요.

☐ 기어가지 않는다.
☐ 도움을 주어도 일어서지 못한다.
☐ 숨기는 물건을 봐도 찾으려 하지 않는다.
☐ 사물을 가리키지 않는다.
☐ 손 흔들기나 머리 흔들기 등 몸짓을 배우지 않는다.
☐ '마마' 또는 '다다'와 같은 한 단어를 말하지 않는다.
☐ 할 줄 알던 것을 못한다.

이 연령에서 생길 수 있는 이러한 발달 지연 가능성 징후를 발견하면 아이의 의사나 간호사에게 이야기하고, 커뮤니티에서 지역의 아동서비스(거주하는 주의 공공 조기 개입 프로그램 등)에 대해 잘 알고 있는 사람과 상담하세요. 추가정보: www.cdc.gov/concerned 또는 전화 1-800-CDC-INFO

징후 감지. 조기 대응

[그림 6-2] 발달 체크리스트: 12개월(1년)

생후 18개월(1.5년) 아동

_____   _____   _____

아동 이름   아동 나이   오늘 날짜

아이가 놀고, 배우고, 말하고, 행동하는 방식은 아이의 발달에 관한 중요한 실마리를 제공합니다. 발달이정표는 대부분의 아이가 특정 연령에서 할 수 있는 것들입니다. 아이가 18개월에서 도달한 발달이정표에 체크하세요. 이 양식을 가져가서 소아과에 방문할 때마다 자녀가 도달한 발달이정표와 그다음에 무엇을 예상할 수 있는지에 대해 의사와 상담하세요.

이 연령의 아동이 하는 것들:

사회성/정서

☐ 놀 때 물건을 다른 사람에게 건네주는 것을 좋아한다.
☐ 분노 발작을 할 수 있다.
☐ 낯선 사람을 두려워할 수 있다.
☐ 친숙한 사람에 대한 애착을 보인다.
☐ 인형에게 먹이는 등 간단한 시늉을 한다.
☐ 새로운 상황에서 양육자에게 매달리는 경우도 있다.
☐ 흥미로운 것을 가리켜서 다른 사람에게 알려 준다.
☐ 부모님이 곁에 있을 때 혼자 주위를 둘러본다.

언어/의사소통

☐ 몇 개의 단어를 말한다.
☐ "싫어."라고 말하고 고개를 젓는다.
☐ 자신이 원하는 것을 가리켜서 다른 사람에게 알려 준다.

인지력(학습, 사고, 문제 해결)

☐ 일반적으로 사용하는 물건의 용도를 안다(예: 전화기, 빗, 숟가락).
☐ 다른 사람의 주의를 끌기 위해 가리킨다.
☐ 인형이나 동물 인형에게 먹이는 시늉을 하여 관심을 표현한다.
☐ 한 개의 신체 부위를 가리킨다.
☐ 혼자 낙서를 한다.
☐ 몸짓 없이 말로 1단계 지시를 하면 따를 수 있다(예: "앉아."라고 말하면 앉는다).

운동/신체 발달

☐ 혼자 걷는다.
☐ 계단을 오른다. 달릴 수 있다.
☐ 걸으면서 장난감을 끈다.
☐ 혼자 옷을 벗을 수 있다.
☐ 컵으로 마신다.
☐ 숟가락으로 먹는다.

아이가 다음과 같은 행동을 하면 의사에게 이야기하여 조기에 대응하세요.

☐ 다른 사람에게 알리기 위해 사물을 가리키지 않는다.
☐ 걷지 못한다.
☐ 친숙한 물건들의 용도를 모른다.
☐ 다른 사람을 따라 하지 않는다.
☐ 새로운 단어를 배우지 못한다.
☐ 아는 단어가 6개 이상이 안 된다.
☐ 양육자가 떠나거나 돌아올 때 알아차리지 못하거나 신경을 쓰지 않는다.
☐ 할 줄 알던 것을 못한다.

이 연령에서 생길 수 있는 이러한 발달 지연 가능성 징후를 발견하면 아이의 의사나 간호사에게 이야기하고, 커뮤니티에서 지역의 아동서비스(거주하는 주의 공공 조기 개입 프로그램 등)에 대해 잘 알고 있는 사람과 상담하세요. 추가정보: www.cdc.gov/concerned 또는 전화 1-800-CDC-INFO

미국소아과학회(American Academy of Pediatrics)는 모든 아동이 생후 18개월 시점의 방문에서 전반적인 발달에 관한 선별검사를 받도록 권장합니다. 의사에게 아이의 발달 선별검사에 대해 물어보세요.

www.cdc.gov/actearly | 1-800-CDC-INFO

징후 감지, 조기 대응

[그림 6-3] 발달 체크리스트: 18개월

생후 2년 아동

아동 이름   아동 나이   오늘 날짜

아이가 놀고, 배우고, 말하고, 행동하는 방식은 아이의 발달에 관한 중요한 실마리를 제공합니다. 발달이정표는 대부분의 아이가 특정 연령에서 할 수 있는 것들입니다. 아이가 두 번째 생일에서 도달한 발달이정표에 체크하세요. 이 양식을 가져가서서 소아과에 방문할 때마다 자녀가 도달한 발달이정표와 그다음에 무엇을 예상할 수 있는지에 대해 의사와 상담하세요.

이 연령의 아동이 하는 것들:

사회성/정서

☐ 다른 사람, 특히 어른이나 자신보다 나이가 많은 아이의 행동을 따라 한다.
☐ 다른 아이와 함께 있으면 신이 난다.
☐ 더욱 큰 독립심을 보여 준다.
☐ 반항하는 행동을 보인다(하지 말라고 한 행동을 함).
☐ 주로 다른 아이들 옆에서 놀지만, 술래잡기와 같은 게임에서 다른 아이들과 함께 놀기 시작한다.

언어/의사소통

☐ 사물이나 그림의 이름을 부르면 그것을 가리킨다.
☐ 친숙한 사람과 신체 부위의 이름을 안다.
☐ 2~4개 단어로 문장을 말한다.
☐ 간단한 지시사항을 따른다.
☐ 우연히 대화에서 들은 단어를 따라 말한다.
☐ 책에 있는 것들을 가리킨다.

인지력(학습, 사고, 문제 해결)

☐ 두 겹 또는 세 겹으로 가려 놓은 물건도 찾아낸다.
☐ 도형과 색깔을 분류하기 시작한다.
☐ 친숙한 책의 문장과 운을 완성한다.
☐ 간단한 상상 놀이를 한다.
☐ 4개 이상의 블록으로 탑을 만든다.
☐ 한쪽 손을 다른 쪽 손보다 많이 사용할 수 있다.
☐ 2단계 지시사항을 따른다(예: "신발을 집어서 신발장에 넣어 줌.").
☐ 그림책에 있는 고양이, 새, 개와 같은 동물의 이름을 부른다.

www.cdc.gov/actearly | 1-800-CDC-INFO

운동/신체 발달

☐ 발끝으로 선다.
☐ 공을 찬다.
☐ 달리기 시작한다.
☐ 무엇인가를 붙잡고 계단을 오르내린다.
☐ 도움 없이 가구 위에 올라갔다가 내려온다.
☐ 손을 어깨 위로 올려 공을 던진다.
☐ 직선과 원을 그리거나 따라 그린다.

아이가 다음과 같은 행동을 하면 의사에게 이야기하여 조기에 대응하세요.

☐ 두 단어로 된 구절을 사용하지 않는다(예: 우유를 마시다).
☐ 빗, 전화기, 포크, 숟가락과 같은 흔히 사용하는 물건의 용도를 모른다.
☐ 동작과 단어를 따라 하지 않는다.
☐ 간단한 지시사항을 따르지 않는다.
☐ 똑바로 걷지 못한다.
☐ 할 줄 알던 것을 못한다.

이 연령에서 생길 수 있는 이러한 발달 지연 가능성 징후를 발견하면 아이의 의사나 간호사에게 이야기하고, 커뮤니티에서 지역의 아동서비스(거주하는 주의 공공 조기 개입 프로그램 등)에 대해 잘 알고 있는 사람과 상담하세요. 추가 정보: www.cdc.gov/concerned 또는 전화 1-800-CDC-INFO

미국소아과학회(American Academy of Pediatrics)는 모든 아동이 생후 24개월 시점의 방문에서 전반적인 발달에 관한 선별검사를 받도록 권장합니다. 의사에게 아이의 발달 선별검사에 대해 물어보세요.

징후 감지, 조기 대응

[그림 6-4] 발달 체크리스트: 24개월(2년)

생후 3년 아동

아동 이름   아동 나이   오늘 날짜

아이가 놀고, 배우고, 말하고, 행동하는 방식은 아이의 발달에 관한 중요한 실마리를 제공합니다. 발달이정표는 대부분의 아이가 특정 연령에서 할 수 있는 것들입니다. 아이가 세 번째 생일에서 도달한 발달이정표에 체크하세요. 이 양식을 가져가서서 소아과에 방문할 때마다 자녀가 도달한 발달이정표와 그다음에 무엇을 예상할 수 있는지에 대해 의사와 상담하세요.

이 연령의 아동이 하는 것들:

사회성/정서

☐ 어른과 친구의 행동을 따라 한다.
☐ 친구에 대한 애정을 자발적으로 표현한다.
☐ 차례를 정해서 게임을 한다.
☐ 우는 친구에 대한 걱정을 표현한다.
☐ '내 것'과 '그/그녀의 것'이라는 개념을 이해한다.
☐ 다양한 감정을 표현한다.
☐ 부모님에게서 쉽게 떨어진다.
☐ 일상에서 큰 변화가 생기면 화를 낼 때가 있다.
☐ 스스로 옷을 입고 벗는다.

언어/의사소통

☐ 2단계 또는 3단계의 행동을 요구하는 지시사항을 따른다.
☐ 가장 친숙한 사물들의 이름을 말할 수 있다.
☐ '안' '위' '아래'와 같은 단어를 이해한다.
☐ 이름, 나이, 성별을 말한다.
☐ 친구의 이름을 말한다.
☐ '나' '우리' '너'와 같은 단어와 몇 가지 복수형(자동차들, 개들, 고양이들)을 말한다.
☐ 대부분의 경우 낯선 사람이 이해할 수 있을 정도로 이야기를 잘한다.
☐ 2~3개의 문장을 사용하여 대화를 이어 나간다.

인지력(학습, 사고, 문제해결)

☐ 버튼, 레버, 움직이는 부분이 있는 장난감을 다룰 수 있다.
☐ 인형, 동물, 사람과 상상 놀이를 한다.
☐ 세 조각 또는 네 조각 퍼즐을 맞춘다.
☐ '둘'의 의미를 이해한다.
☐ 연필이나 크레용으로 원을 따라 그린다.

www.cdc.gov/actearly | 1-800-CDC-INFO

☐ 책을 한 번에 한 장씩 넘긴다.
☐ 6개가 넘는 블록으로 탑을 만든다.
☐ 병뚜껑을 돌려서 열고 닫거나 문손잡이를 돌린다.

운동/신체 발달

☐ 잘 기어오른다.
☐ 쉽게 달린다.
☐ 세발자전거를 탄다.
☐ 한 계단에 한 발을 디디고 계단을 오르내린다.

아이가 다음과 같은 행동을 하면 의사에게 이야기하여 조기에 대응하세요.

☐ 많이 넘어지거나 계단을 오르내리는 데 어려움이 있다.
☐ 침을 흘리거나 말을 매우 불명확하게 한다.
☐ 간단한 장난감을 다루지 못한다(나무못 말판, 간단한 퍼즐, 손잡이 돌리기).
☐ 문장으로 말하지 않는다.
☐ 간단한 지시사항을 이해하지 못한다.
☐ 역할 놀이나 상상 놀이를 하지 않는다.
☐ 다른 아이와 놀거나 장난감을 갖고 노는 것을 원치 않는다.
☐ 눈을 마주치지 않는다.
☐ 할 줄 알던 것을 못한다.

이 연령에서 생길 수 있는 이러한 발달 지연 가능성 징후를 발견하면 아이의 의사나 간호사에게 이야기하고, 커뮤니티에서 지역의 아동서비스(거주하는 주의 공공 조기 개입 프로그램 등)에 대해 잘 알고 있는 사람과 상담하세요. 추가 정보: www.cdc.gov/concerned 또는 전화 1-800-CDC-INFO

징후 감지, 조기 대응

[그림 6-5] 발달 체크리스트: 36개월(3년)

할 수 있도록 [그림 6-1], [그림 6-2], [그림 6-3], [그림 6-4], [그림 6-5]의 발달 체크 리스트를 참고하기 바란다. 저자들은 질병통제예방센터(Centers for Disease Control and Prevention)가 '징후 감지. 조기 대응(Learn the Signs. Act Early)' 프로그램에서 제공하는 이 유인물을 이 책에 사용하고 PCIT-T에 참여하는 부모에게 나누어 줄 수 있도록 허락해 준 관대함에 감사한다(Centers for Disease Control and Prevention, 2018).

참고문헌

Abidin, R. R. (1995). *Parenting stress index: Professional manual* (3rd ed.). Lutz, FL: Psychological Assessment Resources, Inc.

Achenbach, T. M., & Rescorla, L. A. (2000). *Manual for the ASEBA preschool forms and profiles*. Burlington, V.T: University of Vermont, Research Center for Children, Youth & Families.

Briggs-Gowan, M. J., Carter, A. S., Bosson-Heenan, J., Guyer, A. E., & Horwitz, S. M. (2006). Are infant-toddler social-emotional and behavioral problems transient? *Journal of the American Academy of Child and Adolescent Psychiatry, 45*, 849-858.

Carter, A. S. (2013). Infant-toddler social and emotional assessment (ITSEA). In F. R. Volkmar (Ed.), *Encyclopedia of autism spectrum disorders* (pp. 1601-1606). New York, NY: Springer.

Carter, A. S., Briggs-Gowan, M. J., Jones, S. M., & Little, T. D. (2003). The infant-toddler social and emotional assessment (ITSEA): Factor structure, reliability, and validity. *Journal of Abnormal Child Psychology, 31*(5), 498-514.

Centers for Disease Control and Prevention. (2018). Learn the Signs. Act Early. Retrieved from https://www.cdc.gov/ncbddd/actearly/index.html

Cox, J. L., Holden, J. M., & Sagovsky, R. (1987). Detection of postnatal depression: Development of the 10-item Edinburgh postnatal depression scale. *British Journal of Psychiatry, 150*, 782-786.

Eyberg, S., Chase, R., Fernandez, M., & Nelson, M. (2014). *Dyadic parent-child interaction coding system (DPICS) clinical manual* (4th ed.). Gainesville, FL: PCIT International.

Eyberg, S., & Funderburk, B. W. (2011). Parent-child interaction therapy protocol. Gainesville, FL: PCIT International.

Eyberg, S., Nelson, M., Ginn, N., Bhuiyan, N., & Boggs, S. (2013). *Dyadic parent-child interaction coding system: Comprehensive manual for research and training* (4th ed.). PCIT International.

Eyberg, S., Nelson, M. M., Duke, M., & Boggs, S. R. (2010). Manual for the Dyadic Parent-Child Interaction Coding System. Retrieved from http://www.pcit.org

Eyberg, S., & Pincus, D. (1999). *Eyberg child behavior inventory and Sutter-Eyberg student behavior inventory*. Lutz, FL: Psychological Assessment Resources.

Fernandez, M. A., Chase, R. M., Ingalls, C. A., & Eyberg, S. M. (2010). *The abridged workbook: Coder training manual for the Dyadic Parent-Child Interaction Coding System*. Retrieved from Retrieved from http://pcit.phhp.ufl.edu/measures/abridged workbook feb 10.pdf:

LeBuffe, P. A., & Naglieri, J. A. (2003). *The Devereux early childhood assessment clinical form (DECA-C): A measure of behaviors related to risk and resilience in preschool children*. Lewisville, NC: Kaplan Press.

LeBuffe, P. A., & Naglieri, J. A. (2009). The Devereux early childhood assessment (DECA): A measure of within-child protective factors in preschool children. *NHSA Dialog, 3*(1), 75-80.

Mackrain, M., LeBuffe, P., & Powell, G. (2007). *Devereux early childhood assessment infants and toddlers*. Lewisville, NC: Kaplan Early Learning Company.

Robins, D. L., Casagrande, K., Barton, M., Chen, C. A., Dumont-Mathieu, T., & Fein, D. (2014). Validation of the modified checklist for autism in toddlers, revised with follow-up (M-CHAT-R/F). *Pediatrics, 133*(1), 37-45.

Robins, D. L., Fein, D., & Barton, M. (2009). *Modified Checklist for Autism in Toddlers, Revised, with Follow-Up (M-CHAT-R/F)*.

Squires, J., & Bricker, D. (2009). *Ages & stages questionnaires, third edition (ASQ-3)*. Baltimore, MD: Brookes Publishing.

The Devereux Center for Resilient Families. Retrieved from https://www.centerforresilientchildren.org/infants/assessments-resources/devereux-early-childhood-assessment-deca-infant-and-toddler-program/

제7장

치료실 구성, 장난감 선택, 특별 고려사항

치료실 구성

유아의 발달단계를 고려할 때 장난감 선택과 치료실 구성(room setup)은 성공적인 치료에 대단히 중요하다. 양육자–아동의 상호작용이 종종 테이블에서 진행되는 PCIT와 달리 PCIT-T 회기는 바닥에 앉아서 진행할 것을 권장한다. 이상적으로 테이블과 의자가 없는 공간이거나 상상 놀이를 위한 작은 유아용 테이블과 의자만 있어야 한다. 이런 절차는 가구와 관련된 위험 발생을 최소화하여 아동의 안전을 증가시킨다. 모든 콘센트에는 덮개를 씌워야 한다. 깨질 수 있는 물건이나 삼킬 수 있는 물건은 방에서 치워 두거나 멀리 아동의 손이 닿지 않는 곳에 두어야 한다. 치료사가 그런 물건을 두어도 아동이 안전하게 있을 수 있다고 판단하면 임상적인 활용을 위해 포함시킬 수 있다. 치료사가 안전을 위해 테이블에 모서리 보호대를 설치할 것을 강력하게 권고한다. 이상적으로 바닥 공간은 환영받는 느낌을 확대하기 위해 화려한 러그를 깔 수도 있다. 어린 아동은 음식물이 아닌 물건들을 입에 넣을 수 있기 때문에 바닥 공간은 깨끗하게 자주 청소해야 한다.

치료사는 구체적인 장난감 제안에 대해 이 장의 마지막 부분과 CDI-T 교육회기 회기별 지침서에 동일하게 포함된 장난감 선택 유인물을 참고하기 바란다. 회기를 시작할 때 방 안에는 소수의 장난감만 두어야 한다. 회기가 진행되는 동안 장난감을 바꿔줄 수 있다. 장난감은 쉽게 다룰 수 있는 것이어야 하고 작은 부품을 포함하지 않아야 한다. 치료사는 분류 장난감, 부엌 놀이를 고려할 수 있고, 특히 불빛과 소리가 나는 장난감은 아동을 전환시킬 때 사용할 수 있다. 원인과 결과가 있는 장난감은 계획 및 조직화, 어휘력 개발, 소근육 기술과 같은 학습 기술에 도움이 된다. 공이나 다른 던지기 행동을 유발하는 물건은 피해야 한다. 그럼에도 이 연령대는 가능한 장난감을 계속 던질 것이다. 장난감을 적절하게 넣어 둘 수 있는 통 하나가 제공되어야 한다. 유아가 자주 장난감을 입에 넣을 것을 고려하여 매 회기 후에, 감기와 독감 시기에는 특히 꼼꼼하게 장난감을 닦고 소독하는 것이 매우 중요하다.

걸음마기 유아 연령 내담자를 위한 장난감 선택

가상 놀이 장난감

이 단계의 많은 유아는 어휘력이 늘고 있고, 적극적으로 가상 놀이(pretend play)를 할 수 있는 장난감을 사용할 수 있는 능력도 증가하고 있다. 농장 세트, 아기 인형, 리틀 피플 놀이 세트, 주방 및 집 소꿉놀이와 같은 장난감은 양육자가 유아와 놀이하는 동안 활기찬 얼굴 표정, 활기찬 언어 표현, 긍정적 신체 접촉을 할 수 있는 많은 기회를 제공한다. 가상 놀이 장난감은 또한 유아가 새로운 단어와 소리를 들을 수 있는 기회를 증가시킨다. 양육자가 소는 '음매' 하고, 오리는 오리라고 말해 주고 '꽥꽥' 하며, 가상의 스프에 들어 있는 밝은 초록색 완두콩을 묘사해 줄 수 있다. 부모-아동이 함께 하는 가상 놀이를 통해서 유아에게 재미와 배움을 동시에 제공하면서도 상상의 세계를 실제로 보여 줄 수 있다.

쌓기, 떨어뜨리기, 쏟기 장난감

대부분의 유아는 물건이 바닥으로 떨어지는 것을 보는 것을 좋아한다(이것이 식사 시간에 양육자를 짜증나게 하는 원인이 되기도 한다!). 이 원인과 결과를 배우는 기술은 새롭게 개발되고 있는데 분류 장난감 놀이를 통해서 장려된다. 분류 장난감은 일정한 모양이나 자리에 꼭 맞게 생긴 조각을 넣는 것인데, 그 조각은 종종 소리를 내면서 더 큰 통안으로 떨어진다. 컵 쌓기, 부드러운 큰 블록, 링 쌓기와 같은 쌓기와 무너뜨리기가 가능한 장난감도 사용할 수 있다. 어떤 유아는 반복적인 놀이 방식으로 끝을 내기도 한다(예: 쌓고 쏟기를 계속 반복한다). 양육자는 장난감이 떨어지며 큰 소리가 날 때 놀라움과 웃음을 보여 주는 롤 모델이 되고, 블록을 쌓을 때 색깔에 이름을 붙여 주고, 유아가 정확한 분류 장난감을 찾을 때 박수 치며 응원하고, "오~블록이 떨어졌어. 떨어졌어."와 같이 단어를 반복하며 언어를 장려하는 기회를 갖게 된다.

근육 운동 놀이

걸음마기 유아는 에너지가 넘치고 매우 활동적이다. 근육 운동을 포함하는 놀이는 이들의 발달적 욕구를 충족하는 데 도움이 된다. 근육 운동에 도움이 되는 장난감은 학습 테이블, 보행기, 밀고 당기기 장난감, 기어 다니는 터널, 스쿠터(전자제품 제외)와 같은 장난감이다. 소근육 운동에 도움이 되는 장난감에는 다이얼, 손잡이, 스위치가 있어 손으로 조작을 해야만 하는 것들이 포함된다. 움직이는 부분은 종종 소리/음악 및 팝업 캐릭터와 짝을 이루고, 눌러진 버튼, 돌려진 손잡이, 눌러진 스위치에 대한 원인-결과 반응을 포함한다. 근육 운동 놀이를 하는 동안 양육자는 팝업 장난감에 대한 놀란 얼굴 표정을 표현 및 모델링하고, 아동이 버튼과 스위치를 누르려고 시도하는 것에 대해 박수 치고 격려하며, 인내심을 가르치는 기회를 갖는다. 양육자가 눌러진 버튼의 색깔을 말하고, 움직인다, 위와 아래, 기어간다, 미끄러진다, 민다, 당긴다와 같이 유아의 신체적 움직임을 묘사하면 근육 운동 놀이 동안 유아는 많은 어휘에 노출될 수 있다.

창의적 놀이

호기심과 탐색은 유아 연령의 놀이의 중요한 단계이기도 하다. 대형 크레용 또는 '손바닥 크레용(palm crayons)'과 큰 종이와 같은 도구는 몸의 본을 뜨고, 낙서하고, 아름다운 유아 예술 작품이 나올 수 있게 해 준다. 큰 빈 박스들은 박스 안 또는 밖에서 기어가기/걷기와 같은 게임을 하고, 술래잡기를 하고, 열고 닫는 문으로 사용할 수 있어 유아가 상상력을 개발하고 탐색하는 데 훌륭한 도구가 된다. 창의적 놀이는 또한 회기 내에서 춤추고 움직이는 데 음악과 노래를 사용하는 것도 포함한다. 그리고 자기만의 음악을 만들어 내는 실로폰, 드럼, 마라카스, 기타와 같은 간단하지만 견고한 악기를 포함할 수 있다. 양육자가 계속 얼굴 표정과 활기찬 목소리 표현을 모델링하고, 응원하고, 박수 치고, 유아의 음악을 만들어 내는 기술과 상상력과 탐색을 격려하는 기회는 창의적 놀이에서 항상 제공된다.

편안하게 해 주는 놀이

좀 더 조용해야 하고 휴식이 필요한 시간에는 보드 북, 구슬 미로, 페그 보드, 나무 페그 퍼즐과 같은 장난감이 함께 즐거운 상호작용을 계속하면서도 좀 더 차분한 활동이 되는 아주 좋은 옵션이다. 보드 북은 유아에게 소리 내어 읽고, 동물의 이름을 말하고, 동물의 소리를 내고, 그림을 가리키고, 양육자의 무릎 위에 앉거나 매우 가까이 있어 옆에서 안아 줄 수 있는 훌륭한 기회를 제공한다. 구슬 미로, 페그 보드, 나무 퍼즐은 집중하며 앉아서 하는 놀이를 할 수 있게 해 준다. 유아와 양육자가 대기실에서 시간을 보낼 때 또는 움직일 수 있는 공간이 제한적일 때 특히 유용한 활동이다. 편안하게 해 주는 놀이를 하는 동안에도 미로의 색깔에 이름을 붙여 주고, 유아가 손으로 하고 있는 것을 묘사하며, 유아가 페그 퍼즐의 모양을 페그 보드에 맞출 수 있도록 도우며, 가르칠 수 있는 기회는 지속된다. 유아가 퍼즐 조각을 정확한 장소에 맞출 때, 특정한 구슬로 미로 라인의 끝까지 도달할 때, 또는 보드 북의 페이지를 넘길 때, 부모는 박수 치고 응원함으로써 이 유형의 놀이에서도 부모의 열정은 계속된다.

장난감 선택

유아와 놀이를 하는 방법은 앞의 다양한 설명에서 알 수 있는 것처럼 한계가 없다. 가장 큰 한계는, 특히 임상가 앞에서, 놀이하는 기술과 유치하게 어리게 행동하는 것을 잃어버린 성인일 것이다. 그렇기 때문에 임상가는 양육자를 위해서 이러한 기술을 모델링하고 기대되는 행동에 대한 선례를 남기기 위해 회기에 즐거움, 장난스러움, 관계에 활기찬 스타일을 더해 주어야 한다. 추가적으로, 임상가는 유아에게 지나친 자극을 제공하지 않아야 하기 때문에 놀이를 위한 장난감 수에 신중해야 한다. 임상가는 또한 유아의 놀이 수준에 발달적으로 적절한 장난감을 인식하고 제공해야 한다. 유아의 발달 수준 이상의 장난감은 좌절감과 큰 정서(big emotion)를 가져오게 할 수 있기 때문이다. 초기 평가회기에서 임상가는 유아가 집에서 흥미를 보이는 장난감 종류에 대해 양육자의 피드백과 의견을 들어야 한다. 임상가는 회기 중 유아의 놀이 반응에 따라 교체

표 7-1 PCIT-T 권장 장난감 목록

가상 놀이	근육 운동 놀이
손 인형	학습 테이블
농장 세트	학습 보행기
기차 놀이 세트	밀기 및 당기기 장난감
리틀피플 놀이 세트	기어 다니는 터널
부엌/집 세트	탈 수 있는 차량/스쿠터
아기 인형 및 부속물(인형 침대, 옷, 유모차)	원인과 결과가 있는 장난감/팝업
바퀴가 있는 큰 나무/플라스틱 장난감 차	(다이얼 돌리기, 스위치, 손잡이, 뚜껑)

쌓기, 떨어뜨리기, 쏟기 놀이	창의적 놀이
플라스틱 컵	특대형/손바닥 크레용 및 큰 종이
겹겹이 쌓을 수 있는 장난감/쌓기용 링	큰 판지 상자
큰 구슬(질식 위험이 없는 것)	춤출 수 있는 음악/노래
부드러운 블록 및 큐브	간단하고 견고한 악기
큰 듀플로 블록	
모양 분류 장난감	

편안하게 해 주는 놀이	
보드 북	
구슬 미로	
페그 보드	
나무 페그 퍼즐	

할 수 있는 장난감을 추가적으로 준비해야 한다. 〈표 7-1〉에 PCIT-T에서 사용하기 권장하는 장난감이 제시되어 있다.

걸음마기 유아 연령 집단을 위한 특별 고려사항

약속 시간 잡기: 낮잠, 배고픔, 기저귀 교체

걸음마기 유아 연령의 아동을 대상으로 치료 시간을 잡는 것은 까다로울 수 있다. 학습이 가장 잘 이루어지는 이상적인 시간은 낮잠 시간 이후, 아동이 완전히 깨어 있고 배고픔과 기저귀 교체 등 모든 기본적 욕구가 충족된 이후이다. 양육자는 종종 바쁜 일정이 있어서 임상가가 가능한 시간에 약속을 잡는 것이 어려울 수 있다. 유아가 주로 낮잠을 자는 시간에 약속을 잡는 것은 피해야 한다. 약속 시간에 오는 동안 유아가 차 안에서 잠이 들거나 치료실에 도착해서 낮잠을 깨우려고 애써야 하는 양육자에게 불만스러운 상황이 만들어질 것이기 때문이다. 매일의 일상이 구조화가 덜 잡힌 가족에게는 유아가 언제 낮잠을 필요로 하는지 예측하는 것이 더 어렵고, 임상가는 유아가 매 회기 짜증을 내고 피곤해 보이면 다른 약속 시간을 잡아야만 할 수도 있다.

이와 같은 원칙은 식사 시간에도 적용된다. 유아는 하루 동안 여러 차례 적은 양의 식사를 한다. 회기 시작 전에 배고픈 것이 만족스럽게 해결되어야 PCIT-T에서 가장 잘 배울 수 있다. PCIT-T의 핵심 요소의 하나는 부모가 아동의 기본 욕구를 충족하도록 격려하는 것이다. 따라서 임상가는 부모에게 매 회기 작은 건강한 간식을 가져오도록 권유하고, 필요시 먹이도록 할 수 있다.

PCIT-T 회기에 도착 전이나 중간에 식사 또는 간식을 먹은 후에는 자연스러운 소화 과정이 양육자의 다음 준비로 이어진다. 기저귀를 갈아 줄 수 있는 준비를 하는 것이다. PCIT-T를 제공하는 기관은 화장실에 기저귀 교환대와 기저귀 쓰레기통을 설치하는 것을 고려해야 한다. PCIT-T 장소는 또한 유아의 기저귀 교환을 미처 준비하지 못한 양육자를 위해 다양한 크기의 비상용 기저귀 몇 개와 물티슈, 기저귀 크림을 준비할 것을 권장한다. 이는 양육자에게 '기저귀 비상사태'에 어떻게 준비되어야 하는지에 대한 모델링이 되고, 얼마나 자주 기저귀를 교환해야 하는지 인식하지 못하거나 초기 기저귀 발진을 알아차리지 못하는 양육자에게 교육할 수 있는 기회를 제공할 수 있다. 기저귀 교체는 왜 유아가 짜증을 내고 까다로웠는지에 대한 설명이 될 수 있다.

양육자가 교대할 때 코칭하기

걸음마기 유아에게 전환하는 시간은 흔히 큰 정서를 경험하는 시간이다. PCIT-T에서도 전환이 같은 회기에 두 명의 양육자를 코칭하는 경우 그리고 더 빠르게는 대기실에서 치료실로 이동하는 시간에 종종 발생한다. 다시 말하면, 코칭하는 동안 첫 번째 양육자와 두 번째 양육자가 자리를 바꾸고 유아가 회기에 새로 참여하는 양육자에게 초점을 맞추어야 할 때 전환이 일어난다. 전환이 쉽게 이루어지도록 양육자에게 다음의 단계를 실시하도록 코칭하는 것을 권장한다.

1. 현재 코칭을 받는 부모가 유아에게 가까이 가도록 한다. 유아를 만질 수 있는 거리여야 하고, 등을 쓰다듬으면서 "이제 [아빠]가 들어오셔서 너와 놀아 주실 거야."라고 말한다.
2. '새로' 놀이할 부모가 방에 들어온다. 방에 들어오면서 다른 장난감을 가지고 온다. 다른 장난감으로 주의를 돌리게 하고 분리 문제를 감소시키는 기법으로 사용한다.
3. 그런 다음 '새로' 놀이할 부모는 전환 문장을 말해 준다. 주의를 돌리도록 새로운 장난감을 보여 주면서 "[아빠]가 너하고 놀려고 여기 있어."라고 말한다.
4. '새로' 놀이할 부모와 '이전에' 놀이한 부모 모두 가까운 거리에 머물고 유아에게 손을 부드럽게 댄다. 그다음 '새로' 놀이할 부모가 유아와 놀이를 시작하는 동안 '이전에' 놀이한 부모는 방 밖으로 서서히 사라진다.

젖니, 질병, 성장 급등

회기에 정기적으로 출석하는 것의 중요성은 치료 성공에 결정적인 요소이다. 경험적 학습과 실시간 코칭이 변화를 만드는 원리가 되기 때문이다. 가능하다면 PCIT-T 회기를 한 주에 두 번 진행하는 것을 권장한다. 치료에 참석하는 아동이 아플 때, 이가 나서 열이 약간 날 때, 잠을 잘 못 잤거나 성장 급등의 시기라서 참여할 수 있는 기분이 아닐 때, 가능한 한 빨리 PCIT-T 약속을 다시 잡는 것이 절대적으로 필요하다. 회기를 미루고 실시간 코칭에 갭이 생기면 부모의 기술 습득이 지체되고, 양육자와 유아의 학습에 탄력이 떨어지며, 치료 기간은 길어지고, 양육자는 치료 효과를 의심하게 될 수도 있다. 그렇기 때문에 임상가는 일관되고 정기적인 치료를 제공하기 위해 모든 노력을 기울여야 한다. 여기에는 빠르게 진화하는 유아와 부모의 욕구를 충족하기 위해 일정을 융통성 있게 관리하는 것이 포함된다.

다른 전문가에게 의뢰하기

걸음마기는 복잡하고, 의뢰가 이루어질 때 보통 다른 전문가들도 관여한다. 일반적인 의뢰에는 소아과 의사, 청능사, 안과 의사, 언어병리학자, 지역센터들이 포함된다. 임상가는 자신들의 실무 범위에 대해 인식하고 적절한 한계 내에서 기능해야 한다.

제8장

아동주도 상호작용-걸음마기 유아

PCIT-T의 기본 전제는 부모와 유아 사이에 강하고 긍정적인 관계를 형성하는 것을 중심으로 한다. 이들의 관계는 어린 아동에게 다양한 정서조절, 언어, 사회 기술을 가르치는 데 사용된다. 표준 PCIT와 비슷하게, 이런 기술은 여전히 프로그램의 아동주도 상호작용(CDI) 부분의 초점이 된다. 부모는 어린 아동의 행동을 관리하고 틀을 잡는 데 그들의 긍정적인 관심의 위력을 사용하는 것을 배운다. 긍정적인 관심 기술이 놀이기반 부모-아동 상호작용 맥락에 내장되어서 부모는 어린 아동의 욕구와 자연스러운 신호에 주의를 기울이고 예측하고 반응하는 것을 배우고, 그렇게 함으로써 다루기 어려운 행동을 예방한다. 표준 PCIT 모델과 현재의 조정된 모델의 많은 CDI 기술이 일관되지만, 대상의 발달적 욕구에 따라 어떤 것들은 특히 강조되었다. 또한 부모-아동 상호작용의 보상적인 가치를 향상시키고 양육자와 아동의 정서조절을 향상하기 위한 틀을 제공하기 위해 새로운 기술이 추가되기도 했다. 부모는 이런 기술을 '특별시간'이라고 불리는 매일 5분의 놀이치료 시간에 아동과 연습한다(Eyberg & Funderburk, 2011).

'해야 할' 기술

구체적 칭찬

구체적 칭찬("바닥에 있는 장난감을 조심스럽게 잘 가지고 노는구나." "손을 예쁘게 두니까 아주 멋지다.")은 걸음마기 유아가 칭찬받은 행동을 계속 보여 줄 가능성을 높여 주고, 두 사람의 긍정적 상호작용의 중심이 된다(Eyberg & Funderburk, 2011). 구체적 칭찬은 유아에게 높은 수준의 언어를 제공할 뿐만 아니라 아동의 자신감과 자존감을 형성하는 데에도 사용된다. 긍정적 관심은 따뜻한 부모–아동 관계에 필수적이며 아동의 적응적 행동을 촉진하는 토대가 된다. 관심 있는 특정 행동에 초점을 둔 구체적 행동 문장은 한 회기 내에서와 특별 놀이 시간 동안 여러 번 반복될 것으로 예측된다. 그렇기 때문에 치료사는 한 부모–자녀 쌍이 특히 집중해야 할 구체적 행동과 그에 따른 칭찬 문장을 논의하는 것을 고려할 수 있다. 칭찬 문장은 짧아야 하고, 유아의 발달 수준에 맞게 적절해야 한다. 그래서 칭찬 문장은 유치원 연령과 비교하여 더 적은 단어와 덜 복잡한 언어로 구성되어야 한다. 구체적이지 않은 칭찬을 코딩하기는 하지만 구체적이지 않은 칭찬(예: "잘했어." "고마워.")을 구체적 칭찬 문장으로 바꾸는 것에 주안점을 두어야 한다. 구체적이지 않은 칭찬이 아동에 대한 긍정적인 평가의 표현이기는 하지만, 구체적이지 않기 때문에 행동의 변화가 일어날 가능성은 거의 없다. 유아에게는 구체적 칭찬이 활기찬 목소리 톤과 등을 쓰다듬기, 간지럽히기, 하이파이브, 박수 치기, 안아 주기와 같은 신체적 표현과 함께 제공될 때 더 큰 효과가 나타난다.

행동 묘사

　행동 묘사(Eyberg & Funderburk, 2011)는 아동의 행동을 자주, 의미 있는 언어로 묘사할 수 있게 해 주는 데 특히 유용한 언어 도구이다. 어떤 유아는 단어와 소리를 말로 많이 표현하지만, 다른 아동은 놀이할 때 상대적으로 조용하기 때문에 묘사 문장을 사용할 수 있는 기회가 충분하다. 이런 문장은 아동의 집중력을 향상시키고 적절한 행동에 양질의 관심을 제공하는 것으로 나타났다(Tempel, Wagner, & McNeil, 2013). 묘사 문장에서 열정은 긍정적 관심의 보상적 가치뿐만 아니라 상호작용의 향상과 따뜻함에 모두 매우 중요하다. 추가적으로, 행동 묘사는 부모가 아동의 놀이에 집중하도록 돕고 부모—아동 쌍이 공통의 관심에 참여하도록 해 준다. 장난감을 묘사하는 것은 아동의 행동을 강조하지 않기 때문에 치료사는 장난감의 행동("사람이 박스 안에 들어갔네.")보다 아동의 행동("사람을 박스에 넣었구나.")을 묘사하는 것의 중요성을 강조해야 한다. 행동 묘사를 사용할 때 아동의 지속적인 행동에 매 순간 구체적으로 관심을 보이기 때문에 부모는 아동의 발달 수준에서 놀이하고 아동의 주도를 따라갈 가능성이 높다. 많은 다른 기술과 비슷하게 치료사는 유아의 놀이를 묘사하는 언어의 복합성을 특히 고려해야 한다. 각 영아에게 기대되는 수준에 맞게 언어 맥락을 결정할 때 비계설정 또는 개인의 발달적 잠재력에 지나치지 않은 약간의 도전만 제공하는 개념이 사용되어야 한다.

반영

언어 반영의 사용은 부모와 유아 자녀의 상호작용에 매우 중요하다. 이 기술은 단어, 소리, 소음을 포함하는 언어를 강화한다(Eyberg & Funderburk, 2011). 걸음마기 유아는 의미 있는 말과 이해되지 않는 말을 다 한다. 모든 소리, 특히 기질적으로 조용한 유아의 소리는 반영되어야 한다. 언어 반영은 아동의 말의 의미를 요약하는 것으로도 될 수 있지만, 부모가 유아의 단어와 소리를 말/소리 그대로 반영하는 것이 적절하고 발달적으로도 요구된다. 반영은 아동이 언어적으로 노력하는 것을 비난하지 않으면서 부모가 정확한 말을 모델링함으로써 아동의 문법과 발음을 드러내지 않고 교정해 준다. 발달적 개념인 자기중심성 또는 어린 아동이 자신, 자신의 행동, 원하는 것, 욕구를 세상을 이해하는 중심에 둔다는 개념은 언어 반영이 유아에게 대단한 보상이 되는 것을 부분적으로 설명해 준다. 칭찬, 행동 묘사와 비슷하게, 반영의 열정적인 특성은 사회적 상호작용의 보상적 가치 면에서 매우 중요하다.

정서에 이름 붙이기와 정서 코칭

정서에 이름 붙이기와 정서 코칭은 새롭게 소개되지만 CDI-T 기술의 매우 중요한 요소이다. 어린 아동의 정서조절 능력을 향상시키는 것은 여전히 PCIT-T에 필수적이다.

이 큰 목표 안에 아동의 정서 어휘, 알아차림, 이해를 증가시키려는 작은 목표가 있다. 기본 정서 이상의 다양한 정서 이름에 노출하는 것은 어린 아동에게 이런 기술을 증가시키는 데 매우 중요하다. 아동이 자신의 느낌을 알아차리는 것을 도와주고 수용 받는 느낌을 갖게 해 준다. 이름 붙이기는 아동이 놀이 맥락에서 하나의 정서를 경험하는 것으로 보일 때 실행한다. 아동이 느낌을 경험하고 있는 그 순간의 느낌에 이름을 붙여 줌으로써 그 정서와 제공된 단어를 연결하는 것을 배우게 될 것이고, 이후 아동은 자신의 정서를 알아차리고 적절하게 표현할 수 있게 될 것이다. 추가적으로, 부모가 아동과 함께 상호작용하면서 정서 표현과 단어를 모델링하기 위해 부모 자신의 정서와 상태에 이름을 붙여 주도록 격려한다. 부모가 감정 단어를 사용하는 것은 자녀의 정서 상태를 알아차리는 것을 향상하고, 자신의 정서를 이해함으로써 아동에게 긍정적인 영향을 주고, 아동의 정서적·행동적 욕구에 대한 부모의 반응성을 증가시키는 데 도움이 된다.

정서 코칭의 여섯 가지 주요 특징과 예시가 〈표 8-1〉에 제시되어 있다.

1. 코치가 하나의 정서와 관련된 행동을 알아차리면 부모에게 설명한다. 이는 부모가 유아의 신호에 주의를 기울이고 유아의 정서 어휘를 증가시키는 데 도움이 된다. 부모가 유아의 느낌을 무시하지 않으면서 아동의 정서에 머물게 해 준다.
2. 아동이 표현하고 있는 느낌에 이름을 붙여 주도록 부모를 격려한다. 이것은 또한 유아의 정서 어휘를 증가시키고 아동의 신호에 부모가 주의를 기울이도록 돕는다. 아동에게 부모가 그 자리에 있고 그들의 정서 상태를 인식하고 있다는 것을 알려 준다.
3. CARES를 통해 지지와 관심을 보이도록 부모를 격려한다. CARES 모델은 이 장의 뒷부분에서 자세하게 논의한다.
4. 아동이 정서 이름을 표현하면 반영하고 칭찬한다. 유아가 정서 단어를 사용하기 시작할 때 양육자는 반영과 칭찬을 사용하여 이 긍정적인 단계를 강화시켜야 한다. 반영 기술은 유아에게 그들을 경청하고 있고 그들의 말이 부모에게 의미 있다는 메시지를 준다. 반영한 후에 아동에게 칭찬을 추가로 해 주는 과정은 정서 어휘 사용을 강화하고 유아의 자존감을 세워 준다. 앞에서 논의한 것처럼 칭찬은 부모와 유아 쌍의 관계에 따뜻함을 더해 준다.
5. 부모가 자신의 느낌을 표현하는 감정 단어를 사용함으로써 모델링한다. 이는 유

표 8-1 PCIT-T에서의 여섯 가지 정서 코칭 특징과 정서 코칭 문장 예시

정서 코칭 특징	정서 코칭 문장 예시
정서와 관련된 행동이라고 보이는 것을 부모에게 설명한다.	"○○이가 근육을 긴장하고 있는 것이 보이세요? ○○이가 짜증 나고 화가 나는 것같이 보여요."
	"○○이가 얼굴에 큰 미소를 짓고 있어요. 자랑스럽게 느끼는 것으로 생각돼요."
	"○○이가 장난감에서 멀리 떨어졌어요. 그 소리 때문에 놀란 것처럼 보여요."
	"○○이가 약간 떨고 있네요. 가까이 가서 안심시켜 주세요. 조금 무서워하는 것같이 보여요."
감정에 이름을 붙이도록 부모를 격려한다.	"○○이를 위해서 정서에 이름을 붙여 주시겠어요?"
	"너는 멍멍이에 대해서 약간 슬퍼하는 것 같구나 하고 말해 주세요."
	"○○이가 지금 어떻게 느끼는 것처럼 생각되세요? ○○이를 위해서 이름을 붙여 주실 수 있으시겠어요?"
	"탑을 완성해서 행복해 보인다고 ○○에게 알려 주세요."
CARES를 통해 지지하고 관심을 보이도록 부모를 격려한다.	부모 행동에 포함되는 것:
	아동에게 신체적으로 가까이 이동한다.
	아동에게 긍정적이고 부드러운 신체 접촉을 한다.
	아동과 상호 눈맞춤을 한다.
	부모가 거기 있다고 아동을 안심시킨다.
	부모는 필요한 때 도움을 제공하거나 또는 주도적으로 아동을 위해 해 준다. 따라서 문제를 해결하고 가르치기 위해 시간을 낸다.
아동이 정서 이름을 사용하면 반영하고 칭찬한다.	아동: 나 엄마한테 화났어. 코치: 말해 주세요. '감정 단어를 잘 사용했어. 네가 지금 엄마한테 화가 났구나. 엄마가 여기 있어. 엄마는 도와줄 수 있어서 행복해.'
	아동: "나 무서워." 코치: 네가 무섭구나. 아주 큰 소리가 나서 그렇지. 아빠한테 너의 느낌을 말해 준 거 잘했어. 아빠가 여기 있어. 우리는 둘 다 괜찮아.
부모는 자신의 감정을 표현하여 감정 단어 사용을 모델링한다.	"이 장난감을 고치기가 어렵네. 엄마는 짜증이 나."
	"우리가 장난감을 다 정리해서 자랑스러운 느낌이야."
	"네가 그 의자에서 떨어질까 봐 엄마는 걱정이 들어."
	"오늘 같이 놀 수 있어서 아빠는 행복해."
부모가 감정 단어를 사용할 때 칭찬한다.	"느낌에 대해서 얘기 잘하셨어요."
	"아이에게 화나는 것에 대해서 어떻게 이야기하는지 보여 주신 부분이 마음에 들어요."
	"거기서 ○○이의 정서에 이름 붙인 것이 아주 좋습니다."
	"정서를 어떻게 다루는지 어머님이 훌륭한 모델을 보여 주셨어요."
	"○○이의 느낌과 행동의 관계를 이해하도록 도와주신 것 아주 잘하셨어요."

아에게 관찰 학습을 제공하고 유아가 부모의 반응을 기초로 하여 정서에 어떻게
반응하는지를 이해하는 데 도움을 준다.
6. 부모가 감정 단어와 어휘를 사용하면 칭찬한다. 부모에게 칭찬을 하여 코치는 목
    표한 정서 이름 붙이기 기술을 강화한다. 부모에게 특정한 기술을 더 많이 칭찬해
    주면 치료 회기 밖에서도 그 기술을 통합할 가능성이 더 높다.

'하지 말아야 할' 기술

질문

　　PCIT-T의 CDI 단계에서는 아동이 놀이를 이끌어 가는 규칙을 고려하여 아동의 자
연스러운 놀이 통제력을 떨어뜨리는 기술은 피해야 한다. 구체적으로 질문, 지시, 비
난 문장은 최소화되어야 된다. 질문은 '누가' '무엇을' '어디서' '왜' '어떻게'와 같은 단어
로 시작할 수 있다. 반대로 반영이나 행동 묘사를 하려고 했지만 부모의 목소리가 문
장 끝에서 올라가면 질문이 될 수 있다(예: "네가 야옹이를 돕는 거야?"). 두 종류의 질문은
모두 피해야 한다. 종종 의도치 않게 아동에게 언어적인 대답을 기대하는 요구가 된다
(Eyberg & Funderburk, 2011).

지시

지시는 뒤따르는 행동을 기대하는 직접적(예: "블록을 엄마한테 주렴.") 또는 간접적(예: "블록을 엄마한테 줄래?") 형태로 발생한다. 질문과 마찬가지로 지시는 상호작용의 긍정성을 감소시키고 아동의 놀이를 지시하기 때문에 다루기 힘든 행동이 발생할 가능성을 증가시킨다. 아동이 내려진 지시에 반응하지 않으면 부모와 아동 사이에 부정적 상호작용이 뒤따른다(Eyberg & Funderburk, 2011).

부정적인 말/비난의 문장

마지막으로, 부정적인 말 또는 비난의 말은 아동의 자존감과 환경에 대한 통제감을 감소시킨다. 환경 안에서 아동이 독립에 대한 욕구를 갖는 것은 자연스러운 것이다. 비난의 말을 나타내는 단어는 '아니야' '하지 마' '멈춰' '그만해' 또는 '안 돼'를 포함한다. 이런 말들은 바람직하지 않은 행동에 관심을 보일 뿐만 아니라 지나치게 사용하면 아동이 안전하지 않거나 위험한 행동을 할 때 그 영향력을 감소시킬 수 있다. 이 모든 것을 고려하여 '하지 말아야 할' 기술은 회기 내에서와 가정치료 연습 시간에 최소 수준으로 사용되어야 한다. 이는 부모의 말에 대한 인식을 증가시키고 부모–아동 관계에 따뜻함과 긍정성을 증가시키기 위한 노력의 일환이다(Eyberg & Funderburk, 2011).

다른 긍정적 기술

즐기기, 활기, 열정

　즐기기와 열정을 보이는 것의 중요성은 모든 연령대의 아동과 놀이할 때 강조되어야 한다고 주장할 수 있지만, 걸음마기 유아와의 놀이에서는 특히 결정적이다. 열정적이고 활기찬 목소리 톤, 활기찬 얼굴 표정, 부모 목소리의 변이성, 소리 활용(예: 동물 소리, 무의미한 소리), 박수, 미소 짓기를 포함하는 즐기기의 신호는 PRIDE 기술을 강화하는 힘을 증가시킨다. 유아의 수용 언어 능력은 차이가 많이 나기 때문에 소리를 사용하는 것은 특히 중요하다. 따라서 아동의 인지적 이해력과 상관없이 즐기기는 자연적으로 말하기의 보상 가치를 증가시킨다. 추가적으로, 뚜렷한 즐기기와 열정은 상호작용의 긍정성과 질을 증가시키고, 그렇게 함으로써 관계에 따뜻함을 증가시킨다. 유아는 즐겁다고 지각하는 상호작용에 지속해서 참여할 가능성이 더 높고, 그렇기 때문에 주어진 과제에 계속 집중하게 된다(Eyberg & Funderburk, 2011).

신체적 애정 표현

즐기기, 활기, 열정의 중요성과 비슷하게, 스킨십은 따뜻한 관계에 매우 중요한 부분이다. 애정은 사람들 사이를 연결해 주고 자연스럽게 유대감을 형성해 주는 기능을 한다. 애정과 신체 접촉은 칭찬의 강화 가치를 증가시키고 아동의 관심을 주어진 과제에 가까이 또는 멀리 향하도록 돕는다. 신체 접촉은 특히 고통스러운 시간에 생리적으로 차분하게 만드는 기능을 할 수도 있다. 신체 접촉은 아동의 등을 쓰다듬어 주거나, '하이파이브'를 하거나, 안아 주거나, 붙잡아 주거나, 살살 흔들어 주는 등의 다양한 형태로 나타날 수 있다. 특정 부모에게 자연스럽다고 느끼는 방식으로 신체 접촉을 하는 것이 중요하기 때문에 치료사는 신체적 애정 표현을 위한 신체 접촉에 대해 양육자가 선호하는 방법을 이야기해야 한다. 자연스럽게도, 애정 표현을 덜 하는 부모는 신체 접촉을 어떻게 언제 표현해야 하는지에 대해 더 직접적인 코칭이 필요하다. 지나치게 애정 표현을 하는 부모에게는 유아에게 발달적으로 적절한 독립성 수준에 대한 안내를 해 주는 것이 도움이 된다. 그리고 나서 치료사는 명확하게 그런 신체 접촉이 유아에게 미치는 영향을 실시간 코칭 동안 명확하게 지적하여 부모와 부모–자녀 관계에 주는 가치를 강화한다. 예를 들면, 코치는 부모에게 특정한 신체 접촉이 아동을 부모의 무릎에 앉도록 격려했다거나 아동이 짜증 났을 때 시기적절하게 안아 준 것이 빠르게 진정시키는 데 도움이 되었다는 것을 알려 준다. 이러한 관찰은 부모의 적절한 기술 사용을 강화하기 위해 부모에게도 알려져야 한다.

상호 눈맞춤

부모와 아동의 상호 눈맞춤은 두 사람 사이의 연결 및 공동 관심의 신호이다. 공동 관심은 아동을 주어진 자극에 맞추게 해 주고 CDI 기술을 실행하는 데 필수적인 상호작용이 가능하게 해 준다. 상호 눈맞춤과 공동 관심은 개입의 CDI 단계에서 긍정적인 부모-아동 유대감을 형성하는 데 돕는 역할을 한다. 부모는 말을 할 때 아동의 눈을 직접 바라보고, 미소 지으며, 눈맞춤을 지속하면서 얼굴 표정을 과장하도록 코칭 받는다. '까꿍 놀이'와 같은 게임은 아동과의 유대감을 위해 부모가 활기찬 모습으로 눈맞춤을 하도록 격려한다.

아동의 발달 수준에 맞춰 놀이하기

행동 묘사와 모방이 부모가 아동의 발달 수준에서 놀이하는 것에 도움을 주지만, 이 개념은 PCIT-T 전체에서 강조되어야 한다. 아동의 발달 수준에서 하는 놀이는 PCIT-T의 CDI 단계에서 아동이 이끄는 대로 따라가는 기본 개념을 지지한다. 비계설정 또는 아동이 편한 영역에만 머물지 않도록 아동을 놀이에서 도전시키는 것은 부모의 놀이와 치료사의 코칭에 있어서 상시 주제여야 한다. 발달적 고려사항은 아동의 생활연령, 정서, 신체, 사회 및 언어 발달에 따라 큰 차이가 있다. 또한 발달적 기술은 PCIT-T 과정에서 변화될 가능성이 많다. 따라서 아동의 발달적 능력에 대한 개별 평가가 관찰과 코칭에서 지속적으로 이루어져야 한다. 비계설정을 하는 놀이를 통해 아동은 자신의 현재 발달 수준보다 약간 초과하는 기술과 능력을 배우게 된다. 그러나 유아의 발달 수준에서의 놀이는 어떤 부모에게, 특히 자녀와 자연스럽게 연결되었다고 느끼지 못하는 부모에게는 반복적이고 불충분한 자극으로 느껴질 수 있다. 치료사는 아동과 부모의 놀이가 시작되는 놀이 환경에서 제공되는 장난감의 종류에 특별히 관심을 두어야 한다. 제공된 장난감이 발달적으로 앞서 있거나 아동의 수준보다 높은 놀이를 해야 한다면 다시 고려해야 한다. 추가적으로, 부모 또는 아동이 같은 장난감을 사용하는 것에 대해 지루하게 되면 발달적으로 적절한 놀이에 참여하는 것이 어려워질 수 있다. 코치는 부모가 의도적이거나 비의도적으로 걸음마기 유아 연령의 아동 수준보다 높은 수준에서 놀이를 시작하는 경우에 특별히 주의를 기울어야 한다. 이런 경우 아동의 자연스러운 시도가 줄어들 가능성이 많다. 어떤 아동은 놀이를 모두 중단하고, 결국 큰 부정적 정서를 경험하게 된다.

모방

마지막으로, PCIT-T를 하는 동안 모방의 중요성은 개입의 주요 영역으로 강조되어야 한다. 특히 어린 아동은 다른 사람을 모방하는 것을 통해 원인과 결과, 기본 놀이 및 사회 기술과 같은 기초 개념을 배운다. 모방은 부모가 유아가 주도하는 것을 따라감으로써 유아의 발달 수준에서 놀이에 집중할 수 있게 해 준다. 모방은 유아의 적절한 행동을 자연스럽게 강화하고 승인해 주어 앞으로 그 행동을 할 가능성을 높인다(Eyberg & Funderburk, 2011).

CARES 기술

PRIDE 기술과 비슷하게, CARES 모델은 걸음마기 유아가 크고 다루기 어려운 정서를 경험할 때 부모가 실행해야 하는 다섯 가지 중요한 기술을 나타내는 두문자어이다. CARES 기술은 아동의 정서적 고통의 신호를 알아차리고 반응하도록 명확하게 안내해 준다. 그렇기 때문에 이 기술은 아동에게 정서를 다루는 적절한 대처 기술을 가르쳐 주면서 부모와 치료사가 정서조절 기술을 모델링하고 가르치는 데 도움을 준다. 모든 기술을 사용해야 하는 경우도 발생하지만 때로는 일부 기술만을 적용해야 할 수도 있다. CARES 단계는 상황에 적절하게 어떤 순서로든 사용될 수 있고 종종 동시에 실행된다. 〈표 8-2〉는 걸음마기 유아를 위한 CARES 정서조절 기술을 설명하는 양육자용 유인물을 제공한다.

가까이 가기(Come In)

　'C'는 아동에게 가까이 가는 개념을 나타낸다. 이 단계에서 치료사는 부모가 몸을 아동 가까이 옮기도록 코칭한다. 이는 뒤따르는 CARES 기술을 실행하는 데 필수적이다. 신체적 움직임은 따뜻함과 반응성의 메시지를 전달할 뿐만 아니라 신체적·정서적 가용성을 나타낸다. 이 단계를 실행할 때는 아동 또는 부모의 정서적 고조를 피하기 위해서 차분한 태도가 매우 중요하다. 또한 차분하게 있음으로써 효과적인 정서조절 기술을 모델링해 준다.

아동을 도와주기(Assist)

　'A'는 부모가 아동의 어려움을 물리적으로 바로 도와주는 것을 나타낸다. 되도록이면 치료사는 부모가 관련 과제에 비계설정을 하도록 돕고, 그래서 아동이 스스로 어려움을 해결할 수 있도록 해 주어야 한다. 이 시간 동안 아동을 격려하고 과제에 지속적인 관심을 갖게 하도록 계속 아동주도 상호작용 기술을 사용해야 한다. 과제를 성공적

표 8-2   걸음마기 유아를 위한 CARES 정서조절 기술

PCIT-T: 걸음마기 유아를 위한 정서조절

CARES

단계는 순서에 상관없이, 종종 동시에 제공된다.

그림 표상		기술	어떻게 및 왜 기술을 사용하는가?
	C	가까이 가기 (Come in)	• 신체적으로 아동에게 가까이 이동한다. • 천천히 차분하게 움직인다. • 아동에게 가까이 감으로써 아동은 부모가 가까이 있고 도움을 줄 수 있다는 것을 볼 수 있다. • 아동의 양육자에 대한 신뢰감을 증가시킨다.
	A	아동을 도와주기 (Assist child)	• 아동이 현재 문제를 해결하도록 돕는다. • 조기 교육 경험을 제공한다. • 아동과 함께 수행하기 대 아동 대신 하기 예시: (아동) 장난감을 분류할 수 없어 짜증을 낸다. (부모) 아동이 장난감을 잡고 있는 상태에서 천천히 장난감의 방향을 바꾸어 장난감 분류 위치를 보여 준다.
	R	아동을 안심시키기 (Reassure child)	• 신뢰를 증가시킬 수 있는 기회를 제공한다. • 양육자가 아동을 돌볼 것이라고 언어로 표현한다. 예시: (부모) "괜찮아. 엄마/아빠가 여기 있어." (부모) "엄마/아빠가 도와줄게. 넌 괜찮아."
	E	정서를 타당화하기 (Emotional validation)	• 아동이 표현한 감정을 읽어 준다. • 이해받고 지지받는 느낌을 준다. • 정서 단어를 확장하는 데 도움을 준다. 예시: (부모) "……(어떤) 때 슬프다는/짜증나는 것을 알아." (부모) "……해서 네가 자랑스럽구나/행복하구나."
	S	진정시키기 (Soothe) (목소리/ 신체 접촉)	• 안전과 안정감을 제공한다. • 모든 것이 괜찮다는 신체적인 신호를 준다. • 아동에게 이완되고 평온한 태도를 모델링한다. 예시: (부모) 아동을 껴안아 주거나 부드럽게 어루만진다. (부모) 조용하고 안심시키는 목소리 톤을 사용한다.

> ### CARES 이후에 **방향 전환**을 제공한다.

소리 나는 장난감을 사용하여 주의를 돌린다.   다른 위치/장소로 이동한다.
아동이 피곤한지, 배고픈지, 기저귀가 젖었는지 확인한다.   얼굴 표정과 언어 표현을 더 활기차게 한다.

으로 완수하면 열정적인 칭찬을 해 준다. 그러나 비계설정을 했음에도 빠르게 아동이 독립적으로 과제를 완수하지 못하면, 부모는 아동을 위해 과제를 완수한다. 부모가 반복적으로 과제를 완수해야 한다면 제공된 장난감의 발달 수준을 다시 고려한다. 이 '도와주기' 단계는 어려움을 감소시키거나 문제를 모두 해결함으로써 아동의 좌절감을 완화하는 데 도움이 된다. 이런 부모의 반응성은 부모-아동 관계에서 신뢰감과 따뜻함을 증가시킴으로써 이들의 유대감을 향상시킨다.

아동을 안심시키기(Reassure Child)

'R'은 아동을 안심시키기를 나타낸다. 부모가 실제로 곁에 있고, 아동의 욕구가 충족될 것이라는 개념을 말로 표현해야 한다(예: "엄마가 도와주려고 여기 있어."). 아동을 안심시키기는 차분하고 진정시키는 목소리 톤으로 하는 것이 중요하다. 이런 말은 제한된 수용 언어 기술을 가진 유아가 안정감을 느낄 수 있게 해 준다. 이런 언어 표현은 보살핀다는 느낌을 주고 아동의 감정을 인식하고 있다는 것을 소통한다. 덧붙여 이런 말은 부모의 양육 행동을 통해서 딜레마가 해결될 수 있다는 소망을 자연스럽게 전달한다.

정서를 타당화하기(Emotional Validation)

'E는 부모가 아동이 경험하는 정서에 이름을 붙이는 정서 타당화하기를 나타낸다. 적극적으로 감정에 이름을 붙여서 복잡한 정서 단어를 모델링한다. 이는 정서조절이라는 더 넓은 맥락에서 매우 중요한 단계이다. 아동의 정서에 이름을 붙임으로써 부모는 아동의 정서 상태가 타당하다는 것을 전달한다. 결국 정서를 인정하는 것은 아동이 미래에 적절한 표현 언어 기술을 습득하면 자신과 타인의 정서 상태를 알아차리고, 묘사하고, 이해할 가능성을 높여 준다. 핵심 정서를 행복하다, 슬프다, 무섭다, 화가 난다로 묘사할 가능성이 높지만, 부모와 아동의 정서 단어를 확장하는 데 적절하다면 실망하다, 놀라다, 짜증나다, 지루하다, 신난다와 같은 더 복합적인 정서 상태도 포함시킬 수 있다.

진정시키기(Soothe)

마지막으로, 'S'는 목소리와 신체 접촉으로 진정시키는 것을 나타낸다. 긍정적인 신체 접촉의 개념은 이 개입의 전반에서 강조되고, CARES 모델에서도 매우 중요하다. 신체 접촉은 아동이 생리적으로 이완되도록 돕고 부모와 아동의 친밀감과 반응성을 촉진한다. 신체 접촉은 아동의 등을 쓰다듬거나 토닥이기, 머리를 쓰다듬기, 들어서 부드럽게 흔들어 주기와 같은 형태로 나타날 수 있는데, 이런 긍정적인 신체 접촉은 부모와 아동 사이에 보살핌, 위안, 유대감의 메시지를 자연스럽게 전달한다. 치료사는 부모와 아동에게 자연스럽게 느껴지는 신체 접촉 형태를 논의하고 회기에서 신체 접촉과 관련된 코칭을 포함시켜야 한다. 덧붙여 치료사는 신체 접촉이 부모-아동 관계뿐만 아니라 아동이 자신의 정서를 조절하는 능력에 끼치는 영향을 언급해야 한다.

CARES 이후 방향 전환

CARES를 실행한 직후 정서조절을 더욱 격려하는 놀이 유형으로 아동의 방향을 전환하기 위해 양육자에게 장난감이나 재미있는 놀이 활동을 열정적으로 묘사하도록 요청한다. 요약하면, 큰 정서를 다루는 단계는 차분히 가까이 가기, 아동을 도와주기, 부모가 돕기 위해 그곳에 있다고 아동을 안심시키기, 아동의 정서 경험을 타당화하기, 말과 신체 접촉으로 아동을 진정시키기, 마지막으로 열정적인 주의 및 방향 전환으로 아동을 즐거운 활동에 참여시키기이다.

CARES 평행 프로세스

PCIT-T에서 CARES 단계는 주로 부모가 자녀에게 이 모델을 실행하는 것과 관련하여 논의한다. 그러나 부모 자신에게, 특히 부모가 큰 정서를 경험할 때 이 단계를 실행하도록 치료사가 모델링하고 부모를 도와주면서 자연스럽게 발생하는 평행 프로세스도 강조된다. 부모 자신의 정서와 그것이 유아에게 끼치는 영향에 대한 인식을 증가시키려는 노력의 하나로 놀이에 참여하기 전에 횡격막 호흡을 연습하기를 권장한다. 성인을 위한 CARES 단계는 다음과 같다. C=인지 확인하기, 자신에 대한 단서 찾기, A=이완으로 자신을 돕기, R=긍정적인 자기대화로 자신을 안심시키기, E=정서 인식 및 수용 그리고 S=민감하고 진정시키는 사고와 행동이다.

부모에게 강한 정서가 일어나면, 특히 아동이 스트레스를 경험하고 있는 동안에는 치료사는 부모가 부모 자신에게 친절하게 대하고, 느껴지는 감정을 반영하고, 계속해서 자신의 인지를 인식하도록(C단계) 부모를 상기시킨다. 그런 다음 부모는 심호흡과 인지 전환과 같은 이완 단계를 사용하여 자신의 감정을 다루도록 스스로를 도와야 한다(A단계). 치료사는 또한 부모가 자신의 정서와 당면한 상황을 다룰 수 있는 기술과 지식이 있다고 부모를 안심시켜야 한다. 부적응적인 사고를 감소시키기 위해 긍정적인 자기대화를 사용할 수 있다(R단계). 그다음, 부모는 자신의 감정을 알아차리고 타당화해야 한다. 마음 챙김과 같은 기법이 자신의 정서를 판단하지 않고 알아차리고 수용하는 것에 유용할 수 있다(E단계). 마지막으로, 치료사는 부모가 차분한 목소리로 자신에게 말하고 이완 기법을 사용하는 것을 촉진함으로써 부모가 자신을 진정시키도록 도와

표 8-3 성인을 위한 CARES 정서조절 기술

PCIT-T: 성인을 위한 정서조절

CARES

그림 표상		기술	어떻게 및 왜 기술을 사용하는가?
	C	인지 확인하기, 자신에 대한 단서 찾기 (Check cognition, clue into yourself)	• 유아와 특별시간을 시작하기 전에 알아차린다. 　○ 왜 함께 시간을 보내는가에 대한 생각/이유 　○ 당신이 놀이에 들여오는 감정 　○ 당신의 신체 언어가 나타내는 현재 상호작용 스타일
	A	자신을 돕기 (Assist self)	• 정서적으로 놀이할 준비가 되지 않았다면 이완 기법을 　사용하여 에너지를 다시 집중한다. 　○ 심호흡 　○ 빠른 샤워 　○ 점진적 근육 이완 　○ 지지자에게 전화하기
	R	자신을 안심시키기 (Reassure self)	• 양육에는 도전이 따르고 한 기법이 모든 아동에게 효과 　적이지는 않다. 따라서 다음을 사용한다. 　○ 긍정적인 자기대화 　○ 마음 따뜻했던 순간 기억하기 　○ 아동과 함께하며 기쁨을 가져올 장래의 일을 예견 　　하기
	E	정서를 인식하기 (Emotional awareness)	• 아기와 유아는 놀라울 만큼 정서를 잘 감지한다. 그들 　은 스트레스를 추적하고 대응하는 것으로 보인다. • 긍정적인 생각과 정서로 놀이에 참여할 때 특별시간은 　재미와 유대감을 경험하게 해 준다.
	S	민감하기와 진정시키기 (Sensitive and soothing)	• 유아에게 진정시키는 목소리를 사용하는 것과 비슷하 　게, 자신을 안심시킬 때와 자기대화의 톤에서 자신에게 　친절하고 민감하게 대한다. 스스로에게 배우는 것은 　시행착오의 과정이고 진행하면서 조정하는 과정이라 　고 상기시킨다.

단계는 순서에 상관없이, 종종 동시에 제공된다.

> 우리 자신에게 **정서조절**을 더 많이 해 줄수록
> 우리 자녀가 더 큰 혜택을 누리게 됩니다.

야 한다(S단계).

   치료 회기 밖에서는 유아에게 정서조절 곤란이 발생할 때마다 부모가 하루 내내 CARES 단계를 활용하는 것이 가능하지도 않고 또 기대해서도 안 된다는 것을 기억해야 한다. 대신에 정기적으로 연습하면 기술을 좀 더 자동적(습관적)으로 사용하게 될 것이라는 기대를 가지고 가정에서 5분 놀이 연습을 하는 동안 기술을 실행하는 것을 강조해야 한다. 치료사는 이런 가치 있는 기술을 배운다고 하더라도 기술을 일관되게 실행하는 것은 아주 힘든 일이고, 성공적인 정서조절에 필요한 자기조절, 좌절 인내력, 자기통제 기술을 유아가 배우는 것에서 벗어날 수 있다는 사실에 공감해 주어야 한다. 이렇게 공감을 표현하는 것은 부모가 밤낮으로 유아가 스트레스를 받을 때마다 CARES 기술을 매번 실행하지 못하는 것에 대한 죄책감을 감소시키는 데 도움이 된다. 마지막으로, 아동이 부모로부터 공간적으로 떨어져 있고 싶은 경우도 생길 것이다. 아동이 요구하는 거리/자율성을 알아차리고 수락할 것인지, 아니면 그 상황에서 전체 CARES 모델을 사용할 것인지 사려 깊게 생각해야 한다. 많은 경우 자율성에 대한 요구를 알아차리고 수락하는 것이 아동의 감정에 대한 배려와 이해를 나타낸다. 그러나 다른 경우에 부모와 치료사는 부모로부터 멀어지고 싶어 하는 아동의 신호(예: 부모를 밀쳐내기)가 있음에도 불구하고 아동이 정서조절을 하는 데 도움이 필요하다고 알아차릴 수 있다. 유아는 친밀감과 거리감을 동시에 필요로 하는 양가적 또는 모순된 욕구를 가질 수 있다. 치료사는 유아의 복잡한 정서와 행동을 읽고 해석하는 데 있어 부모를 도와주어야 한다. 회기 내에서 치료사는 코칭 시 언제 CARES로 가까이 가야 하는지, 언제 표준 CARES 접근을 실행하기 전에 아동에게 공간을 허용하면 좋을지 결정하는 데 시행착오를 겪을 수 있다. 〈표 8-3〉은 성인을 위한 CARES 정서조절 기술을 설명하는 양육자 유인물을 제공한다.

행동 관리 기술

절제된 반응과 방향 전환 기술

CARES 단계와 달리 아동이 큰 정서를 경험하지 않는 차분한 상태에서 원인-결과 상호작용을 하는 동안 사소한 문제 행동을 보일 수 있다(예: 테이블에서 컵을 던져서 떨어뜨리고 부모를 바라보기, 부모를 보면서 전등 스위치를 껐다 켜기). 이 모델에서 걸음마기 유아의 다루기 어려운 행동과 정서는 일반적으로 부정적인 관심을 끌기 위한 행동이 아니고 정서조절의 어려움이라고 강조했다. 그럼에도 관심 끌기가 행동의 이유가 되는 구체적인 경우가 있다. 유아가 양육자의 반응을 유발하기 위해 부적응적인 행동을 하는 경우에는 그런 행동이 반복될 가능성을 감소시키기 위해 절제된 반응(under-reaction)과 방향 전환(redirection)을 사용하는 것이 필요하다. 절제된 반응은 부모가 눈맞춤을 멈추고 아동의 행동으로부터 몇 초간 눈길을 돌리는 것으로 잠시 관심을 주지 않는 것이다. 좀 더 명시적인 형태의 절제된 반응은 부모의 몸을 아동으로부터 돌리는 것으로 나타날 수 있다.

　　절제된 반응이 요구되는 도발적이고 관심을 끄는 행동을 시작하는 능력은 유아의 나이가 들어 가면서 증가할 가능성이 높다. 절제된 반응을 하는 동안 부모는 의도적으로 아동으로부터 시선을 돌리고 행동에 대해 말하는 것을 자제한다. 또한 부모는 사용하고 있는 물건을 치우고 자연스럽게 더 적절한 놀이를 할 수 있는 장난감을 빠르게 대체해 주는 것을 선택할 수 있다. 부모는 바람직하지 않은 행동에 대해서 이야기하는 것을 삼가야 한다. 그러고 나서 부모는 장난감을 가지고 열정적으로 놀이하고 묘사하면서 방향 전환 기술을 실행할 수 있다. 방향 전환에는 불빛, 소리, 움직임이 있는 장난감이 특별히 유용하다. 이 시점이면 아동의 관심이 다른 곳으로 방향 전환을 했을 것이고, 부모는 빠르게 PRIDE 기술로 돌아갈 수 있을 것이다. CARES가 아동의 큰 정서가 나타날 때 선호되는 반응이라면 절제된 반응과 방향 전환은 아동의 정서가 조절되고 있을 때와 행동에 대한 부모의 반응을 차분하게 테스트할 때 가장 흔하게 사용된다. 다시 말하면, 큰 정서는 일반적으로 절제된 반응과 방향 전환 과정에서 발생하지 않는다. 그러나 부모에게 절제된 반응과 방향 전환을 코칭하는 동안 큰 정서가 발생하면 치료사는 부모에게 CARES 기술 코칭으로 바꾸어야 한다. 절제된 반응을 실행한 후 방향 전환을 사용하는 것과 더불어, 방향 전환은 아동이 지루해지거나 주어진 활동에 더 이상 흥미를 보이지 않을 때(예: 부모로부터 떠나갈 때)도 실행되어야 한다. 다시 놀이를 시작하면 아동이 놀이에 돌아온 것을 강화하기 위해 PRIDE 기술을 사용해야 한다.

위험하고 파괴적인 행동

어린 아동의 부정적인 행동은 위험하고 파괴적인 행동을 동반하지 않는 정서조절 곤란과 관련 있는 경우가 대부분이지만, 위험하고 파괴적인 행동이 동반될 수도 있다. 안전에 대한 염려와 위험하고 파괴적인 행동이 영속될 가능성을 고려하여 정서조절 곤란이 발생함에도 불구하고 이런 행동에 대해 추가적인 관심을 기울여야 한다. 다른 무엇보다도 이런 행동의 예방은 가장 중요하다. 따라서 이런 행동을 최소화할 수 있는 환경을 만드는 것에 주의를 기울여야 한다. 위험하고 파괴적인 행동에 대한 PCIT-T 접근은 부모를 '더 크고, 더 강하고, 더 지혜롭고, 친절한 사람'으로 개념화하여(Powell, Cooper, Hoffman, & Marvin, 2014) 아동에게 부모를 위안과 안전의 자원으로 접촉하도록 가르치는 아동 애착 문헌과 일치한다.

공격성과 자해 행동은 걸음마기 유아의 두 가지 일반적인 위험 행동을 나타낸다. PCIT-T에서는 위험 행동이 나타나면 간략하지만 단호한 한계 설정 절차가 실행된다 (즉, 아동의 손을 붙잡고 부모로부터 멀리 아동을 두기). 그럼으로써 아동이 행동을 옮기지 못하도록 빠르게 예방한다. 몇 초간 한계를 설정한 후에 아동의 관심을 돌리고 적절한 놀이에 참여할 수 있도록 하기 위해 양육자가 열정적으로 방향 전환을 제공하는 것이 매우 중요하다. 이런 단호한 관심은 그런 문제 행동이 없을 때 보이는 열정적인 높은 질의 관심과 직접적으로 대립되고 아동에게 그 행동은 수용되지 못한다는 메시지를 전달한다. 만약 이 절차 후에 공격성 또는 자해 행동이 다시 나타나면 이 절차는 반복되어야 한다. 〈표 8-4〉에 공격적이거나 위험한 행동이 나타날 때 부모를 코칭하는 단계의 개요가 설명되어 있다.

공격성 절차의 예외 조건은 아동의 정서와 행동 조절 곤란이 극도의 수준으로 악화되어(예: 몸부림치기, 발로 차기, 머리를 부딪치기) 부모가 단순히 유아의 손을 붙잡는 것으로는 불가능한 경우이다. 이런 극한 정서조절 곤란의 경우라면 부모는 서서 또는 바닥에 앉아서 아동을 들어 안고, 살살 흔들어 주고, 진정시켜야 한다. 이런 경우 손 붙잡는 절차를 실행하는 것은 공격적인 행동을 감소시키기보다는 지속시킬 가능성이 있다. 그렇기 때문에 아동이 정서를 조절할 수 없다는 것이 명확해야 하고 물리적인 도움이 필요하다는 것이 강조된다. 아동과 부모가 모두 자신의 정서를 조절하는 데 상호 간에 어려움을 보이는 경우에는 치료사가 물리적으로 부모와 아동 곁에 머물면서 부모를 지

표 8-4 PCIT-T 공격성 및 자해 한계 설정 기법

아동의 위치로 몸을 낮춘다. 자신의 손으로 아동의 손을 덮고 붙잡는다.
아동과 직접 눈맞춤을 하면서 단호한 톤으로 말한다. **"아프게 하면 안 돼."**

아동의 손을 덮은 상태에서 3초 동안 시선을 아동으로부터 돌린다.

다시 직접 눈맞춤을 하고 단호한 톤으로 말한다. **"아프게 하면 안 돼, 예쁜 손."**

부모에게 등을 돌리고 **다른 장난감을 향하도록 빠르게** 물리적으로 **아동의 허리춤을 돌려 준다.**

PRIDE 기술을 사용하여 방향 전환을 하고 필요시 CARES를 제공한다.

원하고 코칭할 수 있도록 방 안에 들어가는 것을 고려할 수 있다.

코칭에 있어서 중요한 점은 유아의 정서조절 곤란이 발생하기 전에 부모가 예방적인 방법을 실행할 수 있도록 가르치는 것이다. 예방적인 접근은 위험하거나 파괴적인 행동이 발생하기 전에 중단시킬 수 있도록 초기 신호를 찾아보는 것을 포함한다. 유아의 초기 신호는 근육 긴장도 증가, 얼굴 찡그림, 좌절감의 음성 표현, 장난감과 물건을 휘젓기로 알아볼 수 있다. 이런 신호가 종종 머리를 부딪치거나 때리는 행동 전에 나타난다. 이는 임상가와 부모 모두 모든 영역에서 아동의 초기 신호를 평가해야 하는 필요성을 나타낸다. 코칭의 목표 하나는 부모가 이런 신호가 누적되는 것을 알아볼 수 있게 되는 것이다. 임상적인 성공은 부모가 코칭받기 전에 새로운 언어를 사용하여 "아이가 내 도움이 필요해."라고 말하고, 정서에 이름을 붙이는 것을 사용하여 아동의 정서를 말하게 되는 것이다. 정서 코칭에 대한 더 자세한 정보는 CDI-T 제8장에 제시되어 있다.

신체적 공격성과 더불어 걸음마기 유아는 일반적으로 장난감을 던지는 행동을 한다. 이 행동이 큰 정서를 동반하지 않고, 주로 원인–결과와 같은 게임에 의한 것이며, 강도가 약한 경우라면, 절제된 반응과 방향 전환 절차를 사용하여 문제를 해결할 수 있을 것이다. 다른 경우에는 큰 정서가 동반될 수 있다. 이런 행동에 큰 정서가 동반되면 아동이 정서를 조절하도록 돕기 위한 부모의 반응성이 매우 중요하다. 이 경우에 아동은 던져진 장난감에서 물리적으로 멀어져야 한다. 그래서 자연스럽게 아동을 새로운 다른

환경으로 방향 전환을 시킨다. 만약 장난감을 아동에게서 분리시켜야 한다면, 열정적으로 방향 전환을 시키면서 새로운 안전한 장난감을 아동에게 주어야 한다. 마지막으로, 만약 정서적으로 계속 악화된다면 치료사는 부모가 CARES 모델을 실행하면서 동시에 부모가 물리적으로 장난감을 놀이 공간에서 치워서 아동이 볼 수 없는 곳에 두도록 부모를 코칭할 수 있다.

신체적 공격성, 물건 파손, 장난감 던지기에 더하여 부모의 지도를 필요로 하는 다른 행동 또한 발생할 것이다. 예를 들면, 유아는 가구가 있는 경우 가구에 올라갈 수 있다. 가능하다면 가구는 방 밖으로 빼 두거나 부모가 전략적으로 가구 앞에 자리를 잡아 가구에 올라갈 가능성을 최소화할 수 있다. 유아는 장난감을 입 안에 가져갈 것으로 예상할 수 있다. 장난감을 정기적으로 청소해야 할 뿐만 아니라 입에 들어간 작은 장난감은 치워 두어야 하며, 빠르게 방향 전환을 해 주어야 한다. 이 경우 대체 장난감이 제공될 수 있다. 유아가 금지된 물건(예: 전기 콘센트, 부모의 지갑)을 만지려고 한다면, 부모는 아동을 그 물건에서 물리적으로 이동시키고 방향 전환을 해 주어야 한다. 마찬가지로, 아동이 자신의 발달 수준을 넘어서는 장난감으로 좌절하게 되면 그 장난감을 치우고 아동의 방향을 전환해 준다. 마지막으로, 아동이 주어진 장난감에 지루해진 것으로 보이면 치료사는 새로운 장난감을 가지고 방 안으로 들어가는 것을 고려할 수 있다. 아니면 부모가 이미 제공된 장난감을 가지고 새롭게 놀이하는 것을 보여 줌으로써 아동을 방향 전환할 수 있다.

CDI-T 코칭의 고려사항

독자들은 중요한 보편적인 코칭 철학을 이해하기 위해 제2장('PCIT-T의 코칭 철학')에서 논의된 고려사항을 참고하기 바란다. PCIT와 PCIT-T의 아동주도 단계의 기본 핵심과 비슷하게 CDI 코칭은 따뜻하고, 지지하고, 격려하며, 기술에 기반한다. 유아의 행동에 대한 부모의 이해를 높이는 것에 초점을 둔 많은 코칭 항목은 애착 문헌에 논의된 '반영적 기능' 개념과 비슷하며 정서조절에 영향을 미친다. 부모는 아동과 놀이하며 CDI-T 기술을 실행하면서 피드백을 듣는 것과 통합하는 것 사이에서 그들의 관심을 나누는 것을 배운다. 치료적 라포는 CDI-T 코칭을 통해서 형성된다. 부모의 기술 습득은 다양한 속도로 진행되므로 부모가 CDI-T 과정에서 지지받고 이해받는다고 느끼는 것이 매우 중요하다. 관계를 형성하는 데는 시간이 필요하다. 양적인 기술(칭찬, 반영, 묘사) 이상의 긍정적인(질적인) 기술(예: 모방, 즐거움, 신체적 애정 표현, 상호 눈맞춤)의 사용은 성공적으로 CDI-T를 실행하는 데 여전히 중요하다. 상호작용이 잘 진행되면 CDI-T 코칭은 부모와 치료사가 리듬감 있게 서로 주고받는 것처럼 보여야 한다. 부모의 모든 언어 표현 후에 간략하고 일관된 피드백이 제공되어야 한다. 부모가 실수로 피해야 할 기술을 사용하면 치료사는 그것을 무시하고 긍정적인 기술의 사용을 기다렸다가 사용하면 칭찬해야 한다. 때로 '아니요' '하지 마세요' '멈추세요' '그만두세요' '안 됩니다'와 같은 단어를 사용하지 않으면서 부드럽게 교정해 줄 수 있다. CDI-T 회기를 마치면 치료사는 부모에게 기술을 사용하는 것에 대한 칭찬과 그것이 아동에게 미치는 영향을 설명해 주어야 한다. 기술에 대한 설명을 포함하여 개선이 필요한 영역과 다음 주의 가정치료 연습의 목표에 대한 논의가 이루어져야 한다. 코칭에 대한 추가 정보와 지침은 이 책 마지막의 〈부록 A〉에 수록되어 있다.

〈표 8-1〉의 정서 코칭 문장과 〈표 8-5〉의 다양한 항목의 코칭 문장뿐만 아니라 자신 또는 아동에 대한 역기능적인 사고를 경험하는 양육자를 알아차리고 코칭하는 것이 치료사에게는 흔한 일이다. 사고, 감정, 행동이 복잡하게 연결되어 있다는 것을 고려하여 PCIT-T 코치가 부모의 부적응적인 사고를 다루는 것은 임상적으로 적절하다. 실시간 코칭을 통하여 PCIT-T 임상가는 부모-아동 관계를 향상한다는 목표를 가지고 부모의 역기능적인 사고를 재구성하고 긍정적인 자기대화를 사용하도록 돕는다. 〈표 8-6〉은 일반적으로 경험되는 역기능적 사고와 코칭 문장 예시를 제공한다.

표 8-5 PCIT-T 코칭 항목과 코칭 문장 예시

구체적 칭찬	• ○○이가 원하는 것을 이해함을 잘 보여 주셨습니다. • 어머니께서 ○○ 가까이 가신 것 아주 좋습니다. • ○○이를 안정시키는 것이 훌륭하시네요! • ○○이의 욕구에 민감하게 반응 잘하셨어요. • ○○이의 감정에 이름 붙이기 아주 훌륭합니다. • ○○이의 눈맞춤에 대해 이야기를 잘해 주셨어요. • ○○이에게 도움을 주고 정서에 이름 붙이기를 잘하셨습니다. • 우와~ ○○이가 어머니 도움이 필요하다는 것을 보여 주는 모습이 아주 좋습니다. • ○○이를 돕는 훌륭한 방법입니다.

구체적 칭찬	• 매우 명확한 한계를 정해 주셨네요. 잘하셨습니다. • 소리 나는 장난감으로 방향 전환을 해 주신 모습이 아주 마음에 들어요. • 어머니의 열정적인 목소리가 ○○이에게 재미를 느끼게 해 주네요, 아주 좋습니다. • 어머니께서 도움 줄 수 있다는 것을 알게 해 주려고 가까운 위치로 이동하신 것은 완벽했습니다. • 이제 어머니께서 ○○이를 빨리 안정시킬 수 있으신 것이 감동입니다. 축하드려요.
지시	• ○○이의 감정을 인정해 주실 수 있습니다. • ○○이는 어머니께서 가까이 오셔서 진정하는 것을 도와주시는 것이 필요해요. • ○○이를 안심시켜 주셔야 합니다. • 어머니, "엄마가 안아 주려고 여기 있어."라고 ○○이에게 말해 주세요. • ○○이가 어머니의 도움이 필요하네요. 가까이 이동해 주세요. • 신체 접촉을 하셔서 ○○이에게 어머니가 도움을 줄 수 있다는 것을 보여 주세요. • ○○이에게 엄마가 도와줄 수 있게 해 줘서 좋다고 얘기해 주셔도 돼요. • 어머니께서 부드럽게 명확한 한계를 설정해 주시는 것이 필요합니다. • 부드러운 목소리로 "아프게 하면 안 돼."라고 말해 주세요. • 소리 나는 장난감으로 ○○이의 주의를 다른 곳으로 돌려주세요. • "우리는 손을 예쁘게 사용해야 돼."라고 말씀해 주세요.
관찰	• ○○이는 자신이 원하는 것을 가지지 못할 때 힘들어하네요. • 어머니의 차분한 목소리와 가까이 있는 것이 ○○이에게 큰 안정감을 주고 있어요. • ○○이가 이제 더 차분해졌고 안길 준비가 된 것이 보이네요. • ○○이가 이제 더 평화로워져서 어머니께서 자신을 도와줄 것이라고 알고 있어요. • 그것은 ○○이가 어머니를 신뢰할 수 있다는 것을 가르쳐 줄 거예요. • ○○이는 아직 준비가 안 되었어요. 가까이 머물러 주세요. • ○○이가 안정감을 유지하도록 가까운 위치로 이동하신 것은 완벽했습니다. • ○○의 정서를 도와주려고 가까이 가신 것 보기 매우 좋습니다. • 어머니께서 기술을 위해서 열심히 노력하셨는데 이제 정말 성공하셨네요. • 어머니께서 자신감 있게 안정시키는 기술을 사용하고 계셔요. 효과가 정말 나타나네요.
교육	• 반영 훌륭합니다. 반영은 ○○이의 언어를 도와줄 거예요. • 묘사 좋습니다. 묘사는 ○○이의 집중을 도와줍니다. • 가까이 계신 것은 ○○이를 위해서 어머니께서 거기 있다는 것을 알려 줍니다. • 부드러운 놀이를 모델링해 주면 어떻게 부드럽게 하는지 배우는 것을 도와줍니다. • ○○이의 감정에 이름을 붙여 주고 도와주셔서 탠트럼을 피하셨어요. • 가까이 있으면서 가볍게 두드려 주는 것은 ○○이를 차분하게 해 주네요. • 어머니의 행동 묘사 때문에 ○○이가 말을 많이 하고 있어요. • 어머니와 함께하는 특별시간이 ○○이를 행복하고 만족하게 해 주네요. • 어머니께서 안아 주는 것을 즐거워하시는 것이 보여요. ○○이도 볼 수 있을 거예요.

아동 항목 칭찬	• ○○이가 그런 모양을 가지고 똑똑하게 노네요. • ○○이가 어머니에게 항상 블록을 주는 모습이 아주 예쁘네요. • 오늘 예쁜 미소를 많이 볼 수 있네요. 아주 행복한 아이에요. • 어머니 눈을 아주 사랑스럽게 바라보는 모습이 감동이에요. • ○○이가 어머니께 기대고 있어요. 아주 안전하다고 느끼고 있네요. • 아주 귀여워요. ○○이가 나눠 주고 있어요. • ○○이가 웃는 모습이 보기 좋아요. • ○○이는 안아 주기를 아주 잘하네요.

부모의 실수를 선택적으로 무시하기	• 부모가 질문을 많이 한다:
	  코치-긍정적인 문장을 잘 만들어 주셨어요.
	• 부모가 무엇을 해야 할지 확신이 없다:
	  코치-소리나는 장난감으로 주의를 다른 곳으로 돌릴 수 있습니다. 우와~ ○○이를 다시 놀게 하셨네요.
	• 부모가 게임에 참여하지 않는다:
	  코치-○○이가 장난감을 가지고 하는 것을 모방함으로써 어떻게 나누는지 보여 주실 수 있습니다. ○○이의 게임 모방을 아주 잘하셨습니다.
	• 부모가 게임을 주도한다:
	  코치-○○이가 주도하게 해 주세요. ○○이의 주도 따라가기를 엄청나게 잘하시네요.
	• 부모가 무슨 말을 할지 확신이 없다:
	  코치-○○이가 하고 있는 것의 어떤 점이 좋은지 이야기해 주셔도 됩니다. 이후 구체적 칭찬을 한다.
	• 아동이 짜증을 낸다:
	  코치-○○이가 어머니의 도움이 필요해요. 가까이 가시는 게 필요하네요. ○○이를 멋지게 잘 진정시켜 주셨어요.

표 8-6 일반적인 역기능적 사고와 PCIT-T에서의 건강한 사고 코칭

역기능적 사고	건강한 사고
'나는 형편없는 부모야.'	'내 아이는 특별히 다루기 어려운 행동을 약간 보이고 있고, 나는 아직 잘 다루는 방법을 모르고 있어.'
'내 아이는 나를 싫어해.'	'내 아이는 화가 나면 나를 슬프게 하는 말과 행동을 해.'
'이 속도면, 이 아이는 나한테 정말 실망스러운 아이로 클 거야.'	'우리가 지금 이 행동을 다루고 있어서 나는 정말 기뻐. 이 세상이 이 아이의 힘든 행동뿐만이 아니라 놀라운 강점을 모두 보게 될 거야.'
'이 아이는 나를 짜증 나게 하려고 일부러 이렇게 하는 거야.'	'이 아이는 적절하게 감정을 표현하는 방법을 아직 배우고 있는 중이야.'

'이 아이는 이렇게 태어났어. 평생 바뀌지 않을 거야.'	'이 아이는 의지가 강해. 언젠가 좋은 직장을 찾을 때 이 특성은 잘 사용될 거야.'
'이 치료는 효과가 없을 거야.'	'나는 이전에 치료를 받아 봤지만 이 치료는 다른 것 같아. 한번 기회를 줘 봐야겠어.'
'아무것도 이 아이를 진정시킬 수 없어.'	'이 아이를 진정시키는 것은 매우 어려워. 하지만 이 새로운 방법은 이 아이와 똑같은 아이를 돕기 위해 만들어진 거야.'
'나는 이 아이를 결코 잠들게 할 수 없을 거야.'	'이 아이는 내가 바라는 것만큼 잠을 잘 못 잤어. 그러나 이 치료는 아이가 스스로 진정하는 것을 도울 거야. 그래서 나도 잠을 더 잘 수 있게 될 거야.'
'이 아이는 결코 배변 훈련이 안 될 거야.'	'이 아이는 다른 아이들보다 배변 훈련이 좀 더 오래 걸릴 수 있어. 하지만 언젠가 될 거야.'
'아이가 이런 상태면 아무것도 효과가 없어.'	'때로 아이의 정서는 우리 둘 다를 너무 힘들게 해.'
'이 아이는 내가 화나는 것을 좋아해.'	'이 아이는 자신의 화를 진정시키는 데 힘든 시간을 보내고 있어. 그래서 우리가 도움을 받고 있는 거야.'
'나는 이 긍정적 양육인지 뭔지를 할 수 없어.'	'이건 나한테 너무 생소해. 연습을 좀 하고 나면 좀 더 자연스럽게 느껴질 수 있을 거야.'
'○○이는 평생 좋아지지 않을 거야. 계속 문제 행동만 해.'	'하루 종일 ○○이가 문제 행동을 하는 것처럼 느껴지지만 실제로는 긍정적인 순간도 있어. 어쩌면 단지 그 순간을 알아차리지 못하는 것일 수도 있어.'
'특별 놀이를 한 번 해 봤는데 효과가 없었어.'	'이것과 비슷한 것을 한 번 해 본 적이 있지만 어쩌면 이 새 프로그램의 다른 점이 우리에게 꼭 필요한 것일 거야.'
'나는 다른 모든 부모처럼 더 인내심이 있어야 해.'	'나는 특히 참기 어려운 힘든 행동을 다뤄야 했어.'
'나는 이 기술들을 결코 마스터하지 못할 거야.'	'이 기술들은 정말 어려워. 마스터하기 위해서 나는 연습이 더 필요한 것 같아.'
'이미 다 피해를 입혔어. ○○이 인생을 내가 이미 다 망쳤어.'	'우리는 부정적인 상호작용을 했지만 ○○이는 아직 어려. 그리고 우리는 같이 잘 지낼 수 있는 새롭고 건강한 방법을 배우고 있어.'
'○○이는 그의 아빠처럼 미움이 가득한 사람으로 성장할 거야.'	'○○이와 그의 아빠는 비슷한 점이 좀 있다고 보이지만, ○○이가 화날 때 대처할 수 있는 방법을 도와줄 수 있는 시간은 아직 많이 있어.'

참고문헌

Eyberg, S., & Funderburk, B. W. (2011). Parent-child interaction therapy protocol. Gainesville, FL: PCIT International.

Powell, B., Cooper, G., Hoffman, K., & Marvin, R. (2014). *The circle of security intervention: Enhancing attachment in early parent-child relationships*. New York: Guilford Press.

Tempel, A. B., Wagner, S. M., & McNeil, C. B. (2013). Behavioral parent training skills and child behavior: The utility of behavioral descriptions and reflections. *Child & Family Behavior Therapy, 35*(1), 25-40.

제9장

부모주도 상호작용-걸음마기 유아

부모주도 상호작용-걸음마기 유아 개관

아동 발달 문헌에는 권위 있는(authoritative) 양육이 아동에게 매우 높은 긍정적 결과를 가져오는 것으로 잘 알려져 있다(Baumrind, 1978). 권위 있는 양육은 통제와 훈육을 명확하게 시행하면서도 기본적으로 따뜻함과 긍정성을 포함한다. 따라서 표준 PCIT와 비슷하게 이 개입의 부모주도 상호작용-걸음마기 유아(PDI-T) 요소는 여전히 아동이 따르기를 배우고, 정서를 조절하고, 그 결과로 자기통제를 발달시키는 것을 돕는 데 필요한 기술을 아동과 부모에게 가르치는 데 필수적이다. 그러나 표준 PCIT와 다르게 유아의 정서, 인지, 신체 및 사회적 능력은 미취학 아동에 비해 발달적으로 현저하게 다르다. 그래서 PDI-T라고 불리는 PDI 기술의 실행은 유아의 발달적 체계 내에서 개념화되었다. 덧붙여 유아의 능력은 생활연령이 같더라도 크게 다를 수 있다. 그렇기 때문에 PDI-T 절차를 실행할 때 임상적 판단을 신중하게 내려야 한다.

PDI-T의 가장 기초가 되는 측면은 이 절차의 의도가 지시불이행에 대해 부정적인 대가를 치르게 하는 것이 아니라 따르기 기술을 가르치기 위한 것이라는 기본 이해에 있다. 표준 PCIT에서는 미취학 또는 학령기 아동이 의도적으로 권위자에게 도전하여 원하지 않는 요구에 대해 꾸물대거나 벗어나려고 할 수 있다는 것을 가정한다. 그러나 유아는 언어 이해, 주의력 지속, 사회적 인식을 포함하여 요구를 이행하는 데 필요한 능력을 배우는 과정에 있다. 따라서 표준 기준에서는 지시불이행이지만, 이 경우에는 적용할 수 있는 따르기 기술의 부재로 개념화하는 것이 더 낫다. 그러면 부족한 기술은 그 기술을 배울 수 있는 적절한 기회를 더 많이 제공하게 해 준다. PDI-T에서 지시 따르기 기술은 다양한 능력 수준의 아동의 지시 따르기를 돕기 위해 응용행동분석(applied behavior analysis: ABA)에서 보통 사용하는 안내된 지시이행 절차(guided compliance procedure)를 사용하여 가르친다. 효과적인 지시에 대한 규칙은 절차를 적절하게 실행하는 데 여전히 기초가 되며, 그렇기 때문에 먼저 가르쳐 준다. 표준 PCIT와 비슷하게 지시는 직접적으로, 자연스러운 목소리 톤으로, 한 번에 하나씩, 구체적으로 말해야 하며, 설명은 지시 전이나 지시이행 후에 제공한다. 전반적으로 지시는 꼭 필요한 때만 사용해야 한다.

유아의 발달적 능력을 고려하여 세 가지 추가적인 규칙이 강조되었다. 첫째, 지시는 몇 가지 간단한 개념에 국한되어야 한다(예: "엄마에게 ~를 줘." "앉으렴."). 실행하기에 앞서 부모에게 발달적으로 적절한 짧은 지시 목록에서 가장 이행할 가능성이 높은 것에서 가장 낮은 것까지의 순위를 매기도록 요청한다. 그리고 나서 아동의 성공 가능성을 극대화하기 위해 같은 순서로 지시를 가르친다. 각 지시는 선택한 개념을 마스터한 이후에만 다음으로 진행한다. 제공되는 지시는 유아에게 적절한 발달 능력 범위를 포함하고 있으며 어린 아동과 부모의 일상생활에서 유용한 것이다. 그다음에는 제공된 지시와 함께 긍정적인 신체 접촉과 명확한 몸짓을 해 주어야 한다. 신체 접촉(예: 아동의 등을 만지기)은 아동의 주의를 끄는 데 도움이 되고, 몸짓은 지시 따르기 연습을 완수하기 위해 필요한 자극으로 향하도록 돕는다. 마지막으로, 부모와 아동이 거리적으로 가까이 있는 것이 유아에게 지시 따르기 기술을 가르치는 데 중요하다는 것이 강조된다. 이것은 지시 과정 동안 아동의 높이로 낮추고 양육자가 아동에게 눈맞춤을 제공하는 것을 포함한다. 양육자는 아동이 눈맞춤을 하도록 강요하지 않으면서 언어적 의사소통 과정의 하나로 눈맞춤을 제공하는 모델링을 해 준다. 이 중요한 기술은 성공적인 지시 따르기 절차에 필수적이고 지시 따르기 기술을 가르치기 위해 부모의 신체적 역할을 강조함으로써 이루어진다. 지시 따르기 연습은 또한 아동의 기분이 좋을 때로 제한한다. 적절한 경우, PDI-T 코칭 회기에서 최대 3개의 지시를 실행한다. 마찬가지로

PDI-T 부모-아동 가정치료 연습 동안에도 총 3개의 지시로 제한한다. 유아에게 많은 지시로 맹훈련을 하기보다는 지시 따르기 기술을 가르치는 기회를 제공하는 것을 강조한다. 더 나이 많은 아동이 매일 적정 분량의 짧은 연습 시간을 반복하여 자신의 이름을 쓰는 것을 배우는 과정과 비슷하다.

안내된 지시이행 단계

다음의 안내된 지시이행 절차의 각 단계는 '말해 주기' '보여 주기' '다시 하기' '안내하기'로 설명된다. 이 네 단계는 지시 따르기 기술을 가르치는 구조를 제공하고 유아에게 지시 따르기 기술을 연습할 수 있게 해 준다. 말해 주기-보여 주기-다시 하기-안내하기 절차를 사용하여 최대 3개의 지시를 연습할 수 있다는 것을 기억해야 한다. 또한 말해 주기-보여 주기-다시 하기-안내하기를 시작하기 전에 최적의 학습 상태에 있어야 한다. 따라서 PDI-T 지시 따르기 기술 코칭을 할 때 아동이 아프거나, 이가 나거나, 배가 고프거나, 다른 기본 욕구가 있다면 지시를 하지 않아야 하고 말해 주기-보여 주기-다시 하기-안내하기 절차는 실행하지 않아야 한다.

말해 주기

지시 따르기 절차의 첫 단계인 '말해 주기(tell)'는 원하는 행동을 의사소통하기 위해서 언어적 지시를 사용한다. 간단한 언어를 사용하고, 행동과 몸짓(예: 반복적으로 가리키기)이 함께 짝을 이루게 하여 아동이 시각적으로 해야 할 행동에 준비되도록 한다. 아동의 이해를 증가시키기 위해 몸짓은 처음 지시를 한 후 5초 동안 계속 반복해 주어야 한다. 5초 과정에서 보여 준 몸짓을 통해 종종 산만하거나 다른 것에 몰두한 아동이 자연스럽게 요구된 행동에 맞추게 된다. 부모는 이 시간 동안 조용히 있어야 한다. 덧붙여 지시를 한 후 5초를 다 채우는 것의 중요성을 강조한다. 표준 PCIT에서와 비슷하게, 어린 아동은 인지적으로 처리하고 들은 말을 행동으로 옮기기 시작하기 위해서 조용한 시간이 필요하다. 만약 아동이 지정된 5초 안에 지시를 완수하면 열정적인 구체적 칭찬과 따뜻한 긍정적 신체 접촉이 제공되어야 한다. 긍정적 신체 접촉은 칭찬의 긍정적 가치를 향상시키고 관계에 따뜻한 느낌을 더하기 때문에 이 조정 모델에서 특히 강조된다.

보여 주기

두 번째 단계인 '보여 주기(show)'는 아동에게 원하는 행동이 무엇인지 보여 주기 위해 신체적 모델링을 사용한다. 이 단계에서 부모는 "이렇게."라는 말과 함께 지시를 반복한다. 그리고 나서 부모는 신체적으로 지시를 완수하고 물건을 원위치에 다시 놓는다. 그런 다음 유아가 부모가 모델링한 행동을 반복하기를 기대한다. 그다음 아동이 요구된 행동을 할 준비가 되도록 몸짓을 반복하며 5초간의 침묵 시간을 제공한다. 이 절차는 유아가 음성 언어를 인지적으로 이해하는 것을 보완하여 시각적으로 의도하는 행동을 보여 주기 위한 것이다. 지시이행을 하면 열정적인 구체적 칭찬과 따뜻한 긍정적 신체 접촉이 제공되어야 한다. 지시를 따르지 않으면 절차는 세 번째 단계로 진행된다.

다시 하기

'다시 하기(try again)' 단계는 이전 단계에서 원지시를 부모가 완수한 것에 대해 혼란스러워 보이는 어린 아동의 일화에 근거하여 현 프로토콜에 새롭게 추가하여 조정된 부분이다. 따라서 이 단계는 부모가 아닌 아동이 요구된 것을 독립적으로 완수해야 한다는 기대를 반복할 수 있는 추가적인 기회를 부모에게 제공한다. 원지시를 반복하기 전에 언어적으로 유도하기 위해 "네 차례야."라는 말이 동시에 제공된다. 5초간의 침묵 시간과 함께 몸짓을 반복하여 제공한다. 지시이행을 하면 열정적인 구체적 칭찬과 따뜻한 긍정적 신체 접촉이 제공되어야 한다. 따르지 않으면 절차는 마지막 네 번째 단계로 진행된다.

안내하기

마지막 단계인 '안내하기(guide)'는 원지시를 완수하기 위해 아동을 신체적으로 도울 때 사용한다. 원지시를 반복하기 전에 "아빠(또는 엄마, 할머니 등)가 도와줄게."라고 말을 한다. 그다음 부모는 안내하여 원지시를 완수하기 위해 자신의 손을 아동의 손 위에 놓고 부드럽게 아동의 손을 안내한다. 이 절차는 "그것이 [원지시]야."라는 말과 함께 완결된다. 아동이 지시받은 것을 완수하는 데 필요한 이해와 기술을 갖추고 있지 않다고 가정한다. 그래서 지시받은 것을 완수하는 방법을 아동에게 가르쳐 주기 위해서 마지막 단계가 사용된다. 지시 따르기 기술을 명확하게 하고 가르치기 위해서 행동 묘사를 제공한다. 구체적 칭찬을 행동 묘사 뒤에 할 수 있다. 그리고 나서 적절한 아동주도 놀이로 다시 아동의 방향을 전환하기 위해서 PRIDE 기술을 사용한다. 정서조절 곤란이 발생하게 되면 CARES 모델이 실행되어야 한다(〈표 9-1〉 참고).

언어 장려

PDI-T 절차의 마지막이자 새로운 부분은 언어 사용을 장려하기 위한 절차가 포함된다. 걸음마기는 아동의 언어 능력이 습득되는 초기에 해당되는 결정적 시기 안에 들어간다. 또한 언어를 충분하게 사용하는 걸음마 유아는 자신의 욕구를 충족하기 위해 정서조절 곤란을 나타내는 절차를 의지하기보다는 언어 기술을 사용하여 도움을 받는다. 현 PDI-T 언어 장려 절차는 징벌이나 강압적인 방식으로 사용되어서는 결코 안 된다는 점이 강조된다. 아동이 아직 음성 언어가 발달되지 않았다면 이 절차는 활용되어서는 안 되고, 대신 유아의 소리를 말로 반영하는 것이 치료의 주요 초점이 되어야 한다. 또한 절차는 실행되는 동안 유아가 안정적이고 자신의 정서를 어느 정도 적절하게 다룰 수 있는 경우에만 사용되어야 한다.

PDI-T의 언어 장려 절차는 응용행동분석의 언어 습득 연구를 기초로 한다(Hansen & Shillingsburg, 2016; Kelley, Shillingsburg, Castro, Addison, & LaRue, 2007; Lerman, Parten, Addison, Vorndran, Volkert, & Kodak, 2005). 응용행동분석의 고도의 전문적인 언어 기술이 PDI-T에서 크게 단순화되었다. 그래서 부모가 하루 동안 유아의 언어를 장려하기 위해 하나 또는 두 개의 기본 절차를 마스터하는 것을 코칭할 수 있도록 했다. 다음에 Lerman과 동료들(2005)의 연구에 기초한 Kelley와 동료들(2007)에서 발췌한 내용이 있는데, 이것은 PDI-T의 연구기반을 설명한다.

표 9-1 PCIT-T 지시 따르기/지시이행 기술 교육(PDI-T) 말해 주기-보여 주기-다시 하기-안내하기 흐름도

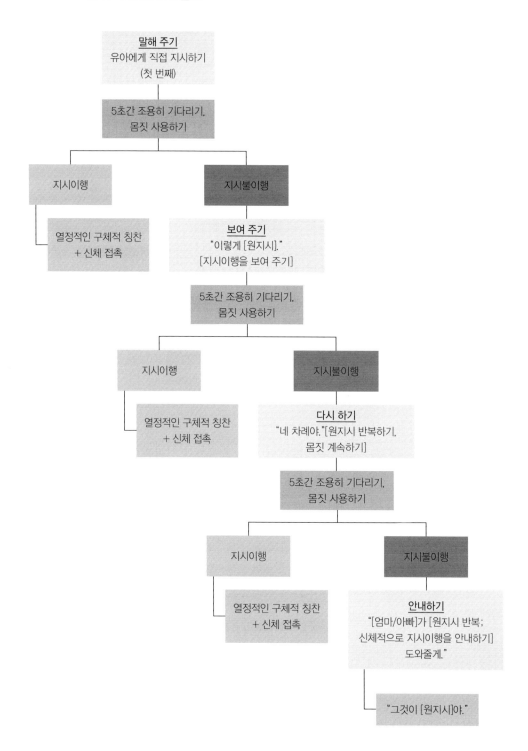

Lerman과 동료들(2005)은 조기 언어 훈련과 관련해 Skinner가 설명한 네 가지 언어 반응 또는 작동 행동을 제안했다. 그것은 에코익(echoic), 택트(tact), 맨드(mand)와 인트라버벌(intraverbal)이다. 각각의 언어 작동 행동은 특정한 선행사건과 결과에 의해 일어나고 유지된다. 에코익은 언어 자극에 의해 일어나고 반응과 비슷한 형식이며, 일반화된 강화물에 의해 유지된다. 예를 들어, 치료사가 "'트럭'이라고 말해 봐."라고 말하고, 아동은 "트럭."이라고 반응한다. 치료사는 칭찬해 줄 수 있다(예: "트럭이라고 말을 잘했어!"). 택트는 비언어 자극에 의해 일어나고 또한 일반화된 강화물에 의해 유지된다. 예를 들어, 치료사가 강아지 그림을 들고 있고, 아동이 "강아지."라고 반응한다. 치료사는 칭찬해 줄 수 있다(예: "강아지라고 말을 잘했어!"). 반면에 맨드는 선호 자극의 결핍과 같은 동기 조작(motivating operation)에 의해 일어나고(Laraway, Snycerski, Michael, & Poling, 2003), 수반되는 특정한 결과에 의해 유지된다. 예를 들어, 아동이 일정 시간 동안 주스를 마시지 않은 경우 "주스."라고 말할 수 있다. '주스' 반응에 수반하여 치료사는 주스를 제공할 수 있다. 마지막으로, 인트라버벌은 언어 자극에 의해 일어나고 반응과 다른 형식이며 일반화된 강화물에 의해 유지된다(에코익과 택트처럼). 예를 들어, 치료사는 "주스는 어떻게 하지?"라고 말할 수 있고 아동은 "마셔요."라고 반응할 수 있다. 치료사는 칭찬을 해 줄 수 있다(예: "대답을 맞게 잘했어!")(Kelley et al., 2007, p. 431).

우리는 행동치료의 배경이 없는 부모와 작업하기 때문에, PDI-T에서 전문적인 용어는 배제했다. 그럼에도 불구하고 언어를 장려하기 위해서 부모에게 본질적으로 소리/단어의 반영과 발화에 대한 칭찬과 함께 간단한 택트와 맨드를 가르친다. CDI-T 단계는 언어 습득 기술의 기초를 확립한다. 놀이 상호작용을 하는 동안 부모에게 자극이 되는 긍정적 관심을 사용하도록 가르쳐 줌으로써 매일 놀이치료 시간은 장난감 놀이를 강화할 뿐만 아니라 부모의 관심을 더 강화한다. 그런 다음 아동이 원하는 물건을 얻기 위해 말을 사용할 때 부모의 칭찬을 받는 것에 동기부여가 되면 두 번째 단계인 PDI-T에서 택트와 맨드를 더 성공적으로 사용할 수 있게 된다.

언어 장려 절차는 놀이하는 동안 유아가 자연스럽게 물건을 원할 때 실행되어야 한다. 그때 부모가 물건을 요청하는 언어 촉진(prompt)을 모델링해 준다(예: "컵이라고 말해." "차라고 말해."). 근접한 언어 표현을 했을 때 아동은 열정적인 구체적 칭찬과 물건으로 보상을 받는다. 지시 따르기 절차와 비슷하게, 아동이 이해하고 언어 표현을 만들어 낼 시간을 허용하기 위해서 촉진 후 5초를 제공한다. 5초 안에 언어 표현이 이루어지지 않았다면 물건을 제공하고, 부모가 바랐던 언어 표현을 반복한다(예: "컵, 이것은 컵이야."). 이 절차는 근접한 언어가 표현될 가능성이 높은 자연스러운 상황에서 아동의 언어 사용을 촉진하고 향상하려는 것이다. 언어 장려 절차는 프로그램의 PDI-T 단계로 한정되어 있다. 부모와 치료사가 정서조절 곤란을 나타내는 아동의 정서적·행동적 신호를 매우 잘 인식할 가능성이 높고, 아동이 정서조절 곤란을 경험할 때 언어 장려 절차를 사용하지 않아야 하기 때문이다. 마지막으로, 부모는 효과적 및 열정적으로 칭찬하는 능력을 개발했을 것으로 예측된다. 근접한 언어 또는 언어 생성 후의 칭찬 기술은 걸음마기 유아의 언어 사용에 필수적이다.

PDI-T 마스터 기준

표준 PCIT와 비슷하게, PDI-T 기술은 표준 PDI-T 회기 내의 높은 비율의 CDI-T 기술 안에 섞여 있다. 최종적으로, PDI-T 회기 초반의 5분 코딩에서 부모가 효과적 지시 75%와 효과적 지시에 대한 효과적 후속 절차 75%를 할 수 있다면 PDI-T를 마스터한 것으로 고려한다. 추가적으로, 부모는 언어 장려 절차와 CARES 모델 그리고 필요시 위험하고 파괴적인 행동에 대한 CDI-T 절차를 만족스럽게 실행할 수 있어야만 한다.

PDI-T 코칭의 고려사항

독자들은 중요한 보편적인 코칭 철학의 이해를 위해 제2장('PCIT-T의 코칭 철학')에서 논의된 고려사항을 참고하기 바란다. PDI-T 코칭의 기본 전제는 사실상 여전히 매우 긍정적이고 지지적이지만, PDI-T 코칭은 부모에게 부모가 해야 하는 문장을 직접 사용한다는 점(예: "블록을 엄마에게 줘. 이제 조용히 있으면서 블록을 가리켜 주세요."라고 말한다)에서 CDI-T 코칭과 다르다. 〈표 9-2〉의 PDI-T 말해 주기-보여 주기-다시 하기-안내하기 절차의 코칭 예시를 참고하기 바란다. 이 시점이면 치료적 라포가 잘 형성되

표 9-2 PDI-T 말해 주기-보여 주기-다시 하기-안내하기 절차 코칭 예시

인물	코칭/제시된 부모 문장
치료사	"잠시 후 ○○이에게 첫 번째 지시를 주겠습니다. '말해 주기' 단계로 시작을 하겠습니다. 어머니께서 '엄마는 장난감이 없네. 자동차를 엄마한테 줘.'라고 말하실 겁니다. 조금 전에 '줘'라는 지시가 가장 쉽다고 하셨어요. 다른 장난감이 방해되지 않도록 치워 주세요. 자동차를 어머니 근처로 끌어다 두세요. 바로 그거죠. 이제 ○○이의 무릎을 만져서 주의를 끌어 주세요. 좋습니다. 눈을 똑바로 보시고 '자동차를 엄마한테 줘.'라고 말하세요. 손을 내밀어 주세요. 자동차를 가리키고 손을 가리키세요. 조용히 있으시면서 계속 가리켜 주세요."
부모	"자동차를 엄마한테 줘." (부모는 차를 가리키고 손을 가리킨다.)
아동	계속 놀면서 지시를 이행하지 않는다.
치료사	"5초 동안 조용히 기다리면서 계속 가리켜 주세요. 하나, 둘, 셋, 넷, 다섯. 네, 이제 '보여 주기' 단계로 가겠습니다. '엄마한테 자동차를 줘, 이렇게.'라고 말해 주세요. ○○이에게 어떻게 어머니 손에 자동차를 놓는지 보여 주세요. 이제 자동차를 다시 제자리에 놓으시고요. 계속 자동차를 가리키고 어머니 손을 가리키세요. 조용히 있으면서 가리키세요."
부모	"자동차를 엄마한테 줘, 이렇게." (부모가 자동차를 자신의 손에 올려놓는다. 그러고 나서 다시 내려놓는다. 부모는 자동차를 가리키고 손을 가리킨다.)
치료사	"○○이에게 어떻게 하는지 잘 보여 주셨어요. 이제 계속 자동차와 손을 가리켜 주세요. 조용히 있으시고요. 하나, 둘, 셋, 넷, 다섯."
아동	계속 놀면서 지시이행을 하지 않는다.
치료사	"네. '다시 하기' 단계로 가야겠네요. '네 차례야. 자동차를 엄마한테 줘.'라고 말하세요. 그리고 조용히 있으면서 가리키세요."
부모	"네 차례야. 자동차를 엄마한테 줘." (부모는 자동차를 가리키고 자신의 손을 가리킨다.)
아동	걸어 나간다. 지시를 이행하지 않는다.
치료사	"네. ○○이가 따르지 않았네요. 그러면 우리는 '안내하기' 단계로 가야 합니다. 자동차를 가지고 ○○이에게 가까이 가 주세요. ○○이 높이로 맞춰 주시고요. ○○이를 안내하는 동안 차분하고 조용히 있으시면 됩니다. '자동차를 엄마한테 주는 거를 엄마가 도와줄게.' 그다음 어머니 손으로 ○○이 손을 잡으시고 같이 자동차를 집으세요. 자동차를 어머니 손에 놓도록 부드럽게 안내해 주세요."
부모	"자동차를 엄마한테 주는 거를 엄마가 도와줄게." (부모가 자동차를 엄마 손에 놓도록 아동의 손을 안내한다.)
아동	신체적 안내에 협조한다.
치료사	"○○이가 안내가 필요했기 때문에 우리는 행동 묘사를 먼저 사용할 겁니다. '네가 자동차를 엄마 손에 줬네.'라고 말해 주세요. 이제 구체적 칭찬을 주실 수 있습니다. '엄마를 잘 도와줬어.'"
부모	"네가 자동차를 엄마 손에 줬네. 엄마를 잘 도와줬어."
치료사	"어떻게 따르는지 잘 가르쳐 주셨습니다. 안내하는 동안 어머니께서 차분하게 하신 부분이 아주 좋습니다. 이제 ○○이가 주도하는 것을 따라가 주세요. 어머니의 훌륭한 PRIDE 기술을 사용하시고 ○○이가 놀이를 주도하도록 해 주세요."

었을 것이고, 부모는 CDI 기술을 마스터했을 것이다. 따라서 지시 따르기에 집중하지 않는 상호작용에서는 부모의 독립성이 증가하는 것이 허용된다. 지시 따르기 절차를 하는 동안 치료사와 부모는 아동의 기분에 맞추어야 하고, 그에 따라 과제 실행을 결정해야 한다. 질병, 이가 나는 것, 수면 부족과 같은 변수는 유아의 기분에 극적인 영향을 줄 수 있고, 치료 팀이 PDI-T 회기에서 지시 따르기 절차를 사용하지 않고 CDI-T 기술 실행에만 집중하는 이유가 될 수 있다. 이런 유연성은 지시 따르기 연습을 지시불이행과 그 결과와 관련된 것보다 재미있는 배움 활동으로 봐야 한다는 보편적인 전제를 나타낸다. 열정과 활기찬 얼굴은 PDI-T가 이루어지는 동안 일관되게 적용되어야 한다. 지시 따르기 연습이 재미있고 게임처럼 적용되면, 그 결과로 유아는 연습하는 동안 미소 짓고 웃을 수 있다. 전통적인 PDI와 비교하여 PDI-T는 더 유연한 관점에서 적용되어야 한다. 지시 따르기 단계 사이의 5초 기다리는 시간 동안 자연스러운 직관이 사용되어야 한다. 예를 들어, 유아가 원지시를 처리하고 있는 것이 분명하거나 이전에 지연된 시도를 한 경험이 있다면, 유아의 개별 욕구에 맞추어 5초 시간에 추가 시간을 제공해야 한다. 발달적으로 적절한 요구를 사용하는 것은 매우 중요하지만 비슷한 연령의 유아들 간에 큰 차이가 날 수 있다. 전반적으로 PDI-T 코칭은 좀 더 직접적으로 해야 할 말을 포함시킬 수 있다. 그러나 지시 따르기 연습은 아동이 정서적으로 새로운 기술을 배울 준비가 되어 있을 때 재밌고 게임 같은 방식으로 진행되어야 하며, 지시 따르기 연습은 매 PDI-T 코칭 회기와 PDI-T 가정치료 연습에서 3개의 지시로 제한된다. 코칭과 관련된 추가 정보와 안내는 이 책 마지막의 〈부록 A〉에 수록되어 있다. PDI-T를 하는 동안 치료사는 독립성과 통제감을 발달시키려는 유아의 발달적 욕구를 이해하기 위해 양육자와 함께 작업한다. 그래서 부모는 지시 따르기 기술 연습을 드물게 하도록 격려한다(5분 지시 따르기 연습 동안 최대 3개 시도, 그 밖의 시간에는 이따금씩만). 가능하다면 양육자는 유아와의 통제 싸움을 피하고, 대신 일상에서 지시 따르기를 돕기 위해 선택권 주기, 간접 지시 사용하기, 부드럽게 신체적으로 안내하기를 택할 수 있다. 우리의 목표는 유아가 성공할 수 있도록 기반을 만들고 그들에게 지시 따르기를 할 수 있는 능력이 만들어지는 것을 축하하도록 부모를 돕는 것이다.

참고문헌

Baumrind, D. (1978). Parental disciplinary patterns and social competence in children. *Youth and Society, 9*, 238-276.

Hansen, B., & Shillingsburg, A. M. (2016). Using a modified parent-child interaction therapy to increase vocalizations in children with autism. *Child & Family Behavior Therapy, 38*(4), 318-330.

Kelley, M. E., Shillingsburg, A. M., Castro, J. M., Addison, L. R., & LaRue, R. H. (2007). Further evaluation of emerging speech in children with developmental disabilities: Training verbal behavior. *Journal of Applied Behavior Analysis, 40*(3), 431-445.

Laraway, S., Snycerski, S., Michael, J., & Poling, A. (2003). Motivating operations and terms to describe them: Some further refinements. *Journal of Applied Behavior Analysis, 36*, 407-414.

Lerman, D. C., Parten, M., Addison, L. R., Vorndran, C. M., Volkert, V. M., & Kodak, T. (2005). A methodology for assessing the functions of emerging speech in children with developmental disabilities. *Journal of Applied Behavior Analysis, 38*(3), 303-316.

제10장

결론

　요약하자면, PCIT-T는 걸음마기 유아의 독특한 발달적 욕구를 충족하기 위한 행동 이론과 애착 이론을 통합한 유망한 증거기반 치료 개입이다. PCIT-T는 부모, 아동 그리고 두 사람의 상호작용에 대한 정서조절 기술 교육과 코칭을 강조한다. 숙련된 코치의 도움으로 부모는 자신의 정서 반응을 알아차리고 대응하기, 아동에게 반응을 모델링하기, 자신의 정서와 행동이 어린 자녀의 정서와 행동에 미치는 영향을 알아차리기를 배운다. 부모가 더 안정감을 느낄 때 아동의 정서와 그에 따르는 행동을 다루는 것을 더 잘 도와줄 수 있다. 이 기술은 아동이 사회적ㆍ학업적으로 큰 혜택을 받게 해 준다. 치료가 진행됨에 따라 두 사람의 상호작용과 전략적 코칭은 부모가 아동의 신호를 읽고 아동의 욕구에 더 민감해지는 데 도움을 준다. 그래서 부모-아동 유대감이 향상된다. CDI와 PDI 걸음마기 유아 기술을 마스터한 후에는 생활 개선 주제를 선택하여 부모가 독특한 실생활 상황(예: 급식, 기저귀 교체, 낮잠 시간)에 기술을 적용하도록 돕는다. 걸음마기 유아의 빠른 발달 변화를 고려하여 치료기간 동안 발달이정표를 세밀하게 인식하는 것이 권장된다.

PCIT-T 코칭의 예술성과 핵심

PCIT-T가 매뉴얼화된 기법기반 치료 프로그램이지만, 개입의 정신을 잊어버리면 안 된다. PCIT-T는 그 중심이 부모와 자녀의 애착 관계 향상을 목표로 하는 강점기반 프로그램이다. 코치와 부모의 관계 또한 애착 관계이며 그래서 변화 과정에서 중요한 요소가 된다. 그렇기 때문에 PCIT-T 코치는 이 책에서 설명한 기술을 성공적으로 실행하기 위해 높은 수준의 전문가 기술을 갖추어야 한다. 뿐만 아니라 코치는 애착 이론과 실제도 충분히 알고 있어야 하며 이 프로그램이 부모에게 촉진하고자 하는 개인적 특성과 관계 기술도 소유하고 있어야 한다. 여기에는 어려운 정서를 반영하고 관리하는 능력, 어려운 정서 또는 관계 역동에 부딪혔을 때의 차분하고 공감적인 능력 그리고 부모와 아동의 정서적 욕구를 충족하기 위한 민감한 반응의 능력이 포함된다. 부모와 어린 아동과의 임상 작업은 복잡하고 도전이 될 수 있다. 그래서 PCIT-T가 지지적인 팀 환경에서 제공되고 치료사가 정기적인 반영적 슈퍼비전에 참여하는 것이 중요하다.

PCIT-T 필수 훈련 요건

유아 정신건강 분야가 지속적으로 성장함에 따라 PCIT-T의 개발자들은 임상가들의 훈련 욕구가 다양할 것이라는 점을 분명히 인식하고 있다. 그래서 PCIT-T를 제공하는 데 있어 역량을 개발하기 위한 세 가지 훈련 트랙을 설명한다.

1. 표준 PCIT 훈련을 받고(모든 자격 완료) PCIT-T 조정 모델 실행을 위해 추가 훈련을 받기 원하는 임상가
   (1) 필수 훈련: PCIT-T 개발자(Girard, Wallace, Kohlhoff, Morgan, & McNeil, 2018) 또는 PCIT-T 개발자가 승인한 공인 PCIT-T 트레이너가 제공하는 2일(16시간) 훈련
   (2) PCIT-T 트레이너와 사례 컨설팅: 치료의 CDI-T와 PDI-T 단계를 모두 포함하는 PCIT-T의 두 사례 종결까지 PCIT-T 트레이너의 현황에 따라 라이브 트레이

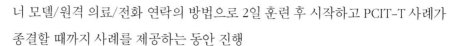

너 모델/원격 의료/전화 연락의 방법으로 2일 훈련 후 시작하고 PCIT-T 사례가
종결할 때까지 사례를 제공하는 동안 진행

2. 표준 PCIT 훈련과 PCIT-T 훈련을 모두 받기를 원하는 임상가

(1) 필수 훈련: 국제 PCIT의 표준 PCIT 치료사 자격 훈련 요건 모두 충족. 가장 최
근 지침은 국제 PCIT의 웹사이트(http://www.pcit.org/therapist-requirements.
html) 참고. 또는 UC 데이비스 PCIT 훈련센터(UC Davis PCIT Training Center)
의 모든 훈련 요건 충족(Urquiza, Zebell, Timmer, & McGrath, 2015). 가장 최
근 지침은 UC 데이비스 웹사이트 참고(https://pcit.ucdavis.edu/wp-content/
uploads/2013/01/3_competencieschecklist-v4-numbered-1.pdf)

(2) 추가 필수 훈련: PCIT-T 개발자(Girard, Wallace, Kohlhoff, Morgan, & McNeil,
2018) 또는 PCIT-T 개발자가 승인한 공인 PCIT-T 트레이너가 제공하는 2일(16
시간) 훈련

(3) PCIT-T 트레이너와 사례 컨설팅: 치료의 CDI-T와 PDI-T 단계를 모두 포함하
는 PCIT-T의 두 사례 종결까지 PCIT-T 트레이너의 현황에 따라 라이브 트레이
너 모델/원격 의료/전화 연락의 방법으로 2일 훈련 후 시작하고 PCIT-T 사례가
종결할 때까지 사례를 제공하는 동안 진행

3. PCIT-T 훈련만 받기 원하는 임상가

(1) 필수 훈련: 국제 PCIT 공인 트레이너(즉, 마스터 트레이너, 레벨 2 트레이너 또는
레벨 1 트레이너)이며 또한 PCIT-T 개발자(Girard, Wallace, Kohlhoff, Morgan, &
McNeil, 2018)이거나 PCIT-T 개발자가 승인한 공인 PCIT-T 트레이너가 제공하
는 5일(40시간) 훈련

(2) PCIT-T 트레이너와 사례 컨설팅: 치료의 CDI-T와 PDI-T 단계를 모두 포함하
는 PCIT-T 두 사례 종결까지 PCIT-T 트레이너의 현황에 따라 라이브 트레이너
모델/원격 의료/전화 연락의 방법으로 2일 훈련 후 시작하고 PCIT-T 사례가 종
결할 때까지 사례를 제공하는 동안 진행

PCIT-T 웹사이트

　PCIT-T 훈련 요청과 추가적인 PCIT-T 훈련 필수 요건 관련 정보는 http://www.pcit-toddlers.org에서 찾아볼 수 있다. PCIT-T 개발자들은 훈련에 참여한 임상가들의 명부 체계 개발에 대한 논의를 하고 있다.

　걸음마 유아기는 부모와 어린 자녀 모두에게 일생의 변화가 일어날 수 있는 흥미진진하고 민감한 시기이다. 이 책을 만드는 과정은 이 흥미진진한 연령 대상과 함께 작업하는 것에 대해 우리가 갖고 있던 열정에 불을 붙였다. 여러분도 우리가 이 책을 만들면서 즐겼던 것만큼 이 책을 즐기기를 바란다.

　제2부에서는 치료 개입을 위한 PCIT-T 회기별 지침서를 제공한다.

참고문헌

Girard, E., Wallace, N., Kohlhoff, J., Morgan, S., & McNeil, C. (2018). *Parent-Child Interaction Therapy for Toddlers (PCIT-T)*. Retrieved from PCIT-Toddlers.org.

Parent-Child Interaction Therapy International. (2018). Therapists Requirements retrieved from http://www.pcit.org/therapist-requirements.html.

Urquiza, A., Zebell, N., Timmer, S., & McGrath, J. (2015). *PCIT: Sample course of treatment manual for traumatized children*. Unpublished Manuscript.

걸음마기 유아를 위한 부모-아동 상호작용치료 임상 매뉴얼:
회기별 지침서

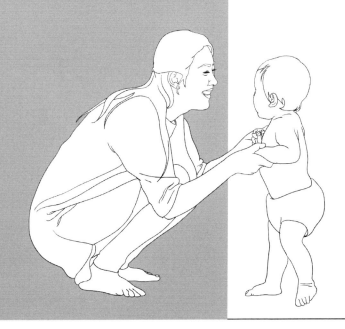

제11장

치료 개요 및 현 프로토콜의 실행

애착과 정서조절을 향상시키는 걸음마기 유아를 위한 부모−아동 상호작용치료(PCIT−T)는 행동 문제가 있는 아동을 위한 증거기반 부모 훈련 치료인 부모−아동 상호작용치료(PCIT)를 조정한 새로운 치료이다. 현재의 접근은 문제 행동이 종종 드러나는 시기인 12~24개월 연령의 걸음마기 유아에게 사용하도록 고안되었다. 앞서 언급한 것처럼 이 접근은 부모의 양육 기술을 개선하고, 아동의 행동과 정서조절능력을 개선하며, 부모−자녀 유대감을 강화시키는 예방적인 도구로 사용될 수 있다. 그러나 이 치료는 ① 병원 치료를 받고 있어서 일관되게 치료 전략을 활용하며 정기적으로 회기에 출석하지 못하는 자녀나 부모, ② 입증 여부와는 상관없이 성적 가해 배경이 있는 양육자에게는 제공되지 않아야 한다. 부모, 자녀, 가족의 상황에 따라 PCIT−T에 적절한 가정인지 결정하는 데는 임상적인 판단이 매우 중요하다. 성적 가해 배경이 있는 양육자에게 PCIT−T를 제공하지 않는 이유는 부모와 자녀의 관계가 개선되는 치료 과정 동안 실행되는 기술이 학대를 조성할 수 있는 그루밍 기술로 사용되는 것을 방지하기 위함이다.

이 책의 다음 부분은 임상가에게 치료 진행을 위한 회기별 지침을 제공하는 것을 목표로 한다. 그러나 직접적으로 이 모델을 훈련받지 않았다면 실행하지 않아야 한다. 제

10장의 PCIT-T 훈련 요건을 참고하기 바란다. 추가적으로 임상가의 임상 활동에는 애착 이론에 대한 기본 지식과 긍정적인 태도 및 이해를 바탕으로 실행하는 것이 포함되어야 한다.

모든 치료 지침, 코딩 용지, 종이 형태의 자료들이 제공되며 치료를 진행할 때 복사하여 사용할 수 있다. 각 회기에서 절차를 명확하게 하고 치료 성실성을 향상하기 위하여 회기 개요, 예시, 스크립트가 제공된다. PCIT와 비슷하게, 치료 회기를 그다음 단계로 진행하기 이전에 치료적 판단을 해야 한다. PCIT-T 임상가는 PCIT-T를 실행하기에 앞서 PCIT에 대한 이론적 이해는 물론, 임상에서 PCIT를 제공했을 것으로 예측된다. PCIT-T 임상가는 PCIT-T 실행 이전에 제10장의 PCIT-T 훈련 요건 부분에 명시한 대로 표준 PCIT의 임상 훈련, 사례 경험, 적정 능력을 습득해야 한다. 마지막으로, 현 치료에서 권고한 모든 절차는 치료사가 속한 기관에서 검토하고 허락받아야 할 것이다.

제12장

치료 전 면담과 평가회기

치료 전 면담과 평가회기는 아동의 행동 문제와 발달적 능력, 부모의 양육 기술과 정서적 우려, 부모-자녀 상호작용의 질을 포함하여 가족의 호소 문제를 양적·질적으로 이해하기 위하여 설계되었다. 이상적으로 치료사는 다양한 아동의 변수(예: 낮잠/식사 시간)를 고려하여 가족이 회기에 참석할 수 있는 가장 좋은 시간을 찾아야 한다. 치료사는 초기 면담 시 아동이 다른 일에 관심을 가지도록 부모에게 간식과 익숙한 물건을 가져오는 것을 제안할 수 있다. 목표를 달성하기 위해 임상가는 초기 면담을 자세하게 실시하고 더불어 여러 표준화된 평가를 실시해야 한다(뒤에 설명됨). 치료사는 필요한 정보 공개, 비밀보장의 한계, 비디오/오디오 녹화 동의를 포함하는 모든 초기 비밀보장 절차를 따라야 한다. 초기 면담에는 임상가가 표준화된 행동 관찰과 자연적 행동 관찰을 할 수 있도록 부모와 아동이 모두 참석해야 한다. 일부 사례에서는 평가를 한 회기에 마칠 수 있지만, 다른 사례에서는 평가 프로토콜 진행에 있어서 양육 책임, 보험 및 기관의 조건, 가족의 변수 등에 따라 두 회기에 걸쳐 평가를 진행해야만 할 수도 있다. 길어지는 회기에는 중간에 휴식을 취해야 할 수도 있다(예: 아동과 산책하기, 아동에게 음식을 먹이기). 평가를 마치면 임상가는 발달적인 맥락에서 아동이 보이는 어려움에 현재의 치료 계획이 적합한지를 판단할 수 있는 충분한 정보를 습득해야 한다(예: 가족이 일관되게 매주 회기에 참석할 수 있다, '가정치료 연습'을 매일 완수할 수 있는 능력이 있다). 앞에서 설명한 것처럼 치료실 구성이 성공적인 회기와 아동의 안전을 위해서 매우 중요하다는 것을 꼭 기억해야 한다.

표준화된 행동 관찰에 사용할 것과 구별하여 발달적으로 적절한 장난감이 제공되어야 하고, 모든 위험 가능성이 있는 것들(예: 콘센트, 선, 작은 물건)은 안전하게 막아 두거나 아동의 손이 닿지 않는 곳에 두어야 한다. 치료사와 부모는 면담 동안 아동에게 쉽게 다가가고, 아동의 필요에 관심을 보일 수 있도록 아동과 바닥에 앉는 것을 고려할 수 있다. 어떤 경우에는 치료사가 다른 가족 구성원이나 스태프 중 한 명이 인접한 곳에서 아동을 돌볼 수 있도록 주선할 수도 있다.

회기 준비물

1. 초기 면담 양식
2. DPICS-T 코딩 용지
3. 필수 평가 도구
    (1) DECA-I, DECA-T 또는 BITSEA
    (2) DPICS
4. 선택적 평가 도구
    (1) PSI-단축형
    (2) EPDS
    (3) ASQ
    (4) CBCL
    (5) M-CHAT-R/F

회기 목표

1. 임상 면담 실시하기

2. 표준화된 평가 도구 실시하기

3. 가족의 필요와 현재 치료 접근의 적합성 결정하기

참고: 현 회기의 절차는 아동의 행동, 실행 절차, 회기 과제를 수행하는 부모의 효율성에 따라 두 회기에 걸쳐서 진행될 수 있다.

회기 개요

1. 아동의 발달 수준에 적절하게 준비된 공간으로 가족을 데려온다.

2. 부모에게 초기 면담과 평가 절차에 대해 요약해 준다.

스크립트 예시: "오늘은 초기 면담을 끝마칠 수 있도록 최선을 다할 것입니다. 어머니가 가장 염려하시는 부분에 대해서도 이야기 나누고, 아동의 발달적·의료적 배경에 대해서도 상세하게 이해할 수 있도록 하겠습니다. 그리고 어머니께 아동의 행동과 발달에 대해 알아보는 지필 검사 몇 가지를 작성하시도록 요청하겠습니다. 모든 아동과 가족이 다르기 때문에 이런 정보는 ○○이와 가족이 경험하는 어려움에 대해 아동의 배경을 고려해서 더 잘 이해하는 데 도움이 됩니다. 초기에 어떤 부모님과 양육자들은 문제를 최소화하거나 별 문제 아니라고 생각하는데, 이것은 정상적인 반응입니다. 우리는 어머니께서 염려하셨던 내용을 최대한 많이 포함시키기를 바랍니다. 그 문제를 다룰 필요가 없게 된 지 시간이 좀 지났더라도 말이지요. 평가를 하는 동안은 정보가 없는 것보다는 더 많은 정보가 있는 편이 더 좋습니다. 마지막으로, 시간이 된다면 어머니와의 몇 가지 놀이 상황에서 ○○이의 행동을 관찰하려고 합니다. 첫 번째는 어머니께서 ○○이와 놀이하는데, 아이가 주도하는 대로 따르면서 함께 놀이하도록 하겠습니다. 그다음엔 어머니께서 주도하시면서 어머니가 원하시는 놀이를 같이 하도록 하겠습니다. 마지막으로, ○○이가 어머니를 도와서 장난감을 정리하도록 하겠습니다. 오늘 모든 절차를 다 마치는 것이 불가능할 수도 있습니다. 그런 경우에는 빠른 시일 내에 다시 오실 수 있도록 약속을 잡을 것입니다. 오늘 어느 때라도 아동이 휴식이 필요하면 알려 주세요. 오늘 어머니와 가족이 최대한 편안하게 느끼실 수 있기를 바랍니다. 평가 절차를 마치면, 수집된 모든 정보를 사용해서 PCIT-T가 어머니의 가족에게 가장 적합한지 결정할 것입니다."

3. 부모와 함께 치료 전 초기 면담을 진행한다.

(1) 아동이 함께 왔다면, 아동에게 발달적으로 적절한 장난감, 간식, 활동을 제공하여 아동이 다른 일에 관심을 두도록 한다. 임상가가 아동의 행동에 대한 정보 및 가족이 지금 치료에 오게 된 이유와 관련된 정보뿐만 아니라 아동이 이전에 조기 개입과 행동 서비스를 받았다면 이와 관련된 정보를 알아보는 것은 필수적이다.

(2) 자녀 양육에 대한 부모의 철학 및 신념과 관련된 대화도 필요하다. 치료사는 부모가 경험한 양육 방식과 부모가 관찰한 친구, 이웃, 동료가 사용하는 효과적인 양육 방식과 비효과적인 양육 방식에 대해 물어볼 수 있다. 대화에는 아동이 정서조절을 하지 못할 때 부모 자신이 정서를 조절할 수 있는지에 대한 내용도 포함되어야 한다.

(3) 사용된 효과적인 훈육 방법과 비효과적인 훈육 방법, 이 방법들을 배운 곳, 이 방법들에 대한 부모의 생각과 관련된 대화도 필요하다. 이는 치료사가 라포를 형성하는 데 도움이 되고, 치료사에게 이 가족과 PCIT-T 치료 모델을 사용하는 것의 적합성과 관련된 귀중한 정보를 제공한다.

(4) 앞의 논의에 따라 치료사는 다음을 포함하는 배경 정보를 수집해야 한다.

① 의뢰인

② 가족 구성(동거 가족, 기타 아동에게 중요한 대상의 이름과 나이)

③ 출생력(태내기/합병증 여부/물질 사용 여부, 출생력/합병증 여부, 출생 시 체중, 출생 후 입원 기간/합병증 여부를 포함한 병원 경험)

④ 의료 관련 정보(질병, 부상, 입원, 이전 또는 현재 진단명)

⑤ 약물 복용 정보(이전과 현재 복용한 약물, 용량, 복용 시간/횟수, 목적)

⑥ 발달력/발달이정표에 도달한 나이(운동, 언어, 배변)

⑦ 수면 일과(수면 스케줄, 수면의 어려움, 깨어날 때의 일반적인 기분)

⑧ 섭식 일과(섭식 스케줄, 섭식의 어려움)

⑨ 교육 정보(어린이집 등원 포함—종류, 한 반의 아동 수, 교사 수, 한 반의 나이 범위, 어린이집 환경에서의 행동 문제)

⑩ 보육 정보(양육자가 일을 할 때, 병원에 가야 할 때, 또는 밤에 외출을 해야 할 때 누가 아동을 돌보는가)

⑪ 아동의 강점(고유한 강점, 뛰어난 영역, 즐기는 활동)

⑫ 현재 문제 행동에 대한 자세한 요약 및 시간 경과에 따른 발전사항(예: 문제 행동이 더 자주 발생/격렬해짐)

⑬ 아동의 행동에 영향을 줄 수 있는 이전 또는 현재 일어나고 있는 기타 다른 가족 스트레스/복잡한 문제/변화

4. 세 가지 DPICS 관찰을 시작한다(다음에 지시문 스크립트가 제공된다). 부모−아동 상호작용 코딩시스템(DPICS)의 코딩 규칙에 따라 모든 언어 반응을 코딩한다. 부모의 긍정적인 기술과 아동이 정서조절 곤란을 보일 때 CARES 모델 수행에 대한 부모의 기술을 평가한다.

중요한 안내사항: 만약 부모 또는 양육자 두 명이 참석한다면, 개별적으로 행동 관찰에 참여해야 한다. 이상적으로 각 부모의 관찰은 다른 부모가 관찰하지 않는 상태에서 비공개적으로 진행되어야 한다. 가능하다면 아동의 안전을 위해서 발달적으로 적절한 장난감을 선택하여 바닥의 작은 카펫이나 담요 위에서 관찰을 진행한다. 각 상황에 대한 지침은, 특히 치료사의 설명이 아동의 행동에 영향을 주는 것 같다면, 워키토키의 이어폰을 통해 제시할 수 있다(예: 약간 나이 많은 아동의 경우). 어린 유아의 경우에는 직접적으로 지침을 제공할 수 있다.

(1) **아동주도 상호작용(CDI) 스크립트:** "이번 상황에서는 [아동 이름]이에게 어떤 것이든 선택해서 놀 수 있다고 말해 주세요. 아동이 원하는 어떤 활동이든 선택하게 해 주세요. 부모님께서는 아동이 주도하는 대로만 따라가면서 함께 놀아 주세요."(Eyberg & Funderburk, 2011, p. 13). 5분 상황에서 DPICS를 사용하여 공식적으로 코딩하기 전에 5분 웜업 시간 측정을 시작한다.

(2) **부모주도 상호작용(PDI) 스크립트:** "좋습니다. 이제 두 번째 상황으로 바꾸겠습니다(Eyberg & Funderburk, 2011, p. 13). 부모님께서 선택하신 방 안의 다른 장난감을 가지고 [아동 이름]이가 놀 수 있도록 전환시켜 주시고, [아동 이름]이가 부모님과 함께 놀도록 하실 수 있는지 보세요." 시간 측정을 시작하고 5분 상황에서 DPICS 코딩을 한다.

(3) **정리 상황 스크립트:** "좋습니다. 이제 [아동 이름]이에게 장난감을 정리할 시간이라고 말해 주세요(Eyberg & Funderburk, 2011, p. 13). ○○이가 모든 장난감을 장난감 통에 넣고 모든 장난감 통을 장난감 박스[또는 지정하는 장소]에 놓는

것을 도와주세요." 시간 측정을 시작하고 5분 상황에서 DPICS 코딩을 한다.

5. DPICS 관찰을 디브리핑한다.

　　　　비슷한 상황에서 보이는 아동의 일반적인 행동과 관찰된 상황의 비슷한 점과 다른 점에 대한 부모의 느낌을 논의한다.

6. 부모가 지필검사를 작성하도록 요청한다. 적절하다면 검사지를 집에 가져가고 다음 회기에 가져오도록 할 수 있다. 평가 도구에는 다음의 검사가 포함된다(〈표 12-1〉 참고).

　　(1) 데브러 영유아평가(Devereux Early Childhood Assessment: DECA)

　　　　① DECA-영아(DECA-Infant, 나이 12~18개월)

　　　　② DECA-걸음마기 유아(DECA-Toddler, 나이 18~36개월) 또는

　　(2) 간편 영아-걸음마기 유아 사회정서평가(Brief Infant-Toddler Social Emotional Assessment: BITSEA)

　선택 도구: 부모 작성형 유아모니터링체계(Ages and Stages Questionnaire: ASQ), 아동행동평가척도(Child Behavior Checklist: CBCL), 수정된 걸음마기 유아 자폐 체크리스트-후속 개정판(Modified Checklist for Autism in Toddlers, Revised, with Follow-Up™: M-CHAT-R/F), 부모양육스트레스검사-단축형(Parenting Stress Index-Short Form: PSI-SF), 에든버러 산후우울척도(Edinburgh Postnatal Depression Scale: EPDS).

표 12-1 PCIT-T 치료 과정 동안 실시하는 필수 및 선택 도구

필수 도구	선택 도구
데브러 영유아평가(DECA) • DECA-영아(DECA-I, 12~18개월) • DECA-걸음마기 유아(DECA-Toddler, 18~36개월)	부모 작성형 유아모니터링체계(ASQ)
간편 유아-토들러 사회정서평가(BITSEA)	아동행동평가척도(CBCL)
부모-아동 상호작용 코딩시스템(DPICS)	수정된 걸음마기 유아 자폐 체크리스트-후속 개정판(M-CHAT-R/F)
	부모양육스트레스검사-단축형(PSI-SF)
	에든버러 산후우울척도(EPDS)

7. 임상가는 DPICS를 완료하고 결과를 해당 기술 경과 그래프에 기록한다.

   (1) 아동주도 놀이(CLP) 기초선; CDI-T 기술의 관계 향상 경과표

   (2) 부모주도 놀이(PLP) 기초선; PDI-T 기술의 따르기/지시이행 경과표

   (3) 정리 상황(CU) 기초선; PDI-T 기술의 따르기/지시이행 경과표

8. 치료사는 가족에게 호소 문제에 대한 공감과 지지를 제공하고, 치료가 호소 문제에 끼칠 영향에 대해 낙관적인 희망을 주고, 아동과 가족의 삶에서 긍정적인 변화를 위해 행동을 취한 것을 칭찬해야 한다. 부모에게 피드백을 주고 다음 회기에 집중할 교육에 대해 부모에게 이야기한다. 다음 회기의 교육에는 성인만 참석한다. 아이를 돌봐 줄 사람을 찾는 데 어려움이 있다면 가족을 도와 문제 해결을 한다. 특별한 사정이 있는 경우 돌봐 줄 사람을 구하지 못하면, 가족은 아동을 데려올 수 있지만 아동이 다른 것을 할 수 있는 방안(예: 아이패드/전자기기 사용)에 대해 문제 해결을 한다. 마지막으로, 아동의 수면과 식사 시간을 고려하여 앞으로의 회기 시간을 논의한다.

9. 성실성 체크리스트: PCIT-T 평가회기를 작성한다.

성실성 체크리스트: PCIT-T 평가회기

 이 회기를 검토하면서 예(Y), 해당 없음(NA), 또는 아니요(N) 중 적절한 칸에 체크 표시를 하세요. 표 아래쪽의 적절한 칸에 합계를 기록하세요. 각 항목에 대한 자세한 설명은 세부 회기 개요를 참고하세요. (성실성 체크리스트와 지침은 Eyberg & Funderburk, 2011을 바탕으로 함)

성실성 체크리스트: PCIT-T 치료 전 평가회기			
아동 및 양육자:			
회기 진행 치료사:			
체크리스트 검토자:	날짜:		

	항목	Y	NA	N
1	발달적으로 적절하고 안전한 공간을 준비하고 PCIT-T 기술을 모델링하면서 양육자가 방으로 들어가는 것을 돕는다.			
2	양육자에게 초기 면담과 초기 평가 과정을 요약해 준다.			
3	비밀보장을 설명하고 적절한 동의서를 작성한다.			
4	치료 전 초기 면담을 실시한다.			
5	DPICS 관찰을 위해 치료실을 구성하고 양육자에게 각각 따로 실시한다.			
6	아동주도 놀이 상황을 지시한다(지시문).			
7	워밍업 시간 후, 아동주도 놀이를 계속 하도록 설명한다.			
8	정확하게 5분간 CDI를 코딩한다.			
9	부모주도 놀이 상황을 지시한다(지시문).			
10	정확하게 5분간 PDI를 코딩한다.			
11	정리 상황을 지시한다(지시문).			
12	정확하게 5분간 정리 상황을 코딩한다.			
13	양육자에게 각 상황이 일반적이었는지 물어본다.			
14	관찰에 대해 간략하게 지지적인 피드백을 한다.			
15	양육자가 평가 도구를 작성한다.			
16	결과를 해당 기술 경과 그래프에 기록한다.			
17	양육자에게 공감, 지지, 낙관성을 제공한다.			
18	앞으로의 약속에 대해 논의하고 다음 회기의 목표에 대해 설명한다.			
19	임상가는 양육자에게 긍정적인 양육 기술과 아동의 강점에 대해 구체적 칭찬을 제공한다.			
20	회기를 마무리할 때 필요한 경우 부모-아동을 지지하고 CDI-T 기술을 모델링한다.			
	합계			

회기에 대한 치료사의 의견

회기에 대한 성실성 평가자의 의견

$$성실성 = \frac{예\ 합계}{예\ 합계 + 아니요\ 합계} = \underline{\quad\quad} \%$$

회기 시간 = _____ 분

유인물과 양식

PCIT-T 치료 전/후 DPICS 평가-치료사용

아동 이름/ID _____ 날짜: _____

<u>평가:</u> ☐ **치료 전**　　☐ **치료 후**　　코딩자: _____

<u>부모:</u> ☐ **모**　　　　☐ **부**　　　　☐ **기타** _____

<u>상황:</u> ☐ **아동주도 놀이**　☐ **부모주도 놀이**　☐ **정리하기**

시작 시간: _____　　종료 시간: _____

해야 할 기술		횟수 표기	합계
일반적인 말			
정서에 이름 붙이기			
행동 묘사			
반영			
구체적 칭찬			
구체적이지 않은 칭찬			
하지 말아야 할 기술		**횟수 표기**	**합계**
질문			
직접 지시 (DC)	지시이행(CO) 말해 주기-보여 주기-다시 하기		
	지시불이행(NC) 안내하기		
	기회 없음(NOC)		
간접 지시 (IC)	지시이행(CO) 말해 주기-보여 주기-다시 하기		
	지시불이행(NC) 안내하기		
	기회 없음(NOC)		
부정적인 말			

큰 정서가 발생했나요?	예	아니요	# 표기	
사용한 CARES 기술	한 곳에 동그라미 하세요			참고
가까이 가기	만족스러움	연습 필요함	해당 없음	
아동을 도와주기	만족스러움	연습 필요함	해당 없음	
아동을 안심시키기	만족스러움	연습 필요함	해당 없음	
정서를 타당화하기	만족스러움	연습 필요함	해당 없음	
진정시키기	만족스러움	연습 필요함	해당 없음	

양육자가 단계를 생략한 그 순간 양육자를 코칭한다(필요한 경우). 5분 DPICS 코딩을 하는 동안 마이크 장치 착용하는 것을 **포함**할 수 있다.

긍정적인 기술	한 곳에 동그라미 하세요		참고
모방하기	만족스러움	연습 필요함	
즐거움 표현하기	만족스러움	연습 필요함	
신체적 애정 표현	만족스러움	연습 필요함	
상호 눈맞춤	만족스러움	연습 필요함	
활기찬 목소리 톤	만족스러움	연습 필요함	
활기찬 얼굴 표정	만족스러움	연습 필요함	
발달 수준에 맞는 놀이 스타일	만족스러움	연습 필요함	
행동 관리 기술	한 곳에 동그라미 하세요		참고
방향 전환 기술	만족스러움	연습 필요함	해당 없음
절제된 반응 기술	만족스러움	연습 필요함	해당 없음
한계 설정 – '아프게 하지 않기'	만족스러움	연습 필요함	해당 없음

CDI-T 기술의 관계 향상 경과표

회기 #	CLP 기초선							
날짜								
가정치료 연습								
7	×							
6	×							
5	×							
4	×							
3	×							
2	×							
1	×							
0	×							
구체적 칭찬								
10+								
9								
8								
7								
6								
5								
4								
3								
2								
1								
0								
반영								
10+								
9								
8								
7								
6								
5								
4								
3								
2								
1								
0								
행동 묘사								
10+								
9								
8								
7								
6								
5								
4								
3								
2								
1								
0								

CDI-T 기술의 관계 향상 경과표

회기 #	CLP 기초선							
날짜								
정서에 이름 붙이기								
10+								
9								
8								
7								
6								
5								
4								
3								
2								
1								
0								
질문/지시/비난의 말								
10+								
9								
8								
7								
6								
5								
4								
3								
2								
1								
0								
CARES								
만족								
N/A								
개선 필요								
다른 긍정적 기술 (모방, 즐기기, 애정 표현, 눈맞춤, 활기 등)								
만족								
N/A								
개선 필요								
방향 전환과 절제된 반응								
만족								
N/A								
개선 필요								
한계 설정 '아프게 하지 않기'								
만족								
N/A								
개선 필요								

PDI-T 기술의 따르기/지시이행 경과표

회기 # 날짜	PLP 기초선	CU 기초선						
PDI-T 가정치료 따르기 연습								
7	×	×						
6	×	×						
5	×	×						
4	×	×						
3	×	×						
2	×	×						
1	×	×						
0	×	×						
효과적인 직접 지시								
100%								
90%								
80%								
75%								
70%								
60%								
50%								
40%								
30%								
20%								
10%								
0%								
일관된 후속 절차								
100%								
90%								
80%								
75%								
70%								
60%								
50%								
40%								
30%								
20%								
10%								
0%								
아동의 지시이행 행동*								
100%								
90%								
80%								
75%								
70%								
60%								
50%								
40%								
30%								
20%								
10%								
0%								

* 지시이행 행동은 PDI-T의 '말해 주기' '보여 주기' 또는 '다시 하기'를 하는 동안 완수한 과제를 계산한다.

참고문헌

Eyberg, S., & Funderburk, B. W. (2011). Parent-child interaction therapy protocol. Gainesville, FL: PCIT International.

제13장

아동주도 상호작용–걸음마기 유아 교육회기

PCIT의 아동주도 상호작용(CDI) 부분에 대한 수십 년의 연구에서는 그것이 부모의 말의 긍정성과 아동의 말의 빈도와 질을 향상시킬 뿐만 아니라 아동의 행동 문제와 부모의 스트레스를 감소시키는 것으로 나타났다(Eisenstadt, Eyberg, McNeil, Newcomb, & Funderburk, 1993; Lieneman, Brabson, Highlander, Wallace, & McNeil, 2017). 아동주도 상호작용–걸음마기 유아(CDI-T) 교육회기의 주목적은 PCIT-T의 아동주도 단계에서 사용하는 구체적인 기술을 부모에게 교육하는 것이다. 표준 PCIT와는 달리, PCIT-T의 CDI 부분은 이 치료 접근의 대부분을 차지한다. 이 단계에서 사용하는 행동 관리 기술은 유아의 발달 수준과 정서조절 필요에 맞추고 이 치료의 주목적을 충족할 수 있도록 특별하게 맞춤 적용되었다.

이 회기에서 다루는 많은 내용을 고려할 때 부모가 아동을 데려오지 않고 이 회기에 참석하는 것을 강력하게 권장한다(또는 다른 양육자와 함께 와서 교육 시간에 아동을 돌보도록 한다). CDI-T 기술을 양육자에게 교육하는 회기는 한 회기이지만 이후의 코칭 회기에서 지속적으로 기술 연습과 토의가 제공된다. CDI-T 교육회기는 60~90분 정도 걸릴 것으로 예측한다. 부모와 유아의 치료가 미뤄지는 것을 방지하기 위해 교육회기는 한 회기만 진행하는 것을 권장한다. 부모는 진행하면서 실제 상황에서 실시간 코칭을 통해 배우게 될 것이다. 이 장에는 이번 회기에 사용되는 유인물이 포함되어 있다. 제13장에 나오는 많은 자료는 Eyberg와 Funderburk(2011)의 CDI 교육회기에 기초한다.

참고: 이 매뉴얼의 마지막에 나오는 〈부록 H〉에 오늘의 발달 팁 카드가 제공되어 있다. 임상가는 부모가 걸음마기 유아의 특별한 발달적 욕구를 이해하는 데 도움이 되도록 하기 위해 매 회기를 마칠 때 이 카드를 사용할 수 있다. 이 카드는 선택사항이기 때문에 치료사는 이러한 방식의 교육 자료가 특정 부모에게 도움이 될 것인지 임상적으로 판단해야 한다. 또한 임상가는 참여한 가족이 회기를 마무리할 때 토의에 참여할 수 있는 시간과 자원이 있을 때에만 카드를 사용해야 한다. 아동이 지루해하거나 짜증을 내는 경우, 부모나 치료사가 급한 일정이 있는 경우, 또는 회기를 마칠 때 논의해야 할 다른 주제가 너무 많은 경우, 임상가는 오늘의 팁과 관련된 논의를 다른 회기에서 진행해야 한다.

회기 준비물

1. 시각적 전환 신호 카드
2. 필수 유인물과 코딩 용지
  (1) '해야 할' 기술(PRIDE)
  (2) '하지 말아야 할' 기술
  (3) 걸음마기 유아를 위한 CARES와 성인을 위한 CARES
  (4) 출생부터 2세까지 자녀에게 감정에 대해 가르치기
  (5) 권장 장난감 목록
  (6) 공격성에 대한 반응
  (7) 가정치료 연습 용지
  (8) DPICS-T 코딩 용지
  (9) CDI-T 기술의 관계 향상 경과표
3. 선택한 장난감

회기 목표

1. 부모에게 지난 회기에 실시한 임상 검사의 결과에 대한 피드백을 제공한다.
2. 부모에게 PCIT-T에 대해 간략하게 설명한다. 치료 회기 구조에 대한 설명도 포함한다.
3. 부모에게 CDI 기술의 목표를 설명하고, 이 기술을 지시이행 기술을 실행하기 전에 배우는 이유도 설명한다.
4. 부모에게 치료사, 부모, 아동 사이의 평행 프로세스에 대해, 그리고 이 프로세스가 치료에 미치는 영향에 대해 가르쳐 준다.
5. 부모에게 초점을 맞춘 자기돌봄 모델의 중요성과 이 모델이 치료 성공에 기여하는 역할에 대해 논의한다.
6. 부모에게 '하지 말아야 할' 기술을 각 기술에 대한 이유와 함께 설명한다.
7. 부모에게 '해야 할' 기술을 각 기술에 대한 이유와 함께 설명한다.
8. 걸음마기 유아에게 '큰 정서'가 무엇인지와 어떻게 '큰 정서'를 CARES 기술, 방향 전환, 절제된 반응으로 다루는지, 그리고 유아에게 이런 기법들을 사용하는 이유가 무엇인지 부모에게 설명한다.
9. 개입이 성공하려면 정기적인 출석과 가정치료 연습이 중요함을 논의한다.
10. 설명한 기술이 아동과 가족에 미칠 수 있는 영향에 대해 부모가 생각해 보고 질문할 수 있는 기회를 제공한다.

회기 개요

1. 부모에게 PCIT-T에 대한 간략한 요약을 제공한다.

스크립트 예시: "걸음마기 유아를 위한 부모-아동 상호작용치료(PCIT-T)는 행동 문제가 있는 아동을 위해 부모-아동 상호작용치료(PCIT)라는 증거기반 치료에서 조정된 치료입니다. PCIT-T는 PCIT와 비슷한 원칙을 사용하지만, 걸음마기 유아의 발달적 욕구에 맞춰서 특별하게 조정되었습니다. PCIT-T 치료 과정 동안에는 세 가지 주목적을 달성하는 것에 집중합니

다. 양육자의 기술 향상, 아동의 행동 향상, 양육자와 아동 관계의 질 향상입니다. 그뿐만 아니라 치료의 주된 초점은 양육자의 스트레스 수준을 낮추고 자녀의 발달과 행동에 대한 이해를 높이면서 유아가 자신의 정서조절 능력을 향상하는 데 있습니다.

치료는 기본적으로 아동주도 상호작용-걸음마기 유아(CDI-T)와 부모주도 상호작용-걸음마기 유아(PDI-T)의 두 단계로 나누어집니다. 첫 단계인 CDI-T에서는 양육자와 자녀의 상호작용에 긍정성과 따뜻함을 증가시키는 기술들을 사용하는 것과 자녀가 정서조절을 할 수 없을 때 어떻게 반응하는지에 주로 집중합니다. 두 번째 단계인 PDI-T에서는 부모의 지시에 따르는 것을 향상시키도록 하는 따르기 기술을 가르치는 것과 감정과 필요를 (파괴적인 행동 대신) 말로 표현할 수 있도록 돕는 것에 주로 집중합니다.

아동이 놀이를 통해서 가장 잘 배운다는 것을 알고 있기 때문에 전체 치료 과정은 놀이에 기반한 어머니(아버지)와 자녀의 상호작용에서 진행될 것입니다. 상호작용이 자연스러운 느낌이 들 수 있도록 어머니(아버지)와 자녀만 치료실에 있게 될 것입니다. 저는 옆방에서 이어폰 장치를 통해서 이야기할 것입니다. 방 밖에서 코칭을 하는 이유는 부모로서 어머니(아버지)께서 자녀에게 편안함을 제공하는 주된 자원이 될 수 있게 하고, 자녀가 명확하게 어머니(아버지)의 목소리를 듣게 하기 위해서이고, 제가 어머니(아버지)와 함께 있게 되면 발생할 수 있는 부자연스러운 상호작용이나 방해거리를 방지하기 위한 것입니다."

2. 이번 회기의 진행과 이후 회기의 예상되는 진행 방향에 대해 설명한다.

스크립트 예시: "오늘은 지난 한 주 동안에 일어난 중요한 일이나 변화에 대해 이야기하고, 검사 결과와 지난 회기의 행동 관찰 결과를 검토하면서 시작하겠습니다. 그러고 나서 치료의 CDI-T/관계 향상 단계에서 집중하게 될 구체적인 기술들을 가르쳐 드리겠습니다. 어머니(아버지)께서 가정에서 자녀에게 치료를 제공할 때 사용하실 수 있도록 놀이치료, 정서조절, 행동 분석 기술을 배우실 수 있게 회기가 구성되었습니다. '가정치료 연습' 치료 세션은 짧습니다. 단지 하루 5분이지만, 이 프로그램의 성공 여부는 전적으로 어머니(아버지)가 일관되게 가정에서 치료 세션을 아동에게 제공하는지에 달려 있습니다. 앞으로의 회기는 어머니(아버지)께서 자녀와 놀이하는 동안 제가 코칭하면서 이 기술들을 연습하는 것에 매진할 것입니다.

매 회기 후에는 앞에서 언급한 것처럼 매일 일상에서 어머니(아버지)의 기술 사용이 더욱 자연스럽게 느껴질 수 있도록 가정치료 연습을 하시도록 할 것입니다. 어머니(아버지)와 자녀가 올 때 마다 저는 조용히 앉아서 어머니(아버지)와 자녀의 놀이를 보고 어머니(아버지)의 기술이 마스터 수준에 맞춰 이떻게 발전하고 있는지 볼 것입니다. 이 기술들을 마스터한다면 어머니(아버지)께서는 기본적으로 치료사들이 유아들과 함께 작업할 때 사용하는 많은 기술을 가지고 계시다는 것을 의미합니다. 어머니(아버지)께서는 유아 연령대의 많은 욕구를 충족시키는 데 전문가가 되실 겁니다. 마스터 기준에 도달하고 나면, 오늘과 같은 회기를 한 번 더 갖고 이 치료의 지시이행과 언어 훈련 단계에서 사용하는 기술을 가르쳐 드릴 것입니다."

3. 지난 회기 이후 중요한 변화가 있었는지 체크한다. 부모에게 지난주 동안 아동과 유대감을 느꼈던 경우나 아동의 강점을 알아차린 예를 생각해 보도록 요청한다.

   (1) 부모가 아동과 유대감을 느꼈던 시간을 찾아내는 것이 어렵다면, 아동의 강점을 알아차렸던 때를 생각해 보도록 부모에게 요청한다(예: 신체적으로 힘이 세다, 똑똑하다, 재미있다, 열정적이다).

   "어머니(아버지)께서 자녀와 정말 즐거웠고, 연결되었다고 느끼고, 어머니(아버지)와 자녀가 조화를 이루었던 시간, 함께 웃었던 때, 또는 무엇인가를 통해서 특별한 유대감을 경험했던 때에 대해 이야기해 주세요."[1]

4. 이전에 작성한 표준화된 평가 도구와 행동 관찰 결과를 검토한다.

   (1) 관찰 시간 동안 관찰된 아동의 강점을 주목하면서 피드백을 시작한다.

   (2) 성장/향상이 필요하다고 보이는 영역에 대해 논의한다.

   (3) 강점을 다시 반복해 주고 부모와 아동이 경험하는 어려움에 이 모델이 적합함을 설명하면서 결론을 맺는다.

5. PDI-T 전에 CDI-T를 가르치는 이유를 설명한다.

   스크립트 예시: "PDI-T 전에 CDI-T를 배우는 주된 이유는 CDI-T 기술이 아동의 정서조절 능력을 향상시키고 어머니(아버지)가 요구하는 것을 자연스럽게 따를 가능성을 증가시키기 때문입니다. 치료의 지시이행 단계 전에 CDI-T에서 배우고 연습하게 되는 기본 기술로 어머니(아버지)께서는 아동의 많은 행동을 더 잘 이해하고 다룰 수 있게 될 것입니다. 이 대부분은 이미 어머니(아버지)께서 아동과 형성한 긍정적인 관계를 향상함으로써 이루어집니다. 놀이 시간에 아동이 주도하는 것을 따라가고 어머니(아버지)의 긍정적인 관심을 증가시켜 아동의 행동을 개선하는 것에 집중하는 방법으로 이루어지는 것입니다. CDI-T 기술은 우리가 아는 놀이치료의 힘을 바탕으로 합니다. 어머니(아버지)께 가정에서 매일 5분 놀이치료 세션에 이런 새로운 기술을 사용하도록 요청할 것입니다."

---

1) 이 질문은 부모발달면접(Parent Development Interview: PDI; Slade, 2005)에서 발췌함.

6. 걸음마기 유아와의 행동치료와 관련된 특별한 혜택과 도전에 대해 논의한다.

혜택:

(1) 아주 어린 아동은 아직 놀이하고, 행동하고, 정서를 다루는 것을 배우는 과정에 있다.

(2) 유아는 매우 빠르게 변화하고 있다. 매주 발달적 능력에 분명한 차이가 나타날 수 있다. 따라서 집중적인 조기 치료는 다가오는 미래에 이들의 정서, 사회, 지능과 행동 능력에 깊은 긍정적인 영향을 줄 수 있다.

(3) 이 프로그램과 비슷한 조기 개입 프로그램은 언어 발달과 같은 과정을 촉진하고 활성화시키는 것으로 나타났다.

(4) 이 치료의 독특한 특성을 고려할 때, 부모는 아동이 성장하는 동안 기술 사용을 계속 유지할 가능성이 높다.

도전:

(1) 어린 아동은 종종 정서를 강력하게 경험한다. 이런 큰 정서는 행동의 어려움으로 표현될 수 있다.

(2) 어린 아동은 종종 더 큰 아동이나 성인들처럼 큰 정서를 적절하게 다루고 통제하는 데 필요한 인지 및 언어 능력이 아직 발달되지 않았다.

(3) 그렇기 때문에 어린 아동이 왜 화가 많이 나는지 말로 설명하고 인지적으로 이해하기를 시도하는 것은 특히 어렵다.

(4) 어린 아동의 발달하고 있는 언어 및 정서 능력의 조합과 강렬한 정서 표현은 부모와 양육자가 다루기에 스트레스가 될 수 있다.

(5) 이러한 스트레스를 동반하는 강렬한 상황은 부모의 정서조절 능력에 부정적인 영향을 미치고, 그들이 어린 아동의 욕구를 충족시키는 것을 더 어렵게 만든다.

7. 정서조절과 관련하여 코치, 부모, 아동 사이의 평행 프로세스 개념에 대해 논의한다.

(1) 아동은 주위에 있는 성인이 정서를 조절하는 방법을 관찰하면서 자신의 정서/감정을 조절하는 방법을 부분적으로 배웁니다.

(2) [아동 이름]이의 [아동과 양육자의 관계]로서, 어머니[역주: 편의상 어머니로 가정함]의 정서와 행동은 [아동 이름]이가 어떻게 느끼고 행동하는지에 큰 영향을 줍니다.

(3) 그래서 치료 과정 중 정서적으로 어려운 상황에서 코칭해 드리면서 제가 어머

니께 정서조절 기법을 모델링할 것입니다. 그러면 어머니께서는 [아동 이름]이에게 같은 기법을 모델링해 주실 수 있습니다. 이것을 평행 프로세스라고 합니다. 우리는 모두 [아동 이름]이가 자신의 정서를 조절하는 것을 배울 수 있도록 돕기 위해 한 치료 팀으로 작업을 할 것입니다.

(4) 어려운 상황이 발생하면, 제가 스트레스 수준을 감소시키는 데 큰 도움이 되는 이완 훈련을 사용하도록 코칭을 할 것입니다. 이런 기법은 결과적으로 어머니와 자녀 모두에게 도움이 될 것입니다.

8. 횡경막 호흡 이완 기법을 설명하고 연습한다.

(1) 이러한 기법 중 하나는 횡경막 호흡 또는 깊은 호흡입니다. 깊은 호흡은 간단해 보일 수 있지만, 스트레스를 받고 있을 때 신체적으로 이완할 수 있도록 돕고, 그래서 마음도 이완되도록 하는 훌륭한 방법입니다.

(2) 제 말이 무슨 뜻인지 이해하시도록 이 기법을 지금 연습해 보겠습니다. 이 절차는 어머니께서 [아동 이름]이와 함께 회기에 참여하실 때 하는 방법과 똑같습니다.

1단계: 편안한 자리로 이동한다. 의자나 바닥에 앉는다.

2단계: 한 손을 배 위에 올려놓는다. 천천히 깊은 호흡을 들이마신다.

3단계: 배를 앞으로 나오도록 밀어 주면서 천천히 호흡을 내쉰다.

4단계: 이 과정을 2~3회 반복한다.

9. 부모가 자신의 정서를 더 잘 다루게 되도록 돕기 위해 코칭에서 인지 전략을 사용하는 것을 설명한다.

(1) 우리는 생각, 감정, 행동이 모두 복잡하게 연결되었다는 것을 알고 있습니다.

(2) 생각을 바꿈으로써 그 결과로 느낌과 행동에 영향을 줄 수 있습니다. 어머니께서 [아동 이름]이가 정서를 더 잘 다루도록 도우려고 하는 스트레스 상황에서 특히 그렇습니다.

(3) 우리는 또한 어머니께서 경험하고 있을 수 있는 부적응적인 사고를 알아차리고 변화시키는 데 도움이 되도록 인지/사고 전략도 사용할 것입니다. 부적응적인 사고에 도전하는 데 도움이 되도록 제가 긍정적 자기대화와 같은 기법을 사용하여 코칭할 것입니다. 긍정적 자기대화는 정서를 더 잘 조절할 수 있도록 어머니의 생각을 재구성하는 데 도움이 될 것입니다.

(4) 예를 들어, 만약 [아동 이름]이가 분노 발작을 한다면, 어떤 부모는 '이것은 압도 되는 상황이야. 나는 어떻게 해야 할지 모르겠고, 이건 결코 끝나지 않을 것 같 은 느낌이야.'라고 생각할 수 있습니다. 이 생각을 '지금 압도되는 기분이야. 하 지만 코치 선생님이 내가 이것을 통과할 수 있도록 돕기 위해 여기 있어. 나는 [아동 이름]이가 자신의 정서에 대처하는 것을 배우도록 돕고 있는 거야. 곧 끝 날 거야.'와 같이 재구성할 것입니다.

10. '하지 말아야 할' 기술을 설명하고 각각에 대해 이유를 제공한다(Eyberg & Funderburk, 2011).

스크립트 예시: "이제 몇 가지 '하지 말아야 할' 또는 '피해야 할' 기술에 대해 논의하겠습니 다. 이 기술은 부정적인 상호작용을 증가시키고 부정적인 행동을 유발하는 것으로 나타났기 때문에 자녀와의 상호작용 동안 최소화되도록 노력할 것입니다."

(1) 지시

① 아동에게 무엇인가를 하도록 간접 지시를 사용하면, 종종 아동은 선택권을 준 것으로 이해한다(예: "신발을 신을 수 있겠니?")

② 직접 지시를 사용할 때는 아동에게 무엇인가를 하라고 말을 하는 것이다 (예: "엄마에게 컵을 주렴.").

③ 지시는 이행하지 않으면 부정적인 상호작용이 일어날 가능성을 증가시킨다.

④ 지시는 놀이를 주도한다.

(2) 질문

① 대답을 요청하기 때문에 아동에게 요구적이다. 결과적으로 부정적인 행동 이 나타날 수 있다.

② 대화를 주도하고 놀이를 이끌어 감으로써 긍정적인 상호작용에서 벗어나 게 된다.

(3) 부정적/비난의 말

① 부적절한 행동에 관심을 주게 되어 부정적인 행동을 증가시킬 수 있다.

② 아동의 자존감에 부정적인 영향을 준다.

③ 따뜻함과 긍정성을 감소시켜 상호작용에 손상을 입힐 수 있다.

11. 부모에게 '하지 말아야 할' 기술을 기억해 보도록 요청한다. 남은 질문이 있다면 설명 을 해 준다.

12. '해야 할' 기술을 설명하고 각각에 대한 이유를 제공한다(Eyberg & Funderburk, 2011).

스크립트 예시: "이제 '해야 할' 기술 또는 자녀와 상호작용할 때 우리가 강조하고 싶은 기술에 대해 이야기하겠습니다. 이 기술들은 상호작용에 긍정성을 증가시키고 아동의 행동을 개선하는 데 도움이 되는 것으로 나타났습니다. 각 기술의 첫 글자를 따면 'PRIDE'라는 단어가 됩니다. 그래서 종종 기술 전체를 PRIDE 기술이라고 묘사합니다."

(1) [구체적] 칭찬

① 아동의 특성 또는 작품에 대한 구체적 · 긍정적 · 평가적 문장

• 구체적 칭찬: "장난감을 예쁘게 가지고 놀아서 고마워."

• 구체적이지 않은 칭찬: "잘했어!" "훌륭해!" "멋지다!"

② 상호작용에 긍정성을 증가시킨다.

③ 긍정적인 행동을 강화한다. 그래서 그 행동을 계속할 가능성이 증가한다.

④ 아동의 자존감 향상에 도움을 준다.

(2) 반영

① 아동의 말에 대한 즉각적인 언어 반복. 이런 언어 표현은 소리, 단어 또는 구절을 포함할 수 있고, 말 그대로를 반복하거나 말의 의미를 유지한 채 다른 말로 바꾸어 표현할 수 있다.

• 아동: "큰 트럭!"

• 부모: "너는 큰 파랑 트럭을 가지고 있구나!"

• 아동: [기차 놀이를 하고 있다.] "칙칙폭폭!"

• 부모: "칙칙폭폭!"

② 아동의 언어 표현의 질과 빈도 수를 증가시킨다.

③ 적절한 언어 표현을 인정하고 타당하다는 것을 나타낸다.

④ 아동이 언어적 의사소통을 주도할 수 있게 한다.

(3) 모방

① 모방은 아동이 방금 한 적절한 행동을 흉내 내거나 따라 하는 것이다.

• 예시: 아동이 기차를 가지고 놀고 있고, 부모도 같이 기차를 가지고 논다. 아동이 손뼉을 치기 시작한다. 부모도 자신의 손뼉을 쳐서 그 행동을 모방한다.

② 적절한 행동을 흉내 냄으로써 아동이 놀이를 주도하게 해 준다.

③ 선택한 활동에 대한 인정을 표현한다.

④ 적절한 놀이 기술을 가르쳐 준다.

⑤ 발달적으로 적절한 상호작용을 격려한다.

(4) 묘사

① 행동 묘사는 아동이 수행한 행동을 즉시 구체적으로 설명하는 것이다. 구체적 칭찬과 비교하면 행동 묘사는 긍정적·평가적 단어가 포함되지 않는다.

② 행동 묘사는 아동의 즉각적인 행동에 대해 실황 중계하는 역할을 한다.

- 행동 묘사: "네가 기차를 기찻길에 다니게 해 주는구나." "블록 두 개를 집었네." "사람을 성 위에 놓았구나."

③ 아동이 하고 있는 일에 주의를 기울이도록 도와준다.

④ 아동을 의미 있는 단어에 노출시킨다.

⑤ 적절한 행동에 관심을 제공하고, 그럼으로써 인정을 나타낸다.

⑥ 아동이 놀이를 주도하도록 해 준다.

(5) 즐기기

① 즐기기는 부모와 아동 상호 간에 보상적인 경험이라는 것을 나타낸다.

② 즐기기를 나타내는 것에는 미소 짓기, 박수 치기, 소리 내어 웃기, 긍정적이고 열광적인 목소리, 눈맞춤이 포함된다.

③ 놀이의 보상적 가치를 증가시킨다. 이것은 유아 나이에 특히 중요하다.

④ 아동이 놀이하는 데 흥미를 유지하도록 해 준다.

⑤ 부모와 자녀 사이에 따뜻하고 행복한 유대감이 형성되도록 돕는다.

⑥ 칭찬, 반영 또는 묘사 문장의 보상적 가치를 향상시킨다.

(6) 정서에 이름 붙이기

① 부모 자신의 정서에 이름 붙이는 것과 더불어 관찰되는 아동의 정서를 언어적으로 묘사하고 이름 붙여 주는 것이다.

② 아동과 양육자의 정서 단어를 증가시킨다.

③ 아동의 정서적 표현 방식과 양육자 자신의 표현 방식에 대한 양육자의 인식을 나타낸다.

④ 정서조절 곤란이 나타날 때 양육자가 CARES를 사용하도록 준비하는 데 도움을 준다.

- 정서 이름 붙이기 형식: 관찰된 정서를 도입과 맺음 문구를 사용하여 표현한다.
  - "너는 …… 같아."
  - "너는 …… 같아 보이네."
  - "네 얼굴은 …… 같아 보여."
  - "너의 몸이 …… 같아 보여."
  - "너는 ……구나."
- 정서 용어:
  - 속상한
  - 좌절되는
  - 혼란스러운
  - 짜증 나는
  - 걱정되는
  - 화가 난
  - 슬픈
  - 행복한
  - 무서운
  - 신이 난
  - 피곤한
  - 배고픈

예시:

아동: (장난감을 분류함에 넣은 후 웃으며 손뼉을 친다.)

부모: "네 자신이 자랑스럽구나."

아동: (아동이 두려워하는 것처럼 보인다. 부모에게 뛰어와서 부모를 안는다.)

부모: "네가 놀란 것 같아."

아동: (하품하고 눈을 비빈다.)

부모: "너는 피곤해 보여. 낮잠 잘 준비가 된 것 같아."

아동: (장난감을 열지 못할 때 장난감으로 바닥을 부딪친다.)

부모: "너는 짜증이 났구나." + CARES 제공

를 생각할 필요 없음

(7) **다른 긍정적 기술**: 유아의 발달적 욕구에 따라 아동의 학습과 사회적 상호작용을 향상하기 위해서 양육자는 PRIDE 기술과 더불어 다른 신체적 행동을 보여야 한다.

참고: 치료사는 다음의 긍정적 기술을 각각 모델링하고 예시를 제공하며, 부모가 각 기술의 예를 들어 보고 연습을 하도록 한다.

포함되는 기술

(1) **신체적 애정 표현**

① 긍정적 신체 접촉(예: 안아 주기, 아동의 등을 쓰다듬기, 잘했을 때 손뼉치기)은 관계에 따뜻함을 더한다.

② 두 사람 사이의 신뢰감과 돌봄을 발전시킨다.

③ 다른 사람과 신체적으로 어떻게 관계를 맺는지 보여 준다.

(2) **방향 전환 기술**

① 주의를 다른 곳으로 돌리거나 새로운 관심에 초점을 맞추게 하여 아동의 문제 행동이 발생할 가능성을 감소시킨다.

② 부정적 상호작용의 가능성을 차단시키기 위해서 아동의 행동을 세밀하게 관찰하는 것을 필요로 한다.

③ 예시:

아동: 냄비 두 개를 큰 소리가 나도록 부딪치기 시작한다.

부모: 다른 곳을 보고, 장난감 경찰차의 버튼을 누른다. "여기 경찰차가 갑니다. 나는 아주 빨리 운전할 거야!"라고 말하면서 방 안 주위를 운전하기 시작한다.

아동: [부모의 놀이에 참여하기 위해 온다.]

부모: "놀이하려고 와 줘서 고마워! 이제 네가 차를 가지고 놀 차례야."

(3) **활기찬 목소리 톤**

① 단일 톤의 언어 패턴보다 다양한 목소리 톤은 유아의 주목을 끌고 더 오래 흥미를 갖게 해 준다.

② 열정적인 톤은 놀이를 더 재미있고 흥미롭게 해 준다.

(4) **활기찬 얼굴 표정**

① 무표정의 얼굴보다 다양한 표정은 유아의 주목을 끌고 더 오래 흥미를 갖

게 해 준다.

② 눈맞춤을 개선하고 아동이 양육자를 쳐다볼 수 있도록 시각적 흥미를 더한다.

(5) 발달 수준에 맞는 놀이 스타일

① 공을 바닥에 굴리는 것은 성인에게 흥미로운 일이 아닐 수 있지만 유아에게는 탐색할 수 있는 새로운 세계이다.

② 반복되는 놀이 주제와 반복되는 단어는 유아에게 어떻게 상황이 묘사되는지 듣고 주변의 세상에 대한 이해를 증가시킬 수 있도록 많은 기회를 제공한다.

(6) 상호 눈맞춤

① 부모와 유아가 눈을 마주 볼 때 발생한다. 유대감이 형성되는 순간이 만들어지고 함께한다는 비언어적 의사소통이 이루어진다.

② 이 순간은 부모와 아동의 정서적 유대감을 의미하고, 사회적 의사소통이 발달하는 기초가 된다.

(7) 절제된 반응

① 유아로부터 시선을 돌림으로써 특정 행동의 강화를 최소화하고 유아가 성인과 관계를 유도하려고 할 때(예: 유아용 의자에서 음식을 떨어뜨리고 관심 끄는 웃음으로 부모를 바라보기) 중립적인 얼굴 표정을 유지하는 적극적인 자녀 양육 전략이다.

② '큰 정서'가 없을 때 사용한다.

③ 종종 열정적인 방향 전환과 함께 결합된다.

④ 뒤이어 긍정적인 반대 행동에 구체적 칭찬을 할 수 있다.

13. 부모에게 '해야 할' 기술을 기억해 보도록 요청한다. 남은 질문이 있다면 분명하게 설명해 준다.

14. 부모가 아동의 역할을 하면서 놀이하는 동안 치료사는 '해야 할' 기술을 모두 모델링한다. 역할을 바꾼다. 역할 놀이를 하는 동안 PRIDE 기술 사용에 대해 부모에게 긍정적인 피드백만을 제공한다.

15. 이런 기술을 사용하여 상호작용을 할 때 자녀가 어떻게 행동할 것이라고 생각하는지 부모에게 물어본다. 부모에게 '해야 할' 기술과 '하지 말아야 할' 기술 유인물을 제공한다.

16. CDI-T에 대한 일반적인 아동의 반응을 논의하고 사용할 특별 행동 관리 전략을 부모

에게 소개한다. 다음은 스크립트 예시로, 부모에게 그대로 읽어 주지 않아야 한다.

스크립트 예시: "CDI-T 동안에 아동이 받는 관심은 큰 보상이 됩니다. 아동에게 요구되는 것은 몇 개 안 되고 적절한 행동은 열정적인 사회적 관심으로 크게 강화가 됩니다. 그렇기 때문에 일반적으로 CDI-T에서는 아동들이 행동을 아주 잘합니다. 그렇지만 다루기 어려운 행동이나 속상한 정서가 나타날 수도 있습니다. 큰 정서는 아동의 행동에서 변화가 나타나는 것이며, 종종 울음, 징징거림 또는 소리 지르기를 포함하고 통제하기 어려운 압도되는 정서적 반응을 나타내는 것으로 보입니다. 큰 정서는 종종 분노와 좌절감을 포함합니다. 강도가 세지고 즉각적인 부모 접촉을 요구하거나 강하게 부모를 거부(예: 부모를 밀어내기)하기도 합니다. 큰 정서는 단순한 울음, 징징거림 또는 소리 지르기 이상의 얼굴 표정과 목소리의 변화를 수반하고 신체적 공격성, 물건의 파괴, 팔다리 흔들기, 등 구부리기(arching), 바닥으로 넘어지기, 그리고 귀퉁이로 향하기, 얼어붙기, 철수하기, 자해와 같은 흔하지 않은 행동을 포함할 수 있습니다. 만약 당신의 자녀에게 이런 정서가 발생하면 우리는 매우 특정한 방식으로 대응할 것입니다. 이 독특한 전략의 목표는 아동이 필요한 정서조절 기술을 개발하도록 돕는 것입니다. 정서조절 기술은 아동이 성공적으로 스스로 도울 수 있는 기술을 배우는 데 도움이 될 것입니다. 이 정서조절 기술을 향상하는 기법은 단어의 첫 글자를 따서 만든 'CARES'를 사용하여 기억할 수 있습니다.

CARES 단계는 속상한 정서가 나타날 때 대응하고 순서에 상관없이 제공될 수 있다는 것을 기억하는 것이 중요합니다. 때로 특정한 큰 정서에 CARES 단계 일부만 필요할 수 있습니다(예: 아동이 작업하고 있는 것이 없다면 '도와주기'는 필요하지 않다). 아동은 긍정적 정서와 부정적 정서 모두를 조절하는 데 도움이 필요할 가능성이 높습니다. 특히 부모가 CARES 단계를 처음 배울 때 CARES를 실행하는 동안 부모가 자신의 정서를 조절하는 것을 지원하기 위해 치료사가 방 안으로 들어가는 것이 필요할 수 있습니다. 또한 아동의 정서와 행동이 통제할 수 없게 되기 전에 치료사가 이 연령의 아동을 빠르게 돕기 위해 부모가 아동의 신호를 관찰하고 CARES 모델을 사용하여 개입하도록 돕는 것이 매우 중요합니다. 많은 단계가 있는 것처럼 보이지만 각 단계는 빠르게 그리고 종종 동시에 진행됩니다. 아동이 지지받는다고 느끼고 속상한 상황에서 빠르게 회복되도록 돕기 위해 사용되는 언어는 명확하고 단순합니다. 마지막으로, CARES 모델은 위험하거나 파괴적(예: 신체적 공격성, 자해 행동)이지 않은 행동에 대응할 때만 실행합니다. 위험한 범주에 해당되는 행동에는 어떻게 대응하는지에 대해서 곧 이야기하겠습니다."

17. CARES 모델의 각 요소에 대해 설명하고 논의한다.

    (1) (차분하게) 가까이 가기

        ① 부모는 신체적으로 아동에게 가깝게 이동한다.

        ② 부모로서 따뜻함, 반응성, 가용성을 보여 준다.

    (2) 도와주기

        ① 부모는 발생한 특정 문제/이슈에 대해 아동을 물리적으로 돕는다. 상황에 대해 비계설정을 하여 아동이 목표하는 과제를 독립적으로 완수할 수 있도록 해 주는 것이 이상적이다.

        ② 부모가 도와주어도 아동이 문제를 해결하거나 정서적으로 안정되지 않는다면, 부모는 아동을 위해 과제를 완수해 줄 수 있다. 필요하지 않을 때 부모가 지속적으로 도와주며 대신해 주지 않아야 하는 것을 유념한다.

        ③ 문제/이슈를 없애거나 해결함으로써 아동의 부정적인 정서가 감소하도록 돕는다.

    (3) 안심시키기

        ① 부모는 아동에게 돌봄을 받을 것이라고 말로 표현한다.

        ② 이런 언어 표현은 차분하고, 따뜻하고, 편안한 톤으로 해야 한다.

        ③ 아동에게 부모가 그들을 지지하고 돌보기 위해 거기 있다는 것을 알려 준다.

    (4) 정서를 타당화하기

        ① 부모는 아동이 경험하고 있는 정서에 이름을 붙여 준다.

        ② 행복하다, 슬프다, 화가 난다 이상의 다양한 정서와 정서 단어를 가르친다.

        ③ 아동에게 그들의 감정을 알아차렸고 그것이 타당하다는 것을 전달한다.

        ④ 아동이 그들의 내적 경험과 정서를 이해하도록 돕는다.

    (5) (목소리와 신체 접촉으로 아동을) 진정시키기

        ① 부모는 부드럽고 가벼운 신체 접촉과 말을 아동에게 제공한다.

        ② 이것은 신체적 · 정서적 위안과 지지를 제공하는 비계설정의 한 형태이다.

이 모델의 예시와 적용은 다음과 같다.

CARES 삽화: CDI-T 초기 단계

다음의 삽화는 양육자가 CARES 모델을 배우면서 비계설정을 할 수 있도록 지시적이고 명확한 코칭의 예시를 제공한다. 이런 코칭 기법은 종종 CDI-T 코칭의 초기 단계에서 실시된다. PCIT-T 전체 치료 과정에서는 양육자의 CARES 모델 사용에 대한 지식과 자신감이 향상됨에 따라 덜 지시적인 코칭과 CARES 기술을 촉진하는 코칭을 해야 한다.

조지

18개월 된 조지는 CDI 1에서 모와의 특별시간을 즐거워하다 갑자기 방 밖으로 나가고 싶어 한다. 문을 잡아당기며 울기 시작한다.

코치가 말한다. "조지가 방을 나가고 싶어 하네요. 어머니께서는 그의 감정을 인정해 주셔도 됩니다."

모가 말한다. "엄마는 네가 가고 싶은 걸 알아. 그렇지만 우리는 아직 특별 놀이를 하고 있어."[정서를 타당화하기] 이에 코치는 "그가 원하는 것을 이해한다는 것을 잘 보여 주셨습니다."라고 말한다.

그러자 조지는 바닥에 쓰러져 큰 소리로 외치며 몸부림친다. 코치는 관찰하고는 "조지에게 원하는 것을 얻지 못하는 것은 힘든 일입니다. 어머니께서 가까이 가시고 달래 주는 것이 필요합니다."라고 말한다. 조지의 모는 바닥의 조지 옆에 자리를 잡고[가까이 가기] 부드럽게 말한다. "엄마는 네가 가고 싶은 것을 알아. 그렇지만 우리는 아직 놀이가 끝나지 않았어."[정서를 타당화하기]

코치가 말한다. "어머니께서 차분하게 조지 옆에 가까이 가신 것이 아주 좋습니다. 조지가 차분해지도록 해 주네요. 이제 어머니께서 조지를 안심시켜 주시는 것이 필요합니다." 모가 말한다. "괜찮아, 네가 안아 주기를 원하면 엄마가 여기 있어."[안심시키기]

조지의 정서 강도는 절정에 이르고 그다음 울음과 몸부림이 감소되며 가라앉기 시작한다. 코치는 관찰하고는 "조지가 이제 가라앉기 시작합니다. 어머니께서 신체 접촉으로 조지를 진정시켜 주시는 것이 필요합니다."라고 말한다. 모는 조지에게 손을 뻗고 등을 문지르며 반복해서 말한다. "안아 주기를 원하면 엄마가 여기 있어."[안심시키기, 진정시키기] 코치는 "우와, 조지를 진정시키는 것을 아주 훌륭하게 하고 계시네요. 조지가 더 안정되고 있어요. 이제 아이가 안길 준비가 되었어요."라고 말한다.

조지는 큰 숨을 천천히 쉬기 시작하고 천천히 흐느낀다. 모는 차분하게 조지를 들어 올려 팔에 감싸 안는다[가까이 가기]. 코치는 말한다. "어머니께서 조지의 욕구에 매우 민감하신 것이 아주 좋습니다."

모가 조지를 안고 있는 동안, 좌우로 흔들어 주면서 부드럽고 차분한 목소리로 "엄마가 여기 있어." 하고 말한다[안심시키기, 진정시키기]. 조지는 초반에 포옹을 거부하지만 모는 계속해서 차분하게 흔들어 준다. 코치는 말한다. "어머니의 차분한 목소리와 포옹이 좋습니다. 그것이 조지를 차분하게 만들어 주는 데 정말 도움이 되네요. 조지는 어머니가 도와주기 위해서 그곳에 있다는 것을 알고 있습니다." 조지는 곧 긴장이 풀리고 차분해진다.

코치는 말한다. "어머니의 진정되는 목소리와 신체 접촉으로 조지를 차분하게 해 준 것이 아주 훌륭합니다. 이제 장난감으로 조지의 관심을 돌리고 특별 놀이로 돌아갈 시간입니다." 모는 소리 나는 기차를 집어 들고 놀이를 시작한다. 조지도 곧 참여한다[특별 놀이로 돌아가기].

사라

20개월의 사라는 아빠와의 특별 놀이를 15분 동안 하고 있었다. 큰 냄비를 작은 장난감 오븐에 넣으려고 하면서 불편해하기 시작했다. 사라는 투덜거리고 징징거리며 냄비를 거칠게 다루기 시작했다.

코치가 말한다. "사라가 냄비를 오븐에 넣을 수 없어 짜증나기 시작하네요. 사라가 어떻게 느끼는지 알고 있다고 알려 주세요." 부가 말한다. "짜증이 난다는 것을 아빠가 알아, 아가야."[정서를 타당화하기] 코치는 말한다. "사라의 정서에 이름 붙인 것이 아주 훌륭합니다. 이제 사라에게 가까이 이동할 시간입니다." 부는 사라 곁에 무릎을 꿇고 부드럽게 손을 사라의 등에 놓는다[가까이 가기, 진정시키기]. 코치는 "가까이 가기를 잘 하셨습니다. 신체 접촉은 사라를 진정시키는 데 도움이 됩니다. 이제 냄비를 가지고 사라를 도와주세요." 하고 말한다. 부는 부드러운 목소리로 사라에게 말한다. "네가 냄비를 오븐에 넣으려고 하는데 너무 크구나. 아빠가 도와주려고 여기 있어."[진정시키기, 도와주기, 안심시키기] 코치는 말한다. "사라에게 도움을 줄 준비를 잘 하셨어요. 사라에게 아빠를 믿을 수 있다는 것을 가르쳐 줄 것입니다."

사라는 아빠를 바라보고 아빠에게 냄비를 들어 보임으로써 도움을 요청한다. 코치는 코멘트한다. "우와, 사라가 도움이 필요하다는 것을 표현하네요. 아주 좋습니다. 사라에게 아버지께서 마음에 든다는 것을 말해 주서도 좋습니다." 부가 말한다. "아빠에게 도와 달라고 해서 고마워." 코치는 "구체적 칭찬 좋습니다."라고 말한다.

그런 다음 부는 작은 냄비를 사라에게 준다[도와주기]. 코치는 "사라를 도와주는 훌륭한 방법입니다. 그 방법은 사라의 문제 해결 기술에 도움이 될 것입니다."라고 말한다. 이들은 함께 특별 놀이를 다시 시작한다[특별 놀이로 돌아가기].

18. 아동과 함께 작업하는 동안 부모 자신의 정서를 조절하는 데 도움을 주는 기법으로서 부모에게 CARES 모델을 적용하는 것을 논의한다.

스크립트 예시: "어린 아동의 큰 정서를 다루는 것이 특히 어렵고, 때로 좌절되는 과제이기 때문에 우리가 부모님의 정서를 확인하고 이야기할 수 있는 공통 언어를 가지고 있는 것이 또한 중요할 것입니다. 저 자신에게도 같은 모델을 사용할 것입니다. 그러면 우리가 알고 있는 가장 좋은 방법으로 [아동 이름]이가 자신의 정서를 다루도록 가르치게 되고, 우리 모두는 [아동 이름]이가 성공할 수 있다고 확신할 수 있습니다. CARES 모델을 성인인 우리에게 어떻게 적용할 수 있는지 이야기해 봅시다."

(1) C: 인지를 확인하고 자신에 대한 단서 찾기 – 유아와 특별시간을 시작하기 전에 알아차린다.

① 왜 함께 시간을 보내는 가에 대한 생각/이유

② 당신이 놀이에 들여오는 감정

③ 당신의 신체 언어가 나타내는 현재 상호작용 스타일

(2) A: 자신을 돕기 – 정서적으로 놀이할 준비가 되지 않았다면 이완 기법을 사용하여 에너지를 다시 집중한다.

① 깊은 호흡

② 간단한 샤워

③ 점진적 근육 이완

④ 지지자에게 전화하기

(3) R: 자신을 안심시키기 – 양육에는 도전이 따르고, 한 기법이 모든 아동에게 효과적이지는 않다. 따라서 다음을 사용한다.

① 긍정적 자기대화를 사용한다.

② 마음 따뜻했던 순간을 기억시킨다.

③ 아동과 함께하며 기쁨을 가져올 장래의 일을 예견한다.

(4) E: 정서를 인식하기

① 유아와 아기들은 놀라울 만큼 정서를 잘 감지한다. 그들은 스트레스를 추적하고 대응하는 것으로 보인다.

② 긍정적인 생각과 정서로 놀이에 참여할 때 특별시간은 재미와 유대감을 경험하게 해 준다.

(5) S: 민감하기와 진정시키기

① 유아에게 진정시키는 목소리를 사용하는 것과 비슷하게, 자신을 안심시킬 때와 자기대화의 톤에서 자신에게 친절하고 민감하게 대한다. 배우는 것은 시행착오의 과정이고 진행하면서 조정하는 과정이라고 자신에게 상기시킨다.

19. 하루 종일 유아의 정서조절 곤란이 발생할 때마다 부모가 매번 CARES 모델을 실행하는 것은 가능하지 않다는 것을 주목해야 한다.

(1) 모든 작은 괴로움의 신호에 지나치게 집중하는 것은 양육자에게 아주 힘든 일이라는 사실에 대해 공감을 표현한다.

(2) 아동에게 자기진정, 좌절 인내력, 자기통제 능력을 가르치는 목표에도 주목한다.

(3) 동시에 아동이 때로 정서조절 곤란의 순간에 부모로부터 분리된 공간을 원한다는 것을 언어적 또는 신체적으로 나타내는 때가 있을 것이다. 부모는 아동의 공간을 허용하는 것(특히 아동이 요청했다면)과 CARES 모델 전체 또는 일부를 실행하는 것 사이의 균형을 측정해 볼 수 있다.

(4) 가정치료 연습을 하는 5분 동안 CARES 모델을 실시하는 것이 주된 초점이라는 것을 강조한다.

20. 부모가 아동의 역할을 하도록 한다. 부모에게 장난감 하나를 가지고 속상해하라고 말한다. 부모와 CARES 모델을 사용하는 것을 보여 준다. 역할을 바꾼다.

21. 절제된 반응과 방향 전환을 추가적으로 사용하는 것에 대해 설명한다(CARES 모델 그리고 절제된 반응과 방향 전환을 각각 언제 사용하는지에 대한 자세한 내용은 〈표 13-1〉 참고).

표 13-1 CARES 모델 그리고 절제된 반응과 방향 전환의 사용 구분

CARES 모델만 해당	절제된 반응 및 방향 전환만 해당
• 정서를 경험하고 있고(예: 짜증, 분노, 슬픔, 흥분, 행복, 자부심), 아동에게 가르쳐 주거나 진정시키기 위해 이름 붙이기가 필요하다. • 큰 정서는 다루기 어려운 행동을 동반할 수 있다.	• 큰 정서를 경험하고 있지 않으며, 따라서 CARES 단계가 필요하지 않다. • 아동의 관심을 다른 데로 돌리고 정서가 악화되는 것을 예방하기 위해서 방향 전환을 사용한다. • 부모는 행동에 절제된 반응을 해야 한다. 예시: 아동이 콘센트 덮개를 가지고 놀고 있다. 부모는 이전 활동에서 아동의 방향을 전환하고 주의를 다른 곳으로 돌리도록 음향 효과가 있는 장난감의 버튼을 누른다.

스크립트 예시: "CARES 모델에 더하여 방향 전환을 사용하는 것은 행동 관리에서 중요한 부분입니다. 유아에게 중요한 정서조절 기술을 가르치기 때문입니다. 방향 전환은 아동이 하던 활동이나 정서조절 곤란의 상태로부터 아동의 관심을 다른 곳으로 돌려 적절한 행동을 하도록 열정적인 언어 표현 또는 장난감을 사용합니다. CARES 모델과 마찬가지로, 특히 부모에 의해(예: 짜증을 유발하는 장난감을 해결하는 것을 돕는 것) 상황이 쉽게 해결되지 않을 때 부모가 아동의 괴로움의 신호를 알아차리고 빠르게 대응하는 것이 매우 중요합니다."

1단계: 부모가 아동의 정서적·행동적 괴로움을 빠르게 알아차리고 다음 중 하나를 결정한다. ① 상황을 빠르게 또는 전혀 해결할 수 없다. ② 양육자는 이전에 상황을 해결하려고 시도했지만 아동의 괴로움은 지속되고 있다. 추가적으로, 부모는 위험하지 않은 부정적인 행동(예: 아동이 소리를 지른다, 발을 구른다, 팔다리를 마구 흔든다)이 나타나면 아동을 직접 쳐다보거나 아동에게 말하는 것을 피하기 위해서 아동으로부터 고개나 몸을 약간 돌리는 절제된 반응을 해야 한다.

2단계: 부모는 열정적으로 자신의 놀이를 묘사하기 시작한다. 특히 빛이나 소리를 내는 장난감을 사용한다. 놀이를 말로 묘사하는 대신 또는 그것에 추가하여 음향 효과가 있는 장난감을 사용할 수도 있다.

3단계: 아동이 새로운 장난감을 가지고 놀기 시작하거나 적절하게 부모의 놀이에 참여하면, 부모는 필요한 경우 CARES를 실행하거나 PRIDE 기술을 사용하기 시작할 수 있다.

상황적 예시: 15분 정도 제공된 장난감을 가지고 놀고 난 후 아동이 가지고 놀았던 장난감을 던지고 방 안을 걸어 다니며 운다.

부모는 아동이 가지고 놀던 장난감에 싫증이 난 것이라고 결정한다. 그런 다음 부모는 빙글 도는 다른 장난감의 버튼을 누르고 음악이 나오게 한다. 부모는 "와우, 저기 불빛이 보이네. 그리고 자동차가 빙글빙글 돌고 있어! 아주 재미있다!"라고 말한다. 아동은 이제 차분해져서 일어나고 부모에게 합류하여 장난감의 같은 버튼을 누른다. 부모는 (PRIDE 기술로 다시 돌아가서) 아동의 등을 쓰다듬으며 말한다. "버튼을 아주 잘 눌렀어!"

22. 부모에게 아동의 역할을 하게 한다. 부모가 특정한 장난감을 가지고 놀다가 싫증났다고 말해 준다. 부모에게 방향 전환을 사용하는 것을 모델링한다. 반드시 3단계가 모두 포함되도록 한다. 역할을 바꾼다.

23. 이 단계의 개입에서 위험하고 파괴적인 행동에 대응하는 단계를 설명한다.

스크립트 예시: "CDI-T에서는 아동이 놀이를 주도하고 적절한 행동에 대해서 높은 질의 관심을 아동에게 제공함으로써 위험하고 파괴적인 행동이 발생할 가능성을 최소화하려고 노력합니다. 또한 더 심한 부정적인 행동을 예방하기 위해 아동이 정서조절 곤란을 경험할 때 조기에 알아차리고 해결하도록 도울 것입니다. 우리는 또한 치료실을 발달적으로 적절하게 준비하고 위험한 행동(예: 테이블에 올라가기)을 할 가능성을 최소화합니다. 그럼에도 위험하거나 파괴적인 행동이 발생하면 우리는 그런 행동을 다루는 특정한 방식이 있습니다."

(1) 신체적 공격성에 대응하는 절차를 논의한다. 왜 특정한 절차와 해야 할 말을 선택했는지에 대해 아동 발달에 근거한 이유를 부모에게 설명한다.

① 매우 어린 아동의 신체적 공격성은 드문 일이 아니다.

② 이런 공격성은 다른 사람 및 자기 자신에 대해서도 발생할 수 있다(예: 머리 부딪치기, 얼굴 때리기, 팔/손 깨물기; 제8장의 '행동 관리 기술' 절 다시 참고).

③ 아동 애착 문헌은 부모가 '더 크고, 더 강하고, 더 현명한 사람'이라고 말한다(Cooper, Hoffman, Marvin, & Powell, 1998). 이것은 아동이 부모를 위안과 지지의 근원으로 접촉하도록 가르친다.

④ 신체적 공격성은 아동의 욕구가 충족되지 못했다는 신호이며 아동은 이러한 정서를 표현하는 적절한 방법을 배우지 못한 것으로 본다.

⑤ 큰 정서를 다룰 수 있는 적절한 대처 기술을 조기에 어린 아동에게 가르치

면서 동시에 부정적인 행동을 어린이집이나 보육시설에서 수용될 만한 행동으로 조성하는 것은 중요하다.

⑥ 이런 행동에 대응할 때 우리는 침착함을 유지하면서도 진지해야 한다.

⑦ 이 절차에 사용하는 구체적인 말은 단순하고, 어린이집이나 보육시설과 같은 다른 장소에서 [아동 이름]이가 들을 수 있는 내용과 같기 때문에 선택되었다. 이 말은 [아동 이름]이에게 명확한 한계를 가르치는 데 사용되고, 높은 수준의 위험한 상황을 쉽게 구별하고 특별하게 만들기 위해 이 절차에서만 사용될 것이다.

⑧ 이 절차는 아동이 장난감이나 다른 사람을 아프게 할 때 일관된 말을 사용하도록 해 주고, '누구든 또는 어느 것이든 아프게 하지 않기'라는 삶의 일반 규칙이 가능하도록 한다.

⑨ [아동 이름]이가 보이는 신체적 공격성에 대해 부모를 참여시켜 논의한다.

스크립트 예시: "[아동 이름] 나이에서 보이는 일정 수준의 신체적 공격성은 발달적으로 일반적이고, 때로 이 나이 아동이 어려운 정서를 경험할 때 발생합니다. 이런 신체적 공격성은 다른 사람이나 자기 자신을 향하여 나타날 수 있습니다. 아동 애착 문헌은 부모가 '더 크고, 더 강하고, 더 현명한 사람'이라고 말합니다. 이것은 아동이 부모를 위안과 지지의 근원으로 접촉하도록 가르치는 것입니다. 신체적 공격성은 아동의 욕구가 충족되지 못했다는 신호이며, 아동은 이러한 정서를 표현하는 적절한 방법을 배우지 못한 것으로 봅니다. 어떤 공격성은 이 나이 아동에게 일반적이기는 하지만, 이들이 어린이집이나 보육시설에서 성공적이 되기 위해서는 지금이 이런 감정을 의사소통하고 대처하는 더 적절한 방식을 배우도록 돕고 이런 행동을 조정할 결정적인 시기입니다.

이런 행동을 다룰 때 실수로 이 행동이 발생하는 것을 강화하지 않도록 우리가 차분하지만 진지함을 유지하는 것이 중요합니다. 부모님이 [아동 이름]이의 공격성에 절제된 반응을 하고 그/그녀의 관심을 방향 전환할 수 있는 능력은 이 단계들의 기초가 됩니다. 그런데 지금 우리는 이런 기술을 더 확장할 것입니다. 이 절차에서 사용하는 구체적인 말은 단순하고, 어린이집이나 보육시설과 같은 다른 장소에서 [아동 이름]이가 들을 수 있는 내용과도 같기 때문에 선택되었습니다. 이 말은 [아동 이름]이에게 명확한 한계를 가르치고, 높은 수준의 위험한 상황을 쉽게 구별하고 특별하게 만들기 위해 이 절차에서만 사용될 것입니다. 이 절차는 아동이 장난감이나 다른 사람을 아프게 할 때 일관된 말을 사용하도록 해 주고, '누구든 또는 어느 것이든 아프게 하지 않기'라는 삶의 일반 규칙이 가능하게 합니다. [아동 이름]이가 공격성을 나타내는 것을 본 적이 있으십니까? 언제 공격성이 나타나나요? 이전에 이런 공격성을 보통 어떻게 다루셨나요? 이제 제가 이런 종류의 행동을 다루기 위해 명확하게 정의된 단계를 알려 드리겠습니다.

(다른 사람 또는 자신을 대상으로 한) 공격성에 대한 대응 단계

1단계: [아동이 부모를 때린다.] 부모는 아동의 위치로 몸을 낮추고, 자신의 손으로 아동의 손을 덮고 붙잡는다. 그리고 **직접 눈맞춤**을 하면서 단호한 톤으로 "아프게 하면 안 돼." 하고 말한다.

2단계: 아동의 손을 덮은 상태에서 3초 동안 시선을 아동으로부터 돌린다.

3단계: 다시 직접 눈맞춤을 하고, 단호한 톤으로 말한다. "아프게 하면 안 돼. 예쁜 손."

4단계: 아동의 손을 놓아준다.

5단계: 부모에게 등을 돌리고 다른 장난감을 향하도록 **빠르게 물리적으로 아동의 허리춤을 돌려준다.**

6단계: PRIDE 기술을 사용하여 방향 전환을 하고 필요시 CARES를 제공한다.

7단계: 부모에게 다시 합류한 것에 대해 아동을 칭찬한다.

** 치료사는 회기를 더 진행하기 전에 부모가 확실히 이해할 수 있도록 하고 그들의 질문에 대한 답을 하기 위해 부모에게 이 절차를 시범 보여 주어야 한다(큰 동물 인형이나 인형을 사용할 수 있다). 부모가 아동의 좌절과 관련된 행동적 신호를 찾아볼 것을 강조한다. 그래서 좌절이 증가하여 악화되기 전에 공격 행동을 예방한다. 공격성이 발생하면 부모가 일관성 있게 대응하는 것이 중요하다.

* 만약 <u>공격성이 반복적으로</u> 발생하고 높은 강도의 정서(예: 소리 지르기)가 <u>**나타나지 않는다면**</u>, 이 모델을 두 번 또는 세 번 반복한다.

예외사항:

(1) 만약 공격성이 반복적으로 발생하고 몸부림/부모 공격/자해(예: 머리 부딪치기, 팔/손 깨물기) 행동이 나타나면, 아동을 들어 안아 좌우로 흔들어 주는 동작으로 진정시킨다.

(2) 아동이 크게 조절 곤란을 보이면 안전의 이유로 부모가 아동과 함께 바닥에 앉아 이 절차를 해야 할 수 있다. 아동을 안아 나르거나 이동하는 것이 안전하다면, 부모는 아동을 새로운 환경(예: 복도를 걷기)으로 데려가는 것을 고려할 수 있다. 치료사는 방 안으로 들어가 부모를 지지하는 것을 고려할 수 있다.

조던

22개월의 조던은 짜증을 내며 울면서 회기에 들어온다. 회기를 시작하며 코치가 모에게 이야기를 하는 동안 조던은 모를 때리고 정강이를 발로 차면서 모를 공격한다. 조던의 모는 어떻게 해야 할지 자신이 없다. 그녀는 코치를 향해 몸을 돌리고 말한다. "이 행동을 아침 내내 하고 있었어요."

코치는 말한다. "조던이 엄마를 때리는 것은 괜찮지 않습니다. 어머니께서 부드럽게 한계를 설정해 주시는 것이 필요합니다. 조던의 손을 잡으시고 단호하지만 부드러운 목소리로 '때리면 안 돼.'라고 말해 주세요." 모는 그대로 한다. 코치는 "한계 설정을 아주 잘하셨어요. 이제 3초간 다른 곳을 바라보시고 그다음 직접 눈맞춤을 하세요. 그리고 다시 단호한 목소리로 '때리면 안 돼.' 하고 말해 주세요." 마지막으로 이제 "예쁜 손." 하고 말한다. 모는 이렇게 한다. 이런 모에게 코치는 "차분한 목소리로 말씀 잘 하셨습니다. 이제 빠르게 조던의 허리를 다른 장난감을 향해 돌려주세요. 조던을 어머니에게 등을 돌리도록 해 주세요." 조던의 모는 이렇게 하고 소리 나는 장난감으로 주의를 돌리려고 시도한다. 그러나 조던은 바닥으로 쓰러지고 소리를 지르며 몸부림친다. 코치가 말한다. "어머니께서 놀이로 방향 전환을 시도하신 것이 아주 좋습니다. 조던이 아직 준비가 안 된 것뿐이에요. 어머니께서 조던이 준비되면 안아 주기 위해 그곳에 있다는 것을 알려 주세요." 모가 말한다. "네가 안아 주기를 원하면 엄마는 여기 있어."[안심시키기] 코치가 말한다. "조던을 위해서 어머니께서 그곳에 있다는 것을 아주 잘 알려 주셨어요. 그것은 조던이 차분해지는 데 도움이 될 거예요. 이제 조던 옆으로, 그러나 조던이 어머니를 때릴 수 없는 자리로 이동해 주세요." 모는 조던 옆의 바닥에 앉는다[가까이 가기]. 그러나 조던은 격렬히 모를 밀어낸다. 코치는 말한다. "어머니께서 조던 곁으로 가까이 가시는 것을 보니까 아주 좋습니다. 조던이 아직 화가 났네요. 어머니께서는 조던을 위해서 정서를 타당화해 주실 수 있습니다." 모는 말한다. "네가 아직 화가 났구나. 괜찮아. 네가 준비되면 엄마는 여기 있어."[정서를 타당화하기, 안심시키기] 코치는 말한다. "어머니께서 조던의 감정을 이해한다고, 그를 위해 그곳에 있다고 훌륭하게 알려 주셨어요. 이제 어머니께서 깊은 호흡을 하시면서 자신을 차분하게 하실 때입니다." 모는 깊은 호흡을 사용하여 자신을 진정시키고 나서 차분하고 부드러운 목소리로 말한다. "네가 준비되면 엄마는 여기 있어."[진정시키기] 코치는 "조던을 위해 그곳에 있는 것과 성인 CARES 기술을 사용해서 차분함을 유지한 것 아주 잘하셨습니다."라고 말한다. 조던이 곧 진정되기 시작한다. 코치는 "조던이 더 차분해지고 있네요. 어머니께서 그의 정서를 조절하도록 도와주셨기 때문입니다"라고 언급한다.

모는 미소를 짓고 조던 옆에 더 가까이 가서 다시 말한다. "네가 안을 준비가 되면 엄마는 여기 있어."[가까이 가기, 안심시키기] 코치가 말한다. "어머니께서 가까이 가시고 안심시키는 것이 아주 멋집니다." 이번에는 조던이 밀어내지 않는다. 모는 팔로 조던을 안아 들고 안아 준다[가까이 가기, 진정시키기]. 코치는 관찰한다. "와우, 조던이 어머니 품안에서 정말 안전하다고 느끼네요." 모는 몸에 가까이 조던을 안고 좌우로 계속 흔들어 준다. 조던은 훌쩍이기 시작하고 그의 정서 강도는 낮아진다. 조던은 모의 무릎에 앉고 이들은 곧 다시 놀이를 시작한다[특별 놀이로 돌아가기].

장난감 던지기 장난감 던지기 행동의 동기 유발적 목적을 미리 결정하고, 이에 따라 치료사는 부모를 조기에 개입하도록 코칭하는 것이 매우 중요하다. 장난감 던지기는 지루함, 건설적인 놀이 기술의 부재, 관심 끌기, 자극 추구, 피로감, 좌절/분노의 표출을 포함한 다양한 이유로 발생할 수 있다. 장난감을 던지는 행동이 발생하면 우리는 주로 열정적인 방향 전환을 통해서 행동이 악화되는 것을 예방하거나 최소화하려고 시도한다. 장난감 던지기를 자신에 대한 공격성 또는 타인에 대한 고의적인 위해라고 개념화하지 않는 것을 고려하면서 장난감 던지기를 다루는 단계는 다음과 같다.

1단계: 어떤 관심이나 반응은 원인-결과 게임과 같은 결과를 가져올 수 있기 때문에 장난감 던지기에 절제된 반응을 한다.
2단계: CARES 모델을 실행한다. 방향 전환은 빠르게 실행되어야 한다. 치료사는 "그는 당신의 도움이 필요합니다."라고 말해야 한다.
3단계: 가능하다면 장난감을 아동으로부터 이동시키기보다는 아동을 던져진 장난감으로부터 이동시킨다.

4단계: 만약 장난감을 아동의 손에서 가져와야만 한다면, 양육자는 아동에게 새로운 장난감을 대신 주고 열정적으로 그 장난감을 묘사하거나 기능을 보여 주면서 즉각적으로 주의를 다른 곳으로 돌려야 한다.

5단계: 이전 단계가 모두 효과가 없고 장난감 던지기가 지속되거나 위험해진다면, 장난감을 놀이 공간에서 치우거나 아동이 닿을 수 없고 눈에 띄지 않는 장소에 둘 수 있다. 장난감을 치운 후에 부모는 계속 방향 전환을 사용해야 한다. 치료사는 필요시 대체할 장난감을 제공하고 부모의 방향 전환을 돕기 위해 방 안으로 들어가는 것을 고려할 수 있다.

24. 이 치료 단계에서 아동이 보일 수 있다고 예측되는 위험하고 파괴적인 행동에 대해 부모를 논의에 참여시킨다.

(1) 그런 행동을 예방할 수 있는 방법에 대해 문제 해결을 한다(예: 아동이 즐기는 특정한 장난감을 선택하기, 낮잠/식사 시간에 방해받지 않는 약속 시간 선택하기).

25. 매일 5분 동안의 적극적인 가정치료 연습의 개념을 설명한다.

스크립트 예시: "이 개입의 중요한 요소의 하나는 우리가 논의한 기술을 매일, 그날의 아동의 행동과 상관없이 놀이치료 형식으로 가정에서 연습하는 것입니다. 이 연습은 약 5분 동안만 이루어져야 합니다. 이 시간에는 오늘 논의한 모든 기술을 사용하는 데 집중하시게 됩니다. 이 연습은 가정에서 아동의 행동이 개선되는 것과 부모님이 기술을 사용하는 것에 도움이 되고, 자녀와의 관계가 더 강해지도록 도와줍니다. 치료의 이 단계에서는 가정치료 연습 세션을 마칠 때 부모님께서 장난감을 정리하지 않으셨으면 좋겠습니다. 그리고 아동에게도 장난감을 정리하라고 이야기하지 않기를 바랍니다. 부정적인 행동으로 발전할 수 있기 때문입니다. 대신 부모님께서는 방향 전환 기술을 사용하셔서 아동이 장난감으로부터 멀어져 다른 활동으로 이동할 수 있도록 도와주길 바랍니다. 두 번째 단계의 치료에서는 정리하는 것을 돕기 위해 지시 따르기 기술에 집중을 할 것입니다. 매주 저는 부모님께 용지를 드릴 것입니다. 이 용지에 가정치료 연습을 실시한 것과 어려움을 경험한 것이 있다면 기록하도록 할 것입니다. 그래서 회기에 오시면 그 내용에 대해 이야기할 것입니다."

26. 부모가 자녀와 가정치료 연습 시간을 실시하는 것을 방해하는 장애물이 있다면 문제 해결을 하고 논의한다. 만약 이 가정이 가정치료 연습을 할 수 없거나 할 의지가 없는 것이 분명하다면 치료사는 이 가정에게 다른 개입 방법을 사용하는 것을 고려해야 한다.

27. 가정치료 연습의 중요한 요점을 검토한다.

   (1) 연습을 실시할 가정 내의 장소

   (2) 가정치료 연습 시 위험한/파괴적 행동에 대한 부모의 반응(즉, 이전에 논의한 공격성 반응 절차)

   (3) 가정치료 연습 시간은 5분으로 엄격하게 제한되어야 한다.

   (4) 가정치료 연습 시간 후 정리하기를 기대해서는 안 된다. 연습을 마치면 부모는 새로운 활동으로 아동의 주의를 돌려야 한다(예: 그네에 앉아 그네 타기, 트램 펄린에서 위아래로 뛰게 해 주기).

   (5) 연습에 사용할 수 있는 적절한 장난감

28. CDI-T 가정치료 연습에서 사용하는 장난감 유형에 대해 논의한다.

   (1) 최소한의 신중하게 선택한 장난감을 사용한다.

   (2) 필수적으로 장난감이 아동에게 사용하기에 안전하고 발달적으로 적절해야만 한다(예: 작은 조각이나 복잡한 요소가 없어야 한다).

   (3) 장난감은 깨끗해야 하고 흔히 장난감을 입에 넣기 때문에 쉽게 소독할 수 있어야 한다.

   (4) 불빛, 소리를 포함하는 장난감, 원인-결과 기반의 학습 요소가 있는 장난감 사용을 권장한다.

   (5) 던지기, 파괴적 또는 매우 활동적인 행동을 유발하는 공 또는 다른 장난감은 피해야 한다.

   (6) 5분 연습 시간 제한을 고려하여 고무찰흙, 페인트, 사인펜과 같은 지저분해질 수 있는 물품은 피해야 한다.

29. 다음의 유인물을 부모에게 제공한다.

   (1) '해야 할' 기술과 '하지 말아야 할' 기술(PRIDE)

   (2) 아동과 성인을 위한 CARES

   (3) CSEFEL의 유인물: 자녀에게 감정 가르치기(Vanderbuilt University Center on the Social and Emotional Foundations for Early Learning, 1999)

   (4) 권장하는 PCIT-T 장난감 목록

   (5) 위험하고 파괴적인 행동에 대한 반응

   (6) 가정치료 연습 용지

30. 성실성 체크리스트: CDI-T 교육회기를 작성한다.

성실성 체크리스트: CDI-T 교육회기

이 회기를 검토하면서 예(Y), 해당 없음(NA) 또는 아니요(N) 중 적절한 칸에 체크 표시를 하세요. 표 아래쪽의 적절한 칸에 합계를 기록하세요. 각 항목에 대한 자세한 설명은 세부 회기 개요를 참고하세요. (성실성 체크리스트와 지침은 Eyberg & Funderburk, 2011을 바탕으로 함)

성실성 체크리스트: PCIT-T CDI 교육회기			
아동 및 양육자:			
회기 진행 치료사:			
체크리스트 검토자:	날짜:		

	항목	Y	NA	N
1	몇 분 동안 변화 또는 중요한 사건에 대해 확인한다.			
2	평가에 대한 피드백을 논의한다. PCIT-T가 적절함을 확인해 주고 양육자의 기대를 알아본다. 부정확한 기대는 명확하게 해 준다.			
3	PCIT-T 개요를 설명한다.			
4	치료 회기의 구조를 설명한다.			
5	지난주 동안 아동과 연결되었다고 느끼거나 아동의 강점을 알아차린 때가 있었는지 탐색한다.			
6	표준화된 도구와 행동 관찰을 검토한다.			
7	CDI 단계를 먼저 진행하는 이유를 설명한다.			
8	걸음마기 유아를 대상으로 하는 행동치료의 독특한 효과와 도전을 논의한다.			
9	정서조절과 관련하여 코치, 부모, 아동 사이의 평행 프로세스 개념에 대해 논의한다.			
10	횡격막 호흡 기법을 설명하고 연습한다.			
11	코칭하는 동안 부모가 자신의 정서를 다루도록 돕기 위해 인지 전략을 사용하는 것을 설명한다.			
12	이유와 예시를 사용하여 '하지 말아야 할' 기술—지시, 질문, 비난—을 설명한다.			
13	부모를 참여시켜 '하지 말아야 할' 기술을 기억해 내도록 한다.			
14	'해야 할' 기술을 각각의 이유와 예시와 함께 설명한다.			
15	P는 칭찬하기: 아동의 긍정적인 행동에 대해 구체적인 칭찬을 한다.			
16	R은 반영하기: 아동의 적절한 말을 반영한다.			
17	I는 모방하기: 아동의 적절한 놀이를 모방한다.			
18	D는 묘사하기: 아동이 하고 있는 긍정적인 것을 묘사한다.			
19	E는 즐기기: 아동과의 특별시간을 즐긴다.			
20	정서 이름 붙이기 소개하기: 예시를 제공한다.			

21	다른 긍정적 기술—신체적 애정 표현, 방향 전환 기술, 활기찬 목소리, 활기찬 얼굴 표정, 상호 눈맞춤—을 논의한다.			
22	절제된 반응을 설명하고 연습한다.			
23	부모를 참여시켜서 PRIDE 기술을 기억해 내도록 한다.			
24	아동이 어떻게 반응할 것이라고 생각하는지 양육자에게 물어본다. 양육자에게 특화된 행동관리 전략(CARES)을 소개한다.			
25	CARES 모델의 각 요소를 설명한다: 가까이 가기(차분하게), 도와주기, 안심시키기, 정서를 타당화하기, 진정시키기			
26	CARES 모델의 적용을 논의한다.			
27	하루 종일 아동의 정서조절 곤란이 발생할 때마다 대응하여 CARES 모델을 실행하지 않아도 된다는 사실을 논의한다.			
28	각 양육자와 CARES 모델, 절제된 반응, 두 개 조합의 CDI-T 역할 놀이를 한다.			
29	방향 전환을 사용하는 것을 설명한다.			
30	신체적 공격성에 대한 절차를 설명한다.			
31	양육자와 그들이 예측하는 자녀의 행동에 대해 논의한다.			
32	CDI-T 가정치료 연습을 세팅하고 마치는 방법을 설명한다(이 단계에서는 정리를 하지 않는다).			
33	장애물, 정기적이고 일관된 치료 참여에 대해 논의하고 필요시 문제 해결을 한다.			
34	양육자에게 어떤 장난감을 사용할 것인지 구체적으로 물어본다.			
35	매일 5분 CDI-T 연습을 하는 것의 중요성을 강조한다.			
36	양육자에게 매일 연습을 하루 중 언제, 집 안의 어떤 장소에서 할 것인지 결정하도록 한다.			
37	해야 할/하지 말아야 할 기술, 감정 가르치기, 위험한/파괴적 행동, 가정치료 연습, 제안하는 장난감 목록의 CDI-T 유인물을 제공한다.			
	합계			

회기에 대한 치료사의 의견

회기에 대한 성실성 평가자의 의견

$$성실성 = \frac{예 합계}{예 합계 + 아니요 합계} = \underline{\qquad} \%$$

회기 시간 = _____ 분

유인물과 양식

PCIT-T 해야 할 기술: 관계 향상

PRIDE

그림 표상	해야 할 기술		어떻게 및 왜 기술을 사용하는가?
	P	행동 칭찬하기 (Praise behavior)	• 당신이 원하는 행동을 증가시킨다. • 관계에 유대감을 더한다. • 긍정적인 사회 기술을 모델링한다. • 자존감을 향상시킨다. 예: 박수를 치면서 말한다. "잘 나누어 주었어!" "음악 소리가 아름다워!" "멋지게 말해 주네!"
	R	말 반영하기 (Reflect Speech)	• 아동에게 당신이 집중하고 있다는 것을 보여 준다. • 단어의 발음을 알려 줄 수 있다. • 아동이 더 추가할 수 있는 기회를 증가시킨다. 예: (아동) "무 무." (부모) "무, 무, 물." 　　(아동) "노야 거." (부모) "노랑 블록."
	I	놀이 모방하기 (Imitate play)	• 당신이 아동의 놀이를 인정한다. • 아동이 당신의 행동을 모델링하기 시작한다. • 아동에게 어떻게 상호작용하는지 가르친다. • 아동이 중요하다고 느끼게 도와준다. 예: (아동의 신체 움직임을 따라 한다.) (아동) 팔을 위로 든다. (부모) 팔을 위로 든다. (아동) 바닥에서 끈다. (부모) 바닥에서 끈다.
	D	행동 묘사하기 (Describe behavior)	• 아동이 행동하는 것을 묘사한다. • 조직화와 아이디어를 가르친다. • 아동이 하는 일에 더 집중하게 해 준다. • 활동적인 아동이 천천히 하게 해 준다. 예: "너는 연주하고 있구나." "너는 부드럽게 강아지를 쓰다듬고 있네." "너는 아기 인형을 안아 주고 있구나."
	E	함께하는 시간 즐기기 (Enjoy time together)	• 신체적 애정 표현은 관계에 따뜻함을 더해 준다. • 활기찬 얼굴 표정과 활기찬 목소리 톤은 놀이를 재미있 게 해 준다. • 긍정적 정서를 모델링해 준다. 예: 함께 미소 짓기와 소리 내어 웃기 눈맞춤을 하기와 박수치기 등을 두드려 주기 또는 안아 주기

PCIT – T 하지 말아야 할 기술: 관계 향상

그림 표상		하지 말아야 할 기술	이 기술을 피해야 하는 이유는?
	Q	질문 (Questions)	• 놀이를 방해한다. • 활동을 주도하게 된다. • 종종 아동을 짜증 나게 한다. • 답을 모를 수 있다. 예: "이게 무슨 색깔이야?" 　　"지금 뭐 만들고 있어?" 　　"엄마가 도와줄까?"
	C	지시 (Commands)	• 놀이할 때는 아동이 주도하는 시간이다. • 지시는 부모가 통제하게 한다. • 부정적인 상호작용을 최소화한다. 예: "엄마가 뭐 가졌는지 봐." 　　"이 블록을 사용해 봐." 　　"이 장난감을 가지고 놀자."
	C	비난 (Criticizing)	• 아동의 자존감에 영향을 줄 수 있다. • 불쾌한 상호작용을 만든다. • 나쁜 행동을 멈추지 못한다. • 종종 비난 행동을 증가시킨다. 예: "너는 말을 안 듣고 있어." 　　"네가 소리 지르는 것이 맘에 안 들어." 　　"아가야, 아니, 그건 거기에 두는 것이 아니야."

위험하거나 파괴적인 행동이 발생하고 있는 경우가 아니라면,
피한다: 아니야–하지 마–멈춰–그만해–안 돼

아동의 위치로 몸을 낮춘다, 자신의 손으로 아동의 손을 덮고 붙잡는다.
아동과 직접 눈맞춤을 하면서 단호한 톤으로 말한다. **"아프게 하면 안 돼."**

아동의 손을 덮은 상태에서 3초 동안 시선을 아동으로부터 돌린다.

다시 직접 눈맞춤을 하고 단호한 톤으로 말한다, **"아프게 하면 안 돼, 예쁜 손."**

부모에게 등을 돌리고 **다른 장난감을 향하도록 빠르게** 물리적으로 **아동의 허리춤을 돌려준다.**

PRIDE 기술을 사용하여 방향 전환을 하고 필요시 CARES를 제공한다.

PCIT-T: 걸음마기 유아를 위한 정서조절

CARES

단계는 순서에 상관없이, 종종 동시에 제공된다.

그림 표상		기술	어떻게 및 왜 기술을 사용하는가?
	C	가까이 가기 (Come in)	• 신체적으로 아동에게 가까이 이동한다. • 천천히 차분하게 움직인다. • 아동에게 가까이 감으로써 아동은 부모가 가까이 있고 도움을 줄 수 있다는 것을 볼 수 있다. • 아동의 양육자에 대한 신뢰감을 증가시킨다.
	A	아동을 도와주기 (Assist child)	• 아동이 현재 문제를 해결하도록 돕는다. • 조기 교육 경험을 제공한다. • 아동과 함께 수행하기 대 아동 대신 하기 예시: (아동) 장난감을 분류할 수 없어 짜증을 낸다. (부모) 아동이 장난감을 잡고 있는 상태에서 천천히 장난감의 방향을 바꾸어 장난감 분류 위치를 보여 준다.
	R	아동을 안심시키기 (Reassure child)	• 신뢰를 증가시킬 수 있는 기회를 제공한다. • 양육자가 아동을 돌볼 것이라고 언어로 표현한다. 예시: (부모) "괜찮아. 엄마/아빠가 여기 있어." (부모) "엄마/아빠가 도와줄게. 넌 괜찮아."
	E	정서를 타당화하기 (Emotional validation)	• 아동이 표현한 감정을 읽어 준다. • 이해받고 지지받는 느낌을 준다. • 정서 단어를 확장하는 데 도움을 준다 예시: (부모) "……(어떤) 때 슬프다는/짜증나는 것을 알아." (부모) "……해서 네가 자랑스럽구나/행복하구나."
	S	진정시키기 (Soothe) (목소리/ 신체 접촉)	• 안전과 안정감을 제공한다. • 모든 것이 괜찮다는 신체적인 신호를 준다. • 아동에게 이완되고 평온한 태도를 모델링한다. 예시: (부모) 아동을 껴안아 주거나 부드럽게 어루만진다. (부모) 조용하고 안심시키는 목소리 톤을 사용한다.

CARES 이후에 **방향 전환**을 제공한다.

소리 나는 장난감을 사용하여 주의를 돌린다.
아동이 피곤한지, 배고픈지, 기저귀가 젖었는지 확인한다.

다른 위치/장소로 이동한다.
얼굴 표정과 언어 표현을 더 활기차게 한다.

PCIT-T: 성인을 위한 정서조절

CARES

그림 표상		기술	어떻게 및 왜 기술을 사용하는가?
	C	인지 확인하기, 자신에 대한 단서 찾기 (Check cognition, clue into yourself)	• 유아와의 특별시간을 시작하기 전에 알아차린다. ○ 왜 함께 시간을 보내는가에 대한 생각/이유 ○ 당신이 놀이에 들어오는 감정 ○ 당신의 신체 언어가 나타내는 현재 상호작용 스타일
	A	자신을 돕기 (Assist self)	• 정서적으로 놀이할 준비가 되지 않았다면 이완 기법을 사용하여 에너지를 다시 집중한다. ○ 깊은 호흡 ○ 빠른 샤워 ○ 점진적 근육 이완 ○ 지지자에게 전화하기
	R	자신을 안심시키기 (Reassure self)	• 양육에는 도전이 따르고 한 기법이 모든 아동에게 효과적이지는 않다. 따라서 다음을 사용한다. ○ 긍정적인 자기대화 ○ 마음 따뜻했던 순간 기억하기 ○ 아동과 함께할 기쁨을 가져올 장래의 일을 예견하기
	E	정서를 인식하기 (Emotional awareness)	• 아기와 유아는 놀라울 만큼 정서를 잘 감지한다. 그들은 스트레스를 추적하고 대응하는 것으로 보인다. • 긍정적인 생각과 정서로 놀이에 참여할 때 특별시간은 재미와 유대감을 경험하게 해 준다.
	S	민감하기와 진정시키기 (Sensitive and soothing)	• 유아에게 진정시키는 목소리를 사용하는 것과 비슷하게, 자신을 안심시킬 때와 자기대화의 톤에서 자신에게 친절하고 민감하게 대한다. 자신에게 배우는 것은 시행착오의 과정이고 진행하면서 조정하는 과정이라고 상기시킨다.

단계는 순서에 상관없이, 종종 동시에 제공된다.

우리 자신에게 **정서조절**을 더 많이 해 줄수록
우리 자녀가 더 큰 혜택을 누리게 됩니다.

걸음마기 유아는 감정에 대해 배우고 어떻게 감정을 다루어야 하는지를 배우기 위해 민감하고 따뜻한 어른의 도움이 필요합니다.

걸음마기 유아는 새로운 기술을 마스터하는 것을 배우는 데 훌륭하게도 호기심이 많고 열정적이다. 그들은 종종 굳은 결심을 하고 옷을 입기 또는 스스로 먹기, 블록을 쌓기, 도움 없이 의자에 올라가기, 리모컨 사용하기를 시도한다. 그들은 탐색을 좋아하고 어떻게 작동하는지 알아낸다. 그들은 자신들의 세상을 통제하고 싶은 자연스러운 갈망이 있다.

유아가 '안 돼'라는 단어나 새로운 기술을 습득하고자 실험할 때, 그들은 자신의 정서를 다루는 것을 배우고 있는 것이다. 그들은 이것을 민감하고 따뜻한 어른과의 경험을 통해서 배운다.

유아가 자신의 정서를 알아차리고 다루도록 돕는 것은 중요하다. 그것은 유아가 친구를 사귀고, 학교생활을 하고, 긍정적인 자존감을 형성하는 데 도움이 될 것이기 때문이다.

CARES

C　차분하게 아동 가까이 간다.

A　아동이 문제가 있다면 도와준다.

R　당신이 아동을 위해 있다는 것을 알려 주는 말을 하여 안심시킨다.

E　당신의 자녀가 경험하고 있는 정서를 말해 주어 자녀를 지지하는 정서적 타당화를 해 준다.

S　당신의 목소리와 신체 접촉으로 진정시킨다.

부모로서 당신은 때로 유아의 정서를 어떻게 도와주어야 할지 확신이 서지 않을 때가 있을 것이다. CARES는 어린 아동이 자기조절을 개발하는 데 도움이 되는 매우 유용한 것으로 밝혀진 간단한 팁이다. 어린 아동은 그들을 돌보는 사람들이 보여 주는 본보기를 통해서 가장 빠르고 가장 강력하게 배운다. 유아가 강력한 정서를 보일 때 제시된 팁대로 하는 것이 매우 어렵다고 느낄 수 있다. 그러나 당신 자신의 감정을 더 잘 인식할수록 그리고 자신의 강한 감정을 멈추고 다루게 될수록 당신이 이 팁을 행동으로 옮기는 것을 더 잘할 수 있을 것이다. 유아와 다양한 팁을 더 많이 시도할수록 당신은 유아가 경험하는 다양한 정서에 가장 적절한 접근을 알아차리는 데 더 자신감을 갖게 될 것이다. 예를 들면, 당신의 유아가 양말을 신으려고 시도하다 짜증이 날 수 있다. 당신은 가까이 가서 "양말 신는 것이 짜증이 날 수 있어."라고 말할 수 있다. 가까이 있으면서 계속 시도할 수 있도록 해 준다. 그들이 추가적인 도움이 필요한지 주목하고 말한다. "네가 원하면 엄마가 도와줄 수 있어."

당신의 자녀에게 감정에 대해 가르치기

출생부터 2세까지

이 이야기가 익숙하게 들리나요?

데이먼(6개월)과 누나 캐리나(20개월)는 할머니 집에 도착했다. 이것은 지난 수개월 동안 오전 시간에 해 온 일과였지만 데이먼은 엄마가 떠날 때 울고 또 운다. 아무것도 그에게 위안이 되는 것이 없고, 그가 진정되기까지 매우 오랜 시간 달래 주어야만 한다. 그동안 캐리나는 할머니의 팔을 잡아당긴다. 그녀는 인형 유모차를 가지고 놀고 싶은데 그것은 벽장 안에 있고 손잡이를 돌릴 수가 없다. 그녀는 할머니의 관심을 기다리는 것이 못마땅하다. 캐리나는 남동생을 찰싹 때리고, 발을 구르고, 온 힘을 다해 손잡이를 돌린다.

만약 이 일이 당신의 집에서 일어난다면 당신은 어떻게 하겠는가? 당신은 한 아이에게, 아니면 두 아이 모두에게 약간 짜증이 날 것 같은가? 아니면 당신은 자신 안에 있는 작은 평안을 붙잡고 두 어린아이를 진정시킬 수 있겠는가?

초점

어린 아동은 어른이 경험하는 것과 같은 많은 정서를 경험한다. 아동은 화, 질투, 흥분, 슬픔, 우스꽝스러움, 짜증, 행복, 걱정을 느낄 수 있다. 출생부터 3세까지의 매우 어린 아동은 종종 그들의 강한 감정을 어른들이 수용할 수 있는 방식으로 표현할 수 있는 자기조절과 언어 기술이 부족하다. 그 대신, 아기들과 유아는 그들의 소리와 행동을 통해서 강한 정서를 의사소통한다. 예를 들면, 데이먼은 엄마에게 인사하는 것이 얼마나 어려운지를 보여 주기 위해서 울었다. 누나 캐리나는 그녀의 몸을 사용했다. 기다리는 것에 대한 짜증과 인형 유모차에 대한 갈망을 보여 주기 위해 찰싹 때리고, 구르고, 휙 잡아당겼다.

무엇을 예상할 수 있을까: 사회적 · 정서적 기술

매우 어린 아기가 항상 적극적으로 배운다는 것을 생각하는 것은 때로는 어려운 일이다. 특히 그들이 대부분의 시간을 자고, 토하고, 유아용 의자 옆으로 당근을 떨어뜨리는 것처럼 보일 때는 더욱 그렇다. 그러나 아기와 유아에게 초기 몇 년은 매우 중요한 학습 시간이다. 그들은 앞으로 평생 동안 그들이 형성할 사회적 · 정서적 기술의 기초를 개발하고 있다. 여기 당신의 자녀가 나이별로 배우고 연습하는 사회적 · 정서적 기술을 강조하는 표가 있다. 당신은 당신의 자녀가 출생부터 3세까지 어떻게 성장하고 변화하는지 추적하는 데 이 정보를 사용할 수 있다.

Greenspan의 중요한 발달단계		
발달적 목표	**나이 범위**	**어떤 일이 일어나고 있는가?**
1단계 차분해지기 그리고 세상의 모든 감각에 흥미 가지기	출생~3개월	당신의 아기는 • 차분해지는 것과 사랑하는 양육자로부터의 진정과 위안을 수용하는 것을 배운다. • 자신 주위의 세상에 흥미를 가지고 안정감을 느끼는 것을 배운다. • 감각에서 얻게 되는 정보를 조직화하려고 시도한다.
2단계 사랑에 빠지기	약 2~10개월	당신의 아기는 • 부모와 타인 그리고 자신의 외부에 있는 것들에 대해 더 집중하게 된다. • 자신의 정서적 반응을 표현한다(예: 미소 짓기, 찡그리기) • 타인과 함께할 때 즐거움을 표현한다.
3단계 쌍방향의 의사소통을 하기	약 3~10개월	당신의 아기는 • 목적을 가지고 의사소통하기 위해 몸짓(얼굴 표정, 행동, 소리)을 사용한다. • 타인의 몸짓에 자신의 몸짓으로 반응한다. • 사랑하는 양육자로부터 자신의 욕구를 충족하기 위해 소리와 몸짓을 사용할 수 있다는 것을 알아차린다.
4단계 문제를 해결하는 것을 배우기 그리고 자아감을 발견하기	약 9~18개월	당신의 아기는 • 블록으로 탑을 쌓는 것과 같이 문제 해결을 하는 것을 배운다. • 언어, 표현, 몸짓을 사용하여 더욱 복잡한 방식으로 의사소통을 한다. • 부모 및 양육자와의 상호작용과 경험에 근거하여 타인에게 기대할 수 있는 것을 배운다. • 자아감을 발달시킨다.
5단계 아이디어를 만들어 내기	약 16~36개월	당신의 유아는 • 상징적 사고(예: 이미지를 단어로 명시한다. "까까!")를 하는 데 숙련된다. • 언어를 사용하여 욕구와 갈망을 의사소통한다. • 가상 놀이를 한다. • 감정을 알아차리고 의사소통하는 것을 배운다. • 타인의 감정을 이해하는 것을 배운다.

(Greenspan, 1999)

개발하면 좋은 습관

출생부터 2세까지 부모와 양육자는 아동이 감정을 배우도록 돕는 데 큰 부분을 차지한다. 이들이 할 수 있는 가장 중요한 것은 아기의 욕구를 충족시켜 주고, 사랑하고, 따뜻한 양육을 하고, 그들이 속상할 때 위안을 주는 것이다. 이런 반응적인 돌봄 유형은 매우 어린 아동이 그들을 돌보는 성인과 강하고 사랑스러운 관계를 형성하도록 돕는다. 안전함과 안정감을 느끼고 사랑받고 따뜻한 양육을 받는다고 느끼는 것은 아동의 건강한 사회정서 발달에 가장 크고 가장 중요한 요소이다.

당신의 아기 또는 유아가 감정에 대해 배우고 표현하는 방법을 배우도록 돕기 위해 당신이 할 수 있는 것들이 있다. 이것은 당신의 일상적인 상호작용과 일과에 일부가 되도록 당신의 자녀가 어릴 때 개발하면 좋은 습관들이다.

- **당신 자녀의 기질 또는 자녀가 세상을 접근하고 반응하는 방식을 생각해야 한다.** 기질은 당신의 자녀가 감정(좌절 또는 분노)을 얼마나 강력하게 경험하는지 그리고 얼마나 쉽게 진정할 수 있는지에 영향을 준다. 강한 감정과 반응을 보이는 아동은 자신의 정서를 통제하는 것을 배우는 데 더 힘이 들 수 있다. 강한 감정은 감정을 더 크게, 더 압도적이라고 느끼게 할 것이다. 이와는 달리 느긋하고 변화나 방해거리를 훌훌 털어 버리는 아동은 아마도 더 쉬운 시간을 갖게 될 것이다. 당신 자신의 기질을 생각해 보라. '올바른' 또는 '틀린' 기질은 없다. 그러나 자신과 자녀의 기질에 주의를 기울이는 것은 각 사람이 선호하는 것에 대해 중요한 정보를 제공한다. 당신은 아동의 욕구를 충족시키고 아동이 성장하고 배울 수 있도록 당신의 양육을 조정하거나 맞추는 것을 배울 수 있다.
- **감정에 대해 이야기해야 한다.** 처음에는 당신이 "제시가 너의 블록을 무너뜨렸기 때문에 나는 네가 화가 났다는 것을 알아." 또는 "너의 풍선이 날아가 버려서 너는 아주 슬프구나."와 같이 말하면 아기와 유아는 당신의 말을 이해하지 못할 것이다. 어쩌면 아주 작은 아기에게 그의 감정에 대해 말하는 것이 약간 우스꽝스럽다고 느낄 수도 있다. 그러나 이것은 당신의 자녀가 자신의 정서를 알아차리고 묘사하는 것을 배우도록 돕는 데 중요한 부분이다. 당신의 자녀가 성장할 때 당신이 감정 단어를 반복해서 사용하면 그는 결과적으로 당신이 무엇을 의미하는지 이해하게 된다. 당신의 자녀의 언어 기술이 발달하면서 그는 스스로 이 단어들을 사용하기 시작할 것이다.
- **건강하게 강력한 감정을 표현하는 데 롤 모델이 되어 주어야 한다.** "나는 방금 네 주스를 바닥 전체에 쏟았어! 정말 좌절감을 느껴. 눈을 감고 다섯을 세고 난 후 치울 거야." 당신의 말과 행동을 통해 당신은 강력한 감정을 어떻게 관리하고 다시 회복하는지 자녀에게 보여 줄 수 있다. 그리고 당신이 힘이 든다면 당신의 자녀를 안전한 장소에 확실히 있게 하고 몇 분간 진정되도록 자신에게 시간을 줄 수 있다. 당신은 자기통제를 모델링해 주고 때로 당신도 휴식이 필요하다는 것을 보여 주는 것이다.

연습이 완벽하게 해 준다

출생부터 2세까지의 아동은 관계, 감정, 진정하기, 자기통제에 대해 많은 것을 배우고 있다. 여기 당신의 자녀가 이런 큰 주제들을 이해하기 시작하도록 도움을 줄 수 있고, 자녀와 함께 할 수 있는 활동과 전략을 설명한다.

출생~18개월

- **당신의 아기를 가까이에서 본다.** 당신이 가장 좋아하는 음악을 틀고, 아기를 안고, 부드럽게 리듬에 맞춰 흔든다. 아기의 눈을 응시하고, 아기를 향해 미소 짓고, 당신의 몸에 밀착되게 안아 준다. 때로 쇼핑몰에서 걸을 때 또는 친구를 방문할 때 신생아 캐리어는 차 안에 두고 아기를 안아 준다. 잠자기 전 일대일의 시간을 갖는 동안 때로 당신의 아기를 껴안고 코를 비빈다. 이렇게 함께하는 순간들은 두 사람의 관계에 강한 유대감을 형성하도록 돕는다.
- **감정에 대한 이야기를 읽어 주거나 말해 준다.** 밝은 색의 삽화나 그림이 있고 글이 너무 많지 않은 책을 선택한다. 이야기는 당신의 아기가 좌절, 분노, 자부심, 기쁨과 같은 정서를 이해하기 시작하는 데 도움이 된다. 읽어 주면서 책에 있는 얼굴을 가리키고 말한다. "이 여자는 흥분한 것 같아 보여. 이 남자는 놀란 것처럼 보여." 자녀가 성장하면 당신은 이런 질문을 해 볼 수 있다. "이 페이지에서 누가 슬플까?" 자녀가 말을 할 수 있다면 당신은 물어볼 수 있다. "그 아기는 무엇을 느끼고 있을까?"
- **아기에게 안전한 손 인형을 만들라.** 잡지나 카탈로그에서 아기와 성인의 그림을 오린다. 다양한 정서를 보여 주는 그림을 선택한다. 당신은 가족 사진을 사용할 수도 있다. 이것들을 단단한 판지에 붙인다. 원하는 경우 비닐 커버를 사용하여 아기가 침을 흘려도 괜찮도록 한다. 자녀가 얼굴을 선택하고 원하는 만큼의 시간 동안 쳐다볼 수 있게 해 준다. 당신의 아기가 응시하고 있을 때 그림에 대해 이야기한다. "그 아기는 울고 있네. 아기가 슬퍼." 또는 "그 아기는 웃고 있네. 아기가 강아지랑 놀아서 행복해."
- **까꿍 놀이를 한다.** 6~9개월 정도부터 아기는 까꿍 놀이를 정말 즐긴다. 놀이하면서 당신의 자녀의 감정에 이름을 붙여 주어라. "오! 엄마가 어딨지? 여기 있지~ 까꿍! 놀랐어? 엄마를 찾아서 행복해?" 까꿍 놀이와 같은 게임은 분리하는 것을 연습할 수 있는 방법이 된다. "나는 다른 곳에 갈 수 있어. 그렇지만 다시 돌아올 거야."와 같이 자녀를 안심시키면서 말이다.

- **거울을 본다.** 아기는 약 2세가 될 때까지 거울 안의 모습이 자신이라는 것을 실제로 알지 못한다. 그러나 당신은 아기에게 안전한 거울을 만드는 것을 놀이의 일부로 만들어 그들 자신의 얼굴에 익숙해지도록 도와줄 수 있다. 당신과 아기가 거울에 비친 모습을 보면서 미소를 가리키며 말한다. "나는 아주 행복해. 나는 너와 여기 함께 있어서 너무 좋아!"
- **당신의 자녀가 소리와 촉감에 어떻게 반응하는지 살펴본다.** 당신의 아기와의 놀이 시간에 다른 소리(딸랑이, 장난감 피아노, 셰이커)와 촉감(수건, 담요, 레이스, 샌드페이퍼 등)을 사용한다. 자녀가 어떻게 반응하는지 살펴본다. 그는 무엇을 좋아하는가? 싫어하는가? 얼마만큼의 자극이 그에게는 지나친 것인가? 아기가 놀이 시간을 충분히 가졌다는 것을 당신은 어떻게 아는가(그는 우는가, 시선을 다른 곳으로 돌리는가, 잠이 드는가 등)? 이런 정보는 그의 욕구를 이해하고 그가 안전하고 편안하게 느끼도록 하는 데 도움이 된다.
- **자녀의 감정이 압도당하게 되면 다시 회복하도록 돕는다.** 당신의 자녀는 어떻게 진정되는 것을 좋아하는가? 당신은 포대기로 단단히 싸매거나 아기를 담요에 포근하게 싸매는 것을 시도할 수 있다. 공갈 젖꼭지를 주고 빨게 하기, 흔들어 주기, 노래 불러 주기도 어린 아기들이 진정하는 데 도움이 될 수 있다. 1세 이후의 아동에게는 부드러운 동물 인형 또는 특별한 담요로 위안을 주고 진정시킬 수 있다. 당신의 유아는 진정하는 데 혼자만의 시간이 필요한가? 꼭 안아 주기, 환경에 변화를 주기, 위아래로 뛸 수 있는 기회를 주기, 또는 신체적인 놀이는 유아가 회복하는 데 도움을 줄 수 있다. 당신이 어린 자녀가 진정하도록 돕는 것은 '버릇이 나빠지게' 하는 것이 아니다. 반대로 자녀가 당신을 의지할 수 있다는 것을 자녀에게 가르치는 것이다. 아동은 또한 압도감을 느낄 때 자신의 기분이 좋아지게 하려면 어떻게 해야 하는지 배우고 있다. 이것은 평생의 기술이기도 하다.
- **당신의 아기는 당신이 어떻게 느끼는지 감을 잡는다는 것을 알아야 한다.** 연구 결과, 아기들은 그들이 사랑하는 사람을 매우 가까이 지켜보고, 그들 주위 사람들의 감정에 반응하였다. 그들은 당신이 속상하고, 화나고, 스트레스를 받고, 걱정하고, 또한 그것을 감추려고 많은 노력을 할 때조차도 알고 있다. 그들은 당신이 스트레스를 받을 때 당신의 팔로 그들을 안아 주는 것이 다르다는 것을 느낄 수 있고, 당신이 미소 짓고 있지만 눈이 슬프다는 것을 알아차릴 수 있다. 그렇기 때문에 당신 자신을 돌보는 것은 매우 중요하다. 그래야 당신의 아기를 잘 돌볼 수 있고 아기가 안전, 안정감, 사랑을 느끼도록 도울 수 있기 때문이다.

자신을 돌보기

우리 모두는 때로 스트레스를 받고 압도감을 느낀다. 당신이 더 진정하고 더 편안해질 수 있게 해 주는 것이 무엇인지 생각하면 힘들 때 당신이 할 수 있는 것에 대한 아이디어를 줄 수 있다. 신뢰할 수 있는 성인에게 자녀를 잠시 돌봐 줄 것을 부탁하고 자신만의 시간을 갖기, 운동하기, 글을 쓰기, 친구, 상담사 또는 가정 방문 상담원과 대화하기, 또는 다른 부모와 연락하기를 할 수 있다. 당신이 부모라면 당신도 돌봄을 받아야 할 필요가 있다는 것을 잊어버리기가 쉽다. 그러나 당신도 필요하다! 자녀를 양육하는 것은 때로 힘든 일이고 모든 부모는 지지가 필요하고 지지 받아야 마땅하다.

18개월~2세

- **가상 놀이를 사용하여 감정에 대해 이야기할 수 있는 기회를 갖는다.** 유아는 이제 막 가상 놀이를 하기 시작한다. 당신은 놀이에서 인형이나 동물 인형을 사용하여 자녀에게 이 중요한 기술이 발달되도록 도울 수 있다. 자녀에게 질문한다. "멍멍이가 슬퍼. 넘어져서 혹이 났기 때문이야. 멍멍이 기분이 좋아지게 우리가 어떻게 하면 좋을까?" 이것은 당신의 자녀가 타인의 감정을 생각하도록 도와준다. 바로 '공감'이라는 자질이다.
- **감정에 대한 책을 집에서 만든다.** 유아는 당신, 자신 그리고 친구들의 사진을 보는 것을 매우 좋아한다. 당신의 자녀가 행복할 때, 장난스러울 때, 피곤할 때, 흥분할 때 등의 시간에 사진을 찍는다. 각 사진을 두꺼운 종이나 판지에 붙인다. 사진 아래에 감정 단어를 쓰고, 종이에 구멍을 뚫고, 털실로 같이 묶는다. 당신의 자녀가 당신에게 그 책을 '읽어' 주도록 하고 각 사진에서 그가 어떻게 느끼고 있는지 이야기하도록 한다.
- **감정 단어를 연습하기 위해 노래를 사용한다.** 당신의 자녀의 언어는 이제 도약하기 때문에 '만약 행복하다면'과 같은 노래에 가사를 바꾸는 식으로 자녀가 재미있게 연습할 수 있도록 해 준다. "만약 화가 나고 그것을 당신이 안다면 발을 굴러요." "만약 슬프고 그것을 당신이 안다면 안아 주세요." "만약 짜증이 나고 그것을 당신이 안다면 곰인형을 찾으세요." 등과 같이 새로운 가사를 추가하는 것을 시도해 본다.
- **집안에 아늑한 장소를 마련한다.** 아동들도 성인과 마찬가지로 차분해지기 위해 때로 혼자만의 시간이 필요하다. 부드러운 쿠션과 담요를 쌓고 동물인형과 좋아하는 책을 옆에 두어 당신의 자녀에게 그렇게 할 수 있는 공간을 제공한다. 당신은 이사할 때 사용하는 큰 박스에 문을 만들고 유아용 크기의 '아늑한 방'을 만들 수도 있다. 당신의 자녀가 압도되는 감정을 느끼거나 조용한 시간을 갖고 싶을 때 이 장소를 사용하도록 격려하라.
- **강한 정서를 다루는 방법을 제안한다.** 우리는 종종 유아에게 무엇인가를 하지 말라고 말한다(예: "소리 지르지 마." 또는 "때리지 마."). 유아에게 강한 감정을 표현하기 위해 할 수 있는 것이 무엇인지를 말해 주는 것은 더 중요하다. 당신의 자녀가 정말 화가 날 때 그녀는 위아래로 뛰기, 소파의 쿠션을 때리기, 종이 찢기, 혼자만의 시간을 갖기 위해 아늑한 공간에 편안하게 눕기, 화난 그림을 그리기, 또는 당신이 적절하다고 느끼는 다른 전략을 제안할 수 있다. 자녀에게 어떤 정서든지 느껴도 괜찮고 건강하고 해가 되지 않는 방식으로 감정을 표현하는 것을 배울 수 있다는 것을 가르치는 것이 목표이다.
- **자녀의 감정에 공감한다.** 때로 자녀에게 제시된 선택권이 그가 원하는 것이 아닐 수 있다. 당신의 반응이 어떻게 대처해야 하는

지에 대한 신호가 될 수 있기 때문에 당신이 설명할 때는 감정을 빼고 사무적으로 하는 것이 가장 좋다. "너는 의사 선생님이 주사를 놔주지 않았으면 좋겠지. 너는 정말 걱정하고 있구나. 그런데 주사는 너를 건강하게 해 주는 거야. 조금 아프겠지만 많이는 아니야. 그리고 아주 빨리 끝날 거야." 이것은 자녀가 대처하는 데 도움을 주고, 다음으로 넘어갈 수 있게 해 줄 것이다.

펑! 쿵!
이거 해! 그리고 저거!

당신의 자녀가 상상 놀이로 두 액션 피규어 간의 싸움을 지켜보면 당신은 이 공격적인 놀이를 멈추고 싶은 충동이 생길 수 있다. 그러나 이것은 유아기에는 매우 일반적이다. 놀이는 아동이 분노, 좌절 또는 공포와 같은 어려운 감정까지 포함하여 강한 감정에 대한 작업을 할 수 있는 완벽한 시간이다. 아동이 놀이하는 것을 지켜보고, 그들과 함께 놀이하는 것은 그들이 무엇을 생각하고 있고 힘들어하는지 이해하는 데 도움이 된다. 또한 그들이 약간의 지지가 필요한 곳과 어떻게 그들이 주위의 세상에 대해 이해하도록 도와줄 수 있는지에 대한 통찰이 생길 수 있다. 한동안 속상한 놀이 주제가 계속되거나 자녀의 놀이에 대해 걱정이 된다면 의료진, 교사 또는 양육자, 또는 아동발달 전문가와 함께 이야기를 나눈다.

- **자녀가 자신의 감정과 행동을 이해하도록 도와준다.** 당신이 자녀의 기질과 감정을 연결시킬 수 있을 때 자녀가 자신에 대해 알게 되는 데 도움이 된다. 예를 들어, 당신은 활동을 바꾸는 것을 힘들어 하는 자녀에게 말할 수 있다. "너는 점심을 먹은 후 바로 낮잠 잘 준비를 하는 것이 힘들구나. 놀고 먹은 후에 우리 몸은 휴식 시간이 필요해. 네가 차분해지고 졸음이 오도록 내가 도와줄게. 이야기를 하나 고르고 편안하게 자리 잡자." 시간이 지나면서 이것은 당신의 자녀가 도전이 되는 상황을 다루는 것을 배우는 데 도움이 된다.

감정 단어 가르치기

우리는 종종 행복해, 슬퍼, 화나와 같은 흔한 감정 단어만을 가르치는 것을 생각한다. 그러나 우리가(그리고 우리의 자녀가) 매일 경험하는 다양한 복잡한 정서를 묘사하는 데 사용하는 다른 감정 단어들은 매우 많다. 아동이 그들이 느끼고 경험하는 것을 의사소통하는 데 사용할 수 있는 '감정 단어'를 발달시키면 도움이 된다. 아기와 유아가 이런 단어들을 바로 이해하지는 못하지만 시간이 지나면서 그리고 연습을 통해 그들은 그 의미를 알게 되고 스스로 그 단어들을 사용하기 시작한다. 몇 가지를 여기 제시한다.

용감하다	좌절하다	창피하다	안전하다
즐겁다	호기심 있다	질투 난다	안심된다
걱정된다	친절하다	화난다	평안하다
무섭다	무시당하다	놀라다	사랑한다
차분하다	외롭다	장난스럽다	짜증나다
흥분된다	흥미롭다	불편하다	
혼란스럽다	자랑스럽다	고집스럽다	

- **분노 발작에 대해 계획을 세운다.** 유아기에는 분노 발작이 매우 흔하다. 왜냐하면 아동이 그들의 감정을 다루고 표현하는 것을 아직, 때로 정말 힘들게 배우고 있기 때문이다. 분노 발작은 그들의 방식으로 "나는 통제할 수 없고 진정하기 위해 당신의 도움이 필요해요."라고 말하는 것이다. 마찬가지로 화를 내는 대신(이렇게 하는 것은 쉽지만 당신의 자녀에게는 매우 무서울 수 있다), 자녀가 회복되도록 돕는다. 당신은 다음을 시도해 볼 수 있다.

1. 자녀가 느끼고 있다고 생각하는 것을 말로 해 준다. "너는 정말 화가 났구나. 너는 아주 짜증이 났구나!"
2. 그가 강한 감정을 보여 줄 수 있는 방법을 제공한다. "너는 베개를 던지고 싶니?"
3. 그가 회복하는 데 필요한 지지(안아 주기, 혼자 시간 보내기, 곰인형 등)를 제공한다.
4. 에너지를 긍정적인 것으로 옮길 수 있도록 다른 활동을 제안한다. "우리 블록을 가지고 놀자."
5. 때로 어렵겠지만, 아동이 분노 발작을 하는 동안 차분하게 있도록 노력한다. 그가 통제가 안 될 때 당신이 차분함을 유지함으로써 자녀에게 자기통제를 가르친다. 이것은 그가 안전하게 느끼는 데 도움을 주고, 힘든 시간일 때도 당신이 그를 지지하기 위해 있다는 것을 알게 해 준다.

- **선택권을 준다.** 선택권은 유아에게 통제감을 제공하고 실망할 때 대처하는 데 도움이 된다. 당신은 "이제 잠잘 시간이야. 너는 잠옷을 먼저 입는 것이나 이를 먼저 닦는 것 중에서 선택할 수 있어."라고 말할 수 있다. 선택권은 아동이 화난 감정을 다루고 다음으로 진행하는 데 도움이 된다. 예를 들어, 분노 발작을 하는 동안, 당신은 "내가 보니까 너는 지금 우는 것이 필요하구나. 내가 너를 안아 주면 좋겠니, 아니면 너 혼자 있고 싶니?"라고 말할 수 있다.

모두 종합하면

감정을 이해하는 것은 아동의 사회정서 발달에 중요한 부분이다. 아기와 유아는 당신과 마찬가지로 감정을 경험하고, 당신이 언제 행복하고 우울한지도 안다. 당신이 정서를 설명하기 위해 단어를 사용하고, 그들의 좋은 감정을 공유하고, 그들이 슬프거나 압도될 때 위안을 주면, 어린 아동은 중요한 사회정서 기술을 배우게 된다. 이런 배움은 그들에게 아주 많은 연습이 필요하고, 당신에게 아주 많은 인내가 필요하다. 그러나 시간과 노력은 가치가 있다. 첫 두 해 동안 아동이 발달시키는 사회정서 기술은 그들이 남은 생 동안 사용하는 데 기초가 되는 것이다.

참고문헌: Greenspan, S. (with Breslau Lewis, N). (1999). *Building healthy minds: The six experiences that create intelligent and emotional growth in babies and young children*. Cambridge: Perseus Books.

PCIT-T 권장 장난감 목록

가상 놀이

손 인형
농장 세트
기차 놀이 세트
리틀피플 놀이 세트
부엌/집 세트
아기 인형 및 부속물
(인형 침대, 옷, 유모차)
바퀴가 있는 큰 나무/플라스틱 장난감 차

근육 운동 놀이

학습 테이블
학습 보행기
밀기 및 당기기 장난감
기어 다니는 터널
탈 수 있는 차량/스쿠터
원인과 결과가 있는 장난감/팝업
(다이얼 돌리기, 스위치, 손잡이, 뚜껑)

쌓기, 떨어뜨리기, 쏟기 놀이

플라스틱 컵
겹겹이 쌓을 수 있는 장난감/쌓기용 링
큰 구슬(질식 위험이 없는 것)
부드러운 블록 및 큐브
큰 듀플로 블록
모양 분류 장난감

창의적 놀이

특대형/손바닥 크레용 및 큰 종이
큰 판지 상자
춤출 수 있는 음악/노래
간단하고 견고한 악기

편안하게 해 주는 놀이

보드 북
구슬 미로
페그 보드
나무 페그 퍼즐

PCIT-T 가정치료 연습

아동 이름: _____ 날짜: _____

☐ 모 ☐ 부 ☐ 다른 양육자 _____

당신의 회기 내 5분 PRIDE 기술

	구체적 칭찬	반영	행동 묘사	질문/지시/비난

(그래프: 구체적 칭찬, 반영, 행동 묘사는 하트 모양, 질문/지시/비난은 막대 모양, 세로축 0, 5, 10)

CDI '해야 할 기술/ PRIDE'를 사용하여 자녀와 매일 5분 놀아 주세요.

자녀에게 큰 정서의 신호가 나타나고 당신의 도움이 필요한 경우 CARES 단계를 사용하세요.

	특별시간 전에 **이완**을 했나요?		오늘 5분 **특별시간**을 가졌나요?		활동 또는 사용한 장난감	자녀가 보인 큰 정서의 신호를 기록하세요. CARES를 사용했나요?	오늘 사용한 PRIDE 기술은…… 특별시간 동안 문제나 질문이 있었나요?
	예	아니요	예	아니요			
월요일							
화요일							
수요일							
목요일							
금요일							
토요일							
일요일							

한 주 동안 당신이 강한 정서를 느꼈던 때와 그것이 자녀에게 미친 영향을 기록하세요.

....

....

Eyberg & Funderburk (2011) CDI 숙제 용지, 28쪽을 조정함.

CDI-T 기술의 관계 향상 경과표

회기 # 날짜	CLP 기초선							
가정치료 연습								
7	×							
6	×							
5	×							
4	×							
3	×							
2	×							
1	×							
0	×							
구체적 칭찬								
10+								
9								
8								
7								
6								
5								
4								
3								
2								
1								
0								
반영								
10+								
9								
8								
7								
6								
5								
4								
3								
2								
1								
0								
행동 묘사								
10+								
9								
8								
7								
6								
5								
4								
3								
2								
1								
0								

CDI-T 기술의 관계 향상 경과표

회기 #	CLP 기초선							
날짜								
정서에 이름 붙이기								
10+								
9								
8								
7								
6								
5								
4								
3								
2								
1								
0								
질문/지시/비난의 말								
10+								
9								
8								
7								
6								
5								
4								
3								
2								
1								
0								
CARES								
만족								
N/A								
개선 필요								
다른 긍정적 기술 (모방, 즐기기, 애정 표현, 눈맞춤, 활기, 등)								
만족								
N/A								
개선 필요								
방향 전환과 절제된 반응								
만족								
N/A								
개선 필요								
한계 설정 '아프게 하지 않기'								
만족								
N/A								
개선 필요								

PCIT-T 체크인 용지

지난 회기 이후 치료사가 알아야 할 주요 스트레스 유발 상황이 있었습니까?

만약 있었다면, 그런 스트레스 유발 상황이 당신의 기분, 행동 그리고 매일 5분 동안 자녀에게 치료를 제공하는 것에 영향을 끼쳤습니까?

당신의 정서와 행동 표현이 자녀의 정서와 행동 표현에 끼치는 영향을 어떻게 알아차리셨습니까?

지난주에 자녀와 유대감을 느꼈던 때나 자녀의 강점을 알아차린 때 하나를 이야기해 주세요.

참고문헌

Eisenstadt, T. H., Eyberg, S., McNeil, C. B., Newcomb, K., & Funderburk, B. W. (1993). Parent-Child Interaction Therapy with behavior problem children: Relative effectiveness of two stages and overall treatment outcome. *Journal of Clinical Child Psychology, 22*, 42-51.

Eyberg, S., & Funderburk, B. W. (2011). Parent-child interaction therapy protocol. Gainesville, FL: PCIT International.

Lieneman, C. C., Brabson, L. A., Highlander, A., Wallace, N. M., & McNeil, C. B. (2017). Parent-Child Interaction Therapy: current perspectives. *Psychology Research and Behavior Management, 10*, 239-256.

Slade, A. (2005). Parental reflective functioning: An introduction. *Attachment & Human Development, 7*(3), 269-281.

Vanderbilt University Center on the Social and Emotional Foundations for Early Learning. (1999). Teaching Your Child About Feelings Does This from Birth to Age 2. Retrieved from http://csefel.vanderbilt.edu/documents/teaching_your_child-feeling.pdf

1998 Cooper, Hoffman, Marvin, & Powell circleofsecurity.org

제14장

아동주도 상호작용–걸음마기 유아 코칭 회기

아동주도 상호작용–걸음마기 유아(CDI-T) 코칭 회기의 목적은 부모가 다루기 어려운 정서와 행동을 다루는 구체적인 전략(CARES 모델, 절제된 반응, 방향 전환)과 함께 이전에 논의한 PRIDE 기술 사용을 증가시키기 위한 것이다. 회기는 대기실에서 명확한 시각적 자극을 아동에게 제시하면서 시작한다. 유아에게는 일관성과 예측 가능성이 중요하기 때문에 매 회기의 패턴이 명확하고 가능한 한 비슷하게 유지되어야 한다. 걸음마기 유아는 발달적으로 집중력에 한계가 있으므로 일반적인 45~60분의 회기를 진행하지는 않을 것이다. 대신, 치료사는 이 치료 단계에서 자기조절을 돕고 높은 강도의 정서를 다루어야 할 기회가 감소되도록 더 짧은 30~45분의 회기를 고려할 수 있다. 회기의 대부분은 이어폰 장치를 사용하여 실시간으로 아동주도 기술을 사용하도록 부모와 아동을 코칭하는 데 소요될 것이다. 만약 양 부모가 참석한다면 치료사는 코칭 회기를 반으로 나누어 각 부모와 짧은 회기를 진행하거나 각 부모에게 충분한 코칭 시간을 제공하기 위해 매주 한 부모씩 교대하여 코칭하는 것을 고려할 수 있다. 마지막으로, 유아 나이 또래의 관심 욕구를 고려하여 회기 초에는 가능한 한 간략하게 체크인을 하는 것이 여전히 중요하다. 치료사는 가능하다면 회기 마지막에 차로 이동하면서 체크인을 마치는 것을 고려할 수도 있다. 어떤 경우에는 치료사가 체크인과 체크아웃의 긴 시간을 최소화하기 위해 회기와 회기 사이에 부모와 전화 통화로 자주 대화하는 것을 결정할 수도 있다.

참고: 오늘의 발달 팁 카드는 이 매뉴얼 마지막에 있는 〈부록 H〉에 수록되어 있다. 임상가는 매 회기 초 또는 마지막에 선택한 카드를 부모가 수용하고 활용할 수 있을지에 대한 임상적 판단을 해야 한다.

회기 준비물

1. 이어폰 장치
2. 선택한 장난감
3. DPICS-T 코딩 용지
4. 시각적 전환 신호 카드

CDI-T 코칭 팁

1. 유아와 그들의 부모와 작업하는 것은 힘든 일이다. 특히 정서적 수준에서 작업할 때 그렇다. 코치는 자신의 감정을 알아차리고 적절한 정서조절 기술을 사용할 수 있어야 한다. 그래야 치료 과정 동안 부모를 효율적으로 지지해 줄 수 있다.
2. 치료사가 부모를 코칭하는 동안 구체적으로 아동을 칭찬하는 것은 매우 중요하다. 그렇게 함으로써 부모에게 아동의 강점과 긍정적인 특성을 알아차리도록 부모를 가르칠 수 있다.
3. 특히 첫 몇 회기의 코칭은 부모가 PRIDE 기술이나 긍정적인 기술을 사용할 때마다 집중해야 하고 매우 긍정적(예: "반영 좋아요." "구체적 칭찬 훌륭합니다." "탁월한 행동 묘사예요." "모방 아주 좋습니다.")이어야 한다.
4. 정서조절 곤란이 발생할 때에는 특히 모가 CARES 모델을 정확하게 사용하는 것에 자신감을 느낄 때까지 코치가 CARES 모델과 공격성에 대한 반응 단계를 실행할

때 더 지시적이어야 한다(즉, 부모가 해야 할 말과 행동을 정확하게 말해 주어야 한다).

5. 코칭 문장은 짧아야 한다. 한 문장은 둘에서 일곱 단어 사이여야 한다.

6. 코칭 문장은 자주, 부모의 말 이후에 거의 매번 제공되어야 한다.

7. CDI-T 코칭 회기 동안 코치의 긍정적인 코멘트와 건설적인 제안의 비율은 약 5:1이어야 한다.

8. 코치의 목소리는 언제나 부모가 아동에게 말해야 하는 방식을 나타내야 한다.

    (1) CDI-T 동안 기본적으로 차분하고, 부드럽고, 일관되어야 한다.

    (2) 코치는 부모와 상호작용을 하는 동안 모델링해 주어야 하고 그들의 과장된 활기찬 목소리와 얼굴 표정을 알려 주어야 한다(예: 까꿍 놀이, 얼굴 표현 정서, 동반되는 손짓). 이런 표현을 하는 것은 부모 또는 코치로 하여금 만화 캐릭터와 같이 행동하는 것처럼 느끼게 해 주고, 발달적으로 적절한 것이다.

9. 코치는 가능할 때마다 부모가 코칭 문장을 말한 후 발달 지식을 포함시켜야 한다(예: "어머니/아버지의 반영 문장이 아이가 더 명확하게 말하도록 한 것 같네요.").

10. 코치는 부모-자녀 관계의 애착 행동 변화를 관찰하면 알려 주어야 한다(예: 아동이 시각적으로 부모를 찾는 것, 아동이 속상할 때 물리적으로 위안을 추구하는 것, 기쁨을 공유하는 시간).

11. 코칭은 행동이 나타내는 신호를 알아차리는 세심한 관찰을 필요로 한다. 부모와 치료사는 유아의 행동이 종종 내면의 정서를 밖으로 표출한 것이라고 이해하는 것이 중요하다. 유아가 구두로 의사소통하는 능력이 부족하다는 것을 고려할 때 아동의 욕구를 알아보고 괴로움을 나타내는 초기 신호에 반응함으로써 극단적인 정서와 행동으로 악화되는 것을 예방하도록 코치가 부모를 돕는 것은 매우 중요하다.

12. 이 나이의 아동이 많은 단어를 알지 못하지만, 부모가 아동이 내는 어떤 소리 또는 단어와 비슷한 말을 반영하도록 코치가 격려하는 것은 언어 발달에 매우 중요하다.

13. 걸음마기 유아는 변화와 전환(예: 대기실에서 치료실로 갈 때, 양 부모가 역할을 바꿀 때, 회기 마지막에 치료사가 방으로 들어갈 때)을 힘들어한다.

    (1) 코치는 전환 시간 동안 부모가 CARES 모델을 사용하여 아동의 욕구에 민감하도록 돕는 것이 중요하다. 추가적으로, 부모가 자녀에게 발달적으로 적절

한 기대를 갖도록 하는 것은 부모가 유아의 행동을 다루는 것에 더 자신감을 갖게 해 준다.

(2) 치료하는 동안 놀이성, 창의성, 유치함, 상상력을 포함시키는 것은 다툼을 분산시키고 상호 간의 즐거움을 증가시키면서 부모와 아동이 서로에게 연결되도록 돕는다.

예시:

부모와 임상가는 전환에 대한 보상 값을 증가시키기 위해 군인, 발레리나, 동물, 칙칙폭폭 기차와 같이 또는 아동에게 재미있는 다른 움직임과 같이 행동하면서 방 밖으로 걸어 나가는 것을 모델링한다.

14. 코치는 스트레스가 유발되는 정서적 상황에서 차분할 수 있는 부모의 능력을 알아차리고 변화를 알려 준다.

15. 코치는 다양한 장난감을 가지고 새로운 놀이 방법을 개발하고 실시하도록 부모를 교육하고 격려해야 한다(예: 박스에 블록을 채우고 쏟아 내기 대 블록으로 쌓기).

회기 목표

1. 부모의 정서와 행동 표현이 아동의 정서와 행동 표현에 미치는 직접적인 영향에 대한 부모의 인식을 개선한다.
2. 아동과 놀이하는 동안 부모-아동 쌍을 직접 코칭하는 것을 통해 부모의 아동주도 기술 사용을 증가시킨다.
3. 부모와 아동이 회기의 일과(예: 시각적 지원을 사용하여 방으로 이동, 간략한 체크인, 가정치료 연습 제출 및 간략한 논의, 코칭, 가정치료 연습 과제, 체크아웃, 시각적 지원을 사용하여 방 밖으로 이동)에 익숙해지도록 한다.

회기 개요

1. 대기실에서 부모와 아동을 환영한다.

(1) 접수 시 이미 제공되지 않았다면, 부모에게 체크인 용지(이 회기의 마지막에 포함되어 있다)를 제공한다.

(2) 부모의 현재 가정치료 연습 용지를 회수하고, 정보를 CDI-T 기술의 관계 향상 경과표에 기록한다. 부모가 4회 이상 매일 치료 세션을 완수한 주간에 대해 형광펜을 사용하여 그래프를 그린다. 3회 이하이면 검정 펜이나 연필을 사용하여 완수한 날의 수를 경과표에 기록한다.

(3) 대기실에서 이미 작성하지 않았다면 부모에게 약 5분 동안 체크인 용지를 작성하게 한다.

참고: 기관의 대기실 상황이나 부모가 아동의 행동을 다루는 것에 대한 어려움에 따라 치료사는 부모와 자녀를 치료실로 이동시키고 아동과 놀아 주면서 부모에게 작성할 시간을 주는 것을 고려할 수 있다. 부모가 읽기에 어려움이 있거나 아동이 지나치게 요구적이어서 작성하는 데 문제가 발생하면 치료사는 체크인 동안 부모에게 내용을 읽어 주고 대답을 기록하는 것을 선택할 수 있다. 이 단계에서 앞서 언급한 이동이 이루어지면 치료사는 초기에 대기실에서 부모와 자녀에게 접근할 때 (다음 단계에서 설명하는) 시각적 지원을 활용해야 한다.

2. 체크인 용지가 작성된 후에 14장의 유인물로 제공되는 전환 신호 카드/시각적 지원을 가지고 준비하고 있는 부모와 아동에게 접근한다. 부모가 치료실로 걸어가는 동안 아동의 손을 잡도록 신호를 주면서 아동과 함께 시각적 지원을 검토한다.

(1) 치료의 이 시점에서는 부모가 PRIDE 기술에 익숙하지 않은 점을 고려하여 부모에게 오늘은 치료사가 아동과 부모가 치료실로 걸어가는 동안 PRIDE 기술 사용을 모델링할 것이라고 말해 준다. 부모는 편하게 느끼는 어느 기술이라도 사용하여 참여할 수 있다. 걸어가면서 아동을 칭찬하고 아동의 행동을 묘사한다. 부모가 정확하게 사용하는 기술에 대해 부모를 칭찬한다.

참고: CDI-T 회기가 진행되고 부모의 CDI-T 기술이 향상됨에 따라 치료사는 전환 시간에 부모의 CDI-T 기술 사용에 대해 부모를 코칭하는 것으로 변화해야 한다.

3. 작성한 체크인 용지를 검토한다. 체크인 용지를 검토하는 동안 동시에 치료사는 아동과 상호작용하면서 필요한 경우 아동에게 CARES 사용을 모델링한다.

(1) 이전 회기 이후 발생한 주요한 변화를 간략하게 알아본다.

(2) 부모에게 평행 프로세스를 상기시킨다. 다음의 예시에서 평행 프로세스 질문 하나를 선택한다.

① 당신은 큰 좌절감이나 분노를 느꼈지만 자녀에게 좋은 롤 모델이 되기 위해서 통제했던 때가 있었습니까?

② 아동 앞에서 차분함을 유지하기 위해 노력을 많이 했던 때는 언제였습니까? 어떻게 하셨습니까?

③ 아동과 상호작용을 하면서 자신의 어린 시절이나 당신의 부모가 당신에게 한 양육의 영향에 대해 생각난 것이 있었습니까?

④ 지난주 동안 다른 사람의 정서나 행동이 자녀의 정서나 행동에 미치는 영향을 알아차린 적이 있습니까?

⑤ 과거와 다르게 아동과 상호작용을 하게 되면서 당신 자신의 정서나 행동을 관리하는 것에 대해 스스로 자랑스럽게 느껴졌던 때가 있었습니까?

⑥ 당신의 정서와 행동을 조절하는 능력이나 아동의 정서와 행동을 조절하는 능력이 변화되었다는 것을 알아차리거나 이에 대해 언급한 사람이 있었습니까? 만약 있다면, 어떻게 달라졌습니까?

⑦ 지난주 동안 자신을 돌보기 위해 무엇을 했습니까? 당신의 자기돌봄이 간접적으로 아동에게 어떻게 영향을 줍니까? 자신의 욕구를 돌보는 시간을 갖는 것이 자녀에게 정서적으로 도움이 될 수 있다는 것에 대해 알아차린 것이 있었습니까?

4. 부모가 반영할 수 있는 능력을 칭찬하고, 정서와 행동에 대한 생각을 나누고, 이러한 통찰력이 치료 과정에 어떻게 기여하는지 설명한다.

(1) 대화하는 중에 부모에게 추가적인 지지가 필요하다는 것이 분명하다면 치료사는 부모의 생각과 감정을 이야기할 수 있는 개별 회기를 다른 시간에 추가적으로 제공하는 것을 고려할 수 있다.

5. 지난주에 부모가 아동과 유대감을 느꼈던 때나 아동의 강점을 알아차린 때에 대한 예를 들어 준 것에 대해 언급한다.

(1) 부모가 독립적으로 예를 제시하지 못하면 다음의 스크립트 중 하나를 사용하여 격려한다.

스크립트 예시: "어머니(아버지)께서 자녀와 정말 즐거웠고, 자녀와 연결되었다고 느끼

고, 어머니(아버지)와 자녀가 조화를 이루었던 시간, 함께 웃었던 때, 또는 무엇인가 통해서 특별한 유대감을 경험했던 때에 대해 이야기해 주세요."

또는 "이번 주에 어머니(아버지)께서 알아차린 자녀의 긍정적인 특성이나 강점에 대해 이야기해 주세요. 어머니(아버지)의 행동이 아이가 그 강점을 극대화시키는 데 영향을 미치는 것에 대해 어떻게 생각하시나요?"

6. 가정치료 연습을 검토한다.

(1) 부모가 연습 용지를 작성하고 가져온 것에 대한 노력을 칭찬한다.

(2) 발생한 어려움에 대한 문제 해결을 하면서 가정치료 연습 시간의 본질에 대해 간략하게 논의한다. 연습했을 때 사용한 장난감, 연습 시간(아동의 발달적 필요를 고려하여), 연습 공간을 검토한다.

(3) 부모가 기술을 사용하는 것이나 연습 세션 동안 아동의 행동을 다루는 것에 대한 불확실성을 표현한다면 부모에게 자신감 있게 확신을 나타낸다.

(4) 가정치료 연습 용지를 가져오지 않았다면 부모가 새로운 가정치료 연습 용지를 회기 내에서 작성하도록 한다. 가정치료 연습이 실시되지 않았다면 연습에 방해가 되는 문제를 해결하고 '가정치료 연습'이 이 치료의 성공에 중요함을 반복해서 강조한다. 부모가 가정치료 연습 용지를 작성하고 가져오는 것을 기억하도록 도울 수 있는 방법을 찾아본다(예: 핸드폰에 알람 설정하기, 냉장고에 용지를 붙여 두기). 실제 치료는 가정에서 매일 5분 연습하는 동안 일어난다고 부모에게 설명한다. 클리닉 회기는 부모가 놀이치료사가 되어 가정에서 개입을 제공하도록 교육하기 위해 마련된 것이다.

7. 부모의 정서와 행동이 아동의 정서와 행동에 미치는 결정적인 영향을 강조하면서 자녀를 위한 치료적인 부모가 되기 위해 부모의 현재 정서조절, 감정, 정서적 가용성을 체크한다. 인지적 체크인 질문을 가지고 부모를 안내한다.

인지적 체크인 질문:

(1) 나는 어떻게 느끼고 있는가?

(2) 나는 내 아기와 상호작용할 적절한 상황에 있는가?

8. 가정에서 자녀와 특별 놀이 시간을 시작하기 전에 부모는 이런 체크인 질문을 자신에게 해야 한다는 것을 설명한다.

9. 다음의 간략한 횡격막 호흡 이완 연습 4단계를 각 부모에게 간략하게 안내한다.

1단계: 편안한 위치로 이동한다. 의자나 바닥에 앉는다.

2단계: 한 손을 배 위에 올려놓는다. 천천히 큰 호흡을 들이쉰다.

3단계: 배를 앞으로 내밀면서 천천히 호흡을 내쉰다.

4단계: 이 과정을 2~3회 반복한다.

10. 부모에게 이 절차가 정서와 인지 상태에 미치는 영향에 대해 물어본다. 부모가 가정에서 아동과 치료적 놀이를 준비하는 것을 돕기 위해 이 훈련을 하는 것의 중요성을 강조한다.

11. 아동에게 코칭 전환 시각 자료를 제시하고 CDI-T로 전환한다. 부모에게 필요한 이어폰 장치를 제공한다.

스크립트 예시: "이제 엄마/아빠/양육자가 너와 놀이할 시간이야! 네가 엄마/아빠/양육자와 여기서 이 장난감을 가지고 놀이하는 동안[각 자료의 해당 그림을 가리킨다.] 나는 내 방으로 갈 거야[시각 자료의 해당 그림을 가리킨다]."

참고: 아동이 코칭을 통해 전환을 명확하게 이해하고 시각 자료가 더 이상 필요하지 않다면 시각 자료는 사용하지 않아도 된다.

12. 부모가 아동에게 부모와 아동이 장난감을 가지고 함께 놀이할 시간이라고 알려 주도록 한다.

"이제 [아동 이름]이와 엄마/아빠/양육자가 함께 놀이할 시간이야!"

(1) 부모가 아동과 아동주도 기술을 사용하는 동안 치료사는 부모에게 첫 5분 동안 조용히 있을 것이라고 알려 준다. 치료사가 부모와 아동이 놀이하는 것을 관찰하고 특히 상호작용을 하는 동안 부모가 사용하는 모든 아동주도 기술에 주목할 것이라고 부모에게 알려 준다.

스크립트 예시: "어머니(아버지)와 [아동 이름]이가 함께 놀이하는 동안 5분간 지켜보겠습니다. 어머니(아버지)께서는 놀이하면서 가능한 한 많은 아동주도 기술을 사용해 주시기 바랍니다. 이 5분 시간 안에 [아동 이름]이가 정서조절 곤란을 보이면 CARES 단계를 사용하는 것을 기억하시고요. 필요하면 제가 여기서 CARES 코칭으로 도움을 드리겠습니다. 아동의 주도를 따라가시고 즐거운 시간 되세요."

참고: 아동이 이 5분 시간 안에 극단적으로 정서조절 곤란을 보이면, 치료사는 코딩을 멈추고 그 행동에 가장 적절한 절차로 부모 코칭을 시작한다.

13. 5분 상호작용 코딩을 마친 후 부모에게 피드백을 제공하기 전에 즉시 데이터를 요약

용지에 기록한다. 피드백은 구체적 칭찬을 하고, 그다음 부모가 개선해야 할 영역과 그날의 목표, 그다음 또 다른 구체적 칭찬의 피드백 샌드위치로 제공한다.

스크립트 예시: "어머니(아버지)께서는 [아동 이름]이가 부드럽게 놀이하는 것에 대한 칭찬을 아주 잘해 주셨습니다. 그동안 연습해 오셨다는 것을 알겠어요! 오늘 우리는 [아동 이름]이가 놀이를 주도할 수 있도록 질문을 줄이는 것을 연습하겠습니다. 어머니(아버지)께서 [아동 이름]이에게 가까이 앉으신 것 아주 좋습니다. [아동 이름]이가 안전하다고 느끼게 해 주는 것 같아요."

14. 약 15~25분 동안 아동주도 기술을 부모와 아동에게 코칭한다(한 부모 참석). 아동이 긍정적인 기분 상태에 있을 때 종료하도록 노력한다.

(1) 부모가 사용하는 긍정적 기술에 대해, 특히 약점으로 발견된 부분과 대비되는 부분에 대해 높은 수준의 긍정적 강화를 제공한다.

(2) 교정해 주는 말은 피한다.

(3) 부모가 자신의 정서와 행동을 조절할 수 있는 능력에 대해 치료사가 인식하고 있어야 한다. 부모가 스트레스를 받고 있거나 속상하다는 신호를 스스로 알아차리도록 도와준다. 필요하다면 회기 내에서 횡격막 호흡을 사용하도록 부모를 코칭한다. 치료사는 부모에게 근육 부위를 선택하고(예: 어깨, 손, 다리) 3~4초간 긴장시키고 유지하다가 긴장감을 이완시키도록 하는 방법도 선택할 수 있다. 긴장과 이완의 대조 훈련은 선택한 근육을 이완시키는 데 도움을 준다.

① 특히 아동의 정서조절 곤란 순간이 발생한 후에 치료사는 부모가 스스로에게 CARES 모델을 실행하도록 코칭해야 한다.

C: 인지 확인하기, 자신에 대한 단서 찾기(Check cognition, clue into yourself) – 유아와 특별시간을 시작하기 전에 자신을 점검한다.

A: 자신을 돕기(Assist self) – 정서적으로 놀이할 준비가 되지 않았다면 이완 기법을 사용하여 다시 집중한다.

R: 자신을 안심시키기(Reassure self) – 양육에는 도전이 따르고, 한 기법이 모든 아동에게 효과적이지는 않다.

E: 정서를 인식하기(Emotional awareness) – 특별시간은 재미와 유대감을 경험하게 해 준다.

S: 민감하기와 진정시키기(Sensitive and soothing) - 자신을 안심시키는 동안 자신에게 친절하고 민감해야 대한다.

참고: 단계는 순서에 상관없이 바꾸어 사용할 수 있다. 치료사는 주어진 시간에 특정 부모에게 필요한 단계를 결정할 수 있다.

(4) 치료사는 부모의 정서(예: 목소리 톤, 단어)와 행동(예: 아동과의 참여, 부드러운 신체 접촉)이 아동의 정서와 행동에 긍정적인 영향을 주는 순간을 강조해야 한다.

(5) 회기가 3분 정도 남았을 때 양육자가 아동에게 회기가 마무리된다는 것을 알려 주도록 요청한다.

(6) 회기 동안의 아동의 긍정적 행동에 대해 양육자가 두 개의 칭찬 문장을 만들도록 한다.

(7) 아동이 전환하는 것을 돕기 위해 양육자에게 정리하면서 '클린업' 노래를 부르도록 요청한다. 이 노래를 모르는 경우 치료사가 온라인으로 찾아볼 수도 있다.

클린업 노래(The Clean Up Song)[노래 바니(Barney)]

클린업 클린업 모든 사람 모든 곳

클린업 클린업 모든 사람 자기 할 일

클린업 클린업 모든 사람 모든 곳

클린업 클린업 모든 사람 자기 할 일

클린업 클린업 모든 사람 모든 곳

클린업 클린업 모든 사람 자기 할 일

가사 ⓒ EMI Music Publishing, Sony/ATV Music Publishing LLC

작사 JOSEPH K PHILLIPS, TRAD

Lyrics Lisenced & Provided by LyricFind

15. 두 양육자가 참여하는 경우: 약 10분간 아동주도 기술을 첫 번째 부모와 아동에게 코칭한다. 그런 다음 두 번째 부모로 교대하기 위해 전환 코칭을 한다.

(1) 현재 코칭을 받은 부모가 유아에게 가까이 가도록 한다. 아동을 만질 수 있는 거리에서 등을 쓰다듬어 주면서, "이제 [아빠]가 너하고 놀려고 오실 거야."라고 말하게 한다.

(2) 새로 놀이에 들어간 부모는 장난감을 가지고 주의를 다른 곳으로 돌려서 분리 문제를 감소시키는 기법을 사용하기 위해 다른 장난감을 가지고 방에 들어온다.

(3) 그런 다음 새로 놀이에 들어간 부모는 주의를 돌리기 위해 새로운 장난감을 보여 주면서 "[아빠]가 너하고 놀기 위해 여기 있어."라고 전환 문장을 말한다.

(4) 새로 놀이에 들어간 부모와 먼저 놀이한 부모는 부드럽게 손을 유아에게 대고 있으면서 가까운 거리에 머무른다. 그런 다음 새로 놀이에 들어간 부모가 유아와 놀이를 시작하는 동안 먼저 놀이한 부모는 방 밖으로 점차 물러난다.

16. 유아가 성공적으로 두 번째 부모와 전환이 이루어진 후에 14번 항목의 같은 단계를 따른다. 약 10분 동안 아동주도 기술을 두 번째 부모와 아동에게 코칭한다.

17. 회기 마무리를 한다.

(1) 회기 마무리 시각 자료를 가지고 치료실에 들어간다.

(2) CDI-T 기술의 관계 향상 경과표를 제시한다.

(3) 초기 CDI-T 기술 코딩과 관련하여 회기를 진행하는 동안 개선된 부분을 강조하면서 부모에게 간략한 피드백과 칭찬을 제공한다.

(4) 회기를 진행하는 동안 부모 자신의 정서조절 능력에 대해 부모가 이야기하도록 요청한다. 이번 회기와 이전 회기 사이에 긍정적인 변화 또는 성장이 나타났다면 부모에게 칭찬한다.

(5) 부모의 정서조절이 아동의 정서조절에 미치는 영향이라는 틀에 맞추어 토의를 진행하도록 한다. 부모가 회기를 진행하는 동안 사용했고 부모-아동 쌍이 긍정적인 결과에 도달하는 데 도움이 되었던 기술(예: 인지적 인식, 횡격막 호흡)에 대해 언급한다.

(6) 회기를 진행하는 동안 부모에게 정서조절의 어려움이 발생했다면, 앞으로 비슷한 상황이 발생할 때 부모가 사용할 수 있는 이완 및 진정 기법에 대해 논의한다.

18. 부모에게 가정치료 연습 용지를 제공한다.

19. 치료실을 나가서 자동차로 걸어가는 것과 관련이 있는 그림이 있는 전환 시각 자료를 아동에게 보여 준다.

"이제 '빠이빠이'를 할 시간이야[아동이 치료실을 떠나는 그림을 가리킨다]. 그리고 차로 걸어갈 시간이야[차 안에 있는 아동 그림을 가리킨다]."

〈중요 참고사항〉

회기 초반의 5분 코딩 시간 동안 부모의 CDI-T 기술이 마스터 기준에 도달할 때까지 이번 회기가 반복되어야 한다. CDI-T 마스터 기준은 다음을 포함한다. 또한 CDI-T 마스터 기준에 도달하기 위해서는 5분 코딩 시간 동안 질문, 지시, 비난의 말이 3개 이상이면 안 된다. 〈표 14-1〉(Eyberg & Funderburk, 2011)을 참고하기 바란다.

20. 성실성 체크리스트: CDI-T 코칭 회기를 작성한다.

표 14-1 CDI-T 마스터 기준 요건

부모 기술	도달해야 하는 마스터 기준
구체적 칭찬	10문장
행동 묘사	10문장
반영	10문장
정서에 이름 붙이기	만족스러움
긍정적 기술(모방, 즐기기, 신체적 애정 표현, 방향 전환, 활기찬 목소리 톤, 활기찬 얼굴 표정, 아동의 발달 수준에 맞춘 놀이 스타일)	만족스러움
정서조절 곤란에 대응한 CARES 단계	만족스러움

성실성 체크리스트: CDI-T 코칭 회기

이 회기를 검토하면서 예(Y), 해당 없음(NA) 또는 아니요(N) 중 적절한 칸에 체크 표시를 하세요. 표 아래쪽의 적절한 칸에 합계를 기록하세요. 각 항목에 대한 자세한 설명은 세부 회기 개요를 참고하세요. (성실성 체크리스트와 지침은 Eyberg & Funderburk, 2011을 바탕으로 함)

성실성 체크리스트: PCIT-T CDI 코칭 회기			
아동 및 양육자:			
회기 진행 치료사:			
체크리스트 검토자:		날짜:	

	항목	Y	NA	N
1	대기실에서 부모와 아동을 환영한다. 체크인 용지를 제공하고 가정치료 연습 용지를 회수한다.			
2	아동에게 시각적 전환 카드를 사용하여 회기를 소개하고, 양육자가 치료실로 안전하게 들어가도록 지지하면서 PRIDE 기술을 모델링한다.			
3	체크인 용지를 검토하고, 주요 변화를 검토하고, 양육자에게 평행 프로세스를 상기시킨다.			
4	양육자의 아동과의 관계에 대해 반영할 수 있음을 칭찬한다.			
5	지난주에 부모와 아동이 유대감을 느꼈던 때에 대해 논의한다.			
6	가정치료 연습 용지를 검토한다.			
7	양육자의 정서 상태를 체크하고 인지적 체크인 질문을 가지고 안내한다.			
8	매일 특별 놀이/가정치료 연습을 하기 전에 양육자가 인지적 체크인과 이완 기법을 사용하도록 교육한다.			
9	필요한 경우, 양육자에게 이완 호흡 기법 전체 과정을 안내한다.			
10	CDI-T로 전환하기 위해서 아동에게 시각 자료를 제시한다.			
11	양육자가 아동에게 CDI-T를 소개하도록 한다.			
	치료에 양육자 한 명이 참여하는 경우			
12a	양육자와 아동의 CDI-T를 5분 동안 DPICS-T 코딩을 한다.			
13a	첫 번째 양육자에게 기술에 대해 피드백을 주고 코칭 목표를 정한다.			
14a	약 10~20분 동안 아동과 함께 놀이하는 양육자를 코칭한다.			
	치료에 양육자 두 명이 참여하는 경우			
12b	첫 번째 양육자와 아동의 CDI-T를 5분 동안 DPICS-T 코딩을 한다.			
13b	첫 번째 양육자에게 기술에 대해 피드백을 주고 코칭 목표를 정한다.			
14b	약 5~10분 동안 첫 번째 양육자를 코칭한다.			

14c	두 번째 양육자와 아동의 CDI-T를 5분 동안 DPICS-T 코딩을 한다.			
14d	두 번째 양육자에게 기술에 대해 피드백을 주고 코칭 목표를 정한다.			
14e	약 5분 동안 두 번째 양육자를 코칭한다.			
	회기 마무리: 치료실로 들어간다			
15	회기를 디브리핑하고, 요점을 논의하고, 양육자에게 CARES를 사용한다.			
16	양육자와 CDI-T 기술의 관계 향상 경과표를 검토한다.			
17	양육자에게 가정치료 연습 용지를 제공한다.			
18	아동에게 전환 시각 자료를, 구체적으로 치료실을 떠나는 그림과 자동차로 걸어가는 그림을 제시한다.			
	합계			

회기에 대한 치료사의 의견

회기에 대한 성실성 평가자의 의견

$$성실성 = \frac{예\ 합계}{예\ 합계 + 아니요\ 합계} = \underline{\hspace{3cm}} \%$$

회기 시간 = _____분

유인물과 양식

PCIT-T 체크인 용지

지난 회기 이후 치료사가 알아야 할 주요 스트레스 유발 상황이 있었습니까?

....

....

....

만약 있었다면, 그런 스트레스 유발 상황은 당신의 기분, 행동 그리고 매일 5분 동안 자녀에게 치료를 제공하는 것에 영향을 끼쳤습니까?

....

....

....

당신의 정서와 행동 표현이 자녀의 정서와 행동 표현에 끼치는 영향을 어떻게 알아차리셨습니까?

....

....

....

지난주에 자녀와 유대감을 느꼈던 때나 자녀의 강점을 알아차린 때 하나를 이야기해 주세요.

....

....

....

시각적 전환 신호 카드 – 대기실에서 놀이실로 가기

시각적 전환 신호 카드 – 놀이실에서 대기실 나가기

DPICS-T 코딩 용지-치료사용

Eyberg & Funderburk (2011)를 조정함.

아동 이름/ID _____ 날짜: _____

부모: □ 모   □ 부   □ 다른 양육자 _____

코딩자: _____ 시작 시간: _____ 종료 시간: _____

| CDI 코딩 # _____ | PDI 코딩 # _____ | PDI 생활 개선 # _____ |

숙제를 완수한 날의 수는? □ 0   □ 1   □ 2   □ 3   □ 4   □ 5   □ 6   □ 7

해야 할 기술	횟수 표기	합계	마스터 기준
일반적인 말			–
정서에 이름 붙이기			–
행동 묘사			10
반영			10
구체적 칭찬			10
구체적이지 않은 칭찬			–
하지 말아야 할 기술	**횟수 표기**	**합계**	**마스터 기준**
질문			
지시			0≤3
부정적인 말			

양육자가 단계를 생략한 그 순간 양육자를 코칭한다(필요한 경우). 5분 DPICS 코딩을 하는 동안 마이크 장치 착용하는 것을 **포함**할 수 있다.

큰 정서가 발생했나요?	예	아니요	# 표기	
사용한 CARES 기술	**한 곳에 동그라미 하세요**			**참고**
가까이 가기	만족스러움	연습 필요함	해당 없음	
아동을 도와주기	만족스러움	연습 필요함	해당 없음	
아동을 안심시키기	만족스러움	연습 필요함	해당 없음	
정서를 타당화하기	만족스러움	연습 필요함	해당 없음	
진정시키기	만족스러움	연습 필요함	해당 없음	

(다음 페이지에 계속)

DPICS-T 코딩 용지-치료사용

Eyberg & Funderburk (2011)를 조정함.

아동 이름/ID _____　날짜: _____

부모:　□ 모　　　　　　□ 부　　　　　□ 다른 양육자 _____

코딩자: _____　시작 시간: _____　종료 시간: _____

긍정적인 기술	한 곳에 동그라미 하세요		참고
모방하기	만족스러움	연습 필요함	
즐거움 표현하기	만족스러움	연습 필요함	
신체적 애정 표현	만족스러움	연습 필요함	
상호 눈맞춤	만족스러움	연습 필요함	
활기찬 목소리 톤	만족스러움	연습 필요함	
활기찬 얼굴 표정	만족스러움	연습 필요함	
발달 수준에 맞는 놀이 스타일	만족스러움	연습 필요함	
행동 관리 기술	한 곳에 동그라미 하세요		참고
방향 전환 기술	만족스러움	연습 필요함	해당 없음
절제된 반응 기술	만족스러움	연습 필요함	해당 없음
한계 설정 – '아프게 하지 않기'	만족스러움	연습 필요함	해당 없음

일반적인 참고사항 및 관찰

....

....

....

....

....

....

CDI-T 기술의 관계 향상 경과표

회기 #	CLP 기초선								
날짜									
가정치료 연습									
7	×								
6	×								
5	×								
4	×								
3	×								
2	×								
1	×								
0	×								
구체적 칭찬									
10+									
9									
8									
7									
6									
5									
4									
3									
2									
1									
0									
반영									
10+									
9									
8									
7									
6									
5									
4									
3									
2									
1									
0									
행동 묘사									
10+									
9									
8									
7									
6									
5									
4									
3									
2									
1									
0									

CDI-T 기술의 관계 향상 경과표

회기 #	CLP 기초선							
날짜								
정서에 이름 붙이기								
10+								
9								
8								
7								
6								
5								
4								
3								
2								
1								
0								
질문/지시/비난의 말								
10+								
9								
8								
7								
6								
5								
4								
3								
2								
1								
0								
CARES								
만족								
N/A								
개선 필요								
다른 긍정적 기술 (모방, 즐기기, 애정 표현, 눈맞춤, 활기 등)								
만족								
N/A								
개선 필요								
방향 전환과 절제된 반응								
만족								
N/A								
개선 필요								
한계 설정 '아프게 하지 않기'								
만족								
N/A								
개선 필요								

PCIT-T 가정치료 연습

아동 이름: _____   날짜: _____

□ 모   □ 부   □ 다른 양육자 _____

	당신의 회기 내 5분 PRIDE 기술			
	구체적 칭찬	반영	행동 묘사	질문/지시/비난

CDI '해야 할 기술/ PRIDE'를 사용하여 자녀와 매일 5분 놀아 주세요.
자녀에게 큰 정서의 신호가 나타나고 당신의 도움이 필요한 경우 CARES 단계를 사용하세요.

	특별시간 전에 **이완**을 했나요? 예 / 아니요	오늘 5분 **특별시간**을 가졌나요? 예 / 아니요	활동 또는 사용한 장난감	자녀가 보인 큰 정서의 신호를 기록하세요. CARES를 사용했나요?	오늘 사용한 PRIDE 기술은…… 특별시간 동안 문제나 질문이 있었나요?
월요일					
화요일					
수요일					
목요일					
금요일					
토요일					
일요일					

한 주 동안 당신이 강한 정서를 느꼈던 때와 그것이 자녀에게 미친 영향을 기록하세요.

....

....

Eyberg & Funderburk (2011) CDI 숙제 용지, 28쪽을 조정함.

참고문헌

Eyberg, S., & Funderburk, B. W. (2011). Parent-child interaction therapy protocol. Gainesville, FL: PCIT International.

제15장

부모주도 상호작용-걸음마기 유아 교육회기

이전 연구는 양육자가 따뜻함과 통제의 균형을 보이는 권위 있는 부모가 아동의 긍정적인 결과와 관련이 있다는 개념을 지지했다(Vanderbuilt University Center on the Social and Emotional Foundations for Early Learning, 1999). 이런 원칙의 실행은 영유아기의 독특한 발달적 체계 안에서 적용되어야 한다. 따라서 일반적으로 학령전기 아동의 지시이행을 교정하는 데 사용하는 (의자에서의 타임아웃) 절차는 걸음마기 유아 연령 집단에서는 발달적으로 적절하게 여기지 않는다. 그러나 긍정적인 부모중심 개입을 할 때 영아가 부모의 말을 따르는 비율을 높인다는 과거의 연구를 고려할 때(Bagner et al., 2016), 걸음마기 유아에게 적합한 지시이행 절차를 추가적으로 진행하는 것은 앞으로 부모의 말을 따르지 않는 문제를 예방하는 역할을 할 것이다. 그렇기 때문에 PCIT-T의 부모주도 상호작용(PDI) 단계의 목표는 걸음마기 유아와 학령전기까지 지속될 만한 증거기반 원칙을 활용하여 아동이 부모의 말을 따르도록 교육하고 향상하는 것이다. 양육자에게 PDI-T 기술을 교육하는 데는 한 회기만이 마련되었다. 이 회기에 다루어야 하는 내용이 많기 때문에 이 회기에는 부모가 아동을 데려오지 않도록 한다(또는 다른 양육자를 참석하게 하여 교육 시간에 아동을 돌보도록 한다). PDI-T가 한 회의 교육회기에서 다루어지지만 이 기술에 대한 연습과 논의는 이후 코칭 회기에서 지속적으로 제공된다. 이 회기에 제공되는 유인물이 포함되어 있다.

참고: 오늘의 발달 팁 카드는 이 매뉴얼 마지막의 〈부록 H〉에 제공되어 있다. 임상가는 매 회기를 시작할 때나 끝맺을 때 선택한 카드를 부모가 이해하고 활용할 수 있을 것인지에 대한 임상적 판단을 한다.

회기 준비물

1. 필수 유인물
   (1) PCIT-T 체크인 용지
   (2) CDI-T 가정치료 연습 용지
   (3) CDI-T 기술의 관계 향상 경과표
   (4) 효과적 지시 규칙
   (5) PDI-T 안내된 지시이행 흐름도
   (6) 치료 중간 평가 도구(DECA 또는 BITSEA)와 기타 기관에서 사용하는 다른 보조 도구

회기 목표

1. 부모가 CDI-T 마스터 기준에 도달한 것을 축하해 준다. 치료에 참여한 이후 아동의 행동, 정서조절 능력, 아동-부모 관계, 또는 부모 행동의 변화가 관찰되는지 주목한다.
2. 부모에게 간략하게 PDI-T를 소개한다. 요구되는 치료 회기의 구조를 포함한다.
3. 부모에게 PDI-T 기술의 목표를 알려 주고 이런 기술을 교육하는 것의 이유와 중요성을 설명한다.
4. 직접적인 언어 자극과 코칭 절차를 통해서 아동의 언어 습득 및 산출의 기회를 증가시킨다.
5. 부모에게 효과적인 지시에 수반되는 단계를 교육한다.

6. 유아의 발달 수준에 따라 지시의 유형을 제한하는 이유를 강조한다.

7. 부모에게 안내된 지시이행 기법에 수반되는 단계를 교육한다.

8. 개입의 이 새로운 단계를 성공하는 데 가정치료 연습의 지속적인 중요성을 논의한다.

9. 소개된 기술이 자녀/가족에게 끼칠 영향에 대한 부모의 생각을 이야기하고 남은 질문을 할 기회를 제공하며 마무리한다.

회기 개요

1. 대기실에서 부모를 환영한다.

   (1) 접수 시 제공되지 않았다면, 부모에게 체크인 용지를 제공한다.

   (2) 접수 시 제공되지 않았다면, 두 번째 실시하는 치료 중간 평가 도구를 부모에게 제공한다. 구체적으로 DECA 또는 BITSEA가 초기에 실시되었다면, 중간 치료 평가 시점에서 다시 실시한다. 추가 도구(유아모니터링체계, 부모양육스트레스검사-단축형, 에든버러 산후우울척도, 아동행동평가척도)가 실시되었다면, 중간 치료 시점에서 재실시되어야 한다.

   (3) 부모의 현재 가정치료 연습 용지를 회수하고, 정보를 CDI-T 기술의 관계 향상 경과표에 기록한다. 부모가 4회 이상 매일 치료 회기를 완수한 주간은 형광펜을 사용하여 그래프를 그린다. 3회 이하이면 검정 펜이나 연필을 사용하여 경과표에 완수한 날의 수를 기록한다.

2. 작성한 체크인 용지를 검토한다. 체크인 용지를 검토하는 동안 치료사는 동시에 아동과 상호작용하면서 필요한 경우 아동에게 CARES 사용을 모델링해야 한다.

   (1) 이전 회기 이후 발생한 주요한 변화를 간략하게 알아본다.

   (2) 부모에게 평행 프로세스를 상기시킨다. 다음의 예시에서 평행 프로세스 질문 하나를 선택한다.

      ① 당신은 큰 좌절감이나 분노를 느꼈지만 자녀에게 좋은 롤 모델이 되기 위해서 통제했던 때가 있었습니까?

      ② 아동 앞에서 차분함을 유지하기 위해 노력을 많이 했던 때는 언제였습니까?

어떻게 하셨습니까?

③ 자녀와 상호작용을 하면서 자신의 어린 시절이나 당신 부모가 당신에게 한 양육의 영향에 대해 생각난 것이 있었습니까?

④ 지난주 동안 다른 사람의 정서나 행동이 자녀의 정서나 행동에 미치는 영향을 알아차린 적이 있습니까?

⑤ 과거와 다르게 아동과 상호작용을 하게 되면서 당신 자신의 정서나 행동을 관리하는 것에 대해 스스로 자랑스럽게 느껴졌던 때가 있었습니까?

⑥ 당신의 정서와 행동을 조절하는 능력이나 아동의 정서와 행동을 조절하는 능력이 변화되었다는 것을 알아차리거나 그에 대해 언급한 사람이 있었습니까? 만약 있다면, 어떻게 달라졌습니까?

⑦ 지난주 동안 자신을 돌보기 위해 무엇을 했습니까? 당신의 자기돌봄이 간접적으로 아동에게 어떻게 영향을 줍니까? 자신의 필요를 돌보는 시간을 갖는 것이 자녀에게 정서적으로 도움이 될 수 있다는 것에 대해 알아차린 것이 있었습니까?

- 부모가 자신의 자녀를 향한 헌신 또는 자신과 관련된 생각을 돌아보고 나눌 수 있는 능력을 칭찬한다. 대화하는 중에 부모에게 추가적인 지지가 필요하다는 것이 분명하다면 치료사는 부모의 생각과 감정을 이야기할 수 있는 개별 회기를 다른 시간에 추가적으로 제공하는 것을 고려할 수 있다.

- 지난주에 부모가 아동과 유대감을 느꼈던 때나 아동의 강점을 알아차린 때에 대한 예를 들어 준 것에 대해 언급한다. 부모가 독립적으로 예를 제시하지 못하면 다음의 스크립트 중 하나를 사용하여 격려한다.

스크립트 예시:

"어머니(아버지)께서 자녀와 정말 즐거웠고, 연결되었다고 느끼고, 어머니(아버지)와 자녀가 조화를 이루었던 시간, 함께 웃었던 때 또는 무엇인가를 통해서 특별한 유대감을 경험했던 때에 대해 이야기해 주세요."

또는

"이번 주에 어머니(아버지)께서 알아차린 자녀의 긍정적인 특성이나 강점에 대해 이야기해 주세요. 어머니(아버지)의 행동이 아이가 그 강점을 극대화시키는 데 영향을 미치는 것에 대해 어떻게 생각하시나요?"

3. 가정치료 연습을 검토한다.

  (1) 부모가 연습 용지를 작성하고 가져온 것에 대한 노력을 칭찬한다.

  (2) 발생한 어려움에 대한 문제 해결을 하면서 가정치료 연습 시간의 본질에 대해 간략하게 논의한다. 연습했을 때 사용한 장난감, (아동의 발달적 필요를 고려한) 연습 시간, 연습 공간을 검토한다.

  (3) 부모가 기술을 사용하는 것이나 연습 세션 동안 아동의 행동을 다루는 것에 대해 불확실성을 표현한다면 부모에게 자신감 있게 확신을 나타낸다.

  (4) 가정치료 연습 용지를 가져오지 않았다면 부모가 새로운 가정치료 연습 용지를 회기 내에서 작성하도록 한다. 가정치료 연습이 실시되지 않았다면 연습에 방해가 되는 문제를 해결하고 연습이 이 치료의 성공에 중요함을 반복해서 강조한다. 부모가 가정치료 연습 용지를 작성하고 가져오는 것을 기억하도록 도울 수 있는 방법을 찾아본다(예: 핸드폰 알람 설정하기, 냉장고에 용지를 붙여 두기).

4. CDI-T 기술을 마스터한 것에 대해 부모를 축하한다. 부모가 치료를 시작한 이후 각각의 부모, 아동, 또는 부모-아동 관계의 변화에 대해 논의한다. 부모가 여전히 문제라고 생각하는 행동을 검토한다.

  스크립트 예시: "CDI-T를 마스터하신 것을 다시 한 번 축하드립니다. 어머니(아버지)께서 열심히 연습하시고 이 치료 과정의 어려운 단계에 도달하신 것이 매우 감동스럽습니다. [아동 이름]이가 좌절했을 때 더 잘 진정시킬 수 있게 되었네요. 어머니(아버지)께서 이 과정에서 정말 힘들었던 상황을 통과할 수 있도록 [아동 이름]이를 지지해 주시고 도와주셨어요. 그 결과로 아이와의 유대감이 더 강해진 것으로 보입니다. 치료를 시작한 후 어떤 변화가 있었다고 느껴지세요? [아동 이름]이의 행동과 관련해서 어머니(아버지)께서 여전히 변화되기를 바라는 것이 있나요?"

5. 지난 회기 이후 중요한 변화가 있었는지 체크한다. 부모에게 지난주 동안 아동과 유대감을 느꼈던 경우나 아동의 강점을 알아차린 예를 생각해 보도록 요청한다.

  (1) 부모가 아동과 유대감을 느꼈던 시간을 찾아내는 것이 어렵다면, 아동의 강점을 알아차렸던 때를 생각해 보도록 부모에게 요청한다(예: 신체적으로 힘이 세다, 똑똑하다, 재미있다, 열정적이다).

  스크립트 예시: "어머니(아버지)께서 자녀와 정말 즐거웠고, 연결되었다고 느끼고, 어머니와 자녀가 조화를 이루었던 시간, 함께 웃었던 때, 또는 무엇인가를 통해서 특별한 유대감을 경

험했던 때에 대해 이야기해 주세요."

6. 부모의 CDI-T 가정치료 연습 용지를 회수하고, CDI-T 기술의 관계 향상 경과표에 자료를 추가한다. 형광펜을 사용하여 부모가 치료 회기를 4회 이상 매일 진행한 주간을 그래프로 표기한다. 3회 이하인 경우에는 검정 펜이나 연필을 사용하여 경과표에 진행한 날의 수를 표기한다. CDI-T 기술은 계속해서 PDI-T 단계의 기초를 형성하기 때문에 부모가 CDI-T에 지속적으로 열심히 참여하는 것에 대해 칭찬한다.

스크립트 예시: "가정치료 연습을 진행하시고 용지를 오늘 가져오신 것이 정말 좋습니다. 이 작업은 다음 단계의 치료에서 [아동 이름]이와 함께 작업하는 데 계속해서 매우 중요한 부분이 될 것입니다."

7. PDI-T의 주요 목표와 본 교육회기의 목표에 대해 논의한다. 앞으로의 치료 회기의 구조에 대해 논의한다. 지속적인 치료 참여에 대한 기대와 가정치료 연습을 진행하는 것의 중요성을 검토한다.

〈PDI-T의 주요 목표〉

(1) 부모의 지시에 대한 아동의 지시이행 증가하기

(2) 언어 자극과 코칭을 통한 아동의 적절한/기능적 언어 표현 증가하기. 걸음마기 유아에게 나이에 적절한 요구를 할 수 있는 부모의 발달적 이해 증가하기

(3) 걸음마기의 자녀에게 효과적인 지시를 하는 부모의 능력 향상하기

(4) PDI-T 기술을 가족의 필요와 관련된 실생활 상황에 적용하기

〈본 교육회기의 목표〉

(1) 부모에게 PDI-T 기술 교육하기

(2) 치료사와의 역할 놀이에서 PDI-T 기술을 연습하기

스크립트 예시: "오늘은 다음 회기에서 어머니(아버지)께서 [아동 이름]이에게 사용할 PDI-T 기술을 배우고 연습하는 데 집중할 것입니다. PDI-T의 목표는 CDI-T와 다르지만 CDI-T 기술은 앞으로의 PDI-T 회기에서도 계속 사용될 것입니다. PDI-T의 주요 목표는 자녀의 나이에 맞는 발달적으로 적절한 요구를 [아동 이름]이가 잘 따르게 되는 것입니다. 이 과정에서 어머니(아버지)께서는 아이들이 따르는 데 도움이 되는 가장 효과적인 지시 형태를 사용하게 되며, 어머니(아버지)가 [아동 이름]이가 따를 수 있도록 지지해 주시는 능력이 향상될 것이라고

기대합니다. 우리는 또한 [아동 이름]이가 자신이 원하는 것을 갖기 위해 언어를 사용하는 것을 배우도록 도울 것입니다. 이것은 [아동 이름]이가 어휘를 더 많이 알게 되어서 필요한 것을 얻기 위해 언어를 사용하도록 하는 데 도움이 될 것입니다. 마지막으로, 우리는 공공장소 외출이나 식사 시간과 같은 활동에서 [아동 이름]이의 행동 때문에 어려움을 느끼는 실생활 문제를 개선하는 데 이런 기술을 사용할 것입니다. PDI-T 회기의 구조는 CDI-T 회기의 구조와 비슷할 것입니다. 제가 어머니(아버지)와 [아동 이름]이의 CDI-T를 코딩하는 것으로 시작할 것입니다. 그다음 PDI-T 기술을 코딩할 것입니다. 어머니(아버지)께서는 계속해서 [아동 이름]이와 CDI-T를 사용해서 놀이해 주시면서 PDI-T 규칙을 따라 간헐적으로 지시를 해 주실 것입니다. 물론 지속적으로 치료에 출석하는 것과 [아동 이름]이에게 일관되게 이 기술로 가정치료 연습을 하시는 것이 치료 성공에 매우 중요합니다."

8. PDI-T의 최우선 원칙―일관성, 예측 가능성 그리고 절차 완수―을 강조한다.

  (1) 이런 원칙은 아동이 안전하게 느끼고 부모의 말과 행동의 관계를 신뢰하는 것을 배우는 데 도움이 된다.

9. PDI-T 절차는 항상 효과적인 지시로 시작하는 것에 주목한다. Eyberg와 Funderburk (2011)에 기초한 효과적인 지시를 제공하는 규칙을 부모에게 교육한다.

  스크립트 예시: "이제 [아동 이름]이에게 무엇을 하라고 말할 때 따라야 하는 규칙에 대해 이야기하겠습니다. 이 규칙은 [아동 이름]이가 지시를 빠르게 따르는 것을 배우는 기회를 증가시킵니다."

  규칙 1: 지시는 간접적으로가 아니라 직접적으로 말해야 한다.

  (1) 직접 지시는 아동이 독립적으로 과제를 완수해야 한다는 것을 명확하게 알려 주기 위해서 질문이 아닌 분명한 문장의 형태로 한다.

  규칙 2: 지시는 한 번에 하나를 해야 한다.

  (1) 걸음마기 유아의 발달 수준을 고려하면 아동이 제시한 과제를 처리하고 실행할 수 있는 가능성이 높아진다.

  (2) 부모가 지시이행이 되었는지 결정하는 능력을 증가한다.

  규칙 3: 지시는 걸음마기 유아의 발달 수준에 적절한 간단한 개념이나 짧은 어구로 제한되어야 한다.

  (1) 아동이 제시된 과제를 이해할 수 있는 가능성이 높아진다.

  (2) 이 치료가 특정한 대상에 초점을 맞추고 있기 때문에, 〈표 15-1〉에 나열된 지

표 15-1   발달적으로 적절한 걸음마기 유아 중심 지시 목록

발달적으로 적절한 걸음마기 유아 중심 지시
"엄마(아빠)에게 _____를 주렴."
"엄마에게 공룡을 주렴."
"_____를 통에 넣어."
"인형을 통에 넣어"
"_____를 _____(장소)에 넣어" "_____를 _____(장소)에 놓아."
"트럭을 바구니에 넣어."
"컵을 의자에 놓아."
"엄마(아빠) 손을 잡아."(*부모가 가까이 있고 아동이 차분할 때만 사용한다.)
"앉아."

시만을 제시하고 연습할 것이다. 이 지시는 걸음마기 유아 연령의 아동에게 예상되거나 제공되어야 하는 제한적인 걸음마기 유아 중심의 지시들이다.

(3) 부모에게 〈표 15-1〉의 지시를 아동이 가장 잘 따를 것에서 가장 잘 따르지 않을 것까지의 순위를 매기도록 한다.

규칙 4: 지시는 일반적인 표현이 아니라 항상 구체적이어야 한다.

(1) 무엇을 해야 하는지 아동이 이해할 수 있도록 한다.

(2) 무엇을 실행해야 하는지에 대해 부모와 아동의 생각이 일치하도록 한다.

규칙 5: 효과적인 지시에는 긍정적인 신체 접촉(예: 아동의 등에 손을 대기)과 명확한 몸짓(예: 가리키기)이 동반되어야 한다.

(1) 걸음마기 유아의 관심을 끌고 바람직한 자극 쪽을 향하도록 시각적 기능을 활용하게 해 주어 지시이행을 할 수 있는 가능성을 높인다.

규칙 6: 지시는 평범하게 말하는 목소리 톤으로 제공되어야 한다.

(1) 지시를 이행하기 전에 아동이 받게 되는 정서적 피드백의 강도를 제한한다.

(2) 지시이행 절차 동안 부모가 차분함을 유지할 수 있는 능력을 향상한다.

규칙 7: 설명은 지시하기 전 또는 아동의 지시이행 후에 간략하게 해야 한다.

(1) 지시와 아동의 지시이행 사이에 설명을 함으로써 아동의 집중이 흐트러질 가능성을 낮춘다.

(2) 지시의 맥락을 제공하여 지시이행을 할 가능성을 높인다.

규칙 8: 지시하기 전, 부모는 아동과 가까운 거리에 있어야 한다. 가능하다면 부모는 몸을 아동의 수준에 맞게 조정해야 한다(예: 아동 옆 바닥에 쭈그리고 앉는다).

(1) 아동이 독립적으로 과제를 수행해야 한다는 것을 이해할 수 있는 가능성을 높인다.

(2) 아동이 과제에 주의를 집중하도록 도움으로써 아동의 지시이행 가능성을 높인다.

10. 지시는 드물게 사용되어야 하고 아동이 정서적으로 따르기 연습을 할 수 있을 때에만 해야 한다는 최우선 규칙을 반복한다.

(1) 유아의 생리적 욕구(예: 수면, 배고픔, 목마름) 상태에 따라 자연스러운 기분 변동을 고려하여, 부모는 유아의 연습 절차 성공 가능성에 대해 유념하여야 한다. 가능하다면 지시이행 절차는 생리적 욕구를 채워야 하는 시간(예: 낮잠 자기 바로 전 시간, 식사 시간)에 하지 않아야 한다. 부모와 이 중요한 원칙을 논의한다. 따르기 연습을 해야 할 시간과 하지 않아야 할 시간을 결정한다.

(2) 하루 동안 교정 또는 지시 문장 하나를 할 때 긍정적인 문장 다섯 개를 해야 하는 비율은 유지되어야 한다.

〈효과적 지시 후속 절차〉

지시이행 단계 요약: 걸음마기 유아에게 따르기 기술을 교육하기 위해 종종 '안내된 지시이행'으로 불리는 응용행동분석 절차를 사용할 것이다. 유아의 성공 가능성을 증가시키기 위해서 절차에 '다시 시도하기 단계'가 추가되는 수정이 이루어졌다. 따라서 절차는 '말해 주기-보여 주기-다시 시도하기-안내하기'를 포함한다. 이 절차는 유아가 성공할 수 있어야 하는 지시이행 기술을 발달적으로 적절한 방식으로 교육하면서 지시이행에서 벗어나는 것을 막아 준다. 11~17단계는 '말해 주기-보여 주기-다시 시도하기-안내하기' 절차와 관련된 각 단계를 요약하고 예시를 제시한다.

11. 아동의 자율성 발달 욕구와 따르기 기술 연습이 균형을 이루는 것의 필요성을 논의한다.

(1) 독립성을 갖는 것은 이 나이 때의 중요한 발달 과정이다.

(2) 따르기 기술을 교육하는 것은 독립성을 주장하고 세상에서 통제감을 개발하려고 하는 아동의 자연스러운 욕구를 지지하는 것과 균형을 이루어야 한다.

(3) 하루의 대부분 동안 유아의 독립성을 발전시키기 위해 가능할 때마다 간접적

인 지시와 선택권이 선호된다.

(4) PDI-T는 주로 하루 5분 따르기 연습 세션 동안 집중한다.

(5) PDI-T 절차는 아동이 성공할 수 있도록 돕는 방식으로 사용한다.

(6) 따르기 연습 세션은 아동의 기분이 긍정적일 때만 실시한다.

(7) 따르기 연습은 지시를 따를 수 있는 아동의 능력이 형성되는 것을 기념하는 즐거운 교육 도구로 구조화되었고, 최대 3개의 지시 연습으로 제한되었다.

12. 5초 기다리기+신체적 몸짓(예: 가리키기) 규칙을 지시이행에 대한 구체적 칭찬과 함께 논의한다. 이 단계는 절차의 '말해 주기' 부분에 해당된다.

(1) 어린 아동은 효과적 지시를 이해하고 진행하는 데 5초가 필요하다.

(2) 부모는 지시이행에 필요한 것들을 계속 가리키면서(예: 트럭과 바구니를 번갈아 가리킨다) 전적으로 조용히 있어야 한다.

(3) 시각적 신호는 걸음마기 유아가 단어/어휘와 물체를 결부하는 것을 돕고 부모가 기대하는 것이 무엇인지, 물건을 놓을 장소가 어디인지를 명확하게 해 준다. 차분하게 조용히 반복하여 가리키는 몸짓은 인내를 보여 주고 차분한 학습 환경을 마련해 준다.

예시:

(1) 부모: "트럭을 바구니에 넣어." (부모는 조용히 있으면서 계속해서 트럭과 바구니를 번갈아 가리킨다.)

13. 지시이행 후에는 즉시 열정적인 구체적 칭찬과 신체 접촉을 해 주어야 하며, 그런 다음 부모는 PRIDE 기술로 아동의 주도를 따라가는 것으로 돌아와야 한다.

(1) 지시이행을 강화하기 위해 즉각적이고, 명확하고, 열정적인 강화가 매우 중요하다.

(2) 신체 접촉을 포함하는 것은 부모와 아동 사이에 긍정적인 관계를 향상하면서 추가적인 강화를 제공한다.

예시:

(1) 부모: "엄마 말을 잘 따랐어!" [부모는 아동의 등을 쓰다듬는다.] "이제 네가 자동차를 밀고 있구나. 트럭을 집었고…….."

(2) **연습 상황**: 치료사는 부모 역할을 하고, 부모는 아동 역할을 한다. 치료사는 5초 동안 CDI-T 기술을 사용하면서 시작한다. 효과적인 지시를 한다. 부모는 처음

지시 후 지시를 이행한다.

14. 지시를 한 후 5초 이내에 지시이행이 이루어지지 않으면 부모는 지시를 완수하는 것을 아동에게 물리적으로 보여 준다. 이 단계는 절차의 '보여 주기' 부분에 해당한다.

예시:

(1) 부모: "이렇게 트럭을 바구니에 넣어." [부모가 물리적으로 트럭을 바구니에 넣는다. 그러고 나서 즉시 치우고 바닥의 원위치에 다시 놓는다.]

15. 만약 지시를 이행하면, 즉시 긍정적인 신체 접촉과 함께 열정적인 구체적 칭찬을 한다. 그런 다음 부모는 PRIDE 기술로 아동의 주도를 따라가는 것으로 돌아온다.

(1) 즉각적이고, 명확하고, 열정적인 강화는 지시이행을 강화하는 데 매우 중요하다.

(2) 활발한 목소리 톤은 유아의 긍정적인 행동을 강화하는 데 특히 중요하다.

(3) 신체 접촉을 포함하는 것은 부모와 아동 사이에 긍정적인 관계를 향상하면서 추가적인 강화를 제공한다.

예시:

(1) 부모: "엄마 말을 잘 따랐네!" [부모는 아동의 등을 쓰다듬는다.]

(2) 연습 상황: 치료사는 부모 역할을 하고 부모는 아동 역할을 한다. 치료사는 5초 동안 CDI-T 기술을 사용하기 시작한다. 효과적 지시를 한다. 부모는 이 절차의 '보여 주기' 단계 후에 지시를 따른다.

16. 시연 후 5초 안에 지시이행이 이루어지지 않으면 부모는 아동을 가리키며 "네 차례야."라고 말하고, 그다음에 원지시를 반복한다.

(1) 이 단계는 아동에게 독립적으로 지시이행을 연습할 수 있는 기회를 제공하면서 기대되는 것을 반복해 주고 명확하게 하는 데 도움이 된다.

예시:

(1) 부모: "네 차례야." [아동을 가리킨다.] "트럭을 바구니에 넣어." [트럭과 바구니를 번갈아 가리키며 5초를 기다린다.]

17. 만약 지시이행을 하면, 긍정적인 신체 접촉과 함께 즉각적으로 열정적인 구체적 칭찬을 한다. 그런 다음 부모는 PRIDE 기술로 아동의 주도를 따라가는 것으로 돌아온다.

(1) 즉각적이고, 명확하고, 열정적인 강화는 지시이행을 강화하는 데 매우 중요하다.

(2) 활발한 목소리 톤은 유아의 긍정적인 행동을 강화하는 데 특히 중요하다.

(3) 신체 접촉을 포함하는 것은 부모와 아동의 긍정적인 관계를 개선하는 데 추가적인 강화를 제공한다.

예시:

(1) 부모: "엄마 말을 잘 따랐어!" [부모는 아동의 등을 쓰다듬는다.]

(2) **연습 상황**: 치료사는 부모 역할을 하고 부모는 아동 역할을 한다. 부모는 5초 동안 CDI-T 기술을 사용하기 시작한다. 효과적인 지시를 한다. 부모는 이 절차의 '다시 하기' 단계 후에 지시를 이행한다.

18. 시연 후 5초 이내에 지시이행이 이루어지지 않으면, 부모는 "[엄마/아빠]가 네가 [원지시]를 하도록 도와줄 거야." [부모는 부드럽게 물리적으로 아동의 손을 안내하고 원지시를 완수하도록 돕는다]. 늘 그렇듯 이런 말은 일상적인 목소리 톤으로 말해야 한다. 이 단계는 절차의 '안내하기' 부분에 해당한다. 안내 부분은 과제에 대한 행동 묘사를 하는 것으로 절차를 마치면서 끝난다.

예시:

(1) 부모: "엄마가 네가 트럭을 통에 넣는 것을 도와줄게." [부모가 아동의 손을 안내하여 트럭을 집고 통에 넣는다.]

(2) 부모: "이게 트럭을 통에 넣는 거야." [행동 묘사를 하고 안내하기 순서를 마친다.]

(3) **연습 상황**: 치료사는 부모 역할을 하고 부모는 아동 역할을 한다. 치료사는 효과적인 지시를 하기 전에 PRIDE 기술 다섯 개를 말하는 것으로 시작한다. 부모는 치료사가 절차의 마지막 단계를 물리적으로 안내하도록 한다.

19. **치료사와 함께 두 가지 상황에서 효과적인 지시를 사용하여 전체 절차를 연습한다.**

(1) **연습 상황 1**: 부모는 자신의 역할을 하고 치료사는 아동 역할을 한다. 부모는 10~20초 동안 CDI-T 기술을 사용하면서 시작한다. 효과적인 지시를 하나 한다. 치료사는 '안내하기' 단계 전에 지시를 이행한다.

(2) **연습 상황 2**: 부모는 자신의 역할을 하고 치료사는 아동 역할을 한다. 부모는 10~20초 동안 CDI-T 기술을 사용하면서 시작한다. 효과적인 지시를 하나 한다. 치료사는 이 절차 동안 지시이행을 하지 않고 부모가 안내하기 절차를 완수할 수 있도록 전체 순서를 진행한다.

20. 순서에 따라 부모와 아동은 CDI-T 기술로 돌아간다. 정서조절 곤란이 나타난다면

CARES 모델을 실시한다.

21. 언어 사용을 격려하는 것을 논의한다(Hansen & Shilingsburg, 2016; Tempel, Wagner, & McNeil, 2009).

"동기를 부여하는 것에만 그치고 가혹하지 않아야 합니다. 아동이 언어가 발달되지 않았다면, 이 프로토콜 단계는 실시되지 않아야 합니다. 아동이 짜증이 나거나, 배고프거나, 애정을 바란다면 사용되지 않아야 합니다. 아동의 주요 욕구를 채워 주는 것은 항상 다른 무엇보다 중요합니다."

(1) 유아기는 아동이 적절하고 기능적인 방법으로 자신들의 욕구를 충족하는 것을 배우기에 발달적으로 이상적인 시기이다.

(2) 어린 아동을 위한 이전 행동적 개입은 아동의 언어 습득과 산출 능력을 향상시키는 것으로 입증되었다.

(3) 언어적 촉진(prompts)은 아동이 자연스럽게 손을 뻗거나 원하는 물건이 있을 때에만 사용되어야 한다.

(4) 목표하는 언어에 근접한 언어 표현을 할 때 열정적인 구체적 칭찬과 함께 원하는 물건을 아동에게 제공한다.

(5) 5초 지연 후 언어 표현과 상관없이 아동에게 물건을 건넨다.

(6) 지연의 목적: 아동이 생각하고 단어를 사용할 수 있는 시간을 주고 언어를 사용한 후에 더 빨리 원하는 물건을 손에 넣을 수 있다는 것을 가르쳐 준다.

스크립트 예시: "유아기는 언어 자극과 발달에 중요한 시기입니다. [아동 이름]이가 언어를 향상하도록 돕는 것은 자신의 욕구를 충족하면서 큰 정서를 다룰 수 있는 더 좋은 방법을 배우도록 돕는 것입니다. PDI-T 동안 우리는 [아동 이름]이가 무엇인가 원할 때 말을 사용하도록 촉진함으로써 언어 기술을 발달시키도록 도울 것입니다. 만약 [아동 이름]이에게 촉진을 했음에도 말을 하지 않으면 물건을 주기 전에 5초를 기다리세요. 이 절차는 아이에게 좌절을 주기 위한 것이 아니고 욕구를 충족하는 데 언어를 사용하는 기회를 제공하기 위한 것입니다. 우리는 [아동 이름]이가 차분하고 정서적으로 준비가 되었을 때에만 언어적 촉진을 사용할 것입니다."

예시 1:

아동: [부모가 가지고 있는 장난감 트럭을 향해 가리키며] "아, 아."

부모: "트럭 주세요."

아동: "트어 주스요."

부모: "트럭 주세요라고 잘 말했어!" [부모는 박수 치고 트럭을 아동에게 건넨다.]

예시 2:

아동: [부모가 가지고 놀고 있는 불빛이 들어오는 장난감 쪽으로 손을 내밀며 걸어간다.]

부모: [장난감을 집으며] "장난감 주세요라고 말해."

아동: [말하려고 시도하지 않는다. 5초가 지났다.]

부모: [아동에게 장난감을 건네며] "장-난-감. 여기 장난감이 있어."

22. PDI-T 마스터 기준을 논의한다.

　PDI-T 마스터 기준은 PDI-T 회기 초반의 5분 동안 코딩된 내용이다.

(1) 75% 효과적 지시

(2) 75% 효과적 후속 절차

(3) 만족스러운 실행:

　① 언어 장려 및 코칭 절차

　② CARES 모델

　③ 위험한 행동에 대한 반응

스크립트 예시: "CDI-T와 마찬가지로 우리는 PDI-T 마스터에 도달할 때까지 계속 연습할 것입니다. PDI-T 동안에도 우리는 계속 CDI-T 단계를 연습하겠지만 회기에는 PDI-T 절차도 포함할 것입니다. 어머니(아버지)께서는 [아동 이름]이와 함께 가정치료 연습을 하는 동안에도 PDI-T 절차를 연습하게 될 것입니다. 어머니(아버지)께서 PDI-T 회기 초반 5분 코딩 시간에 [아동 이름]이에게 효과적 지시 75%, 효과적인 후속 절차 75%를 제공하고 지시적 언어 자극 절차와 CARES 모델을 만족스럽게 사용하고, 우리가 얘기했던 [아동 이름]이의 위험한 행동에 대한 반응 단계를 사용하시면 PDI-T 마스터에 도달하게 됩니다."

23. 부모에게 CDI-T 가정치료 연습 용지와 집에서 복습할 수 있도록 지시이행 문장 도표를 제공한다. 다음 회기에서 PDI-T 절차를 연습하도록 기다리는 이유를 설명한다.

스크립트 예시: "이번 주에는 어머니(아버지)께서 계속 [아동 이름]이와 CDI-T를 연습하시기 바랍니다. [아동 이름]이에게 처음 PDI-T를 소개할 때 모든 것이 잘 진행될 수 있도록 준비하려고 합니다. 그래서 다음 회기에서 PDI-T 단계를 처음 연습하겠습니다."

24. 성실성 체크리스트: PDI-T 교육회기를 작성한다.

성실성 체크리스트: PDI-T 교육회기

이 회기를 검토하면서 예(Y), 해당 없음(NA) 또는 아니요(N) 중 적절한 칸에 체크 표시를 하세요. 표 아래쪽의 적절한 칸에 합계를 기록하세요. 각 항목에 대한 자세한 설명은 세부 회기 개요를 참고하세요. (성실성 체크리스트와 지침은 Eyberg & Funderburk, 2011을 바탕으로 함)

성실성 체크리스트: PCIT-T PDI 교육회기			
아동 및 양육자:			
회기 진행 치료사:			
체크리스트 검토자:	**날짜:**		

	항목	Y	NA	N
1	양육자가 CDI-T 기술을 마스터한 것을 축하한다.			
2	주요 변화를 확인하고 양육자에게 지난주에 아동과 유대감을 느꼈던 때 또는 아동의 강점을 알아차린 때에 대해 물어본다.			
3	CDI-T 가정치료 연습 용지를 검토한다.			
4	CDI-T가 치료의 토대가 되는 것을 논의한다.			
5	PDI-T의 개요를 제공하고 따르기 기술을 개발하는 개념을 소개한다.			
6	출석에 대한 기대와 가정치료 연습에 대한 기대를 논의한다.			
7	PDI-T의 최우선되는 원칙을 강조한다: 일관성, 예측 가능성, 절차 완수			
8	규칙 1: 지시는 간접적이 아니라 직접적이어야 한다.			
9	규칙 2: 지시는 한 번에 하나를 해야 한다.			
10	규칙 3: 지시는 유아의 발달 수준에 적절한 간단한 개념이나 짧은 어구로 제한되어야 한다.			
11	규칙 4: 지시는 일반적인 표현이 아니라 항상 구체적이어야 한다.			
12	규칙 5: 효과적인 지시에 긍정적인 신체 접촉과 명확한 신체적 몸짓이 동반되어야 한다.			
13	규칙 6: 지시는 평범하게 말하는 목소리 톤으로 제공되어야 한다.			
14	규칙 7: 설명은 간략해야 하고, 지시하기 전 또는 아동의 지시이행 후에 제공해야 한다.			
15	규칙 8: 지시하기 전 부모는 필수적으로 아동과 가까운 거리에 있어야 한다.			
16	양육자에게 지시의 순위를 매기도록 요청한다.			
17	지시는 드물게 사용되어야 하고, 아동이 정서적으로 따르기 연습을 할 수 있을 때에, 하루 최대 3회 연습한다는 최우선되는 규칙을 반복한다.			
18	지시이행 단계를 요약한다: 말해 주기-보여 주기-다시 시도하기-안내하기			

19	말해 주기: 5초 기다리기와 몸짓을 논의한다.			
20	지시이행 후 열정적인 구체적 칭찬과 신체 접촉을 해 준다.			
21	연습 상황: CDI-T 5초, 효과적 지시와 지시이행 칭찬을 역할놀이 한다.			
22	보여 주기: 5초 이내에 지시이행이 이루어지지 않으면 부모는 지시를 완수하는 것을 물리적으로 보여 주는 것을 논의한다. 긍정적인 신체 접촉과 열정적인 구체적 칭찬으로 지시이행을 칭찬한다.			
23	연습 상황: 보여 주기 단계 후 CDI-T 5초, 효과적 지시와 지시이행을 역할놀이 한다.			
24	다시 하기: 보여 주기 후 5초 이내에 지시이행이 이루어지지 않으면 부모가 가리키고 말하는 것에 대해 논의한다. 부모는 "네 차례야" 말한 다음 원지시를 반복하고 반복적으로 과제를 가리킨다. 지시이행이 이루어지면 부모는 열정적인 구체적 칭찬과 신체 접촉을 한다.			
25	연습 상황: CDI-T 5초, 효과적 지시와 다시 하기 단계를 시연하는 역할놀이를 한다.			
26	안내하기: 시연 후 5초 이내에 지시이행이 이루어지지 않을 때에 대해 논의한다. 부모는 아동의 손으로 지시를 완수하도록 물리적으로 안내하면서 "엄마/아빠가 네가 [원지시를 하도록] 도와줄 거야" 말하고, 행동을 묘사하여 과제를 완수했다고 명명한다. 행동 묘사 후에 구체적 칭찬을 제공할 수 있다.			
27	연습 상황: CDI-T 5초와 안내하기 절차를 시연하는 역할놀이를 한다.			
28	연습 상황 1: 10~20초 동안의 CDI-T와 다시 하기 단계까지 효과적 지시			
29	연습 상황 2: 10~20초 동안의 CDI-T와 안내하기 단계까지 효과적 지시			
30	언어 사용 장려를 논의한다.			
31	PDI-T 마스터 기준을 논의한다.			
32	CDI-T 가정치료 연습을 제공하고 이번 주에 CDI-T의 중요성을 강조한다.			
33	이번 주에 PDI-T 연습을 하지 않는 것의 이유를 논의한다.			
	합계			

회기에 대한 치료사의 의견

회기에 대한 성실성 평가자의 의견

$$성실성 = \frac{예\ 합계}{예\ 합계 + 아니요\ 합계} = \underline{\hspace{2cm}} \%$$

회기 시간 = _____분

유인물과 양식

PCIT-T 체크인 용지

지난 회기 이후 치료사가 알아야 할 주요 스트레스 유발 상황이 있었습니까?

....

....

....

....

만약 있었다면, 그런 스트레스 유발 상황은 당신의 기분, 행동 그리고 매일 5분 동안 자녀에게 치료를 제공하는 것에 영향을 끼쳤습니까?

....

....

....

....

당신의 정서와 행동 표현이 자녀의 정서와 행동 표현에 끼치는 영향을 어떻게 알아차리셨습니까?

....

....

....

....

지난주에 자녀와 유대감을 느꼈던 때나 자녀의 강점을 알아차린 때 하나를 이야기해 주세요.

....

....

....

....

PCIT-T 효과적 지시 8가지 규칙*(PDI-T 단계)

Eyberg & Funderburk (2011), 효과적 지시 8가지 규칙, 72-73쪽을 조정함.

* 가장 중요한 규칙은 지시를 드물게 사용해야 하며 아동이 정서적으로 따르기 연습을 할 수 있을 때, 회기 내 및 PDI-T 가정치료 연습 시 최대 3개의 지시만 하는 것이다.

규칙	이유	예시
1. 지시는 간접적이 아니라 <u>직접적으로</u> 말해야 한다.	• 직접 지시는 아동이 독립적으로 과제를 완수해야 한다는 것을 명확하게 의사소통하기 위해서 질문의 형식이 아닌 문장으로 제공된다.	• **블록을 나에게 건네줘.** • **기차를 통에 넣어 줘.** • **엄마 옆에 앉아.** 다음 대신: 블록을 건네줄래? 기차를 통에 넣자. 엄마 옆에 앉아, 알았지.
2. 지시는 <u>한 번에 하나만</u> 해야 한다.	• 아동의 발달 수준을 고려할 때, 아동이 과제를 생각하고 실행할 가능성을 높인다. • 부모가 지시이행 여부를 결정할 수 있는 능력을 향상시킨다.	• **인형을 바구니에 넣어.** 다음 대신: 인형하고 놀이옷하고 물티슈를 테이블 위에 올려 놔. • **내 손을 잡아.** 다음 대신: 집에 가자. (물건을 담고 손을 잡으면서)
3. 지시는 유아의 발달 수준에 적절하게 <u>간단한 개념과 짧은 어구</u>로 제한되어야 한다.	• 아동이 제시된 과제를 이해할 수 있는 능력을 향상시킨다. • 유인물에 기록된 지시만을 제공하고 연습한다. 이 지시들은 이 연령에게 제공되고 기대할 수 있는 제한된 유아중심 지시에 해당된다.	• **아빠 옆에 앉아.** 다음 대신: 그만 뛰고 진정해.
4. 지시는 일반적인 표현이 아니라 항상 <u>구체적</u>이어야 한다.	• 아동이 무엇을 해야 하는지에 대한 이해를 증가시킨다. • 무엇을 완수해야 하는지에 대해 부모와 아동의 기대가 일치하도록 한다.	• **엄마 옆에 앉아.** 다음 대신: 행동 잘해! • **내 손을 잡아.** 다음 대신: 이것저것 그만 만져!

5. 효과적인 지시는 <u>긍정적인 신체 접촉</u>(아동의 등에 손 대기)과 명확한 몸짓이 동반되어야 한다.	• 유아의 관심을 끌고 바람직한 자극 쪽을 향하도록 시각적 기능을 활용하게 해 주어 지시이행을 할 수 있는 가능성을 높인다.	• **부모: (부드럽게 손을 아동의 등에 놓고 다른 손을 내밀며) 아빠 손을 잡아.** 다음 대신: 부모: (방 건너편에서) 와서 내 손을 잡아!
6. 지시는 <u>평범하게 말하는 목소리 톤</u>으로 해야 한다.	• 아동이 지시이행 전에 받게 되는 정서적 피드백의 강도를 제한한다. • 지시이행 절차 동안 부모가 차분함을 유지하는 능력을 향상시킨다.	• **부모: (아동의 눈높이에서 평범한 목소리 톤으로) 엄마에게 기차를 줘.** 다음 대신: 부모: (방 건너편에서) 엄마에게 기차 줘!
7. <u>설명은 지시하기 전 또는 아동의 지시이행 후에 간략하게 제공</u>해야 한다.	• 지시와 아동의 지시이행 사이에 설명을 함으로써 아동의 집중을 방해할 가능성을 감소시킨다. • 요구하는 것의 맥락을 제공함으로써 지시이행을 할 가능성을 증가시킨다. • 이유와 순서를 가르치는 방법이 된다.	• **부모: 오~ 집에 갈 시간이야. 아빠 손을 잡으세요.** **아동: (따른다.)** **부모: 잘 따랐어! (얼굴 표정과 열정적인 목소리 톤을 제공한다.)** 다음 대신: 부모: 내 손을 잡아. – 아동: 왜? 부모: 정리해. – 아동: 나 놀아.
8. 부모는 <u>지시하기 전에 아동과 가까운 거리에 있어야</u> 한다.	• 가능하면 부모는 물리적으로 아동의 높이로 맞춘다(예: 아동 옆 바닥에 몸을 쭈그리고 앉는다). • 아동이 이해하고 독립적으로 과제를 완수할 가능성을 높인다. • 아동의 주의를 과제로 향하도록 도움으로써 아동의 지시이행 가능성을 증가시킨다.	• **아동: (방에서 뛰어다닌다.)** **부모: (아동이 뛰는 동선을 막고 아동에게 가까이 가고 눈높이로 낮추며) 와우, 이야기 시간이야! (책을 들며) 엄마 옆에 앉아.** 다음 대신: 부모: (방 안에서 아동을 뒤쫓으며) 책을 읽을 수 있게 엄마 옆에 앉아.

PDI-T 확인된 지시 워크시트

*** 가장 중요한 규칙은 지시를 드물게 사용해야 하며 아동이 정서적으로
따르기 연습을 할 수 있을 때에만 하는 것이다.**

다음의 지시를 아동이 가장 하기 쉬운 것(#1)에서 가장 하기 어려운 것(#5)까지 순위를 매기세요.

순위 #	발달적으로 적절한 유아를 위한 지시
	"_____를 나에게 줘." "_____를 나에게 주렴." "공룡을 나에게 줘." "공룡을 나에게 주렴."
	"_____를 상자에 넣어라." "인형을 상자에 넣어라."
	"내 손을 잡아라." (* 부모가 가까이 있고 아동이 차분할 때에만 사용되어야 한다.)
	"앉아라."

치료사와 함께 검토하기 위해서 자녀가 따르기를 바라는 다른 지시를 기록하세요.

1. ....

2. ....

3. ....

4. ....

5. ....

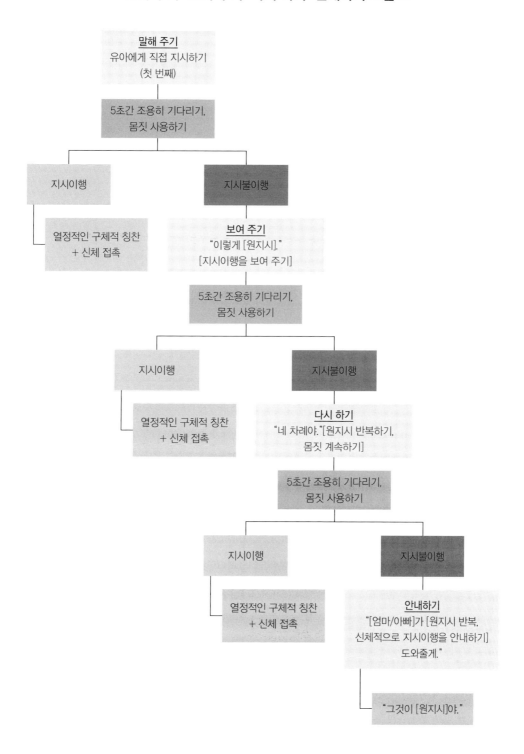

PDI-T: 따르기/지시이행 기술 교육
말해 주기–보여 주기–다시 하기–안내하기 흐름도

말해 주기
유아에게 직접 지시하기
(첫 번째)

5초간 조용히 기다리기,
몸짓 사용하기

지시이행

지시불이행

열정적인 구체적 칭찬
+ 신체 접촉

보여 주기
"이렇게 [원지시]."
[지시이행을 보여 주기]

5초간 조용히 기다리기,
몸짓 사용하기

지시이행

지시불이행

열정적인 구체적 칭찬
+ 신체 접촉

다시 하기
"네 차례야."[원지시 반복하기,
몸짓 계속하기]

5초간 조용히 기다리기,
몸짓 사용하기

지시이행

지시불이행

열정적인 구체적 칭찬
+ 신체 접촉

안내하기
"[엄마/아빠]가 [원지시 반복,
신체적으로 지시이행을 안내하기]
도와줄게."

"그것이 [원지시]야."

PCIT-T 가정치료 연습

아동 이름: _____   날짜: _____

☐ 모   ☐ 부   ☐ 다른 양육자 _____

당신의 회기 내 5분 PRIDE 기술

구체적 칭찬	반영	행동 묘사	질문/지시/비난

(세로축 눈금: 10, 5, 0)

CDI '해야 할 기술/ PRIDE'를 사용하여 자녀와 매일 5분 놀아 주세요.

자녀에게 큰 정서의 신호가 나타나고 당신의 도움이 필요한 경우 CARES 단계를 사용하세요.

	특별시간 전에 **이완**을 했나요?		오늘 5분 **특별시간**을 가졌나요?		활동 또는 사용한 장난감	자녀가 보인 큰 정서의 신호를 기록하세요. CARES를 사용했나요?	오늘 사용한 PRIDE 기술은…… 특별시간 동안 문제나 질문이 있었나요?
	예	아니요	예	아니요			
월요일							
화요일							
수요일							
목요일							
금요일							
토요일							
일요일							

한 주 동안 당신이 강한 정서를 느꼈던 때와 그것이 자녀에게 미친 영향을 기록하세요.

....

....

Eyberg & Funderburk (2011) CDI 숙제 용지, 28쪽을 조정함.

참고문헌

Bagner, D. M., Coxe, S., Hungerford, G. M., Garcia, D., Barroso, N. E., Hernandez, J., & Rosa-Olivares, J. (2016). Behavioral parent training in infancy: A window of opportunity for high-risk families. *Journal of Abnormal Child Psychology, 44*(5), 901-912.

Eyberg, S., & Funderburk, B. W. (2011). Parent-child interaction therapy protocol. Gainesville, FL: PCIT International.

Hansen, B., & Shillingsburg, A. M. (2016). Using a modified parent-child interaction therapy to increase vocalizations in children with autism. *Child & Family Behavior Therapy, 38*(4), 318-330.

Tempel, A. B., Wagner, S. M., & McNeil, C. B. (2009). Parent-child interaction therapy and language facilitation: The role of parent-training on language development. *The Journal of Speech and Language Pathology-Applied Behavior Analysis, 3*(2-3), 216-232.

Vanderbilt University Center on the Social and Emotional Foundations for Early Learning. (1999). Teaching your child about feelings does his from birth to age 2. Retrieved from http://csefel.vanderbilt.edu/documents/teaching_your_child-feeling.pdf

.

제16장

부모주도 상호작용-걸음마기 유아 코칭 회기

부모주도 상호작용(PDI) 코칭 회기의 목적은 부모가 이전에 마스터한 CDI-T 기술 (예: PRIDE 기술, CARES 단계, 절제된 반응, 방향 전환)을 기반으로 확장될 수 있게 돕기 위한 것이다. 이것은 부모가 행동을 다룰 수 있는 능력을 향상시키면서 아동에게 기능적 언어와 일관되게 높은 수준의 지시이행을 발달시킬 수 있는 기회가 증가함으로써 이루어진다. 마지막으로, PDI-T 기술은 기저귀 교체와 낮잠 시간과 같은 일반적인 생활 상황에 적용된다. 지속적인 가정치료 연습의 중요성은 이 개입의 새로운 단계의 성공에 매우 중요하다. 대기실에서 부모의 손을 잡고 놀이실로 걸어가는 것을 명확하게 보여 주는 '~하면 ~하게 돼(when-then)' 시각적 자극 카드를 아동에게 보여 주면서 매 회기가 시작된다. 일관성과 예측 가능성의 원칙은 이 단계에서 개입의 기저를 이루는 토대가 된다. 다시 말하면, 치료사는 아동의 자기조절을 돕기 위해 30~45분의 회기를 고려할 수 있다. 덧붙여 이런 제한은 어린 아동이 정서와 행동을 더 잘 조절하는 데 도움을 주기 위해 발달적으로 적절한 시간 제한을 유지하는 것의 중요성을 모델링해 준다. CDI-T와 마찬가지로, PDI-T 회기의 대부분은 부모주도 기술을 사용하도록 이어폰 장치를 사용하여 부모와 아동을 실시간으로 코칭하는 데 시간을 보내게 될 것이다. 지시이행 연습은 이행할 가능성이 낮은 지시를 하기 전에 이행할 가능성이 높은 지시를 연습하면서 점진적인 단계로 진행될 것이다.

　참고: 오늘의 발달 팁 카드는 이 매뉴얼 마지막의 〈부록 H〉에 수록되어 있다. 임상가는 매 회기 초 또는 마지막에 선택한 카드를 부모가 수용하고 활용할 수 있을지에 대한 임상적 판단을 해야 한다.

회기 준비물

1. 이어폰 장치
2. 시각적 전환 신호 카드
3. 필수 유인물
　(1) CDI-T 가정치료 연습 용지
　(2) PDI-T 가정치료 연습 용지
　(3) DPICS-T 코딩 용지
　(4) PDI-T 코딩 지시이행 용지(PDI-T 코칭 3과 이후)
　(5) CDI-T 기술의 관계 향상 경과표
　(6) PDI-T 기술의 따르기/지시이행 경과표

PDI-T 코칭 팁

1. 이 연령 집단에서는 훈육보다 따르기 기술을 가르친다. 그렇기 때문에 전반적으로 재미있는 느낌, '게임 같은' 따르기 활동을 포함한 가벼운 지시이행 상호작용이 이루어져야 한다.
2. PDI-T 단계 동안 CDI-T 기술이 지속적으로 치료의 기초가 된다. 따라서 모든 CDI-T 코칭 팁을 계속 포함해야 한다.
3. 코치의 목소리는 항상 부모가 아동에게 말하는 방식을 나타내야 한다.
　(1) PDI-T 단계의 안내된 지시이행 절차를 부모에게 코칭할 때는 명확하고, 차분

하고, 일관되어야 한다.

 (2) 부모가 안내된 지시이행 단계를 배우는 PDI-T 단계의 첫 몇 회기 동안에는 코치가 좀 더 직접적일 수 있다. 회기가 진행됨에 따라 코치는 부모가 점점 더 독립적으로 기술을 사용할 수 있도록 해 주어야 한다.

4. 이 연령 집단의 아동들은 종종 효과적 지시를 이해하고 수행하는 데 시간이 더 필요하다. 그렇기 때문에 어떤 아동들은 주어진 과제를 수행하는 데 5초 이상이 필요할 수 있다.

5. 지시이행 절차에서 다음 단계로 진행하기 전에 지시이행의 근사치(예: 목표하는 물건을 찾는 것, 요청하는 것을 완수하려고 시도하는 것)를 포함하여 부모가 아동의 신호를 관찰하도록 돕는 것은 매우 중요하다.

6. 코치는 아동의 지시이행에 대한 반응으로 부모에게 구체적 칭찬과 긍정적 신체접촉을 하도록 하면서 열정을 모델링해 주어야 한다.

7. PDI 지시 절차는 한정되었지만 부모가 단계를 실행하는 동안 열정적이고 즐거움을 유지하도록 동기부여를 하는 것은 상호작용을 따뜻하고 즐겁게 유지하면서 아동이 집중할 수 있도록 도와준다.

8. 회기 동안 지시이행 연습을 시도하는 수는 부모와 아동의 기분(예: 행복하고 잘 쉬고 온 부모와 아동에게는 따르기 기술을 가르치고 배울 기회를 더 많이 제공한다. 피곤하고 짜증이 나는 부모와 아동에게는 따르기 기술을 가르치고 배울 기회를 제한적으로 제공한다)과 코칭 회기당 최대 세 번으로 제한하고 PDI-T 가정치료 연습을 고려하여 결정한다.

회기 목표

1. 아동과 놀이하는 부모-아동 쌍의 직접 코칭을 통해 부모의 부모주도 기술 사용을 증가시킨다.
2. 이전에 마스터한 CDI-T 기술 사용 능력을 유지한다.

회기 개요

1. 대기실에서 부모와 아동을 환영한다.
   (1) 접수 시 제공되지 않았다면, 부모에게 체크인 용지를 제공하고 약 5분간 작성할 수 있는 시간을 준다.
   (2) 부모의 현재 가정치료 연습 용지를 회수하고, 부모 앞에서 CDI-T 기술의 관계 향상 경과표에 정보를 기록한다. 부모가 4회 이상 매일 치료 세션을 완수한 주간을 형광펜을 사용하여 그래프를 그린다. 가정치료 연습을 완수한 날이 3일 이하면 검정 펜이나 연필을 사용하여 CDI-T 기술의 관계 향상 경과표에 완수한 날의 수를 표기한다.

   참고: 기관의 대기실 상황이나 부모가 아동의 행동을 다루는 것에 대한 어려움에 따라 치료사는 부모와 자녀를 치료실로 이동시키고 아동과 놀아 주면서 부모에게 작성할 시간을 주는 것을 고려할 수 있다. 이 단계에서 앞서 언급한 이동이 이루어지면 치료사는 초기에 대기실에서 부모와 아동에게 접근할 때 (다음 단계에서 설명하는) 시각적 지원을 활용해야 한다.

2. 체크인 용지가 작성된 후에 이 장의 유인물 부분에 수록된 전환 신호 카드/시각적 지원을 준비하여 부모와 아동에게 접근한다. 부모가 치료실로 걸어가는 동안 아동의 손을 잡도록 하면서 아동과 함께 시각적 지원을 검토한다.
   (1) 부모가 이전에 PRIDE 기술을 마스터하였으므로 치료사는 부모와 아동이 함께 치료실로 걸어갈 때 부모가 그 기술을 사용하도록 격려하여 기술 사용을 강화한다.

   참고: CDI-T 회기가 진행되고 부모의 CDI-T 기술이 향상됨에 따라 치료사는 이 전환 시간에 부모가 CDI-T 기술을 사용하도록 코칭하는 것으로 전환해야 한다.

3. 작성한 체크인 용지를 검토한다. 체크인 용지를 검토하는 동안 치료사는 동시에 아동과 상호작용하면서 필요한 경우 아동에게 CARES 사용을 모델링한다.
   (1) 이전 회기 이후 발생한 주요한 변화를 간략하게 알아본다.
   (2) 부모에게 평행 프로세스를 상기시킨다. 다음의 예시에서 평행 프로세스 질문 하나를 선택한다.

① 당신은 큰 좌절감이나 분노를 느꼈지만 자녀에게 좋은 롤 모델이 되기 위해서 통제했던 때가 있었습니까?

② 아동 앞에서 차분함을 유지하기 위해 노력을 많이 했던 때는 언제였습니까? 어떻게 하셨습니까?

③ 자녀와 상호작용을 하면서 자신의 어린 시절이나 당신 부모가 당신에게 한 양육의 영향에 대해 생각난 것이 있었습니까?

④ 지난주 동안 다른 사람의 정서나 행동이 자녀의 정서나 행동에 미치는 영향을 알아차린 적이 있습니까?

⑤ 과거와 다르게 아동과 상호작용을 하게 되면서 당신 자신의 정서나 행동을 관리하는 것에 대해 스스로 자랑스럽게 느껴졌던 때가 있었습니까?

⑥ 당신의 정서와 행동을 조절하는 능력이나 아동의 정서와 행동을 조절하는 능력이 변화되었다는 것을 알아차리거나 그에 대해 언급한 사람이 있었습니까? 만약 있다면, 어떻게 달라졌습니까?

⑦ 지난주 동안 자신을 돌보기 위해 무엇을 했습니까? 당신의 자기돌봄이 간접적으로 아동에게 어떻게 영향을 줍니까? 자신의 욕구를 돌보는 시간을 갖는 것이 자녀에게 정서적으로 도움이 될 수 있다는 것에 대해 알아차린 것이 있었습니까?

- 부모가 자신의 자녀를 향한 헌신 또는 자신과 관련된 생각을 돌아보고 나눌 수 있는 능력을 칭찬한다. 대화하는 중에 부모에게 추가적인 지지가 필요하다는 것이 분명하다면 치료사는 부모의 생각과 감정을 이야기할 수 있는 개별 회기를 다른 시간에 추가적으로 제공하는 것을 고려할 수 있다.

- 지난주에 부모가 아동과 유대감을 느꼈던 때나 아동의 강점을 알아차린 때에 대한 예를 들어 준 것에 대해 언급한다. 부모가 독립적으로 예를 제시하지 못하면 다음의 스크립트 중 하나를 사용하여 격려한다.

스크립트 예시:

"어머니(아버지)께서 자녀와 정말 즐거웠고, 연결되었다고 느끼고, 어머니(아버지)와 자녀가 조화를 이루었던 시간, 함께 웃었던 때 또는 무엇인가를 통해서 특별한 유대감을 경험했던 때에 대해 이야기해 주세요."

또는

"이번 주에 어머니(아버지)께서 알아차린 자녀의 긍정적인 특성이나 강점에 대해 이야기해 주세요. 어머니(아버지)의 행동이 아이가 그 강점을 극대화시키는 데 영향을 미치는 것에 대해 어떻게 생각하시나요?"

(1) **가정치료 연습을 검토한다.**

① 부모가 연습 용지를 작성하고 가져온 노력을 칭찬한다.

② 발생한 문제를 해결하면서 가정치료 연습 시간의 본질에 대해 논의한다. 연습했을 때 사용한 장난감, (아동의 발달적 필요를 고려한) 연습 시간, 연습 공간을 검토한다.

③ 부모가 기술을 사용하는 것이나 연습 세션 동안 아동의 행동을 다루는 것에 대해 불확실성을 표현한다면 부모에게 자신감 있게 확신을 나타낸다.

④ 가정치료 연습용지를 가져오지 않았다면 부모가 새로운 가정치료 연습 용지를 회기 내에서 작성하도록 한다. 가정치료 연습이 실시되지 않았다면 연습에 방해가 되는 문제를 해결하고 연습이 이 치료의 성공에 중요함을 반복해서 강조한다. 가정치료 연습 용지를 작성하고 가져오는 것을 기억하도록 부모를 도울 수 있는 방법을 찾아본다(예: 핸드폰에 알람 설정하기, 냉장고에 용지를 붙여 두기).

4. 부모의 정서와 행동이 아동의 정서와 행동에 미치는 결정적인 영향을 강조하면서 자녀를 위한 치료적인 부모가 되기 위해 부모의 현재 정서조절, 감정, 정서적 가용성을 체크한다. 인지적 체크인 질문을 가지고 부모를 안내한다.

인지적 체크인 질문:

(1) 나는 어떻게 느끼고 있는가?

(2) 나는 내 아기와 상호작용할 적절한 상황에 있는가?

5. 가정에서 자녀와 특별 놀이 시간을 시작하기 전에 부모는 이런 체크인 질문을 자신에게 해야 한다는 것을 설명한다.

6. 다음의 간략한 횡격막 호흡 이완 연습 4단계를 각각 부모에게 간략하게 안내한다.

1단계: 편안한 위치로 이동한다. 의자나 바닥에 앉는다.

2단계: 한 손을 배 위에 올려놓는다. 천천히 큰 호흡을 들이쉰다.

3단계: 배를 앞으로 내밀면서 천천히 호흡을 내쉰다.

4단계: 이 과정을 2~3회 반복한다.

7. 부모에게 이 절차가 정서와 인지 상태에 미치는 영향에 대해 물어본다. 부모가 가정에서 아동과 치료적 놀이를 준비하는 것을 돕기 위해 이 훈련을 하는 것이 중요함을 강조한다.

8. (필요하다면) 아동에게 코칭 전환 시각 자료를 제시하고 PDI-T 코칭으로 전환한다. 부모에게 필요한 이어폰 장치를 제공한다.

   스크립트 예시: "이제 엄마/아빠/양육자가 너와 같이 놀이할 시간이야! 네가 엄마/아빠/양육자와 여기서 이 장난감을 가지고 놀이하는 동안[시각 자료의 해당 그림을 가리킨다.] 나는 내 방으로 갈 거야[시각 자료의 해당 그림을 가리킨다.]."

9. 부모가 아동에게 부모와 아동이 장난감을 가지고 함께 놀이할 시간이라고 알려 주도록 한다.

   "이제 [아동 이름]이와 엄마/아빠/양육자가 함께 놀이할 시간이야!"

10. [PDI-T 코칭 첫 회기] 5분 동안 CDI-T 코칭으로 시작한다. PDI-T 절차 코칭 시간을 확보하기 위해서 DPICS 코딩은 생략하고, 15번 항목으로 이동한다.

11. [PDI-T 코칭 두 번째 회기] 부모가 아동과 아동주도 기술을 사용하는 동안 치료사는 첫 5분 동안 조용히 있을 것이라고 부모에게 알려 준다. 치료사가 부모와 아동이 놀이하는 것을 관찰하고 특히 상호작용을 하는 동안 부모가 사용하는 아동주도 기술에 주목할 것이라고 부모에게 알려 준다.

    스크립트 예시: "어머니(아버지)와 [아동 이름]이가 함께 놀이하는 동안 5분간 지켜보겠습니다. 어머니(아버지)께서는 놀이하면서 가능한 한 많은 아동주도 기술을 사용해 주시기 바랍니다. 이 5분 시간 안에 [아동 이름]이가 정서조절 곤란을 보이면 CARES 단계를 사용하는 것을 기억하시고요. 아동의 주도를 따라가시고 즐거운 시간 되세요."

    참고: 아동이 이 5분 시간 안에 극단적으로 정서조절 곤란을 보이면, 치료사는 코딩을 멈추고 그 행동에 가장 적절한 절차로 부모 코칭을 시작한다.

12. 5분 상호작용 코딩을 마친 후 양육자가 1분 더 놀 수 있도록 한다. 부모에게 피드백 샌드위치를 제공하기 전에 데이터를 CDI-T 기술의 관계 향상 경과표에 기록한다. 피드백 샌드위치는 구체적 칭찬을 제공하고, 그다음 부모가 개선해야 할 영역과 그날의 목표, 그다음 또 다른 구체적 칭찬을 제공하는 것이다.

    스크립트 예시: "어머니(아버지)께서는 [아동 이름]이가 부드럽게 놀이하는 것에 대한 칭찬을 아주 잘해 주셨습니다. 그동안 연습해 오셨다는 것을 알겠어요! 오늘 우리는 [아동 이름]이가

놀이를 주도할 수 있도록 질문을 줄이는 것을 연습하겠습니다. 어머니(아버지)께서 [아동 이름]이에게 가까이 앉으신 것 아주 좋습니다. [아동 이름]이가 안전하다고 느끼게 해 주는 것 같아요."

13. 양육자가 PDI-T의 세 번째 코칭 회기에 도달하면 부모가 아동에게 부모주도 걸음마기 유아 기술을 사용하는 동안 치료사는 조용히 있을 것이라고 알려 준다. 치료사가 부모와 아동의 놀이를 관찰하고 특히 상호작용을 하는 동안 지시와 말해 주기-보여 주기-다시 시도하기-안내하기 절차를 포함하여 모든 부모주도 기술 사용을 주목하겠다고 부모에게 알려 준다.

스크립트 예시: "어머니(아버지)와 [아동 이름]이가 함께 놀이하는 동안 5분간 지켜보겠습니다. 어머니(아버지)께서는 이 5분 동안 지시 4개를 하는 것을 목표로 하시고 놀이하면서 가능한 한 많은 아동주도(PRIDE) 기술을 사용해 주세요. 이 5분 시간 안에 [아동 이름]이가 정서조절 곤란을 보이면 CARES 단계를 사용하는 것을 기억하세요."

14. 5분 상호작용 코딩을 마친 후 부모에게 피드백 샌드위치를 제공한다. 피드백 샌드위치는 구체적 칭찬을 제공하고, 그다음 부모가 개선해야 할 영역과 그날의 목표, 그다음 또 다른 구체적 칭찬을 제공하는 것이다.

스크립트 예시: "어머니(아버지)께서 [아동 이름]이에게 발달적으로 적절한 지시를 아주 잘 해 주셨어요. 그동안 꾸준히 연습하셨다는 것을 알겠어요! 오늘 우리는 일부 간접 지시를 직접 지시로 바꾸는 것을 연습하겠습니다. 놀이하시면서 [아동 이름]이에게 해 주신 모든 긍정적인 신체 접촉이 어머니(아버지)와의 관계 형성에 도움이 되는 것이 너무 보기 좋습니다."

15. 약 15~25분 동안 부모주도 걸음마기 유아 기술을 부모와 아동에게 코칭한다(한 부모 참석). 아동이 긍정적인 기분 상태에 있을 때 종료하도록 노력한다. (제9장의 'PDI-T 코칭의 고려사항' 절의 예시 참고)

(1) 초반에는 아동이 지시이행을 할 가능성이 높다고 순위 매긴 지시에 집중한다. 이 지시가 '말해 주기' 또는 '보여 주기' 단계 안에서 이행된다면 다음 순위의 지시로 이동한다(PDI 도표 따르기).

(2) 회기 동안 아동이 자연스럽게 원하는 장난감이 있을 때 부모에게 직접적인 언어 자극 절차를 실행하도록 부모를 코칭한다.

(3) 부모가 자신의 정서와 행동을 조절할 수 있는 능력에 대해 치료사가 인식하고 있어야 한다. 부모가 스트레스를 받고 있거나 속상하다는 신호를 스스로

알아차리도록 도와준다. 필요하다면 회기 내에서 횡격막 호흡을 사용하도록 부모를 코칭한다. 치료사는 부모에게 근육 부위를 선택하고(예: 어깨, 손, 다리) 3~4초간 긴장시키고 유지하다가 긴장감을 이완시키도록 하는 방법도 선택할 수 있다. 긴장과 이완의 대조 훈련은 선택한 근육을 이완시키는 데 도움을 준다.

(4) 특히 아동의 정서조절 곤란 순간이 발생한 후에 치료사는 부모가 스스로에게 CARES 모델을 실행하도록 코칭해야 한다.

  C: 인지 확인하기, 자신에 대한 단서 찾기(Check cognition, clue into yourself) – 유아와 특별시간을 시작하기 전에 자신을 점검한다.

  A: 자신을 돕기(Assist self) – 정서적으로 놀이할 준비가 되지 않았다면, 이완 기법을 사용하여 다시 집중한다.

  R: 자신을 안심시키기(Reassure self) – 양육에는 도전이 따르고, 한 기법이 모든 아동에게 효과적이지는 않다.

  E: 정서를 인식하기(Emotional awareness) – 특별시간은 재미와 유대감을 경험하게 해 준다.

  S: 민감하기와 진정시키기(Sensitive and soothing) – 자신을 안심시키는 동안 자신에게 친절하고 민감하게 대한다.

  참고: 단계는 순서에 상관없이 바꾸어 사용할 수 있다.

(5) 치료사는 부모의 정서(예: 목소리 톤, 단어)와 행동(예: 아동과의 참여, 부드러운 신체 접촉)이 아동의 정서와 행동에 긍정적인 영향을 주는 순간을 강조해야 한다.

(6) 회기가 3분 정도 남았을 때 양육자가 아동에게 회기가 마무리된다는 것을 알려 주도록 요청한다(아동의 놀이 마무리 준비에 도움이 되도록 전환 문장을 제공한다).

(7) 회기 동안의 아동의 긍정적 행동에 대해 양육자가 두 개의 칭찬 문장을 만들도록 한다.

(8) 아동이 놀이를 마무리하도록 돕기 위해 양육자에게 정리하면서 '클린업' 노래를 부르도록 요청한다. 이 노래를 모르는 경우 치료사가 온라인으로 찾아볼 수도 있다.

16. 두 양육자가 참여하는 경우: 약 10분간 부모주도 걸음마기 유아 기술을 첫 번째 부모

와 아동에게 코칭한다. 그런 다음 두 번째 부모로 교대하기 위해 전환 코칭을 한다.

(1) 현재 코칭을 받은 부모가 유아에게 가까이 가도록 한다. 아동을 만질 수 있는 거리에서 등을 쓰다듬어 주면서 "이제 [아빠]가 너하고 놀려고 오실 거야."라고 말한다.

(2) 새로 놀이에 들어간 부모는 장난감을 가지고 주의를 다른 곳으로 돌려서 분리 문제를 감소시키는 기법을 사용하기 위해 다른 장난감을 가지고 방에 들어온다.

(3) 그런 다음 새로 놀이에 들어간 부모는 주의를 돌리기 위해 새로운 장난감을 보여 주면서 "[아빠]가 너하고 놀기 위해 여기 있어."라고 전환 문장을 말한다.

(4) 새로 놀이에 들어간 부모와 먼저 놀이한 부모는 부드럽게 손을 유아에게 대고 있으면서 가까운 거리에 머무른다. 그런 다음 새로 놀이에 들어간 부모가 유아와 놀이를 시작하면 먼저 놀이한 부모는 방 밖으로 점차 물러난다.

17. 유아가 성공적으로 두 번째 부모와 전환이 이루어진 후에 15번 항목의 같은 단계를 따른다. 약 10분 동안 부모주도 유아 기술을 두 번째 부모와 아동에게 코칭한다.

18. 회기 마무리 시각 자료를 가지고 치료실에 들어간다. CDI-T 기술의 관계 향상 경과표를 제시한다. PDI-T 세 번째 코칭 또는 이후 회기인 경우 PDI-T 기술의 따르기/지시 이행 경과표를 제시한다. 초기 CDI-T와 PDI-T의 기술 코딩과 관련하여 회기를 진행하는 동안 개선된 부분을 강조하면서 부모에게 간략한 피드백을 제공한다.

19. 부모에게 CDI-T와 PDI-T 가정치료 연습 용지를 제공한다.

20. 치료실을 나가서 자동차로 걸어가는 것과 관련이 있는 그림이 있는 전환 시각 자료를 아동에게 보여 준다.

스크립트 예시: "이제 '빠이빠이'를 할 시간이야. [아동이 치료실을 떠나는 그림을 가리킨다.] 그리고 차로 걸어갈 시간이야. [차 안에 있는 아동 그림을 가리킨다.]"

중요한 참고사항

회기 초반의 5분 코딩 시간 동안 부모의 PDI-T 기술이 마스터 기준에 도달할 때까지 이번 회기는 반복되어야 한다. PDI-T 마스터 기준은 다음을 포함한다(〈표 16-1〉 참고).

21. PDI-T 마스터 기준에 도달하면 치료사는 생활 개선 상황 코칭 회기로 진행하기 전에 즉시 부모에게 치료 후 평가 척도를 작성하게 한다.

22. 성실성 체크리스트: PDI-T 코칭 회기를 작성한다.

표 16-1 PDI-T 마스터 기준 요건

부모 기술	도달해야 하는 마스터 기준
PDI-T 안내된 지시이행 절차의 효과적인 전달	절차를 마스터하는 회기 초반 5분 동안 75% 효과적인 지시 효과적 지시에 대해 75% 효과적 후속 절차
지시적 언어 자극과 코칭 절차를 효과적으로 사용	만족스러운 실행
신체적 공격성 반응 절차를 효과적으로 사용(해당되는 경우)	만족스러운 실행
자해 행동 반응 절차를 효과적으로 사용(해당되는 경우)	만족스러운 실행

성실성 체크리스트: PDI-T 코칭 회기

이 회기를 검토하면서 예(Y), 해당 없음(NA) 또는 아니요(N) 중 적절한 칸에 체크 표시를 하세요. 표 아래쪽의 적절한 칸에 합계를 기록하세요. 각 항목에 대한 자세한 설명은 세부 회기 개요를 참고하세요. (성실성 체크리스트와 지침은 Eyberg & Funderburk, 2011을 바탕으로 함)

성실성 체크리스트: PCIT-T PDI 코칭 회기			
아동 및 양육자:			
회기 진행 치료사:			
체크리스트 검토자:		날짜:	

	항목	Y	NA	N
1	준비한 시각 자료를 가지고 대기실의 부모와 아동에게 간다. 아동과 시각 자료를 검토하고 양육자가 CDI-T 기술을 사용하도록 촉진하고 PDI-T 기술을 모델링한다.			
2	주요 변화를 확인하고 양육자가 지난주에 아동과 유대감을 느꼈던 때 또는 아동의 강점을 알아차린 때에 대해 물어본다.			
3	CDI-T와 PDI-T 가정치료 연습 용지를 검토하고 숙제의 중요성을 강화하고, 어려움에 대해 문제 해결을 한다.			
4	양육자가 말해 주기-보여 주기-다시 하기-안내하기 절차를 전부 암기했다고 하더라도 치료사가 각 단계를 코칭할 것이라고 말해 준다.			
5	CDI-T 문장을 소개하고 첫 5분간 CDI-T 기술을 DPICS 코딩하고, 피드백을 제공한다.			
6	PDI-T 코칭 3회기 이상이면 5분 동안 첫 번째 양육자의 PDI-T 따르기/지시이행 코딩을 하고, 자료를 따르기/지시이행 경과표에 옮겨 적는다.			
7	15~20분 동안 양육자와 아동에게 PDI-T 기술을 코칭한다.			
8	치료사가 방으로 들어오는 것에 대해 양육자가 아동을 준비시킨다.			
9	CDI-T를 위한 관계 향상 경과표와 PDI-T 코칭 3회기 이상이면 PDI-T를 위한 따르기/지시이행 경과표를 검토한다.			
10	CDI-T와 PDI-T 가정치료 연습 용지를 제공한다.			
11	부모에게 문제가 발생하면 전화하도록 안내한다.			
12	전환 시각 자료를 사용하여 아동이 놀이를 마무리하고 나가도록 준비시킨다.			
13	치료사는 필요한 경우 떠나는 과정에서 부모와 아동을 지지해 주고 CDI-T 기술을 모델링한다.			
	합계			

회기에 대한 치료사의 의견

회기에 대한 성실성 평가자의 의견

성실성 = $\dfrac{예\ 합계}{예\ 합계\ +\ 아니요\ 합계}$ = _____ %

회기 시간 = _____ 분

유인물과 양식

PCIT-T 체크인 용지

지난 회기 이후 치료사가 알아야 할 주요 스트레스 유발 상황이 있었습니까?

....
....
....
....

만약 있었다면, 그런 스트레스 유발상황은 당신의 기분, 행동 그리고 매일 5분 동안 자녀에게 치료를 제공하는 데 영향을 끼쳤습니까?

....
....
....
....

당신의 정서와 행동 표현이 자녀의 정서와 행동 표현에 끼치는 영향을 어떻게 알아차리셨습니까?

....
....
....
....

지난주에 자녀와 유대감을 느꼈던 때나 자녀의 강점을 알아차린 때 하나를 이야기해 주세요.

....
....
....
....

시각적 전환 신호 카드 – 대기실에서 놀이실로 가기

시각적 전환 신호 카드 - 놀이실에서 대기실 나가기

DPICS-T 코딩 용지-치료사용

Eyberg & Funderburk (2011)를 조정함.

아동 이름/ID _____   날짜: _____

부모: □ 모   □ 부   □ 다른 양육자 _____

코딩자: _____   시작 시간: _____   종료 시간: _____

CDI 코칭 # _____	PDI 코칭 # _____	PDI 생활 개선 # _____

숙제를 완수한 날의 수는? □ 0   □ 1   □ 2   □ 3   □ 4   □ 5   □ 6   □ 7

해야 할 기술	횟수 표기	합계	마스터 기준
일반적인 말			−
정서에 이름 붙이기			−
행동 묘사			10
반영			10
구체적 칭찬			10
구체적이지 않은 칭찬			−
하지 말아야 할 기술	**횟수 표기**	**합계**	**마스터 기준**
질문			
지시			0≤3
부정적인 말			

양육자가 단계를 생략한 그 순간 양육자를 코칭한다(필요한 경우). 5분 DPICS 코딩을 하는 동안 마이크 장치를 착용하는 것을 **포함**할 수 있다.

큰 정서가 발생했나요?	예	아니요	# 표기	
사용한 CARES 기술	한 곳에 동그라미 하세요			참고
가까이 가기	만족스러움	연습 필요함	해당 없음	
아동을 도와주기	만족스러움	연습 필요함	해당 없음	
아동을 안심시키기	만족스러움	연습 필요함	해당 없음	
정서를 타당화하기	만족스러움	연습 필요함	해당 없음	
진정시키기	만족스러움	연습 필요함	해당 없음	

(다음 페이지에 계속)

DPICS-T 코딩 용지-치료사용

Eyberg & Funderburk(2011)를 조정함.

아동 이름/ID _____ 날짜: _____

<u>부모</u>: □ 모   □ 부   □ 다른 양육자 _____

코딩자: _____ 시작 시간: _____ 종료 시간: _____

긍정적인 기술	한 곳에 동그라미 하세요		참고
모방하기	만족스러움	연습 필요함	
즐거움 표현하기	만족스러움	연습 필요함	
신체적 애정 표현	만족스러움	연습 필요함	
상호 눈맞춤	만족스러움	연습 필요함	
활기찬 목소리 톤	만족스러움	연습 필요함	
활기찬 얼굴 표정	만족스러움	연습 필요함	
발달 수준에 맞는 놀이 스타일	만족스러움	연습 필요함	
행동 관리 기술	**한 곳에 동그라미 하세요**		**참고**
방향 전환 기술	만족스러움	연습 필요함 해당 없음	
절제된 반응 기술	만족스러움	연습 필요함 해당 없음	
한계 설정 – '아프게 하지 않기'	만족스러움	연습 필요함 해당 없음	

일반적인 참고사항 및 관찰

CDI-T 기술의 관계 향상 경과표

회기 #	CLP 기초선								
날짜									
가정치료 연습									
7	×								
6	×								
5	×								
4	×								
3	×								
2	×								
1	×								
0	×								
구체적 칭찬									
10+									
9									
8									
7									
6									
5									
4									
3									
2									
1									
0									
반영									
10+									
9									
8									
7									
6									
5									
4									
3									
2									
1									
0									
행동 묘사									
10+									
9									
8									
7									
6									
5									
4									
3									
2									
1									
0									

CDI-T 기술의 관계 향상 경과표

회기 #	CLP 기초선							
날짜								
정서에 이름 붙이기								
10+								
9								
8								
7								
6								
5								
4								
3								
2								
1								
0								
질문/지시/비난의 말								
10+								
9								
8								
7								
6								
5								
4								
3								
2								
1								
0								
CARES								
만족								
N/A								
개선 필요								
다른 긍정적 기술 (모방, 즐기기, 애정 표현, 눈맞춤, 활기 등)								
만족								
N/A								
개선 필요								
방향 전환과 절제된 반응								
만족								
N/A								
개선 필요								
한계 설정 '아프게 하지 않기'								
만족								
N/A								
개선 필요								

PDI-T 따르기/지시이행 기술 교육
말해 주기-보여 주기-다시 하기-안내하기 흐름도

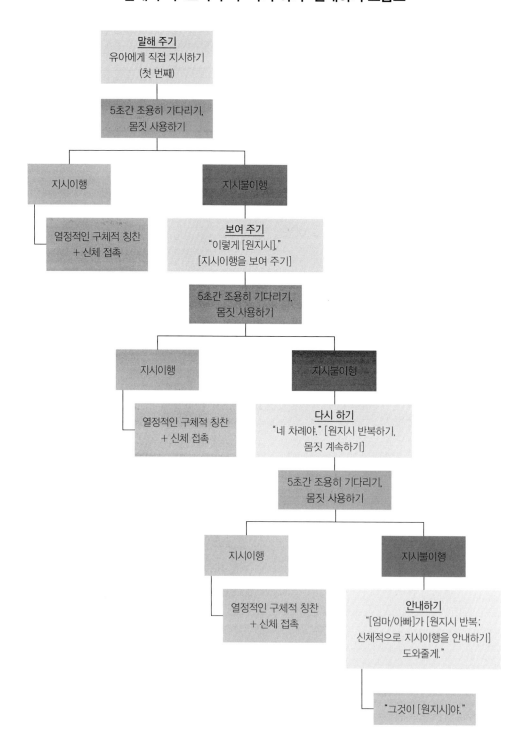

말해 주기
유아에게 직접 지시하기
(첫 번째)

5초간 조용히 기다리기,
몸짓 사용하기

지시이행

지시불이행

열정적인 구체적 칭찬
+ 신체 접촉

보여 주기
"이렇게 [원지시]."
[지시이행을 보여 주기]

5초간 조용히 기다리기,
몸짓 사용하기

지시이행

지시불이행

열정적인 구체적 칭찬
+ 신체 접촉

다시 하기
"네 차례야." [원지시 반복하기,
몸짓 계속하기]

5초간 조용히 기다리기,
몸짓 사용하기

지시이행

지시불이행

열정적인 구체적 칭찬
+ 신체 접촉

안내하기
"[엄마/아빠]가 [원지시 반복;
신체적으로 지시이행을 안내하기]
도와줄게."

"그것이 [원지시]야."

PCIT-T PDI-T 코딩 용지 - 치료사용

아동 이름 _____   □ 모 □ 부 □ 다른 양육자 _____   코딩자: _____

시작 시간: _____   종료 시간: _____   PDI 회기 #: _____

말해 주기

지시 DC 또는 IC?	물건 제공? NOC	CO	NC	청취 LP 또는 UP 또는 NP?	활기찬 칭찬 및/또는 신체 접촉 5초	**보여 주기** 과제 시범 DC 반복 + 이렇게	CO	NC	청취 LP 또는 UP 또는 NP?	활기찬 칭찬 및/또는 신체 접촉 5초	**다시 하기** "네 자례야." 말하기 + DC	CO	NC	5초	**안내하기** "내가…… 도와줄게." 순 위에 손	과제 종결을 위한 BD	정확한 후속 절차?
1																	
2																	
3																	
4																	
5																	
6																	
7																	
8																	
9																	
10																	
합계																	

A. # NOC _____   효과적 DC% (C÷D) _____   □ 효과적 DC 75%

B. # IC _____   DC에 CO% (E÷C) _____   □ 아동 지시이행 기술 %

C. # 효과적 DC _____   ('말해 주기' '보여 주기' 또는 '다시 하기' 단계에서 과제 완수)

D. 지시 합계 _____

E. DC에 # CO _____   □ 정확한 후속 절차 75%

F. DC에 # 후속 절차 _____   DC에 FT% (F÷C) _____

Eyberg & Funderburk (2011), 105쪽을 조정함.

*코딩과 관련된 자세한 설명은 부모-아동 상호작용 코딩시스템(DPICS) 매뉴얼 참조(Eyberg et al., 2010).

PDI-T 기술의 따르기/지시이행 경과표

회기 #	PLP 기초선	CU 기초선							
날짜									
PDI-T 가정치료 따르기 연습									
7	×	×							
6	×	×							
5	×	×							
4	×	×							
3	×	×							
2	×	×							
1	×	×							
0	×	×							
효과적인 직접 지시									
100%									
90%									
80%									
75%									
70%									
60%									
50%									
40%									
30%									
20%									
10%									
0%									
일관된 후속 절차									
100%									
90%									
80%									
75%									
70%									
60%									
50%									
40%									
30%									
20%									
10%									
0%									
아동 지시이행 행동*									
100%									
90%									
80%									
75%									
70%									
60%									
50%									
40%									
30%									
20%									
10%									
0%									

* 지시이행 행동은 PDI-T의 '말해 주기' '보여 주기' 또는 '다시 하기'를 하는 동안 완수한 과제를 계산한다.

PCIT-T 가정치료 연습

아동 이름: _____   날짜: _____

□ 모   □ 부   □ 다른 양육자 _____

당신의 회기 내 5분 PRIDE 기술

| 구체적 칭찬 | 반영 | 행동 묘사 | 질문/지시/비난 |

CDI '해야 할 기술/ PRIDE'를 사용하여 자녀와 매일 5분 놀아 주세요.
자녀에게 큰 정서의 신호가 나타나고 당신의 도움이 필요한 경우 CARES 단계를 사용하세요.

	특별시간 전에 **이완**을 했나요?		오늘 5분 **특별시간**을 가졌나요?		활동 또는 사용한 장난감	자녀가 보인 큰 정서의 신호를 기록하세요. CARES를 사용했나요?	오늘 사용한 PRIDE 기술은…… 특별시간 동안 문제나 질문이 있었나요?
	예	아니요	예	아니요			
월요일							
화요일							
수요일							
목요일							
금요일							
토요일							
일요일							

한 주 동안 당신이 강한 정서를 느꼈던 때와 그것이 자녀에게 미친 영향을 기록하세요.

....

....

Eyberg & Funderburk (2011) CDI 숙제 용지, 28쪽을 조정함.

PCIT−T 가정치료 따르기 연습
확인된 지시

Eyberg & Funderburk (2011), 105쪽을 조정함.

아동 이름: _____   날짜: _____

☐ 모   ☐ 부   ☐ 다른 양육자 _____

효과적 지시 8가지 규칙을 사용하고 자녀가

지시이행을 할 때마다 후속으로 구체적 칭찬을 한다.
필요한 경우 PDI−T를 시작하기 전에 CARES를 사용한다.
유아가 잘 배우기 위해 충분한 휴식을 취하게 한다. 최대
지시 3개.

	오늘 CDI 이후에 놀이 상황에서 5분 동안 PDI 연습을 했나요?		말해 주기 후 성공한 때마다 표기하세요.	보여 주기 후 성공한 때마다 표기하세요.	다시 하기 후 성공한 때마다 표기하세요.	안내하기 후 각 과제를 표기하세요.	의견 '안내하기' 기법이 필요했던 놀이 지시를 기록하세요. 안내한 후에 CARES가 필요했나요? 다른 의견?
	예	아니요					
월요일							
화요일							
수요일							
목요일							
금요일							
토요일							
일요일							

지시이행 절차를 가르치는 데 어려움을 경험한다면 **즉시 가족의 PCIT−T 코치에게 전화하세요.**

확인된 지시 예(빈칸을 채우세요):

나에게 _____를 건네 줘.

나에게 _____를 주렴.

_____를 여기에 놔.

> ### 구체적 칭찬
>
> **지시를 잘 따랐어!**
>
> **너는 말을 아주 잘 듣는구나!**
>
> **(엄마) 말 따르기를 멋지게 잘했어!**

참고문헌

Eyberg, S., & Funderburk, B. W. (2011). Parent-child interaction therapy protocol. Gainesville, FL: PCIT International.

제17장

생활 개선 상황 코칭 회기

생활 개선 상황 코칭 회기의 목적은 부모가 이전에 마스터한 CDI-T와 PDI-T 기술(예: PRIDE 기술, CARES 단계, 절제된 반응, 방향 전환, 안내된 지시이행, 지시적 언어 자극 코칭)을 유아와 그들의 가족에게 발생하는 매일의 실생활에서 적용하고 일반화하도록 부모를 돕기 위한 것이다. 부모가 이전에 배운 발달적 지식과 마스터한 기술을 실생활에 적용하도록 안내하여 부모의 힘을 북돋아 주는 것은 매우 중요하다. 또한 가정치료 연습을 하는 동안 CDI-T와 PDI-T 기술의 지속적인 중요성은 이 단계의 개입의 기초가 된다. 매 회기는 대기실에서 부모의 손을 잡고 놀이실로 걸어가는 것을 명확하게 보여 주는 '~하면 ~하게 돼(when-then)' 시각적 자극 카드를 아동에게 보여 주면서 시작한다. 일관성과 예측 가능성의 원칙은 계속 이 단계의 개입의 기저를 이루는 토대가 된다. 다시 말하면, 치료사는 아동의 자기조절을 돕기 위해 30~45분의 회기를 고려할 수 있다. 추가적으로, 이런 제한은 어린 아동이 정서와 행동을 더 잘 조절하도록 돕기 위해 발달적으로 적절한 시간 제한을 유지하는 것의 중요성을 보여 준다. CDI-T와 PDI-T 회기와 마찬가지로, 생활 개선 상황의 대부분은 이어폰 장치를 사용하여 부모주도 기술을 사용하도록 부모와 아동을 실시간으로 코칭하는 데 시간을 보내게 될 것이다.

참고: 오늘의 발달 팁 카드는 이 매뉴얼 마지막의 〈부록 H〉에 수록되어 있다. 임상

가는 매 회기 초 또는 마지막에 선택한 카드를 부모가 수용하고 활용할 수 있을지에 대한 임상적 판단을 해야 한다.

회기 준비물

1. 이어폰 장치
2. 시각적 전환 신호 카드
3. DPICS-T 코딩 용지
4. 따르기/지시이행 PDI-T 코딩 용지
5. 필수 유인물
   (1) CDI-T 가정치료 연습 용지
   (2) PDI-T 가정치료 연습 용지
   (3) 필요시 〈부록〉의 생활 개선 유인물
6. 적절한 장난감
7. 생활 개선 시나리오 물건(예: 베개, 책, 간식)
8. CDI-T 기술의 관계 향상 경과표
9. PDI-T 기술의 따르기/지시이행 경과표

회기 목표

1. 아동과 놀이하는 부모-아동 쌍의 직접 코칭을 통해 부모의 부모주도 기술 사용을 증가시킨다.
2. 이전에 마스터한 CDI-T 기술 사용 능력을 유지한다.

회기 개요

1. 대기실에서 부모와 아동을 환영한다.

   (1) 접수 시 제공되지 않았다면, 부모에게 체크인 용지를 제공한다.

   (2) 부모의 현재 CDI-T와 PDI-T 가정치료 연습 용지를 회수하고, CDI-T 기술의 관계 향상 경과표와 PDI 기술의 따르기/지시이행 경과표에 정보를 기록한다. 부모가 4회 이상 매일 치료 회기를 완수한 주간을 형광펜을 사용하여 그래프를 그린다. 가정치료 연습을 완수한 날이 3일 이하면 검정 펜이나 연필을 사용하여 경과표에 완수한 날의 수를 표기한다.

   (3) 대기실에서 작성하지 않았다면 부모에게 약 5분간 체크인 용지를 작성할 수 있는 시간을 준다.

   참고: 기관의 대기실 상황이나 부모가 아동의 행동을 다루는 것에 대한 어려움에 따라 치료사는 부모와 자녀를 치료실로 이동시키고 아동과 놀아 주면서 부모에게 작성할 시간을 주는 것을 고려할 수 있다. 이 단계에서 앞서 언급한 이동이 이루어지면 치료사는 초기에 대기실에서 부모와 아동에게 접근할 때 (다음 단계에서 설명하는) 시각적 지원을 활용해야 한다.

2. 체크인 용지가 작성된 후에 이 장에 수록된 전환 신호 카드/시각적 지원을 준비하여 부모와 아동에게 접근한다. 부모가 치료실로 걸어가는 동안 아동의 손을 잡도록 하면서 아동과 함께 시각적 지원을 검토한다.

3. 작성한 체크인 용지를 검토한다. 체크인 용지를 검토하는 동안 치료사는 동시에 아동과 상호작용하면서 필요한 경우 아동에게 CARES 사용을 모델링한다.

   (1) 이전 회기 이후 발생한 주요한 변화를 간략하게 알아본다.

   (2) 부모에게 평행 프로세스를 상기시킨다. 다음의 예시에서 평행 프로세스 질문 하나를 선택한다.

   ① 당신은 큰 좌절감이나 분노를 느꼈지만 자녀에게 좋은 롤 모델이 되기 위해서 통제했던 때가 있었습니까?

   ② 아동 앞에서 차분함을 유지하기 위해 노력을 많이 했던 때는 언제였습니까? 어떻게 하셨습니까?

294

③ 자녀와 상호작용을 하면서 자신의 어린 시절이나 당신의 부모가 당신에게 한 양육의 영향에 대해 생각난 것이 있었습니까?

④ 지난주 동안 다른 사람의 정서나 행동이 자녀의 정서나 행동에 미치는 영향을 알아차린 적이 있습니까?

⑤ 과거와 다르게 아동과 상호작용을 하게 되면서 당신 자신의 정서나 행동을 관리하는 것에 대해 스스로 자랑스럽게 느껴졌던 때가 있었습니까?

⑥ 당신의 정서와 행동을 조절하는 능력이나 아동의 정서와 행동을 조절하는 능력이 변화되었다는 것을 알아차리거나 그에 대해 언급한 사람이 있었습니까? 만약 있다면, 어떻게 달라졌습니까?

⑦ 지난주 동안 자신을 돌보기 위해 무엇을 했습니까? 당신의 자기돌봄이 간접적으로 아동에게 어떻게 영향을 줍니까? 자신의 욕구를 돌보는 시간을 갖는 것이 자녀에게 정서적으로 도움이 될 수 있다는 것에 대해 알아차린 것이 있었습니까?

• 부모가 자신의 자녀를 향한 헌신 또는 자신과 관련된 생각을 돌아보고 나눌 수 있는 능력을 칭찬한다. 대화하는 중에 부모에게 추가적인 지지가 필요하다는 것이 분명하다면 치료사는 부모의 생각과 감정을 이야기할 수 있는 개별 회기를 다른 시간에 추가적으로 제공하는 것을 고려할 수 있다.

• 지난주에 부모가 아동과 유대감을 느꼈던 때나 아동의 강점을 알아차린 때에 대해 예를 들어 준 것에 대해 언급한다. 부모가 독립적으로 예를 제시하지 못하면 다음의 스크립트 중 하나를 사용하여 격려한다.

스크립트 예시

"어머니(아버지)께서 자녀와 정말 즐거웠고, 연결되었다고 느끼고, 어머니(아버지)와 자녀가 조화를 이루었던 시간, 함께 웃었던 때 또는 무엇인가를 통해서 특별한 유대감을 경험했던 때에 대해 이야기해 주세요."

또는

"이번 주에 어머니(아버지)께서 알아차린 자녀의 긍정적인 특성이나 강점에 대해 이야기해 주세요. 어머니(아버지)의 행동이 아이가 그 강점을 극대화시키는 데 영향을 미치는 것에 대해 어떻게 생각하시나요?"

4. 가정치료 연습을 검토한다.

(1) 부모가 연습 용지를 작성하고 가져온 노력을 칭찬한다.

(2) 발생한 문제를 해결하면서 가정치료 연습 시간의 본질에 대해 논의한다. 연습했을 때 사용한 장난감, (아동의 발달적 필요를 고려한)연습 시간, 연습 공간을 검토한다.

(3) 부모가 기술을 사용하는 것이나 연습 세션 동안 아동의 행동을 다루는 것에 대해 불확실성을 표현한다면 부모에게 자신감 있게 확신을 나타낸다.

(4) 가정치료 연습 용지를 가져오지 않았다면 부모가 새로운 가정치료 연습 용지를 회기 내에서 작성하도록 한다. 가정치료 연습이 실시되지 않았다면 연습에 방해가 되는 문제를 해결하고 연습이 이 치료의 성공에 중요함을 반복해서 강조한다. 가정치료 연습 용지를 작성하고 가져오는 것을 기억하도록 부모를 도울 수 있는 방법을 찾아본다(예: 핸드폰에 알람 설정하기, 냉장고에 용지를 붙여 두기).

5. 부모의 정서와 행동이 아동의 정서와 행동에 미치는 결정적인 영향을 강조하면서 자녀를 위한 치료적인 부모가 되기 위해 부모의 현재 정서조절, 감정, 정서적 가용성을 체크한다. 인지적 체크인 질문을 가지고 부모를 안내한다.

인지적 체크인 질문:

(1) 나는 어떻게 느끼고 있는가?

(2) 나는 내 유아와 상호작용할 적절한 상황에 있는가?

6. 가정에서 자녀와 특별 놀이 시간을 시작하기 전에 부모는 이런 체크인 질문을 자신에게 해야 한다는 것을 설명한다.

7. 다음의 간략한 횡격막 호흡 이완 연습 4단계를 각각 부모에게 간략하게 안내한다.

1단계: 편안한 위치로 이동한다. 의자나 바닥에 앉는다.

2단계: 한 손을 배 위에 올려놓는다. 천천히 큰 호흡을 들이쉰다.

3단계: 배를 앞으로 내밀면서 천천히 호흡을 내쉰다.

4단계: 이 과정을 2~3회 반복한다.

8. 부모에게 이 절차가 정서와 인지 상태에 미치는 영향에 대해 물어본다. 부모가 가정에서 아동과 치료적 놀이를 준비하는 것을 돕기 위해 이 훈련을 하는 것이 중요함을 강조한다.

9. 다음의 생활 개선 시나리오를 제시한다.

(1) 급식 시간

(2) 기저귀 교체

(3) 카시트로 이동하기

(4) 읽기 시간

(5) 낮잠 시간

(6) 공공장소 행동

스크립트 예시: "이제 어머니(아버지)께서는 PCIT-T의 아동주도와 부모주도 단계를 마스터하셨는데, [아동 이름]이를 양육하는 데 여전히 어려움을 주는 실생활 시나리오가 있으신지 궁금합니다. 우리가 흔하게 작업하는 상황은 급식 시간, 기저귀 갈기, 카시트로 이동하기, 읽기 시간, 낮잠 시간 등이 있습니다. 이런 시나리오 중에서 [아동 이름]이의 행동을 다루는 것이 특히 어려운 상황이 있나요? 이 상황은 어머니(아버지)께서 노력하시기 원하시는 부분인가요?"

10. 부모에게 이전에 언급한 부분이 여전히 우려되는지 물어본다.

11. 개별 클리닉의 규칙과 방침을 고려하여 시나리오가 회기 내에서 연습하기에 적절한지 결정한다.

12. 선택 A: 클리닉에서 시나리오를 연습하는 것이 적절하지 않다고 판단되면 발달적 안내와 고려해야 할 최우선적 원칙과 더불어 CDI-T와 PDI-T 기술을 시나리오에 적용하는 것을 논의한다. 일반적인 PDI-T 코칭 회기를 제공한다.

선택 B: 클리닉에서 시나리오를 연습하는 것이 적절하다고 판단되면 다음 시나리오에 CDI-T와 PDI-T 기술을 적용하는 것을 논의한다. 논의 후에 13~18단계로 계속 진행한다.

(1) 아동과 가족의 구체적인 욕구에 기술을 개별화하도록 부모를 돕는다.

13. 부모가 아동과 아동주도 기술을 사용하는 동안 치료사는 첫 5분 동안 조용히 있을 것이라고 부모에게 알려 준다. 치료사가 부모와 아동이 놀이하는 것을 관찰하고 특히 상호작용을 하는 동안 부모가 사용하는 아동주도 기술에 주목할 것이라고 부모에게 알려 준다.

스크립트 예시: "어머니(아버지)와 [아동 이름]이가 함께 놀이하는 동안 5분간 지켜보겠습니다. 어머니(아버지)께서는 놀이하시면서 가능한 한 많은 아동주도 기술을 사용해 주시기 바랍니다. 이 5분 시간 안에 [아동 이름]이가 정서조절 곤란을 보이면 CARES 단계를 사용하는 것을 기억하시고요. 아동의 주도를 따라가시고 즐거운 시간 되세요."

참고: 아동이 이 5분 시간 안에 극단적으로 정서조절 곤란을 보이면, 치료사는 코

딩을 멈추고 그 행동에 가장 적절한 절차로 부모 코칭을 시작한다.

14. 5분 상호작용 코딩을 마친 후 양육자에게 피드백 샌드위치를 제공한다. 피드백 샌드위치는 구체적 칭찬을 제공하고, 그다음 부모가 개선해야 할 영역과 그날의 목표, 그다음 또 다른 구체적 칭찬을 제공하는 것이다.

스크립트 예시: "어머니(아버지)께서는 [아동 이름]이가 부드럽게 놀이하는 것에 대한 칭찬을 아주 잘해 주셨습니다. 그동안 연습해 오셨다는 것을 알겠어요! 오늘 우리는 [아동 이름]이가 놀이를 주도할 수 있도록 질문을 줄이는 것을 연습하겠습니다. 어머니(아버지)께서 [아동 이름]에게 가까이 앉으신 것 아주 좋습니다. [아동 이름]이가 안전하다고 느끼게 해 주는 것 같아요."

15. 부모에게 공간을 준비하도록 적절한 자료를 제공하여 시나리오를 세팅한다.

   (1) 예를 들면, 부모에게 책 읽기 시간 연습을 위해 베개와 나이에 적절한 책을 제공한다.

   (2) 급식 시간 연습을 위해 부모에게 기저귀 가방에서 간식을 꺼내 오도록 하거나 부모에게 나이에 적절한 간식을 제공한다.

16. 시나리오를 세팅하는 과정 동안 부모를 코칭한다.

   (1) 부모가 말로 아동을 시나리오에 준비시키도록 한다.

   (2) 시나리오를 세팅하는 동안 PRIDE 기술이 사용되어야 한다.

   ① 세팅을 돕는 것에 대해 칭찬한다.

   ② 준비하는 행동을 묘사한다.

읽기 시나리오 스크립트 예시: "이제 책 읽기 시나리오를 연습하기 위해 세팅할 시간입니다. 어머니(아버지)께서는 제가 방 안에 둔 베개와 책을 가져오시고 [아동 이름]이에게 이제 책을 읽을 시간이라고 말해 주세요. 시작하시고, 공간을 세팅하는 동안 [아동 이름]이에게 PRIDE 기술을 사용하세요."

17. 적용할 수 있는 CDI-T와 PDI-T 기술을 사용하여 10~15분 동안 선택한 시나리오를 연습하도록 부모를 코칭한다.

18. 세션을 마치기 위해 회기 마무리 전환 시각 자료를 가지고 치료실로 들어간다. 회기 내에서 생활 개선 시나리오를 연습했다면 부모에게 선택한 생활 개선 상황에 대한 간략한 피드백을 제공한다. 그 외에는 선택한 시나리오를 이번 주에 가정에서 연습하는 것이 중요함을 강조한다.

19. 부모에게 CDI-T 가정치료 연습 용지와 PDI-T 가정치료 따르기 연습 용지를 제공한다.

20. 치료실을 나가서 자동차로 걸어가는 것과 관련이 있는 그림이 있는 전환 시각 자료를 아동에게 보여 준다.

스크립트 예시: "이제 '빠이빠이'를 할 시간이야[아동이 치료실을 떠나는 그림을 가리킨다]. 그리고 차로 걸어갈 시간이야[차 안에 있는 아동 그림을 가리킨다]."

수면과 재우기

중요한 참고사항: 수면과 유아 재우기는 복잡하고 다양한 측면이 있는 영역이다. 이 절은 호주 시드니의 카리타네 기관(Karitane Organization)이 제시하는 권고사항을 다루고 있지만, 그것은 일반적인 수면과 재우기의 개요를 제공한다. 이러한 권고사항을 넘어서는 수면과 재우기 어려움이 지속된다면 치료사는 부모가 수면 전문가와 개별 컨설팅을 갖도록 도와주어야 한다.

수면과 재우기에 도움이 되는 전략 요약

수면은 어린 아동이 정서와 행동을 조절하는 데 매우 중요한 역할을 한다. 어떤 유아와 가족은 성공적인 수면을 쉽게 경험하지만, 행동의 어려움을 보이는 많은 어린 아동은 건강한 수면을 시작하고 유지하는 것을 힘들어하여 자신과 부모의 스트레스를 증가시킨다. 아동의 성공적인 수면 경험은 수면을 시작하기 한참 전부터 시작된다. 다음의 목록은 수면 전문가가 아동의 수면의 질과 양을 개선하는 데 도움이 되는 것으로 종종 권장하는 전략이다.

- 따뜻한 목욕, 이야기, 차분한 음악, 또는 부모와 함께하는 안아 주기 시간과 같이 차분하게 해 주는 활동을 포함하는 일관된 잠자리 일과가 사용되어야 한다.
- 부모는 유아가 생활을 예측 가능하도록 하기 위해 시각적 스케줄을 만드는 것을 고려할 수 있다. 스케줄은 각 활동의 그림을 포함한다. 부모는 매일 저녁 일과를 안내해 주고 동시에 일과가 이루어질 때 각 그림을 가리킨다.

- 주변의 외부 소음을 최소화하고 부모가 차분한 목소리 톤으로 말하며 차분한 배경 음악이 있는 편한 분위기를 만들어 준다.
- 아동은 일관된 장소에서 잠을 자야 한다. 익숙하고 편안함을 주는 물건은 아동이 스스로를 진정시키도록 도울 수 있으며, 잠자리에 드는 일정한 시간을 정하면 잠이 드는 데 도움이 된다.
- 수면 일과를 하는 동안 부모 자신이 차분한 정서적 태도를 가질 수 있도록 노력해야 한다. 부모 또는 아동에게 다루기 어려운 정서가 발생하면, 다른 양육자가 아동을 돌보는 동안 부모는 차분한 마음을 다시 가질 수 있도록 휴식을 취하여 스스로를 돕는 것을 고려해야 한다.
  - 가능하다면 양육자는 유아를 잠자리에 들게 하는 책임을 나누거나 다루기 힘든 정서가 나타나면 자리를 바꾸는 것을 고려할 수 있다. 잠이 드는 과정 동안 양육자가 차분함과 일관성을 유지하는 능력은 유아의 수면 성공에 다른 무엇보다 중요하다.
  - 긍정적인 자기대화, 횡격막 호흡, 또는 점진적 근육 이완과 같은 이완 전략을 사용할 수 있다.
- 취침 시간 일과 중의 아주 작은 변화라도 어린 아동에게는 적응하는 시간이 필요할 수 있다는 것을 잊지 말아야 하는데, 특히 어린 아동은 정서적 자원이 제한적이기 때문이다. 일관성 및 예측 가능성과 함께 새로운 성공적인 습관과 패턴을 형성하는 것을 돕는 데 지속성이 매우 중요하다.
- 〈부록 C〉의 카리타네 수면과 재우기 자료를 참고하기 바란다(Karitane, 2018).
- 생활연령에 따른 하루 권장 수면 시간에 대한 CDC 웹사이트 정보를 참고하기 바란다(Centers for Disease Control and Prevention, 2017; 〈표 17-1〉 참고).

표 17-1 생활연령에 따른 하루 권장 수면 시간

연령	하루 권장 수면(시간, 낮잠 포함)
신생아(0~3개월)	14~17시간
영아(4~12개월)	12~16시간
걸음마기 유아(1~2년)	11~14시간
학령전기 아동(3~5년)	10~13시간

수면과 재우기에 피해야 하는 전략 요약

- 잠들기에 도움을 주려면 텔레비전, 전화, 태블릿을 포함하는 전자기기는 사용하지 않아야 한다. 이런 기기의 사용은 취침 시간 전에 멈춰야 한다.
- 잠을 유도하는 동안이나 바로 전에 아동이 우유나 다른 설탕이 많은 음료가 들어 있는 젖병을 사용하지 않도록 해야 한다. 이런 물질은 아동의 구강 질환 위험을 높이는 것으로 나타났기 때문이다.
- 가능하다면 부모는 잠들기에 도움을 주기 위해 자동차, 그네 또는 유모차 사용을 피해야 한다. 아동이 잠드는 데 그런 환경에 의존할 수 있기 때문이다.

수면과 재우기에 적용할 수 있는 CDI-T 기술

- 활동을 시작하기 전에 말로 아동을 준비시킨다(2~3분보다 더 이전에 이야기해 주지 않아야 한다).
- PRIDE 기술
  - 낮잠을 자려고 하는 행동을 칭찬한다(예: 유아용 침대에 머문다, 누워 있다, 편안하게 해 주는 물건을 잡고 있다).
  - 행동을 묘사한다. 특히 수면과 관련된 행동을 묘사한다(예: 하품하기, 눈을 비비기, 침대에 앉아 있기).
- 정서조절 곤란에 대해 CARES 모델로 반응한다.

수면과 재우기에 적용할 수 있는 PDI-T 기술

- "앉아. [편안하게 해 주는 물건]을 잡아." 그리고 "너의 젖병을 잡아."와 같은 간단한 지시를 연습할 수 있다.
- 아동이 높은 수준의 정서조절 곤란을 보여 성공하지 못할 것 같으면 부모는 지시를 하지 않아도 된다.

수면과 재우기에 대한 발달적 안내/최우선적 원칙

- 명확하고, 단순하고, 예측 가능한 스케줄과 일상을 만들고 지킨다.
- 가능한 자주, 아동을 매일 같은 장소에서 잠을 자도록 하여 일관성과 예측 가능성을 높인다.
- 일과를 시작하기 조금 전에 차분한 활동을 한다(예: 높은 에너지 활동은 피한다).
- 차분한 톤과 진정시키는 목소리를 사용하여 아동이 그런 신호와 수면을 연관 짓도록 도와준다.
- 방해거리(예: 텔레비전)가 없는 조용하고, 차분하며, 어두운 환경을 만들어 주어 잠을 청할 수 있도록 동기부여한다.

급식 시간

급식 시간에 적용할 수 있는 CDI-T 기술

- 활동을 시작하기 전에 말로 아동을 준비시킨다(2~3분보다 더 이전에 이야기해 주지 않아야 한다).
- PRIDE 기술
  - 밥 먹는 행동과 근접한 행동을 칭찬한다(예: 숟가락을 집기, 의자에 앉기, 한 입 먹기).
- 아동이 음식을 한 입씩 먹을 때 열정이 증가되어야 한다(예: 노래하기, 박수 치기, 즐거운 소리 내기).
  - 밥을 먹는 행동의 보상 가치를 증가시키기 위해 게임을 사용할 수 있다(예: "터널을 열어라. 여기 기차가 간다!")
- 비정서적인 게임에는 절제된 반응을 한다(예: 반복적으로 컵을 바닥에 떨어뜨리고 웃는다).

급식 시간에 적용할 수 있는 PDI-T 기술

- 아동이 높은 수준의 정서조절 곤란을 보여 성공하지 못할 것 같으면 부모는 지시를 하지 않아도 된다.
- 음식을 먹는 행동을 모델링해 주는 것을 장려한다(예: 아동의 접시에서 한 입 먹고 먹은 후에 배를 쓰다듬으며 '냠냠' 말하기와 같은 열정적인 반응).
- 적절한 섭식 행동을 모델링하고 가족의 상호작용을 장려하기 위해 가족이 함께 식사를 한다.
- 급식 지시는 섭식을 지원하는 기술로 제한되어야 한다(예: "숟가락을 집어." "컵을 들어." "이렇게 국수를 떠.").

** 부모와 아동이 통제 싸움으로 가지 않는 것이 매우 중요하다. 어떤 식이든 강압적으로 음식을 먹이는 것은 권장되지 않는다.

급식 시간에 대한 발달적 안내/최우선적 원칙

- 아동의 신호(예: 음식을 밀어내기)를 세밀하게 살핌으로써 정면 대립을 피한다.
- 만약 아동이 발달적으로 개념을 이해할 수 있다면, '~하면 ~한다(when-then)' 문장을 고려할 수 있다(예: "만약 네가 의자에 앉으면, 엄마가 국수를 줄 거야.").
- 모델링은 올바른 섭식 행동을 보여 줄 수 있는 강력한 도구이다. 부모는 가능한 한 아동 옆에서 먹어야 한다.

기저귀 교체

기저귀 교체 시 적용할 수 있는 CDI-T 기술

- 활동을 시작하기 전에 말로 아동을 준비시킨다(2~3분보다 더 이전에 이야기해 주지 않아야 한다).

- PRIDE 기술
  - 누워 있는 것, 부모를 바라보는 것, 제공된 물건을 가지고 노는 것에 대해 칭찬한다.
  - 기저귀를 교체하는 것과 관련된 활동에 대한 행동 묘사를 한다.
- 아동이 바람직한 행동을 보일 때 열정/장난스러움이 더욱 증가되어야 한다.
- 부모는 필요한 물건을 잘 준비하고 빠르게 사용해야 한다.
- 음악과 노래하기가 권장된다. 기저귀 교체 노래는 유튜브에서 찾아볼 수 있다 (YouTube, 2018; 예: https://www.youtube.com/results?search_query=diaper+ changing+ songs).

기저귀 교체 시 적용할 수 있는 PDI-T 기술

- 아동이 높은 수준의 정서조절 곤란을 보여 성공하지 못할 것 같으면 부모는 지시를 하지 않을 수 있다.
- 기저귀 교체 관련 지시는 재밌고 '게임 같은' 방식으로 연습할 수 있다(예: 눕기, 기저귀 가져오기, 물티슈 가져오기, 통에서 물티슈 꺼내기, 농구처럼 더러운 기저귀를 쓰레기통에 던지기).

기저귀 교체에 대한 발달적 안내/최우선적 원칙

- 세션을 진행하는 동안 부모는 다른 적절한 활동에 참여하는 것을 고려할 수 있다.
- 부모는 아동에게 가지고 놀이할 수 있는 단순하고 매우 선호하는 물건을 제공할 수 있다(그리고 기저귀를 갈 때까지 이 물건을 주지 않는다).
- 기저귀 갈기를 간단한 기저귀 교체 관련 신호와 결부시킬 수 있다(예: 불빛이 나는 특정한 장난감, 노래).

카시트로 이동하기

카시트로 이동할 때 적용할 수 있는 CDI-T 기술

- 활동을 시작하기 전에 말로 아동을 준비시킨다(2~3분보다 더 이전에는 이야기해 주지 않아야 한다).
- PRIDE 기술
  - 부모는 아동을 카시트에 앉히면서 주의를 다른 곳으로 돌릴 수 있다. "너는 오늘 토머스 기차 신발을 신었네!"
  - 카시트 행동에 근접한 어떤 행동이라도 칭찬을 해 주어야 한다(예: 카시트에 앉아 있기, 부모가 안전띠를 채우도록 해 주기).
- 부모는 차 안에서 아동에게 원하는 물건을 제공해 줄 수 있다(만약 장난감 던지기가 문제가 된다면 이 제안은 피한다).
- 치료사는 클리닉에서 추가 카시트와 큰 동물 인형을 사용하여 카시트 행동을 연습할 수 있다. 카시트 행동을 모델링하고 연습할 때는 아동에게 편안함, 안정감, 그리고 활동에 대한 성공감(mastery)을 촉진하기 위해 즐겁고 게임하는 것과 같은 시나리오를 사용한다(예: 동물 인형을 할머니 집에 차로 태워다 준다고 가장하기, 동물 인형을 앉히고 안전띠를 채우는 것을 아동이 스스로 연습해 볼 수 있도록 해 주기).
- 이 과정 전체 동안 부모는 차분함을 모델링해 준다.

카시트로 이동할 때 적용할 수 있는 PDI-T 기술

- 아동이 높은 수준의 정서조절 곤란을 보여 성공하지 못할 것 같으면 부모는 지시를 하지 않을 수 있다.
- 카시트 관련 지시를 한다(예: 카시트에 앉기, 제공된 장난감/물건을 잡고 있기).

카시트로 이동하기에 대한 발달적 안내/최우선적 원칙

- 부모는 아동을 카시트에 앉히기 전에 카시트, 버클 그리고 자동차의 온도를 고려해야 한다. 지나치게 뜨겁거나 차가운 온도는 카시트에 앉는 아동의 반응에 영향을 줄 수 있다.

자녀에게 책 읽어 주기

자녀에게 책 읽어 줄 때 적용할 수 있는 CDI-T 기술

- PRIDE 기술
  - 앉기, 책을 바라보기, 책장을 넘기는 것을 돕기에 대해 칭찬한다.
  - 적절한 행동에 대한 묘사를 한다(예: 책 고르기, 부모 옆에 앉기).
- 책을 읽는 동안 특별히 높은 수준의 열정을 보이기

자녀에게 책 읽어 줄 때 적용할 수 있는 PDI-T 기술

- "여기로 와." 또는 "앉아."와 같은 지시를 사용하여 PDI-T 안내된 지시이행 기술을 고려할 수 있다.

자녀에게 책 읽어 주기에 대한 발달적 안내/최우선적 원칙

- 아동이 이야기 전체에 집중할 수 있는지 여부에 따라 조정한다. 부모는 그림을 묘사하거나 단순히 명명하는 것을 선택할 수 있다.
- 참여할 수 있는 그림/활동이 있는 책(예: 플랩을 들추기)과 아동에게 흥미로운 주제를 선택해야 한다.
- 부모는 책장이 찢어지는 것을 피하고 소근육 기술을 촉진하도록 단단한 보드 북을 사용해야 한다.

- 회기의 길이가 긴 것보다는 짧더라도 질 좋은 읽기 시간이 우선되어야 한다.
- 〈부록 G〉의 걸음마기 유아를 위한 추천 도서를 참고하기 바란다.

공공장소 외출

공공장소 외출에 적용할 수 있는 CDI-T 기술

- 공공장소 외출을 시작하기 전에 아동에게 말로 준비시킨다(2~3분보다 더 이전에는 이야기해 주지 않아야 한다).
- PRIDE 기술
  - 외출에 대한 기대를 설명하는 동안 잘 듣고 있는 아동을 칭찬한다.
  - 관심을 줄 행동에 대해 미리 생각하여 반대 행동을 칭찬한다(예: "손을 잘 잡고 있구나.").
  - 어떤 일이 일어날 것인지에 대해 지속적으로 이야기해 준다.
  - 아동이 집중할 수 있도록 행동 묘사를 사용한다.
  - 활동이 재미있고 쉽게 참여할 수 있도록 열정적으로 반응한다.
  - 아동을 함께 이동시키기 위해 주의를 다른 곳으로 돌리기와 방향 전환을 사용한다.

공공장소 외출에 적용할 수 있는 PDI-T 기술

- 안전을 위한 지시를 한다(예: "내 손을 잡아라.")
- "여기로 와." 또는 "앉아."와 같은 지시를 사용하여 PDI-T 안내된 지시이행 기술을 고려할 수 있다.

공공장소 외출에 대한 발달적 안내/최우선적 원칙

- 아동의 공공장소 외출 수행 능력을 평가하는 것이 필수적이다.

-아동이 배가 고프거나, 피곤하거나, 편안하지 않다면 공공장소 외출을 피한다.

　-아동의 발달 수준에 따라 시간을 제한하거나 짧게 할 수 있다.

• 공공장소 외출에 필요한 준비와 가지고 가야 할 준비물(즉, 공공장소 외출 체크리스트 유인물)에 대해 부모 교육을 한다.

• 첫 몇 번의 외출 연습은 최상의 학습 환경(예: 공원에서 놀기)에서 진행되어야 한다.

공공장소 행동 가방 체크리스트

표 17-2 공공장소 외출 유아 가방 체크리스트

공공장소 외출 유아 가방 체크리스트	✓
1. 날씨에 적절한 여벌 옷	
2. 기저귀 교체에 필요한 물건(예: 기저귀 매트, 기저귀, 베이비 로션)	
3. 몸에 좋은 간식과 음료	
4. 주의를 돌리기 위해 사용할 좋아하는 장난감	
5. 아동과 부모를 상쾌하게 하는 데 사용할 작은 수건	
6. 아동 담요/이불	
7. 아동을 편안하게 해 주는 물건/장난감	
8. (날씨에 따라) 모자 또는 비니	
9. 자외선 차단제	

21. 성실성 체크리스트: PCIT-T 생활 개선 회기를 작성한다.

성실성 체크리스트: PCIT-T 생활 개선 회기

이 회기를 검토하면서 예(Y), 해당 없음(NA) 또는 아니요(N) 중 적절한 칸에 체크 표시를 하세요. 표 아래쪽의 적절한 칸에 합계를 기록하세요. 각 항목에 대한 자세한 설명은 세부 회기 개요를 참고하세요. (성실성 체크리스트와 지침은 Eyberg & Funderburk, 2011을 바탕으로 함)

성실성 체크리스트: PCIT-T 생활 개선 회기			
아동 및 양육자:			
회기 진행 치료사:			
체크리스트 검토자:		날짜:	

	항목	Y	NA	N
1	대기실에서 부모와 아동을 환영한다. 체크인 용지를 제공하고 CDI-T와 PDI-T 가정치료 연습 용지를 회수한다.			
2	아동에게 시각적 전환 카드를 사용하여 회기를 소개하고, 양육자가 치료실로 안전하게 들어가도록 지지하면서 PRIDE 기술을 모델링한다.			
3	체크인 용지를 검토하고, 주요 변화를 검토하고, 양육자에게 평행 프로세스를 상기시킨다.			
4	지난주에 부모와 아동이 유대감을 느꼈던 때에 대해 논의한다.			
5	가정치료 연습과 가정 따르기 연습을 검토한다.			
6	매일 특별 놀이를 하기 전 인지적 체크인과 이완 기법을 사용하는 것에 대해 논의한다.			
7	생활 개선 시나리오를 논의하고 양육자가 걱정하는 시나리오의 우선순위를 정한다.			
8	적절한 시나리오 유인물을 제공하고 검토한다.			
9	방해가 되는 문제를 해결한다.			
10	적절한 준비물을 가지고 생활 개선 시나리오 공간을 구성한다.			
11	10~15분간 해당되는 CDI-T와 PDI-T 기술을 사용하여 선택한 생활 개선 시나리오 과정에 양육자를 코칭한다.			
12	시간이 된다면 CDI-T를 위해 특별 놀이를 시작하도록 아동에게 시각 자료를 제시한다.			
13	시간이 된다면 양육자가 아동에게 CDI-T를 시작하도록 안내한다.			
14	시간이 된다면 5분 동안 CDI-T와 CARES를 관찰한다.			
15	CDI-T 피드백 샌드위치를 해 주고, 만약 시간이 된다면 그리고 생활 개선 코칭을 하는 동안 목표를 달성했다면 이번 회기의 목표를 설정한다.			
16	시간이 된다면 5분 동안 PDI-T와 CARES를 관찰한다.			

17	시간이 된다면 PDI-T 피드백을 해 주고 이 회기의 목표를 설정한다.			
18	시간이 된다면 10~15분 동안 PDI-T를 코칭한다.			
19	회기 마무리에 대한 신호를 준다.			
20	회기 마무리 전환 자료를 가지고 방으로 들어간다.			
21	생활 개선 기술, CDI-T, PDI-T에 대해 간략하게 피드백을 하고 양육자를 위한 CARES를 논의한다.			
22	CDI-T와 PDI-T 가정치료 연습 용지를 주고 CDI-T, PDI-T, 생활 개선 기술 연습의 중요성을 논의한다.			
23	아동에게 치료실을 떠나는 그림과 자동차로 걸어가는 그림의 전환 시각 자료를 제시한다.			
	합계			

회기에 대한 치료사의 의견

회기에 대한 성실성 평가자의 의견

$$성실성 = \frac{예\ 합계}{예\ 합계 + 아니요\ 합계} = \underline{\hspace{3cm}}\ \%$$

회기 시간 = _____분

유인물과 양식

PCIT-T 체크인 용지

지난 회기 이후 치료사가 알아야 할 주요 스트레스 유발 상황이 있었습니까?

_____

_____

_____

만약 있었다면, 그런 스트레스 유발 상황은 당신의 기분, 행동 그리고 매일 5분 동안 자녀에게
치료를 제공하는 데 영향을 끼쳤습니까?

_____

_____

_____

당신의 정서와 행동 표현이 자녀의 정서와 행동 표현에 끼치는 영향을 어떻게 알아차리셨습
니까?

_____

_____

_____

지난주에 자녀와 유대감을 느꼈던 때나 자녀의 강점을 알아차린 때 하나를 이야기해 주세요.

_____

_____

_____

시각적 전환 신호 카드 – 대기실에서 놀이실로 가기

시각적 전환 신호 카드 – 놀이실에서 대기실 나가기

DPICS-T 코딩 용지-치료사용

Eyberg & Funderburk (2011)를 조정함.

아동 이름/ID _____ 날짜: _____

부모: □ 모　　　　　　　□ 부　　　　　□ 다른 양육자 _____

코딩자: _____　시작 시간: _____　종료 시간: _____

CDI 코칭 # _____	PDI 코칭 # _____	PDI 생활 개선 # _____

숙제를 완수한 날의 수는? □ 0　　□ 1　　□ 2　　□ 3　　□ 4　　□ 5　　□ 6　　□ 7

해야 할 기술	횟수 표기	합계	마스터 기준
일반적인 말			–
정서에 이름 붙이기			–
행동 묘사			10
반영			10
구체적 칭찬			10
구체적이지 않은 칭찬			–
하지 말아야 할 기술	**횟수 표기**	**합계**	**마스터 기준**
질문			
지시			0≤3
부정적인 말			

양육자가 단계를 생략한 그 순간 양육자를 코칭한다(필요한 경우). 5분 DPICS 코딩을 하는 동안 마이크 장치를 착용하는 것을 **포함**할 수 있다.

큰 정서가 발생했나요?	예	아니요	# 표기	
사용한 CARES 기술	한 곳에 동그라미 하세요			참고
가까이 가기	만족스러움	연습 필요함	해당 없음	
아동을 도와주기	만족스러움	연습 필요함	해당 없음	
아동을 안심시키기	만족스러움	연습 필요함	해당 없음	
정서를 타당화하기	만족스러움	연습 필요함	해당 없음	
진정시키기	만족스러움	연습 필요함	해당 없음	

(다음 페이지에 계속)

DPICS-T 코딩 용지-치료사용

Eyberg & Funderburk (2011)를 조정함.

아동 이름/ID _____ 날짜: _____

<u>부모:</u>　□ 모　　　　　　　□ 부　　　　　　□ 다른 양육자 _____

코딩자: _____　　시작 시간: _____　종료 시간: _____

긍정적인 기술	한 곳에 동그라미 하세요		참고
모방하기	만족스러움	연습 필요함	
즐거움 표현하기	만족스러움	연습 필요함	
신체적 애정 표현	만족스러움	연습 필요함	
상호 눈맞춤	만족스러움	연습 필요함	
활기찬 목소리 톤	만족스러움	연습 필요함	
활기찬 얼굴 표정	만족스러움	연습 필요함	
발달 수준에 맞는 놀이 스타일	만족스러움	연습 필요함	
행동 관리 기술	한 곳에 동그라미 하세요		참고
방향 전환 기술	만족스러움	연습 필요함	해당 없음
절제된 반응 기술	만족스러움	연습 필요함	해당 없음
한계 설정 – '아프게 하지 않기'	만족스러움	연습 필요함	해당 없음

일반적인 참고사항 및 관찰

....

....

....

....

....

....

CDI-T 기술의 관계 향상 경과표

회기 #	CLP 기초선							
날짜								
가정치료 연습								
7	×							
6	×							
5	×							
4	×							
3	×							
2	×							
1	×							
0	×							
구체적 칭찬								
10+								
9								
8								
7								
6								
5								
4								
3								
2								
1								
0								
반영								
10+								
9								
8								
7								
6								
5								
4								
3								
2								
1								
0								
행동 묘사								
10+								
9								
8								
7								
6								
5								
4								
3								
2								
1								
0								

CDI-T 기술의 관계 향상 경과표

회기 #	CLP 기초선							
날짜								
정서에 이름 붙이기								
10+								
9								
8								
7								
6								
5								
4								
3								
2								
1								
0								
질문/지시/비난의 말								
10+								
9								
8								
7								
6								
5								
4								
3								
2								
1								
0								
CARES								
만족								
N/A								
개선 필요								
다른 긍정적 기술 (모방, 즐기기, 애정 표현, 눈맞춤, 활기 등)								
만족								
N/A								
개선 필요								
방향 전환과 절제된 반응								
만족								
N/A								
개선 필요								
한계 설정 '아프게 하지 않기'								
만족								
N/A								
개선 필요								

말해 주기–보여 주기–다시 하기–안내하기 흐름도

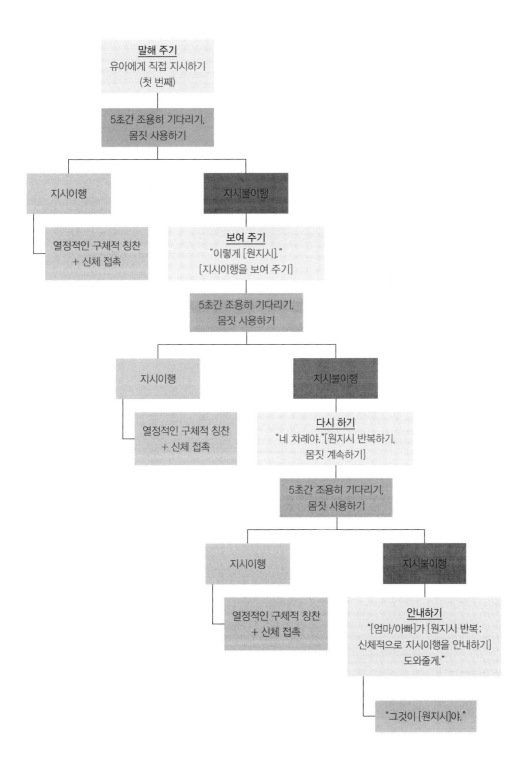

말해 주기
유아에게 직접 지시하기
(첫 번째)

5초간 조용히 기다리기,
몸짓 사용하기

지시이행

지시불이행

열정적인 구체적 칭찬
+ 신체 접촉

보여 주기
"이렇게 [원지시]."
[지시이행을 보여 주기]

5초간 조용히 기다리기,
몸짓 사용하기

지시이행

지시불이행

열정적인 구체적 칭찬
+ 신체 접촉

다시 하기
"네 차례야."[원지시 반복하기,
몸짓 계속하기]

5초간 조용히 기다리기,
몸짓 사용하기

지시이행

지시불이행

열정적인 구체적 칭찬
+ 신체 접촉

안내하기
"[엄마/아빠]가 [원지시 반복;
신체적으로 지시이행을 안내하기]
도와줄게."

"그것이 [원지시]야."

PCIT-T PDI-T 코딩 용지- 치료자용

아동 이름 _____ □ 모 □ 부 □ 다른 양육자 코딩자: _____

시작 시간: _____ 종료 시간: _____ PDI 회기 #: _____

말해 주기						보여 주기					다시 하기				안내하기		
지시 DC 또는 IC?	몸짓 제공?	NOC	CO	NC	청찬 및/또는 신체 접촉 5초	청찬 LP 또는 UP 또는 NP?	CO	NC	과제 시범 DC 반복+이행계	청찬 및/또는 신체 접촉 5초	"네 차례야." 말하기+DC 5초	CO	NC	"네가…… 도와줄게." 손 위에 손 5초	과제 종결을 위한 BD	정확한 후속 절차?
1																
2																
3																
4																
5																
6																
7																
8																
9																
10																
합계																

A. # NOC _____   효과적 DC%(C÷D) _____   □ 효과적 DC 75%

B. # IC _____

C. # 효과적 DC _____   DC에 CO%(E÷C) _____   □ 아동 지시이행 기술 %

D. 지시 합계 _____   ('말해 주기' '보여 주기' 또는 '다시 하기' 단계에서 과제 완수)

E. DC에 # CO _____

F. DC에 # 후속 절차 _____   DC에 FT%(F÷C) _____   □ 정확한 후속 절차 75%

Eyberg & Funderburk (2011), 105쪽을 조정함.

* 코딩과 관련된 자세한 설명은 부모-아동 상호작용 코딩시스템(DPICS) 매뉴얼 참조(Eyberg et al., 2010)

PDI-T 기술의 따르기/지시이행 경과표

회기 #	PLP 기초선	CU 기초선							
날짜									
PDI-T 가정치료 따르기 연습									
7	×	×							
6	×	×							
5	×	×							
4	×	×							
3	×	×							
2	×	×							
1	×	×							
0	×	×							
효과적인 직접 지시									
100%									
90%									
80%									
75%									
70%									
60%									
50%									
40%									
30%									
20%									
10%									
0%									
일관된 후속 절차									
100%									
90%									
80%									
75%									
70%									
60%									
50%									
40%									
30%									
20%									
10%									
0%									
아동 지시이행 행동*									
100%									
90%									
80%									
75%									
70%									
60%									
50%									
40%									
30%									
20%									
10%									
0%									

* 지시이행 행동은 PDI-T의 '말해 주기' '보여 주기' 또는 '다시 하기'를 하는 동안 완수한 과제를 계산한다.

PCIT-T 가정치료 연습

아동 이름: _____ 날짜: _____

☐ 모　　　　☐ 부　　　　☐ 다른 양육자 _____

당신의 회기 내 5분 PRIDE 기술

10				
5	♥	♥	♥	⊠
0				
	구체적 칭찬	반영	행동 묘사	질문/지시/비난

CDI '해야 할 기술/PRIDE'를 사용하여 자녀와 매일 5분 놀아 주세요.

자녀에게 큰 정서의 신호가 나타나고 당신의 도움이 필요한 경우 CARES 단계를 사용하세요.

	특별시간 전에 **이완**을 했나요?		오늘 5분 **특별시간**을 가졌나요?		활동 또는 사용한 장난감	자녀가 보인 큰 정서의 신호를 기록하세요. CARES를 사용했나요?	오늘 사용한 PRIDE 기술은…… 특별시간 동안 문제나 질문이 있었나요?
	예	아니요	예	아니요			
월요일							
화요일							
수요일							
목요일							
금요일							
토요일							
일요일							

한 주 동안 당신이 강한 정서를 느꼈던 때와 그것이 자녀에게 미친 영향을 기록하세요.

....

....

Eyberg & Funderburk (2011) CDI 숙제 용지, 28쪽을 조정함.

PCIT-T 가정치료 따르기 연습
확인된 지시

Eyberg & Funderburk (2011), 105쪽을 조정함.

아동 이름: _____   날짜: _____

☐ 모   ☐ 부   ☐ 다른 양육자 _____

<u>효과적 지시 여덟 가지 규칙을 사용하고</u> 자녀가
지시이행을 할 때마다 후속으로 구체적 칭찬을 한다.

필요한 경우 PDI-T를 시작하기 전에 CARES를 사용한다.
유아가 잘 배우기 위해 충분한 휴식을 취하게 한다. 최대
지시 3개.

	오늘 CDI 이후에 놀이 상황에서 5분 동안 PDI 연습을 했나요?		**말해 주기** 후 성공한 때마다 표기하세요.	**보여 주기** 후 성공한 때마다 표기하세요.	**다시 하기** 후 성공한 때마다 표기하세요.	**안내하기** 후 각 과제를 표기하세요.	**의견** '안내하기' 기법이 필요했던 놀이 지시를 기록하세요. 안내한 후에 CARES가 필요했나요? 다른 의견?
	예	아니요					
월요일							
화요일							
수요일							
목요일							
금요일							
토요일							
일요일							

지시이행 절차를 가르치는 데 어려움을 경험한다면 **즉시 가족의 PCIT-T 코치에게 전화하세요.**

<u>확인된 지시 예(빈칸을 채우세요):</u>

나에게 _____를 건네 줘.

나에게 _____를 주렴.

_____를 여기에 놔.

구체적 칭찬

지시를 잘 따랐어!

너는 말을 아주 잘 듣는구나!

(엄마) 말 따르기를 멋지게 잘했어!

PCIT-T 공공장소 외출 유아 가방 체크리스트	✓
1. 기저귀 교체에 필요한 물품(예: 기저귀 매트, 기저귀, 물티슈, 베이비 로션)	
2. 건강한 간식과 음료	
3. 날씨에 적절한 여벌 옷	
4. 아동과 부모를 상쾌하게 하는 데 사용할 작은 수건	
5. 주의를 돌리기 위해 사용할 좋아하는 장난감	
6. 아동을 편안하게 해 주는 물건/장난감	
7. 아동 담요/이불	
8. (날씨에 따라) 모자 또는 비니	
9. 자외선 차단제	

의견

참고문헌

Centers for Disease Control and Prevention. (2017). How Much Sleep Do I Need? Retrieved from https://www.cdc.gov/sleep/about_sleep/how_much_sleep.html

Eyberg, S., & Funderburk, B. W. (2011). Parent-child interaction therapy protocol. Gainesville, FL: PCIT International.

Karitane. (2018). Resources. Retrieved from https://karitane.com.au/page/our-services/resources

YouTube. (2018). Retrieved from https://www.youtube.com

제18장

졸업회기

졸업회기의 목적은 PCIT-T 과정 동안 부모와 아동이 함께 도달한 여정과 성공을 축하하고 돌아보기 위한 것이다. 작은 성공들을 알아차리고 이야기하고 축하했을 것이지만, 한 회기 전체를 부모가 PCIT-T 모델 전체를 완수한 것에 대한 의미를 생각해 보도록 돕는 데 할애한다. 이런 반영의 시간이 회기 안에 포함되어 있지만 아동이 참여하는 일부 가정에게는 전체 반영의 내용이 적절하지는 않을 것이다. 그래서 임상가는 이 회기에 부모만 참석하도록 요청하거나 부모만 참석하는 두 번째 졸업회기를 가질 수 있다. 부모는 독립적으로 조기 개입의 필요성을 알아차리고 치료에 참여함으로써 자녀를 희망적인 발달 궤도에 오르게 하였다. 이 회기는 이런 부모의 노력을 알아주면서, 힘들고 정서적으로 도전이 되는 치료 과정을 마무리하게 해 준다. 이 회기의 두 번째 초점은 부모가 특별한 자녀 양육 능력을 치료 팀에게 자랑할 수 있도록 해 주는 것이다. 치료 팀은 부모의 노력이 아동의 행동과 정서뿐만 아니라 부모의 행동과 정서에 거대한 영향을 주었음을 알아차리도록 돕고, 그런 변화가 아동과 부모의 미래와도 관련이 있음을 전달한다.

참고: 오늘의 발달 팁 카드는 이 매뉴얼 마지막의 〈부록 H〉에 수록되어 있다. 임상

가는 매 회기 초 또는 마지막에 선택한 카드를 부모가 수용하고 활용할 수 있을지에 대한 임상적 판단을 해야 한다.

회기 준비물

1. 이어폰 장치
2. 시각적 전환 신호 카드
3. 치료 전/후 평가 DPICS-T 코딩 용지
4. CDI-T 기술의 관계 향상 경과표
5. PDI-T 기술의 따르기/지시이행 경과표
6. 적절한 장난감
7. 필요한 유인물
    (1) 치료 후 평가 도구
    (2) 수료증

회기 목표

1. PCIT-T 과정 동안 부모와 아동이 함께했던 여정과 성공에 대해 축하하고 생각해 보는 시간을 갖는다.
2. 부모가 자녀 양육 능력을 치료 팀에게 자랑할 수 있도록 해 주고, 부모의 노력이 아동의 행동과 정서뿐만 아니라 부모의 행동과 정서에 거대한 영향을 주었음을 알아차리도록 돕고, 그런 변화가 아동과 부모의 미래와도 관련이 있음을 전달한다.

회기 개요

1. 대기실에서 부모와 아동을 환영한다.

(1) 접수 시 제공되지 않았다면, 부모에게 체크인 용지를 주고 작성할 수 있는 시간을 5분 정도 준다.

(2) 부모의 현재 CDI-T와 PDI-T 가정치료 연습 용지를 회수하고, CDI-T 기술의 관계 향상 경과표와 PDI-T 기술의 따르기/지시이행 경과표에 정보를 기록한다. 부모가 4회 이상 매일 치료 세션을 완수한 주간을 형광펜을 사용하여 그래프를 그린다. 3일 이하면 검정 펜이나 연필을 사용하여 경과표에 완수한 날의 수를 기록한다.

참고: 기관의 대기실 상황이나 부모가 아동의 행동을 다루는 것에 대한 어려움에 따라 치료사는 부모와 아동을 치료실로 이동시키고 아동과 놀아 주면서 부모에게 작성할 시간을 주는 것을 고려할 수 있다. 이 단계에서 앞서 언급한 이동이 이루어지면 치료사는 초기에 대기실에서 부모와 아동에게 접근할 때 (다음 단계에서 설명하는) 시각적 지원을 활용해야 한다.

2. 체크인 용지가 작성된 후에 치료사는 이 장에 수록된 전환 신호 카드/시각적 지원을 준비하여 부모와 아동에게 접근한다. 부모가 치료실로 걸어가는 동안 아동의 손을 잡도록 하면서 아동과 함께 시각적 지원을 검토한다.

3. 작성한 체크인 용지를 검토한다. 체크인 용지를 검토하는 동안 치료사는 동시에 아동과 상호작용하면서 필요한 경우 아동에게 CARES 사용을 모델링한다.

4. 졸업회기 전에 작성되지 않은 경우, 부모에게 지필검사 도구를 완성하도록 요청하고 치료사가 유아와 함께 있어야 한다.

평가 도구:

(1) 데브러 영유아평가(DECA)

　① DECA-유아(나이 12~18개월)

　② DECA-걸음마기 유아(나이 18~36개월)

(2) 간편 유아-토들러 사회정서평가(BITSEA)

선택 도구: 부모 작성형 유아모니터링체계(ASQ), 수정된 걸음마기 유아 자폐 체크리스트-후속 개정판(M-CHAT-R/F), 부모양육스트레스검사-단축형(PSI-SF), 아동행동평가척도(CBCL), 에든버러 산후우울척도(EPDS)

5. 세 가지 상황에서 치료 후 DPICS 관찰을 시작한다(다음에 지시문 스크립트가 제공된다). DPICS 코딩 규칙에 따라 언어 반응을 코딩한다. 덧붙여 부모의 긍정적인 기

술 및 아동이 정서조절 곤란을 보일 때 CARES 모델 수행에 대한 부모의 기술을 결정한다.

중요한 안내사항: 만약 부모 또는 양육자 두 명이 참석한다면 개별적으로 행동 관찰에 참여해야 한다. 이상적으로는 각 부모를 관찰하는 것은 다른 부모가 참관하지 않는 상태에서 비공개적으로 진행되어야 한다. 가능하다면 아동의 안전을 위해서 발달적으로 적절한 장난감을 선택하여 바닥의 작은 카펫이나 담요 위에서 관찰이 진행되어야 한다. 각 상황에 대한 지침은, 특히 치료사의 설명이 아동의 행동에 영향을 주는 것 같다면(예: 약간 나이 많은 아동) 워키토키의 이어폰을 통해 제시할 수 있다. 어린 유아의 경우에는 직접적으로 지침을 제공할 수 있다.

아동주도 상호작용(CDI) 스크립트: "이번 상황에서는 [아동 이름]이에게 어떤 것이든 선택해서 놀 수 있다고 말해 주세요. 아동이 원하는 어떤 활동이든 선택하게 해 주세요. 부모님께서는 아동이 주도하는 대로만 따라가면서 함께 놀아 주세요." (Eyberg & Funderburk, 2011, p. 13) 5분 상황에서 DPICS를 사용하여 공식적으로 코딩하기 전에 5분 웜업 시간 측정을 시작한다.

참고: 공식 코딩 시작 전 5분 웜업 동안 치료사는 치료 후 평가 도구를 채점하고 양육자와의 검토를 준비한다.

부모주도 상호작용(PDI) 스크립트: "좋습니다. 이제 두 번째 상황으로 바꾸겠습니다(Eyberg & Funderburk, 2011, p. 13). 어머니(아버지)께서 선택하신 방 안의 다른 장난감을 가지고 [아동 이름]이가 놀 수 있도록 전환시켜 주시고, [아동 이름]이가 어머니(아버지)와 함께 놀도록 하실 수 있는지 보세요." 시간 측정을 시작하고 5분 상황에서 DPICS 코딩을 한다.

정리 상황 스크립트: "좋습니다. 이제 [아동 이름]이에게 장난감을 정리할 시간이라고 말해 주세요(Eyberg & Funderburk, 2011, p. 13). ○○이가 모든 장난감을 장난감통에 넣고 모든 장난감 통을 장난감 박스[또는 지정하는 장소]에 놓는 것을 도와주세요." 시간 측정을 시작하고 5분 상황에서 DPICS 코딩을 한다.

6. 임상가는 부모-아동 상호작용 코딩시스템(DPICS)을 완료하고 결과를 해당 기술 경과표 그래프에 기록한다.

   (1) 아동주도 놀이(CLP) 졸업; CDI-T 기술의 관계 향상 경과표

   (2) 부모주도 놀이(PLP) 졸업; PDI-T 기술의 따르기/지시이행 경과표

(3) 정리 상황(CU) 졸업; PDI-T 기술의 따르기/지시이행 경과표

7. DPICS 관찰을 디브리핑한다.

　(1) 아동에 대해서와 부모의 기술 실행과 관련하여 치료 전과 후의 관찰에서 나타난 변화에 대한 부모의 인상을 논의한다.

　(2) 치료 과정 동안 CDI-T 기술의 관계 향상 경과표를 검토한다.

　(3) 치료 과정 동안 PDI-T 기술의 따르기/지시이행 경과표를 검토한다.

8. 이전에 실시한 보충 검사에 추가하여 DECA 또는 BITSEA의 치료 후 평가 점수를 치료 중간 검사 결과 및 치료 전 점수와 비교하여 검토한다.

9. 부모의 현재 정서를 확인하고 졸업회기의 의미를 이야기한다.

10. PCIT-T를 졸업하기 위해 필요한 모든 요건을 충족한 부모의 능력을 축하해 준다. 이 졸업회기의 목적을 소개한다.

　스크립트 예시: "오늘은 아주 특별한 날입니다. 어머니(아버지)께서 공식적으로 PCIT-T 과정을 마치고 졸업하시는 날이기 때문입니다. 그래서 오늘 회기의 목적은 두 가지입니다. 하나는 PCIT-T를 완주하는 데 필요한 모든 요건을 충족한 어머니(아버지)의 끈기와 능력을 인정하고 축하하는 것이고요. 두 번째는 이 프로그램을 통해 어머니(아버지)께서 [아동 이름]이와 함께한 여정을 생각해 보는 것입니다. 어머니(아버지)의 여정과 그에 동반된 변화는 어떤 수료증이 나타내는 것보다 훨씬 더 큰 성취를 나타냅니다. 이 성취는 어머니(아버지)를 위한 것, [아동 이름]이를 위한 것, 어머니(아버지)의 관계를 위한 것과 함께할 미래를 위한 것입니다."

11. PCIT-T 동안의 부모의 독특한 여정에 대해 생각하고 이야기할 수 있도록 한다. 논의를 촉진하는 질문 목록이 다음에 제시되어 있다.

　(1) PCIT-T 동안의 여정이 당신에게 어떤 의미가 있는지 이야기해 주세요.

　(2) PCIT-T 동안 기억에 남는 순간은 무엇이었습니까?

　(3) PCIT-T의 가장 도전이 되는 부분은 무엇이었습니까?

　(4) PCIT-T를 시작한 후 [아동 이름]이와 당신의 관계는 어떻게 변화되었다고 느끼십니까?

　(5) PCIT-T가 [아동 이름]이의 미래에 어떻게 영향을 줄 것이라고 느끼십니까?

　(6) PCIT-T가 [아동 이름]이를 양육하는 것 외에 어떻게 당신의 삶에 영향을 주었습니까?

(7) PCIT-T를 통해서 무엇을 배웠다고 생각하십니까?

(8) PCIT-T의 첫째 주에 당신이 자기 자신에게 어떤 말을 해 주었으면 좋았을 것 같습니까?

(9) PCIT-T 동안 자신에게서 발견한 변화는 무엇입니까?

(10) PCIT-T 동안 [아동 이름]에게서 발견한 변화는 무엇입니까?

(11) 당신이 처음 저와 함께 작업을 시작할 때와 비슷한 상황에 있는 다른 부모님들에게 당신은 어떤 말을 해 주고 싶습니까?

(12) 당신이 PCIT-T에 헌신적으로 참여함으로써 [아동 이름]이의 발달에 어떤 영향을 주었다고 생각하십니까?

12. 재발 방지의 개념과 앞으로 부모가 도움이 필요하다는 것을 알 수 있는 지표를 논의한다.

스크립트 예시: "앞으로 [아동 이름]이의 삶에 있어서 [아동 이름]이의 행동의 어려움 때문에 다시 치료를 찾게 될 때가 발생할 수도 있습니다. 만약 그런 일이 발생하더라도, 어머니(아버지)께서 이 프로그램에서 했던 모든 것이 효과가 없다는 것을 의미하지 않습니다. [아동 이름]이의 행동과 정서적 욕구는 성장하면서 계속 바뀔 것입니다. 그 결과, 다양한 발달과정의 시점에서 [아동 이름]이가 경험하는 독특한 어려움에 대한 특별 서비스를 받아야 할 필요가 있을 수 있습니다. 이것은 [아동 이름]이의 의료적 필요와 비슷합니다. [아동 이름]이가 두 살 때 독감 치료를 받았다고 해서 이것이 나중에 독감이나 다른 치료가 필요하지 않다는 것을 의미하지 않습니다. 그렇지만 저는 우리가 할 수 있는 한 [아동 이름]이가 가까운 장래에 치료가 필요하게 되는 것을 지연하거나 예방하기를 원합니다. [아동 이름]이가 발달하고 정서를 조절하는 데 계속 도움이 되는 중요한 기술과 개념에 대해서 이야기해 보면 좋겠습니다."

13. 아동의 행동적 또는 정서적 성공을 위해 부모가 계속해서 중요하다고 믿는 기술을 브레인스토밍하도록 부모를 촉진한다. 부모의 노력을 칭찬한다.

14. 이 치료의 핵심 개념을 요약하면서 부모의 아이디어를 확장한다. 개념에는 정적 강화, 정서조절, 따뜻하고 신뢰하는 관계 형성, 나이에 적절한 한계 설정, 지시 따르기 기술 가르치기, 일관성과 예측 가능성 및 후속 절차 제공하기를 포함해야 한다.

(1) 이런 목표는 PRIDE 기술, CARES 모델, 절제된 반응, 방향 전환, 주의 돌리기, 안내된 지시이행, 그리고 매일 기술 연습의 치료적 전략을 통해 달성되었다.

15. 부모에게 수료증을 제공하고 그들의 성공을 축하한다.

16. 아동에게 치료실을 나가서 자동차로 걸어가는 그림이 있는 시각적 전환 카드를 보여 준다.

    스크립트 예시: "이제 '빠이빠이' 할 시간이야[아동이 치료실을 떠나는 그림을 가리킨다]. 그리고 자동차로 걸어가는 거야[차 안에 있는 아동 그림을 가리킨다]."

17. 성실성 체크리스트: PCIT-T 졸업회기를 작성한다.

성실성 체크리스트: PCIT-T 졸업회기

이 회기를 검토하면서 예(Y), 해당 없음(NA) 또는 아니요(N) 중 적절한 칸에 체크 표시를 하세요. 표 아래쪽의 적절한 칸에 합계를 기록하세요. 각 항목에 대한 자세한 설명은 세부 회기 개요를 참고하세요. (성실성 체크리스트와 지침은 Eyberg & Funderburk, 2011을 바탕으로 함)

성실성 체크리스트: PCIT-T 졸업회기			
아동 및 양육자:			
회기 진행 치료사:			
체크리스트 검토자:	날짜:		

	항목	Y	NA	N
1	대기실에서 부모와 아동을 환영한다. 체크인 용지를 제공하고 CDI-T와 PDI-T 가정치료 연습 용지를 회수한다.			
2	아동에게 시각적 전환 카드를 사용하고, 양육자가 치료실로 안전하게 들어가도록 지지하면서 PRIDE 기술을 모델링한다.			
3	체크인 용지와 CDI-T/PDI-T 가정치료 연습 용지를 검토하고 주요 변화를 논의한다.			
4	치료 후 평가를 실시한다(CLP의 5분 웜업 시간 동안 채점한다).			
5	치료 후 DPICS-T 관찰을 세 가지 상황(CLP, PLP, CU)에서 진행하고 적절한 경과표 용지에 점수를 옮겨 적는다.			
6	양육자에게 치료 후 DPICS-T 관찰을 디브리핑한다.			
7	치료 후 평가 결과 점수를 검토하고 치료 전과 중간 측정과 비교한다.			
8	PCIT-T 마스터 기준을 충족한 양육자를 축하한다.			
9	양육자가 PCIT-T 여정에 대해 생각해 보도록 해 준다.			
10	재발 방지의 개념과 지지를 추구해야 할 때에 대해 논의한다.			
11	마스터한 기술을 검토하고, 핵심 개념을 요약하고, 양육자의 노력을 칭찬한다.			
12	수료증을 수여하고 축하한다.			
13	치료실에서 나가도록 시각적 전환 카드를 제시하고, 치료를 종결한다.			
	합계			

회기에 대한 치료사의 의견

회기에 대한 성실성 평가자의 의견

$$성실성 = \frac{예\ 합계}{예\ 합계 + 아니요\ 합계} = \underline{\hspace{3cm}} \%$$

회기 시간 = _____분

유인물과 양식

PCIT-T 체크인 용지

지난 회기 이후 치료사가 알아야 할 주요 스트레스 유발 상황이 있었습니까?

만약 있었다면, 그런 스트레스 유발 상황은 당신의 기분, 행동 그리고 매일 5분 동안 자녀에게 치료를 제공하는 데 영향을 끼쳤습니까?

당신의 정서와 행동 표현이 자녀의 정서와 행동 표현에 끼치는 영향을 어떻게 알아차리셨습니까?

지난주에 자녀와 유대감을 느꼈던 때나 자녀의 강점을 알아차린 때 하나를 이야기해 주세요.

시각적 전환 신호 카드 – 대기실에서 놀이실로 가기

시각적 전환 신호 카드 — 놀이실에서 대기실 나가기

PCIT-T 치료 전/후 DPICS 평가-치료사용

Eyberg & Funderburk (2011)을 바탕으로 함.

아동 이름/ID _____ 날짜: _____

평가: □ 치료 전   □ 치료 후   코딩자: _____

부모: □ 모   □ 부   □ 다른 양육자 _____

상황: □ 아동주도 놀이   □ 부모주도 놀이   □ 정리하기

시작 시간: _____   종료 시간: _____

해야 할 기술		횟수 표기	합계
일반적인 말			
정서에 이름 붙이기			
행동 묘사			
반영			
구체적 칭찬			
구체적이지 않은 칭찬			
하지 말아야 할 기술		**횟수 표기**	**합계**
질문			
직접지시 (DC)	지시이행(CO) 말해 주기-보여 주기 -다시 하기		
	지시불이행(NC) 안내하기		
	기회 없음(NOC)		
간접지시 (IC)	지시이행(CO) 말해 주기-보여 주기 -다시 하기		
	지시불이행(NC) 안내하기		
	기회 없음(NOC)		
부정적인 말			

(다음 페이지에 계속)

큰 정서가 발생했나요?	예	아니요	# 표기	
사용한 CARES 기술	**한 곳에 동그라미 하세요**			**참고**
가까이 가기	만족스러움	연습 필요함	해당 없음	
아동을 도와주기	만족스러움	연습 필요함	해당 없음	
아동을 안심시키기	만족스러움	연습 필요함	해당 없음	
정서를 타당화하기	만족스러움	연습 필요함	해당 없음	
진정시키기	만족스러움	연습 필요함	해당 없음	

양육자가 단계를 생략한 그 순간 양육자를 코칭한다(필요한 경우). 5분 DPICS 코딩을 하는 동안 마이크 장치를 착용하는 것을 **포함**할 수 있다.

긍정적인 기술	한 곳에 동그라미 하세요		참고
모방하기	만족스러움	연습 필요함	
즐거움 표현하기	만족스러움	연습 필요함	
신체적 애정 표현	만족스러움	연습 필요함	
상호 눈맞춤	만족스러움	연습 필요함	
활기찬 목소리 톤	만족스러움	연습 필요함	
활기찬 얼굴 표정	만족스러움	연습 필요함	
발달 수준에 맞는 놀이 스타일	만족스러움	연습 필요함	
행동 관리 기술	**한 곳에 동그라미 하세요**		**참고**
방향 전환 기술	만족스러움	연습 필요함	해당 없음
절제된 반응 기술	만족스러움	연습 필요함	해당 없음
한계 설정 – '아프게 하지 않기'	만족스러움	연습 필요함	해당 없음

CDI-T 기술의 관계 향상 경과표

회기 # 날짜	CLP 기초선							
가정치료 연습								
7	×							
6	×							
5	×							
4	×							
3	×							
2	×							
1	×							
0	×							
구체적 칭찬								
10+								
9								
8								
7								
6								
5								
4								
3								
2								
1								
0								
반영								
10+								
9								
8								
7								
6								
5								
4								
3								
2								
1								
0								
행동 묘사								
10+								
9								
8								
7								
6								
5								
4								
3								
2								
1								
0								

CDI-T 기술의 관계 향상 경과표

회기 #	CLP 기초선								
날짜									
정서에 이름 붙이기									
10+									
9									
8									
7									
6									
5									
4									
3									
2									
1									
0									
질문/지시/비난의 말									
10+									
9									
8									
7									
6									
5									
4									
3									
2									
1									
0									
CARES									
만족									
N/A									
개선 필요									
다른 긍정적 기술 (모방, 즐기기, 애정 표현, 눈맞춤, 활기 등)									
만족									
N/A									
개선 필요									
방향 전환과 절제된 반응									
만족									
N/A									
개선 필요									
한계 설정 '아프게 하지 않기'									
만족									
N/A									
개선 필요									

PDI-T 기술의 따르기/지시이행 경과표

회기 # 날짜	PLP 기초선	CU 기초선					
PDI-T 가정치료 따르기 연습							
7	×	×					
6	×	×					
5	×	×					
4	×	×					
3	×	×					
2	×	×					
1	×	×					
0	×	×					
효과적인 직접 지시							
100%							
90%							
80%							
75%							
70%							
60%							
50%							
40%							
30%							
20%							
10%							
0%							
일관된 후속 절차							
100%							
90%							
80%							
75%							
70%							
60%							
50%							
40%							
30%							
20%							
10%							
0%							
아동 지시이행 행동*							
100%							
90%							
80%							
75%							
70%							
60%							
50%							
40%							
30%							
20%							
10%							
0%							

* 지시이행 행동은 PDI-T의 '말해 주기' '보여 주기' 또는 '다시 하기'를 하는 동안 완수한 과제를 계산한다.

수료증

이 사람은 애착과 정서조절 향상을 위한 걸음마기 유아를 위한 부모-아동 상호작용지료를 성공적으로 이수하였으므로 이 수료증을 수여합니다.

_____
임상가

_____
날짜

Eyberg & Funderburk (2011), 171-172쪽을 조정함.

참고문헌

Eyberg, S., & Funderburk, B. W. (2011). Parent-child interaction therapy protocol. Gainesville, FL: PCIT International.

부록

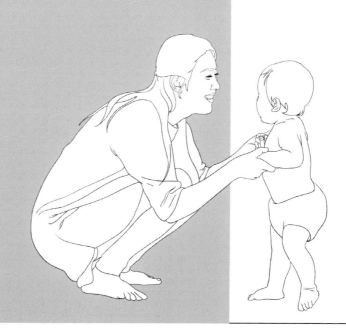

부록 A

아동주도 상호작용 코칭 발췌

McNeil, C. B., & Hembree-Kigin, T. (2010). (Parent-Child Interaction
Therapy: Second Edition, Chapter 5). New York: Springer.

McNeil과 Hembree-Kigin(2010)의 제5장 '아동주도 상호작용(CDI) 코칭'(스프링거 출판사의 허락하에 재수록)

> 준비해야 할 것
> 1. ECBI
> 2. DPICS-III 코딩 용지
> 3. CDI 숙제 용지
> 4. PCIT 진행 용지

CDI 기술을 코칭할 때 치료사는 특별 놀이 시간에 부모가 아동에게 사용하는 것과 같은 전략과 철학을 적용한다. 치료사는 부모의 특정 CDI 기술을 향상시키기 위해서 부모에게 구체적인 칭찬을 한다. 또한 전략적 관심 두기와 선택적 무시하기를 사용하여 부모의 어떤 언어 반응은 증가시키고 또 다른 반응은 감소시키도록 한다. 특별 놀이 시간의 목표가 부모-아동 관계의 향상인 것처럼, 치료사 또한 부모와의 라포 형성을 목표로 코칭 전략을 사용한다. 예를 들면, 치료사는 코칭을 할 때 비난을 하지 않는데, 특히 '안 됩니다' '하지 마세요' '중단하세요' '그만두세요' '아닙니다'와 같은 표현은 부모에게 판단받는 느낌, 무능하다는 느낌을 주기 때문에 사용하지 않는다. 이런 부정적인 감정은 부모와의 관계에 손상을 입히고 치료를 중단하도록 만든다. 치료사는 비난하기보다는 부모의 긍정적인 행동을 묘사하고 칭찬하면서 열정적으로 관심을 보인다. 부모를 고쳐 줄 때는 건설적인 피드백을 사용하며, '하지 말아야 할 것' 대신에 '해야 할 것'을 설명한다. 부모에게 아동이 놀이를 이끌어 가게 하도록 가르치는 것처럼 치료사가 CDI 기술을 사용할 때도 부모가 주도하도록 한다. 이것은 부모가 CDI 지침 안에서 자신의 언어를 사용하고 자신에게 편한 놀이 스타일을 개발하도록 한다는 뜻이다. 치료사는 부모가 특정 기술에 어려움을 경험할 때만 건설적인 피드백을 제공한다. 사실 Sheila Eyberg(1999)는 첫 CDI 코칭에서 어떤 정정도 하지 않을 것을 제안하고 라포 형성을 우선시한다. 부모가 CDI 기술을 잘 사용하면 치료사는 부모가 어떻게 했는지 묘사해 주고 칭찬하면서 부모에 대한 수용을 보여 주고 부모가 이끌어 가는 대로 따라간다. Eyberg(2005)에 의하면 내담자중심치료의 기본 원리(공감, 진실성, 긍정적 존중)를 따라 코칭해야 한다. 코칭을 받고 난 후 부모가 자신에 대해서, 아동에 대해서, 치료의 발전에 대해서 긍정적인 생각을 가질 수 있도록 한다.

경험이 전혀 없거나 조금밖에 없는 초보 PCIT 치료사도 기본적인 아동주도 상호작용 기술을 코칭할 수 있다. 그러나 코칭은 다양한 배경과 다양한 의사소통 스타일, 자녀 양육에 대해 다양한 태도를 보이는 부모 및 고유한 문제 행동을 보이는 아동들과 함께 일하는 경험이 축적됨에 따라 끊임없이 발전해 가는 예술이다. 코칭의 기술이 역기능적인 부모−아동 쌍과 함께 일하는 경험에서 얻어지기는 하지만, 아동 발달과 정상적인 부모−아동 상호작용에 대한 이해를 기초로 하고 있다. 건강하고 양육적인 부모−아동 관계의 특징을 지닌 광범위한 상호작용 스타일과 의사소통 패턴에 대해 PCIT 치료사가 '내적 지표'를 보유하고 있는 것이 특히 중요하다. 이런 방법으로 치료사는 코칭 전략의 레퍼토리를 넓힐 수 있고, 가족의 고유한 의사소통 강점과 스타일을 고려하지 않은 채 모든 가족에게 비슷한 상호작용 순서를 코칭하는 '근시안적' 전문성이 발생할 가능성을 감소시킬 수 있다.

전형적인 코칭 회기 개관

〈표 5−1〉은 한 부모 또는 양 부모가 참여하는 가족의 전형적인 코칭 회기 순서를 보여 준다. PCIT의 매 회기에 부모는 도착하자마자 대기실에서 아이버그 아동행동검사(ECBI)의 강도척도를 작성한다. 치료사는 곧바로 점수를 계산하여 PCIT 진행 용지(〈부록 5〉 참고)에 기록하고, 부모에게 시간이 지나면서 일어나는 변화를 피드백해 준다. 이때 종종 시각적인 그래프를 사용하여 ECBI 점수 변화를 보여 준다. 회기는 숙제를 점

검하면서 시작된다. 숙제와 가정의 스트레스 요인을 탐색하면서 발생한 문제를 해결한 후, 부모가 아동과 놀이치료를 진행하는 모습을 5분 동안 아무런 직접적인 코칭 없이 관찰한다. 이 5분 동안 부모가 사용하는 CDI 기술을 부모-아동 상호작용 코딩시스템(DPICS-III) 기록지(〈부록 1〉 참고)에 기록하고, 나중에 PCIT 진행 용지(〈부록 5〉 참고)에 옮겨 적어 부모가 매 회기에 변화를 볼 수 있도록 한다. 5분의 관찰이 끝나면 치료사는 부모가 PRIDE 기술을 아동에게 연습하는 동안 부모를 직접적으로 코칭한다. 양 부모가 참여하는 가족의 경우, 코칭 시간을 둘로 나누어 부모 두 명이 모두 코칭을 받도록 한다. 코칭을 받지 않는 부모는 관찰을 통해서 배우게 되고, 종종 관찰실에서 코딩하는 것을 배운다. 관찰하는 부모는 코칭을 방해하지 않도록 조용히 있어야 한다. 회기의 마지막 10분은 부모가 발전하고 있는 부분에 대한 피드백을 하고(PCIT 진행 용지는 〈부록 5〉 참고) 다음 주 집에서 연습할 때 특별히 집중해야 할 부분을 설명한다. 필요하다면 치료사는 아동과의 개인적인 라포 형성을 위해 매 회기에 몇 분 정도 시간을 추가로 할애할 수 있다. 이런 개인 시간은 아동이 치료사를 부모와 함께하는 음모자가 아닌 협력자로 인식하도록 도와주어 치료에 대한 거부감을 감소시킬 수 있다. CDI 총 회기는 부모가 기술을 얼마나 빨리 마스터하느냐에 따라 차이가 있지만, 이 장에 소개된 기본 순서는 각 코칭 회기마다 사용된다.

표 5-1   CDI 코칭 회기 단계

한 부모 참여		
1단계	체크인과 숙제 검토	10분
2단계	CDI 기술 코딩	5분
3단계	CDI 기술 코칭	35분
4단계	진행에 대한 피드백과 숙제 내주기	10분
양 부모 참여		
1단계	체크인과 숙제 검토	10분
2단계	첫 부모 CDI 기술 코딩	5분
3단계	첫 부모 CDI 기술 코칭	15분
4단계	두 번째 부모 CDI 기술 코딩	5분
5단계	두 번째 부모 CDI 기술 코칭	15분
6단계	진행에 대한 피드백과 숙제 내주기	10분

코칭 회기 준비하기

부모와 아동은 테이블, 의자, 특별 놀이 시간에 적합한 3~5개의 장난감(예: 창의적인 만들기 중심의 장난감)이 있는 안전한 놀이실에서 치료사를 만난다. CDI 동안 부모와 아동은 종종 바닥에서 노는데, 아동이 치료실 안에서 놀 수 있는 장난감을 가지고 놀면 부모는 아동의 주도를 따라간다. 테이블에 앉아서 놀 것인지 또는 치료실 바닥에서 놀 것인지는 아동이 선택하게 한다. 예를 들어, 아동이 테이블 위에서 그림을 그리면 부모도 같이 테이블에 앉아야 한다. 몇 분 후 아동이 카펫에서 자동차를 운전한다면 부모도 놀이에 참여하기 위해서 바닥으로 내려와야 한다. CDI에 적절하지 않은 장난감은 방에서 모두 치워 놓아서 아동이 계속해서 그 장난감을 가지고 놀겠다고 떼를 쓰는 불쾌한 일이 발생하지 않도록 한다. CDI에서는 부모가 한계를 설정하지 않도록 하기 때문에, 아동이 문제 행동을 일으켜 부모가 개입해야만 하는 상황이 발생할 수 있는 물건은 아예 놀이실에 두지 않아야 한다. 램프, 유리 액자, 고급 가구, 싱크대, 휴지 상자, 핸드백과 같은 개인 물건을 놓지 않는다. 전등 스위치는 잠글 수 있는 보호 장치나 테이프를 사용하여 항상 켜 있는 상태를 유지한다.

이어폰 마이크 장치를 사용하여 코칭을 한다면 이어폰은 알코올 솜으로 소독하고 치료 시간 전에 테스트해야 한다. 각 회기에 추가적으로 필요한 것들로는 각 부모용 DPICS-III 코딩 용지 1장, 각 부모용 숙제 용지 1장, 각 부모용 PCIT 진행 용지 1장, 시계 또는 스톱워치 등이 있다.

체크인과 숙제 검토

보통 아동을 근처에서 혼자 놀게 하고, 부모와 치료사가 지난주 집과 학교에서 아동의 생활, 아동의 행동과 관계없는 가족의 스트레스 요인, 일주일간의 숙제를 점검하는 것으로 회기를 시작한다. 한 주 동안 매일 숙제를 했는지 여부와 숙제를 하면서 생긴 질문이나 관찰한 내용, 문제되는 내용을 숙제 용지에 기록해서 매주 가져오게 한다. PCIT의 CDI 단계의 목표 중 하나는 부모가 아동의 긍정적인 성품과 행동을 더 능숙하게 알아차릴 수 있게 하는 것이므로, 치료사는 부모가 아동의 문제만이 아니라 아동의 발전과 성취를 알아볼 수 있도록 주의를 기울이게 한다. 또한 이 점검 시간에 어른들이 이야기하는 동안 조용히 놀고 있는 아동에게 간헐적으로 구체적 칭찬을 함으로써 아동의 독립적인 놀이를 어떻게 조성하는지 부모에게 가르치는 기회로 삼는다.

CDI에서 직접적인 코칭 시간을 최대한 확보하기 위하여 초기 '점검' 시간은 5~10분으로 제한한다. 가끔 이 제한 시간을 잘 지키지 못하거나 중요한 부부 문제 또는 개인 문제를 이야기하는 부모를 만난다. 만약 이런 일이 계속해서 발생하여 부모 훈련 개입의 초점에서 멀어지고 PCIT 치료 발전을 더디게 만든다면 치료사는 부모에게 개인상담, 자조집단, 부부상담과 같은 부가적인 치료에 참여할 것을 권한다. 그렇게 하면 동반되는 중요한 문제가 체계적으로 다루어질 수 있고, 이것은 종종 PCIT의 효과를 높일 수 있게 해 준다. 아동의 문제 행동을 지나치게 긴 시간 자세하게 설명하는 부모의 경우에는 치료 회기 순서를 조정하여 마지막 10분을 점검 시간으로 남겨 둔다. 이렇게 해서 문제 행동 설명에 사용되는 시간을 줄임과 동시에 아동의 긍정적인 특성에 집중하도록 코칭을 받은 이후에만 부모가 아동의 행동을 검토하도록 함으로써 비생산적으로 아동의 문제 행동에 집중하는 것을 제한한다.

CDI 첫 번째 코칭 회기에는 점검 시간에 '해야 할' 기술과 '하지 말아야 할' 기술을 간략하게 설명한다. 대부분의 부모는 치료사가 보는 앞에서 새로운 기술을 보여 주어야 하는 것을 지나치게 의식한다. 부모에게 이것은 흔히 있는 일이며, 곧 사라질 것이고, 일주일 만에 놀이치료 기술을 '마스터'했을 것이라고 기대하지 않는다고 알려 주어서 이런 불안을 직접적으로 다루는 것이 도움이 된다. 마지막으로, 아동의 발달단계에 맞추어 아동에게 코칭에 대하여 적절한 설명을 해 주는 것으로 첫 코칭 회기의 점검 시간을 끝맺는다. 치료사-코치가 녹화를 하고 관찰실에서 코칭을 하는 경우, 이어폰 장치를 통해 부모가 지시를 받는다는 것을 충분히 이해할 수 있는 나이의 아동이라면 다음과 같이 설명해 줄 수 있다.

　　이제 선생님은 나가고 ○○이가 엄마(아빠)와 함께 특별 놀이를 할 시간이야. 그리고 선생님은 ○○이와 엄마(아빠)가 노는 것을 저 거울 뒤에서 볼 거야. 너도 보고 싶니? [아동이 관찰실에 들어가서 잠시 놀이실을 볼 수 있도록 허락한다.] 선생님은 엄마(아빠)가 특별한 방법으로 놀 수 있도록 도와줄 거야. 엄마(아빠)는 귀에 꽂은 재미있게 생긴 저걸로 선생님이 하는 말을 들을 수 있어. 저건 장난감이 아니야. ○○이가 볼 수는 있지만 가지고 놀 수는 없어. ○○이는 엄마(아빠)하고 같이 재미있게 노는 거야, 알겠지?

만약 치료사-코치가 녹화를 하고 놀이실 안에서 코칭을 하게 된다면 아동에게 다음과 같이 설명할 수 있다.

이제 ○○이가 엄마(아빠)하고 특별 놀이를 할 시간이야. 선생님은 여기 있으면서 ○○이와 엄마(아빠)가 노는 것을 볼 거야. 선생님은 ○○엄마(아빠)가 ○○이와 아주 특별한 방법으로 놀 수 있도록 도와주는 사람이야. 어떤 때는 조용히 보기만 하고, 뭔가를 쓰기도 하고, 또 어떤 때는 엄마(아빠)에게 뭐라고 말하기도 할 거야. ○○이는 계속 놀면 되는데 선생님을 투명인간이라고 생각하고 여기 없는 것처럼 해야 해. 선생님을 쳐다보지도 않고, 선생님한테 말도 하지 않는 거야. ○○이는 그냥 엄마(아빠)하고 놀면서 선생님은 없는 것처럼 생각하는 거야, 알겠지?

이 두 가지 설명은 모두 아동 개인의 인지적·언어적 발달을 고려하여 조정하여야 하며, 어떤 치료사-코치는 부모에게 이 설명을 자신의 언어로 반복하게 하여 아동의 이해를 높일 수도 있다. 방 안에서 코칭을 하는 경우 초기에 어떤 아동들은 치료사와 상호작용을 하지 말아야 한다는 것을 기억하지 못할 수도 있다. 이런 일이 발생하면 처음에는 아동에게 치료사가 없는 것처럼 하라고 다시 가르쳐 주고 이후에는 아동의 접근을 전적으로 무시하여야 한다. 대부분의 아동은 곧 치료사의 코칭을 무시하고 부모와 노는 데 빠르게 집중하게 된다. 치료사가 아동의 접근에 계속해서 반응한다면 그런 행동은 더 자주 발생하고 코칭에 방해가 될 것이다.

부모가 CDI 숙제를 안 해 오는 경우

CDI 회기 초기에 부모는 대체로 매일 숙제를 하겠다는 마음으로 치료실을 떠나지만 일관되게 숙제를 하는 데에는 대부분의 부모가 큰 어려움을 느낀다. 치료사는 숙제를 해 오지 않을 것이라고 예상하고 적극적으로 숙제의 문제를 다루어야 한다. 연습 없이는 치료실에서 개선된 부분이 집으로까지 쉽게 일반화되지 않기 때문에 치료사와 부모는 숙제가 치료의 결정적인 부분이라는 관점을 가져야 한다. 숙제를 100% 완성하는 가족은 아주 드물지만, 숙제의 대부분을 해 오는 가정이 치료에서 진전을 더 보이는 것을 많이 보았다. 부모가 숙제를 하는 횟수가 일주일에 세 번보다 적을 경우에는 치료에서 진전이 없을 것이 심각하게 우려된다. 이런 경우 숙제를 하지 못하는 이유에 대해서 분석하고 문제를 고칠 수 있는 방법을 찾아서 사용한다. 〈표 5-2〉는 숙제를 안 해 오는 네 가지 공통적인 이유와 이에 관련된 해결 방법을 제공한다.

부모가 CDI를 '믿지' 않는다. 어떤 가정은 다른 가정보다 CDI에 대해 더 적극적인 동기를 가지고 치료를 시작한다. 교육을 많이 받은 부모는 보통 CDI가 가져다줄 수 있는 이익에 대하여 쉽게 확신을 갖는다. 반대로 법원 명령에 의해서 온 경우나 학교의 권고를 받고 온 경우, 교육을 많이 받지 못한 가족은 설득하기가 더 어렵다. 숙제를 안 해 오는 것은 치료에 대한 저항을 나타내는 초기 지표가 될 수도 있다. 이때는 저항을 직접 다루는 것이 도움이 된다. "특별 놀이 시간이 어떤 차이를 가져올 것이라고 정말 믿지 못하시는 것 같네요."라고 말할 수 있다. 이렇게 하면 부모는 CDI에 대한 회의를 직접적으로 말할 수 있고, 치료사는 CDI에 관해 더 설득할 수 있는 기회를 얻는다. 제3장에서 논의한 것처럼 CDI에 관해 설득할 때 사용하는 다섯 가지 쟁점은 ① 부모가 아동과 튼튼한 관계를 가져야만 강력한 훈육 프로그램이 효과적이게 된다. ② 연습을 매일 하면 CDI 마스터 기준에 빨리 도달할 수 있고 훈육 프로그램으로 더 빨리 진행할 수 있다. ③ CDI는 '치료'이지 단순한 놀이가 아니다. ④ 매일 아동과 함께 보내는 짧은 시간이 쌓이면 아동이 부모를 기쁘게 하고 싶어 하는 결과를 가져온다. ⑤ 매일 연습을 통해 부모는 중요한 행동 관리 기술을 충분히 익히게 되고 일상생활에서 자연스럽게 습관적으로 사용할 수 있게 된다. 이 다섯 가지 '설득 요소'를 제시했음에도 불구하고 여전히 저항하는 부모에게는 CDI 연습을 '실험'으로 생각하라고 권한다. 실험의 한 부분으로, 다음 한 주 동안 연습을 몇 번 하기로 약속할 수 있는지 생각해 보게 한다. 우리는 숙제 용지의 윗부분에 약속한 숫자를 적고, 다음과 같이 실험을 소개한다.

이번 주에 네 번을 연습하실 수 있다고 생각하시네요. 현실적으로 가능한 횟수인가요? 이번 한 주는 약속하실 수 있으세요? 정말 좋아요. 그러면 다음 주 만날 때 저는 제

표 5-2 숙제를 안 해 오는 이유와 해결 방법

1. 부모가 CDI를 '믿지' 않는다.	1. 대화로 문제를 다룬다.
	2. CDI에 관해 다시 설득한다(제3장 참고).
	3. '실험' 아이디어를 제시한다.
2. 숙제를 우선순위에 놓기에는 부모의 스트레스가 너무 많고 체계적이지 못하다.	1. 폴더를 제공한다.
	2. 하루 전에 기억할 수 있도록 전화한다.
	3. 약속을 기억하도록 냉장고에 붙여 놓는 메모지를 제공한다.
	4. 주중에 기억할 수 있도록 전화한다.
	5. 장려책을 시행한다.
	6. CDI를 일상생활 스케줄에 집어넣도록 돕는다.
3. 숙제가 우선시되어야 한다는 메시지를 치료사가 일관성 있게 전달하지 않았다.	1. 숙제를 안 했을 때 "괜찮아요. 힘든 한 주를 보내셨네요."와 같은 지지적 반응으로 의도하지 않은 강화를 방지한다.
	2. ECBI와 함께 숙제 용지를 계속 제출하도록 하여 숙제를 회기를 시작하는 '티켓'으로 삼는다.
	3. 숙제 용지를 잊지 않고 가져온 점을 구체적으로 칭찬한다.
	4. 숙제의 대부분을 한 것을 구체적으로 칭찬한다(예: 7일 중 4일을 했을 때).
	5. 숙제 용지를 잊었다면 부모에게 다시 작성하도록 요구한다.
	6. 아동의 변화와 집에서 연습한(또는 연습하지 않은) 결과와의 관계 및 숙제의 중요성을 반복적으로 교육한다.
4. 집에서 연습할 때 다른 가족들 때문에 부모의 연습이 방해받는다.	1. 다른 중요한 가족을 치료에 참여시키도록 노력한다.
	2. 간섭받지 않고 혼자 연습할 수 있는 방법을 찾아본다.
	3. 부모가 다른 사람들에게 자기주장을 할 수 있도록 힘을 북돋아 준다.
	4. CDI 연습에 방해를 받았던 다른 부모들도 숙제를 할 방법을 찾을 수 있었다는 것을 알려 준다.
	5. 치료의 효과를 경험하면 다른 중요한 가족도 방해하지 않을 것이라고 가르쳐 준다.

일 먼저 이 실험에서 어머니가 맡은 부분을 하셨는지 여쭈어 볼 거예요. 한 주 동안 특별 놀이를 네 번 하셨는지 물어볼 거예요. 어머니께서 네 번 모두 연습하시는 게 중요해요. 그래야 놀이치료가 효과적인지 알아볼 수 있습니다. 연습 시간을 통해서 과연 ○○이의 행동이 좋게 바뀌는지, 어머니와 ○○이의 관계가 좋아지는지, 어머니의 놀이치료 기술이 발전하는지 함께 살펴보겠습니다.

치료사는 숙제 행동을 조성하는 방법의 하나로 이 '실험'을 사용한다. 부모가 일주일의 숙제를 할 수 있다면, 문 안에 한 발을 들여놓은 것과 같다. 부모의 성취를 칭찬하고 어떻게 도움이 되는지 관찰하고 알려 줄 수 있다.

숙제를 우선순위에 놓기에는 부모의 스트레스가 너무 많고 체계적이지 못하다. 여러 가지 스트레스를 받고 있고 체계적이지 못한 많은 부모의 경우, CDI의 장점을 충분히 수용한다고 해도 실제로 집에서 성공적으로 실행하지는 못한다. 이런 가정은 규칙적인 일상이 없고, 하루하루를 그냥 살아가며, 위기(들)에 대처해야 하는데 거기에 할 일이 한 가지 더 늘어난다는 것에 부담을 느낀다. 스트레스가 많고 체계적이지 못한 가정이라고 인식되면, 치료 초기에 폴더를 하나 제공하여 모든 부모 자료와 숙제 용지를 그 폴더에 넣도록 한다. 또한 집 안에서 이 폴더를 보관할 만한 장소를 택하도록 돕고, 매 회기에 그것을 가져와야 한다는 것을 강조한다. 가능하면 스태프가 다음 회기 전에 전화하여 상기시켜 준다. 다음 약속 시간, 누가 와야 하는지, 폴더를 가져오는 것을 전화로 확인시켜 준다. 때로 이런 가족에게는 집에서 특별 놀이 시간을 연습하도록 시각적인 메모지를 붙여 놓는 것이 도움이 된다. 가족이 알아서 기억할 수 있는 장치를 마련할 것이라고 기대하기보다는 벽이나 문 또는 냉장고에 붙일 수 있는 메모지를 치료사가 제공하기도 한다. 어떤 치료사는 주중에 전화를 해서 숙제를 하도록 격려하여 부모가 더 책임을 느끼도록 하기도 한다. 마지막으로, 치료사 그리고/또는 기관은 숙제 연습에 대하여 장려 프로그램을 시행할 수도 있다. 예를 들면, 다음과 같다. ① 치료 초기에 보증금을 받고 부모가 숙제를 해 올 때 환급한다. ② 숙제를 충분히 할 때마다 아동이 '숙제 선물 상자'에서 무언가 하나를 고를 수 있다. ③ 숙제를 성공적으로 하면 큰 상이 걸려 있는 경품 티켓을 받는다.

숙제가 우선시되어야 한다는 메시지를 치료사가 일관성 있게 전달하지 않았다. 정신건강 전문가가 되기 위한 훈련을 받을 때, 치료사는 내담자를 지지하고 내담자 중심이 되어 내담자가 이끄는 대로 따라가는 것이 중요하다고 배웠다. 그런데 때로는 치료사의 지지적인 접근이, 치료의 발전을 위해서 숙제가 매우 중요하다는 메시지를 약화시킨다. 여러 가지 스트레스를 받는 가정이 위기 상황을 이야기할 때 치료사는 지지하려고 노력하기 때문에 쉽게 딴 길로 빠지게 된다. 치료사가 경청하고, 공감적 반영을 하며, 매주 위기 상황에 대해서 더 이야기하도록 장려하는 질문을 하는 장면을 쉽게 볼 수 있다. 치료사들은 종종 "정말 힘든 한 주를 보내셨네요." "문제가 산더미같이 쌓여 있네요." "전 남편이 아이를 제시간에 데려다 주지 않아서 어떻게 하셨어요?" "선생님이 전화했을 때, 선생님께 뭐라고 말씀하셨어요?"와 같이 반응한다. 부모를 지지하는 것이 치료사의 할일 중 하나이기는 하지만, 숙제가 아주 중요한 것은 아니라는 메시지를 부모에게 무심코 전달하는 일이 없도록 조심해야 한다. 예를 들면, 지지적인 반응을 보이며 위기 상황에 대하여 묻다가 숙제를 점검하기도 전에 이미 회기의 반이 지나갈 수 있다. 때로는 위기 상황에 지나치게 몰입되어 숙제에 대해서 묻는 것을 잊어버리기도 한다. 또 어떤 때는 스트레스 상황(예: 할머니의 죽음, 아동보호기관 신고, 직장에서의 야근, 아픈 자녀, 지방에서 온 손님) 때문에 부모가 숙제를 할 수 없었다고 보고할 때, 지지적인 훈련을 받은 우리는 "괜찮습니다. 아주 힘든 한 주를 보내셨네요."라고 반응한다. 그러나 여러 가지 문제가 있는 가정은 매주 힘들다. PCIT가 진행되기 위해서는 이런 가정에게 스트레스 상황이 있다고 해서 숙제를 안 해도 된다고 허락하면 안 된다. 좋은 치료사는 지지를 제공함과 동시에 매일 숙제를 해야 한다는 것을 분명히 하도록 균형을 유지해야 한다.

부모에게 숙제가 우선시되어야 한다는 메시지를 전달하기 위해서 몇 가지 전략을 사용한다. 첫째, 회기가 시작되기 전 ECBI를 받을 때 숙제 용지를 같이 받을 수 있다. 이런 방법으로 숙제 용지를 회기에 참여할 수 있는 '티켓'으로 삼을 수 있다. 회기가 시작하기 전 지속적으로 숙제 용지를 회수하는 것에는 두 가지 장점이 있다. ① 치료사가 숙제 용지를 확인할 가능성을 높여 준다. ② 매일 연습하는 것이 아주 중요하기 때문에 숙제 용지를 점검하기 전에는 회기를 시작하지 않는다는 메시지를 내담자에게 전해 준다. 만약 부모가 숙제 용지를 제출하면 실제로 집에서 숙제를 몇 번 했는지와 상관없이 숙제 용지를 잊지 않은 점을 구체적으로 칭찬한다. 만약 부모가 숙제 용지를 깜박 잊고 가져오지 않았다면, 회기가 시작되기 전 대기실에서 숙제 용지를 다시 작성하도록 한다. 대기실에서 숙제 용지를 작성하는 동안 치료사와 치료의 지지적인 면을 경험하는 시간이 미뤄지기 때문에 이것은 피하고 싶은 시간이 된다. 회기를 진행하는 동안 매일 하는 연습의 중요성을 부모에게 반복해서 교육한다. 우리는 매일 5분 특별 놀이가 ① 자녀 양육 기술을 향상하기 위해서, ② 부모-아동 관계를 개선하기 위해서, ③ 아동의 행동 개선이 치료실에서 가정으로 확장되게 하기 위해서 매우 중요하다고 가르친다. 부모가 숙제 연습과 치료의 발전 관계를 이해하도록 ECBI와 DPICS 결과를 검토한다. ECBI에서 보이는 행동의 개선과 DPICS 기술의 발전은 부모가 숙제를 얼마나 잘했는가에 직접적으로 영향을 받는다. 발전이 더디다면 치료적 효과를 위해서 숙제를 더 많이 해야 할 필요에 대해서 교육한다. 마지막으로, 숙제를 모두 또는 거의 대부분 완수했다면 부모의 노력에 대한 구체적 칭찬을 잊지 않는다.

부모의 연습이 방해받는다. 많은 부모가 다른 중요한 가족의 간섭 때문에 집에서 연습하기가 어렵다고 이야기한다. 다른 중요한 가족은 보통 PCIT에 참여하지 않는 배우자나 할머니/할아버지와 같은 대가족의 일원이다. 간섭의 예에는 방해하기, 비언어적 불만(예: 머리를 흔들기, 눈 흘기기), 죄책감 유도("저녁 식사를 준비하지 않고 왜 노는 데 시간을 낭비하고 있지?"), 노골적인 비판("이런 것이 효과가 있다고 생각하면 당신은 바보야.")이 포함된다. 부모에게 가족의 간섭에 대처할 수 있는 구체적인 전략을 제공하지 않으면 치료를 진행하는 데 방해가 된다. 방해에 대응하는 방법에는 다음과 같은 것들이 있다. ① 다른 중요한 가족을 치료에 참여시키려고 노력한다. ② 부모가 간섭받지 않고 혼자 연습할 수 있는 문제 해결 방법을 찾아본다. ③ 부모가 다른 사람들에게 자기주장을 할 수 있도록 힘을 북돋아 준다. ④ 다른 부모도 방해를 받았지만 숙제를 할 방법을 찾을 수 있었다는 것을 알려 준다. ⑤ 치료의 효과를 경험하면 다른 중요한 가족도 방해하지 않을 것이라고 가르쳐 준다.

CDI 기술 관찰과 기록

이미 언급한 것처럼, 매 회기 초에 짧은 시간 동안 부모 기술의 발전을 기록한다. 이렇게 함으로써 지난 코칭의 효과를 확인하고, 부모에게 도표화하여 보여 줄 수 있는 객관적인 정보를 얻으며, 이번 코칭에서 중점적으로 다루어야 할 기술에 대한 정보를 얻을 수 있다.

코칭을 시작하기 전 회기 초기의 부모 관찰은 부모가 집에서 어떤 기술을 사용하는지를 가장 정확히 볼 수 있게 해 준다. 만약 기술을 코칭한 후 회기 마지막에 관찰을 한다면 대부분의 부모는 아주 높은 기술 수준을 보일 수 있다. 그러나 이것은 단기 기억으로 인해 인위적으로 높아진 것이고, 일반적으로 집에서 일주일 동안 독립적으로 놀이치료를 진행할 때의 모습은 아니다.

우리는 관찰을 기록하기 전에 부모에게 다음과 같이 말한다.

> 이제 특별 놀이 시간을 시작하시기 바랍니다. 제가 필요한 대로 메모를 작성하면서 5분간 그냥 보기만 할 것입니다. 그런 후에 코칭을 시작하겠습니다. 괜찮으시지요? 어머니의 CDI 기술을 최대한 사용해 주세요.

부모가 준비되고 아동에게 전적으로 집중하면서 초기의 긴장감이 사라질 수 있도록 1분 정도 시간을 준다. 그다음 5분 시간을 맞추어 놓고, DPICS 기록 용지의 적절한 칸에 부모의 기술을 표기하며 관찰한다. 5분이 끝나면, 상호작용의 질과 관련하여 코칭에서 다루거나 회기를 마칠 때 부모와 논의하고 싶은 부분을 1분 정도 메모한다. 그리고 기록 용지의 결과를 PCIT 진행 용지에 빠르게 옮겨 적는다. 진행 용지는 가족의 매주 발전 상황을 확인하기에 용이하다.

5분의 코딩이 끝나자마자 부모에게 '건설적인 피드백 샌드위치'를 제공한다. 피드백 샌드위치는 처음에 분명하고 확실하게 구체적 칭찬을 하고, 이어서 더 잘할 수 있도록 부드러운 제안을 하고, 마지막으로 다시 상당한 양의 구체적 칭찬을 제공하는 방식으로 구성된다. 예를 들면, 치료사는 "이번 주에는 반영이 증가되도록 아주 잘 하셨습니다. 3개에서 8개로 발전하셨어요. 행동 묘사도 12개로 마스터 기준에 도달하셨습니다. 축하합니다. 좀 더 집중하시면 좋을 부분은 구체적 칭찬입니다. 오늘 4개를 하셨는데요, 마스터 기준에 도달하려면 10개를 하셔야 합니다. 그렇지만 전체적으로 어머니께서 하신 놀이는 따뜻하고 재미있었습니다. 사샤가 놀이를 이끌어 가도록 아주 잘하셨습니다."라고 말할 수 있다.

기술이 어느 정도 발전하고 있는지에 대한 정보는 CDI 기술의 마스터 기준에 얼마나 근접한지, PCIT의 훈육 부분으로 전환하기에 얼마나 준비가 되었는지를 결정하는 데 도움이 된다. CDI 기술을 마스터했는지 결정하는 '황금 기준'은 Eyberg(www.pcit.org)에 의해서 만들어졌으며 〈표 5-3〉에 제시되어 있다. 마스터 기준에 따르면 구체적 칭찬, 반영, 행동 묘사가 각각 10개가 되어야 하기 때문에 부모와 이야기할 때 마스터 기준을 종종 '10-10-10(ten-ten-ten)'이라고 부른다. 〈표 5-3〉에 제시된 기준은 '과잉훈련'의 개념에 근거하여 만들어졌다는 것을 상기시키고 싶다. 치료가 끝나고 부모가 더 이상 매주 코칭을 받지 않는다면 CDI 기술은 퇴보할 것이다. 그러나 부모가 기술을 과잉훈련 한다면, 시간이 지나고 기술이 좀 떨어진다 할지라도 아동의 긍정적 행동을 유지하기에 충분할 것이라고 기대한다. 과잉훈련은 또한 놀이시간 외에도 기술을 일반화시키는 데 도움이 되기 때문에 중요하다. 과잉훈련을 통해 긍정적 부모 기술이 습관화되어서 하루 일과 중 별다른 노력을 하지 않아도 사용될 수 있도록 하는 것이 하나의 목표이다. 예를 들면, 학교에서 집으로 가는 차 안에서 아동이 시시콜콜 이야기를 할 때, 부모가 아동의 말을 자연스럽게 반영하게 되기를 바란다. 또는 거실에서 두 자녀가 사이좋게 놀고 있을 때, 부모가 반사적으로 구체적 칭찬을 제공하게 되는 것이 치료의 목표다. 놀이시간에 기술을 과잉훈련, 과잉연습 해야 하루 일상에서 자연스럽게 사용하게 된다.

표 5-3   5분 놀이 시간에 사용해야 하는 CDI 기술의 마스터 기준

구체적 칭찬 10개
반영 10개
행동 묘사 10개
지시+질문+부정적인 말(비난과 비꼬는 말) 3개 이하
부정적인 관심을 끄는 행동 모두 무시하기
아동의 놀이 모방하기
열정적이기

'해야 할 것'과 '하지 말아야 할 것' 기술 코칭: 치료사를 위한 팁

부모-아동 상호작용을 기술적으로 코칭하기 위해서는 치료사-코치가 부모에게 자주, 구체적으로 피드백을 제공하면서 동시에 상호작용의 자연스러운 흐름을 방해하지 않아야 한다. 부모와 아동의 대화 사이에 코칭을 하는 것이 익숙하지 않은 초보 치료사에게 이것은 어려운 요구이다. 다음의 일반적인 원칙들이 효과적인 기술 코칭에 중요하다.

코칭은 간략하고, 빠르고, 정확하게 한다. 가장 좋은 코칭은 몇 개의 단어만을 사용한다. 완전한 문장과 긴 설명은 상호작용의 흐름을 방해하고 이로 인해 부모의 집중이 치료사-코치와 아동에게 분산되기 때문에 부모가 허둥거릴 수 있다. 몇 개의 단어만을 사용해야 하는 것뿐만 아니라 코칭은 부모의 말 이후 빠르게 즉시 전달되어야 한다. 코칭의 한 단어 한 단어가 가치 있기 때문에 일반적이거나 모호한 언어보다는 정확한 표현을 사용해야 한다. 가끔 설명이나 관찰을 길게 해야 할 필요를 느끼는 상황이 발생한다. 그런 예외적인 상황에서는 코치가 부모에게 피드백을 제공하는 동안 아동은 잠시 혼자서 놀게 한다. 이런 방법을 사용하는 상황은, 부모가 치료사의 코칭에 반응을 보이지 않을 경우(예: 열정적으로 놀기를 집중해서 코칭하는 데에도 10분 동안 변화가 없을 때), 특별한 연습(예: 칭찬 연습)에 대한 설명을 제공할 필요가 있을 경우 등이다. 부모에게 자세하게 이야기하는 시간이 필요한 또 다른 상황은 코칭 시간에 부모가 감정적이 된 경우이다. 예를 들면, 아동이 그린 그림에 큰 감동을 받아 울먹이던 어머니의 경우가 있었다. 어머니가 우는 일을 거의 보지 못했던 아들은 어머니가 아프거나 어머니에게 나쁜 일이 일어난 줄 알고 걱정했다. 어머니는 당황했고, 특별 놀이 시간을 어떻게 진행해야 할지 몰랐다. 아동이 노는 동안 치료사는 잠시 어머니와 이야기를 하면서 '기쁨의 눈물'을 아동에게 어떻게 설명할 수 있는지 제안하였다. 그러나 코칭은 부모가 기술을 빠르게 습득하는 데 방해되지 않고 도움이 되도록 간략해야 하는 경우가 압도적으로 많다. 코칭의 문장은 구체적 칭찬, 부드러운 교정, 지시, 관찰의 형식으로 제공될 수 있다. 〈표 5-4〉는 이런 네 가지 범주에서 일반적으로 사용되는 코칭 문장의 예를 제시한다.

부모가 하는 말을 거의 전부 코칭한다. 치료사-코치에게는 부모가 하는 모든 말이 가르칠 수 있는 기회가 되고, 부모는 조언을 많이 받을수록 기술을 더 빠르게 습득할 수 있다. 또한 각 문장이 끝날 때마다 피드백을 제공하여, 부모가 잠시 쉬면서 치료사의 조언을 기다려야 한다는 것을 배우게 한다. 치료사와 부모가 이렇게 속도를 조정할 때 코칭은 더 매끄럽게 진행될 수 있다. 집중적인 피드백을 제공할 때 치료사는 재빨리 생각하고, 구체적 칭찬과 부드러운 교정, 관찰 또는 지시의 반응을 적절하게 해 주어야 한다. 초보 치료사에게는(모든 경험자도 마찬가지이다!) 고도의 집중력과 지속적인 노력이 필요하며, 이것은 아주 힘든 일이다. 치료사는 피드백의 횟수가 적어지거나 기계적으로 코칭하게 되는 경향에 저항해야 한다.

| 표 5-4 | 자주 사용되는 CDI 코칭 문장 |

구체적 칭찬	
따라 하기 잘하셨어요.	신체 접촉으로 칭찬 잘하셨어요.
지금 반응하지 않은 거 좋습니다.	묘사 잘하셨어요.
○○가 이끌어 가는 대로 잘 따라가시네요.	○○의 질문에 대답을 잘해 주셨어요.
○○가 창의성을 발휘하도록 격려 잘해 주셨어요.	잘 가르쳐 주셨어요.
다시 관심을 보일 순간을 잘 선택하셨어요.	열정적으로 잘 놀아 주시네요.
시선을 잘 맞추셨어요.	구체적 칭찬이 좋습니다.

부드러운 교정	
오~ 질문이네요!	약간 비판적으로 들리네요.
인상을 찌푸리신 것 같아요.	그게 질문이었나요?
좀 주도적이신 것 같아요.	……이렇게 말씀하시는 게 더 좋을 것 같아요.
○○보다 좀 앞서 가시는 것 같네요.	

지시	
구체적으로 말씀해 보세요.	그 말을 반영하실 수 있으세요?
"예의를 잘 지키네!"라고 말씀해 주세요.	좀 더 열정적으로 해 보세요.
끝의 목소리 톤을 낮춰서 다시 한 번 말씀해 주세요.	○○가 긍정적이거나 일반적인 행동을 할 때까지 반응하지 않겠습니다.
"언니처럼 말할 때가 참 좋아."라고 말하세요.	"장난감을 소중하게 다루면서 같이 노니까 참 재미있다."라고 말하세요.
장난감을 같이 사용하는 것을 칭찬해 주세요. 지금 어떤 것을 칭찬할 수 있을까요?	그 칭찬을 하면서 안아 주시면 어떨까요?

관찰	
○○가 이 놀이를 즐기고 있네요.	진심으로 들리네요.
○○가 지금 잘 앉아 있네요.	이제 ○○가 어머니를 따라 하고 있어요.
○○가 어머니를 기쁘게 하고 싶어 하네요.	○○는 그 칭찬을 정말 좋아해요.
어머니께서 반영하시니까 ○○가 말을 더 많이 하네요.	○○가 이제 좌절을 더 잘 견디는 것 같아요.
어머니께서 묘사하시니까 ○○가 더 오래 할 수 있네요.	○○ 미소에 자신감이 넘치네요! 보시는 것처럼 어머니께서 칭찬하시면 그 행동을 더 많이 할 거예요.
그 칭찬은 ○○에게 자부심을 갖게 하는 데 좋은 칭찬이에요. 소근육 운동에 좋은 연습이에요.	"미안해."라고 말하셔서 공손한 태도에 대한 모범을 잘 보여 주셨어요.

교정보다 칭찬을 더 많이 한다. 많은 부모가 그들이 부모 역할에 대하여 무능하다고 느끼며 치료를 시작한다. 부모가 처음부터 지지를 받으며 성공을 경험하는 것은 PCIT 의 좋은 결과를 위해서 아주 중요하다. 그렇기 때문에 치료사—코치는 제공되는 칭찬 과 교정의 비율을 계속 주목해야 한다.

대부분의 부모는 처음부터 여러 기술을 올바르게 시행하기 때문에 치료사—코치가 자연스럽게 구체적 칭찬을 할 수 있는 기회가 있다. 만약 부모가 묘사하기, 반영하기, 칭찬하기를 스스로 하지 못한다면 치료사는 부모가 따라 할 수 있는 구체적인 문장을 제시하여야 하고, 그 문장을 말한 이후에는 구체적 칭찬을 해 주며, 아동의 반응을 관찰한다. 예를 들면, 다음과 같다.

> 부모: (아동이 만드는 것을 본다. 그러나 말은 하지 않는다.)
> 치료사: (지시한다.) "'동물원을 만드는 것은 참 좋은 생각이다!'라고 말해 주세요."
> 부모: "○○이가 만들고 있는 동물원이 엄마는 맘에 들어!"
> 치료사: (구체적 칭찬을 한다.) "구체적 칭찬 잘하셨습니다. (두 가지 관찰을 한다.)
> 어머니가 칭찬을 하니까 ○○ 얼굴이 밝아지네요. 그리고 이제 더 열심히 만들고 있어요."

피드백을 가능한 한 자주 해야 하지만 부모가 하는 모든 실수를 교정하는 것은 지혜롭지 못하다. 특히 실수가 자주 일어나는 치료 초기에는 더욱 그렇다. 모든 실수를 교정하려고 하면 아무리 부드럽게 한다고 해도 부정적인 영향을 줄 수 있어서, 부모는 그들이 비난받는다고 느끼고 무능력하다고 느껴 좌절할 수 있다. 교정 한 번에 적어도 다섯 번의 지지적인 말을 하는 비율을 유지하기를 권한다. 부모가 기술을 잘못 사용할 때 선택적 무시를 하고, 이후 기술을 적절하게 사용할 때 전략적인 관심을 보이는 방법은 교정에 대한 대안이 될 수 있다. 그 예는 다음과 같다.

> 부모: "지금 뭐 하고 싶니?"
> 치료사: (질문을 선택적으로 무시한다.)
> 부모: "강아지 산책시켜 주는 것처럼 하는 거야?"
> 치료사: (질문을 선택적으로 무시한다.)

　부모: "강아지를 산책시켜 주는구나."
　치료사: (전략적 관심을 보인다.) "훌륭한 묘사예요! 평서문으로 잘 말씀해 주셨어
　　　요. 질문 줄이기를 잘하고 계시네요."

　첫 코칭 회기 이후 대부분의 부모는 많은 기술을 적절하게 사용하며, 대부분의 실수를 전반적으로 긍정적인 코칭 톤을 지속해서 유지하면서 부드럽게 교정할 수 있다.

　어려운 기술보다 쉬운 기술을 먼저 코칭한다. '해야 할' 기술과 '하지 말아야 할' 기술 중 어떤 것은 일반적으로 다른 기술보다 배우기가 쉽다. 초기에 쉬운 기술에 더 집중하면 부모는 바로 성공의 느낌을 가질 수 있다. 치료사의 경험에 의하면 묘사하기가 일반적으로 가장 쉬운 CDI 기술이고, 그다음이 따라 하기, 반영하기, 비난하지 않기, 지시하지 않기이다. 부모가 마스터하기 가장 어려운 기술은 질문하지 않기와 칭찬하기인 것 같다. 질문을 하지 않는 것이 특히 어려운데 이것은 대부분의 부모가 기본적으로 어린 아동들에게 질문을 많이 하기 때문이다. 질문하는 습관을 고치는 것은 어려운 일이다. 어떤 부모는 말로 애정 표현을 하는 것을 불편해하기 때문에 칭찬을 어려워한다. 칭찬을 많이 하는 것이 아이를 망치는 일이라고 생각하거나 자기 자랑을 하게 만든다고 믿는 부모도 있다. 또 아동이 하루 종일 문제 행동을 보였다면, 특별 놀이 시간에 칭찬을 해 주고 싶지 않은 악순환에 휘말려서 칭찬을 거부하는 부모도 많다. 어떤 부모는 단순히 아동에게서 긍정적이고 칭찬받을 만한 행동을 찾아내기를 어려워한다. 몇 주간 놀이치료 연습을 하고, 한두 회기 정도 칭찬에 대해 코칭을 받고 나면 대부분의 부모는 칭찬을 더 쉽고 자연스럽게 하게 된다. 칭찬하기의 어려움이 지속된다면 부모와 이 부분을 자세하게 다루기를 바란다.

　어려운 기술에는 특별 연습을 사용한다. 대부분의 기술이 적절하게 발전해 가는 데 한 가지 기술만 크게 뒤처져 있는 경우에는 CDI를 쉬고 한 가지 기술에 집중하도록 특별 연습을 진행할 수 있다. 예를 들면, 부모에게 "간단한 실험을 해 보면 좋겠어요. 1분 동안 케이티를 몇 번 칭찬할 수 있는지 볼게요. 준비되셨어요? 시작하세요." 1분 동안 다른 기술에 대한 코칭을 멈추고, 칭찬이 몇 번인지 부모를 위해서 소리 내어 센다. 다음과 같이 할 수 있다.

좋아요. 하나…… 둘…… 셋…… 아주 잘하고 계시네요. …… 다른 것도 한번 생각해 보세요. …… 넷…… 시간이 다 됐습니다. 아주 훌륭합니다! 집중하시니까 1분에 칭찬을 4개나 하셨어요. 잘하실 줄 알았어요. 이런 속도를 유지하시면 5분에는 20개를 하실 수 있겠어요. 마스터 기준보다 10개나 더 많은 수예요. 아주 잘하셨어요!

이런 연습은 부모를 격려하고 장려하며, 특정 기술을 어려워할 때 좋은 연습이 된다. 이것은 교정 피드백을 자주 제공하여 부모를 실망시키는 것보다 더 좋은 방법이다. 부모가 특정 기술에 집중할 수 있도록 돕는 다른 연습 방법으로는, ① 2분 동안 아동이 말한 적절한 내용을 모두 반영하기, ② 질문을 했을 때 알아차리고 이것을 묘사나 반영으로 다시 말하기, ③ 일반적 칭찬을 구체적 칭찬으로 바꾸기, ④ 억양 내리기와 올리기를 번갈아 해 보면서 평서문과 의문문 구별하기, ⑤ 열정적이 되도록 3분간 '특별히 웃긴 행동' 신나게 하기이다.

관찰을 사용하여 효과를 강조한다. 부모가 어떻게 의사소통하느냐에 따라 아동이 긍정적으로 또는 부정적으로 반응한다는 설명은 너무 추상적이어서 가르치는 도구로서 충분한 설득력이 없는 경우가 종종 있다. 많은 경우 부모는 코칭 시간에 실제로 입증되는 것을 본 이후에야 자신의 의사소통 패턴을 인식하고 전략적으로 바꾸게 되고, 그 결과 아동에게서 바라는 반응을 이끌어 낼 수 있다. 그렇기 때문에 치료사–코치는 '해야 할' 기술과 '하지 말아야 할' 기술을 코칭할 뿐 아니라 아동이 부모에게 보이는 반응에 대해서도 이야기해야 한다. 예를 들어, 만약 부모가 아동이 빨강 블록을 같이 연결하는 모습을 칭찬하고 나서 아동이 또 다른 빨강 블록을 집으려 한다면, 치료사는 관찰한 내용을 다음과 같이 언급할 수 있다. "어머니의 칭찬이 힘이 있네요. ○○이를 칭찬하시는 대로 ○○이가 다시 또 하는 것 같아요." 마찬가지로 부모가 아동의 말을 반영하고 나서 아동이 같은 주제에 대해서 더 자세하게 말을 한다면, "○○이가 어머니에게 말할 때, 여전히 ○○이가 이끌어 가도록 하면서 긍정적인 관심을 잘 보여 주셨어요. 그래서 ○○이가 대화를 계속하려고 할 거예요."라고 관찰한 것을 말한다. 관찰은 내용이 많고 상호작용의 진행을 방해할 수 있기 때문에 전략적으로 사용해야 한다. 특정 관찰 내용이 길고 좀 더 긴 논의 시간이 필요하다면 코칭이 끝난 후 부모와 관찰 내용을 검토할 수 있다.

치료사-코치는 덜 적절한 부모의 언어와 행동에 대한 아동의 부정적인 반응을 주시할 수도 있다. 예를 들면, (교육회기에서 이런 위험에 대해서 경고를 했음에도 불구하고) 부모의 '따라 하기'가 아동이 만드는 것보다 훨씬 더 멋진 작품이 되었다면, 아동은 다음의 몇 가지 부정적인 반응 중 하나를 보일 수 있다. 놀이에 대한 흥미를 잃고 다른 장난감을 가지고 놀기 위해 부모 곁을 떠나거나, 자신의 능력에 대한 부정적인 말을 하거나, 부모가 만든 것을 파괴하는 것으로 불만을 표출한다. 때로 부모가 만들기를 따라 하는 초기에 적절하게 조절하도록 코칭을 하기보다, 부모가 계속 만들도록 하고 아동의 부정적인 반응을 허용하여 부모 자신이 어떻게 아동의 부정적인 반응을 촉발시켰는지 인식할 수 있도록 돕는 것이 더 교육적이다. 이런 경우 치료사-코치는 "어머니가 만든 것이 ○○이에게는 너무 어렵고, 놀이를 이끌어 가는 기회를 어머니가 가져가셨다는 것을 보여 주네요."라고 관찰한 내용을 이야기한다.

PCIT의 목표 중 하나는 아동에 대한 부모의 태도가 개선되는 것이다. 아동의 좋은 특성을 부모에게 알려 주는 것은 그 목표를 이루는 방법 중 하나이다. 코칭 시간에 아동의 생김새, 태도, 지적 능력, 창의성, 호기심, 유머 감각, 문제 해결 능력, 만들기 실력, 속도, 예술적 기량, 옷차림에 대해서 자주 언급한다. 이 책의 앞 장에서 얼마나 많은 부모가 자녀를 사랑하지만 더 이상 좋아하지는 않는다고 말하는지에 대한 우리의 경험을 이야기하였다. 부모가 자녀들에게서 장점 찾기를 포기한 상태라면 치료사가 보는 긍정적인 특성을 볼 수 있도록 훈련하는 것이 치료사가 해야 할 일이다. 아동의 행동에서 개선된 부분을 열심히 찾아보고 부모에게 치료사가 관찰한 내용을 이야기한다. 아동이 보이는 개선은 부모가 만든 결과라는 말도 잊지 않는다. 예를 들면, "이번 주에는 ○○이가 장난감을 훨씬 더 많이 같이 나눠서 사용하네요. 어머니께서 같이 사용하는 것을 칭찬해 주셨기 때문이에요."라고 말한다. 부모의 변화와 아동의 행동 개선 사이의 직접적인 관련성을 치료사가 짚어 주지 않으면 아동의 변화를 관련이 없는 다른 요인, 즉 수면, 음식 섭취, 알레르기, 방 안의 장난감, 달의 상태 등의 영향으로 이해하기 쉽다. 부모가 자녀를 자랑스러워하고 아동의 행동 개선에 대한 책임감을 느끼도록 치료사가 관찰을 통해 도울 수 있다.

유머를 사용한다. CDI를 배우고 코칭하는 것은 치료사-코치와 부모 모두에게 어려운 일이지만 그것이 지나치게 심각하고 격식 있는 과정일 필요는 없다. 건강한 부모-

아동 상호작용에서는 대부분의 부모와 아동이 그들의 활동과 상호작용을 통해 자연스럽게 긴장을 풀고 웃고 재미를 느낀다. 부모의 수행불안을 감소시키고 부모-아동 상호작용에 따뜻함을 더하기 위해서 치료사가 유머를 사용한다면, 참여하는 모든 사람이 훨씬 더 즐거운 시간을 보낸다는 것을 알 수 있었다.

지시적 코칭에서 덜 지시적 코칭으로 발전시킨다. CDI 코칭 목표 중 하나는 부모가 자동적으로 기술을 사용할 수 있도록 하는 것이다. 이 목표는 부모가 놀이치료 기술을 마스터해 감에 따라 지시와 교정을 점차적으로 줄여 감으로써 이루어질 수 있다. 예를 들면, 첫 CDI 코칭 초기에 치료사는 부모에게 구체적 칭찬을 말 그대로 따라 하도록 지시할 수 있다. 그러나 회기가 진행되면서 치료사는 "칭찬하시면 어떨까요?"와 같은 간략한 신호만 보내면 될 수도 있다. 회기 마지막에는 부모가 스스로 칭찬을 만들어 낼 수 있는 능력이 생성될 수 있다. 이런 경우 민감한 치료사-코치라면 한 걸음 뒤로 물러서서 부모가 칭찬을 잘 사용하는 것을 강화시켜 주고 칭찬의 효과를 주시하여 이야기해 줄 것이다. 부모가 CDI 기술의 마스터 조건에 근접했다면 치료사가 부모에게 지시를 하거나 부모가 해야 할 말을 제안할 필요가 거의 없어진다. CDI 마지막 단계의 코칭은 기본적으로 "아주 좋아요. 아주 잘하시네요. …… 바로 그거예요. 계속 진행하세요. …… 반영 멋지세요. …… ○○이가 웃고 있어요. …… 어머니 칭찬이 참 따뜻하네요."와 같다.

전략적 관심과 선택적 무시 코칭하기. CDI의 효과를 극대화하기 위해서 부모는 제4장에서 설명된 전략적 관심과 선택적 무시의 개념을 이해해야 하고, 아동의 적절한 행동을 조성하면서 동시에 그것을 시행할 수 있어야 한다. 치료사-코치는 전략적 관심을 통해서 증가시킬 수 있고 적절한 목표가 될 수 있는 친사회적이면서 가끔씩만 나타나는 아동의 행동을 찾아야 한다. 당연히 이런 목표 행동은 확인된 문제 행동과 양립할 수 없는 경우가 종종 있다. 예를 들면, 다른 사람을 마음대로 움직이려고 하는 아동이라면 '공손하게 부탁하기'가 전략적 관심의 목표 행동이 될 수 있다. 양면 접근을 사용한다면 선택적 무시를 통해서 감소시키려는 목표 행동은 결과적으로 다른 사람을 마음대로 하려는 행동으로 결정될 것이다. 선택적 무시의 대상이 되는 문제 행동과 양립할 수 없으면서 전략적 관심을 통해서 증가시킬 수 있는 친사회적 행동의 예가 〈표 5-5〉

표 5-5　전략적 관심과 선택적 무시하기의 행동 목표

전략적으로 관심 보이기	선택적으로 무시하기
공손한 태도	다른 사람에게 대장 노릇 하려는 것, 지나친 요구
장난감을 조심스럽게 가지고 노는 것	장난감을 테이블에 부딪치는 것
'큰형(언니)' 목소리로 말하는 것	칭얼거리는 것
조용하게 말하는 것	소리 지르는 것
장난감 차를 안전하게 운전하는 것	반복해서 차를 망가뜨리는 것
사람 인형을 부드럽게 대하는 것	사람 인형을 바닥에 떨어뜨리는 것
장난감을 같이 쓰는 것	장난감을 뺏는 것
친사회적 구조물을 만드는 것	장난감 총을 만드는 것
힘들어도 노력하는 것	좌절하면서 포기하는 것

에 제시되어 있다.

코칭 회기에 선택적 무시하기의 적절한 목표가 발견되었다면 치료사−코치는 우선 문제 행동을 규명하고, 아동이 문제 행동을 멈출 때까지 부모가 선택적 무시하기를 하도록 코칭하고, 긍정적이거나 평범한 행동이 나타날 때 부모가 다시 관심을 갖도록 코칭하며, 전략적인 칭찬으로 반응할 수 있는 (문제 행동과 양립할 수 없는) 친사회적 행동을 하는지 계속 지켜보도록 코칭한다. 다음의 예는 선택적 무시하기와 전략적 관심을 동시에 사용하는 것을 보여 준다.

> 아동: "탕, 탕, 탕. 너희는 모두 죽었어." (팅커토이 장난감으로 만든 총으로 레고 사람 인형을 쏘는 흉내를 낸다.)
>
> 치료사: (부모에게) "저건 공격적인 행동이네요. 지금이 무시하기 기술을 사용할 좋은 시간이에요. 시선을 아래로 향하시고요, 빨리 등을 돌리세요. 그리고 팅커토이로 어머니께서 뭔가를 만드세요. 어머니께서 만드시는 것을 소리 내어 말하세요. 그러나 ○○에게 말하지 마시고 어머니 혼자서 말하는 것처럼 하세요.
>
> 부모: (아동에게 등을 돌리고 바퀴를 꺼내며) "스웜프 버기[역주: 자동차 종류의 하나]를 만들어야겠다. 여기 바퀴 한 개가 있고……."
>
> 아동: (이번에는 큰 소리로) "엄마 이것 봐. 내가 다 죽였어! 탕, 탕."
>
> 치료사: "무시하기 아주 좋아요. 계속 다른 곳을 보세요. 어머니 자신의 놀이 묘사를 잘

하시네요. ○○가 어머니의 놀이에 관심을 보이고 총 쏘기를 그만둘지 지켜보겠습니다. 어머니 차에 대해서 큰 흥미를 보여 주세요.”

부모: “이 세상에서 제일 멋지고, 제일 강한 최신형 스웜프 버기를 만들어야지. 여기 빨강 바퀴가 있어. 이제 초록색 의자를 여기다 만들어야겠다. 이 스웜프 버기를 운전할 사람을 찾아야겠네.”

아동: “오, 나 아는데, 이 레고 인형이 운전할 수 있어. 여기 있어, 내가 보여 줄게.”

치료사: “완벽해요! 공격적인 행동을 무시하는 데 성공하셨어요. ○○가 어머니와 적절하게 놀기 시작했네요. 이제 어머니의 모든 관심을 보여 주시고 구체적 칭찬을 해 주세요.”

부모: (아동에게 얼굴을 돌리며) “레고 인형이 운전하는 아이디어 아주 멋지다! 장난감을 잘 가지고 놀아서 고마워. 이제 엄마가 같이 놀 수 있게 됐어.”

치료사: “구체적 칭찬 좋았어요. ○○가 다시 놀이할 수 있도록 아주 잘하셨어요.”

부모: “○○이가 이제 더 많은 사람을 태워 주려고 뒷좌석을 만드는구나.”

치료사: “행동 묘사를 잘하셨어요.”

부모: “엄마하고 스웜프 버기를 가지고 같이 놀아서 참 기쁘다. 엄마는 조용한 놀이가 좋아.”

치료사: “구체적 칭찬 훌륭했어요.”

선택적 무시하기를 할 때, 다시 적절한 놀이를 할 수 있는 과정을 빨리 진행시키기 위해 때로는 부모가 아동을 설득하려 한다. 예를 들면, 다음과 같다. 아동이 인형 집을 세게 두드릴 때 부모는 두드리는 행동을 선택적으로 무시하면서, 팅커토이를 얌전히 가지고 노는 것(반대 행동 모델링)이 얼마나 좋은지 소리 내어 말하기 시작한다. 아동이 두드리기를 당장 그만두지 않으면 부모는 “엄마는 프레디가 여기로 와서 얌전하게 팅커토이를 가지고 놀면 좋겠다.”라고 말함으로써 이 과정을 촉진시킨다. 이 언어 반응은 CDI의 두 가지 규칙을 어기는 것이다. 첫째, 프레디의 문제 행동에 관심을 보인다. 둘째, 이것은 간접 명령에 해당하고, 프레디가 놀이를 이끌어 가지 못하게 한다. 치료사는 부모가 인내심을 가지고 선택적 무시하기의 효과를 경험하도록 코칭한다. 부모가 무시하기와 함께 아동의 관심을 다른 데로 돌리는 기술을 병행하도록 한다. 즉, 아동에게 직접 말하는 대신 자기 자신에게 말하듯이 자신의 놀이 활동을 열정적으로 묘사하는 것이다. 그러나 부모가 아동의 관심을 다른 곳으로 돌리려고 할 때에 아동을 바라보거나, 아동의 이름을 부르거나, 직접 또는 간접 지시를 하는 등의 주의를 *끄는* 방법은 어떤 형태로든 사용하지 않기를 바란다.

CDI 코칭 초기 단계에서 아동이 장시간 떼를 부려 부모가 20분이나 무시하기를 사용해야만 할 때도 있다. 치료에 아직 완전히 몰입되지 않은 부모는 무시하기를 하는 동안 이 방법에 찬성하지 않는다는 비언어적인 신호를 치료사−코치에게 보낼 것이다. 눈을 굴리고, 한숨을 쉬고, 불만의 표정으로 손을 들어 올리고, 회의적으로 관찰실 거울을 바라보며, 때로 큰 소리로 "이 방법은 소용이 없네요."라고 말한다. 만약 이 가족이 다음 회기에 다시 오도록 하고 싶다면 치료사가 자신감을 가지고, 아동이 떼를 부리는 장시간 동안 부모에게 동기부여를 할 수 있는 전략을 사용하는 것이 중요하다. 치료사는 부모가 긴 시간 동안 아동을 무시하기가 어려울 것을 예상하고, 부모에게 다른 곳으로 시선을 돌리고 자신의 놀이를 열정적으로 묘사하라고 지속적으로 이야기하여 아동에게 부정적인 관심을 보이는 것을 방지한다. 또한 이 시간을 CDI가 치료 프로그램의 전부가 아니라는 점을 상기시키는 기회로 삼는다. 무시하기가 아동의 문제 행동을 다루는 유일한 방법이 아니라고 부모를 안심시킨다. 다음 단계인 철저한 훈육 프로그램에서 더 직접적이고 실제적으로 떼 부리는 행동을 다룰 수 있는 방법을 가르쳐 줄 것이라고 다시 한 번 알려 준다. 만약 부정적인 상태로 회기를 마치게 된다면, 치료사는 주중에 부모에게 전화를 걸어 CDI를 계속 진행할 수 있도록 동기를 부여한다.

목표로 삼은 친사회적 행동이 매우 드물게 발생할 수도 있는데, 이런 경우 코칭 시간에 아동이 자연스럽게 친사회적 행동을 보이고 부모가 그 행동을 강화할 수 있는 기회가 잘 생기지 않는다. 예를 들면, 어머니에게 자신이 원하는 것을 하라고 지나치게 요구하며(예: "물 줘." "여기 앉아." "저거 줘!") 자기주장을 하는 버릇없는 세 살 아동을 치료한 적이 있다. 3회의 코칭 회기를 마칠 때까지 아동이 적절하게 부탁하는 것을 한 번도 들은 적이 없었다. 치료사는 아동의 변화를 촉진시키기로 했다. CDI 코칭을 시작하기 전, 부모에게 '공손하게 부탁'하는 방법을 아동에게 어떻게 가르칠 수 있는지(예: 장난감 인형을 가지고 역할 놀이) 보여 주었다. 이 방법으로 코칭 회기에 아동이 공손하게 부탁할 확률을 높일 수 있었고, 그래서 부모에게 구체적 칭찬을 하도록 코칭할 수 있었다. 큰 아동의 경우에는 치료사가 아동에게서 어떤 행동을 보고 싶은지 직접 말함으로써 아동의 변화를 촉진시킬 수 있다. "오늘은 '∼해 주세요'와 '감사합니다'라는 말을 연

습할 거야. ○○이가 이런 말을 하는지 엄마가 잘 들으실 거고. 그런 말을 들으시면 ○
○이 엄마는 아주 신이 나실 걸. 선생님도 신이 날 거고."라고 말할 수 있다. 때로 CDI
를 몇 회기 진행한 후, (CDI 시작 전에) 아동에게 치료사가 보고 싶은 행동이 어떤 것인
지 직접 이야기해 줘야 할 때가 있다. 아동은 부모와 치료사를 만족시키기 위해 따르게
된다. CDI가 시작된 이후에는 언급된 목표 행동에 대한 지시나 반복된 설명은 더 이상
하지 않는다. 아동이 주도하지 못하게 되기 때문이다.

　　부모-아동 상호작용의 질적인 측면 코칭하기. 부모에게 특별 놀이 시간에 '해야 할' 기
술과 '하지 말아야 할' 기술을 설명해 주었지만 이것이 부모-아동 상호작용이나 부모-
아동 관계의 모든 부분을 다 포함하지는 않는다. 초보 PCIT 치료사들은 종종 '해야 할'
기술과 '하지 말아야 할' 기술에만 집중하고 상호작용의 다른 질적인 측면을 고려하지
못한다. 이런 좁은 시야는 이 장의 앞부분에서 언급된 놀이치료의 마스터 기준에 문자
적으로는 도달하지만 추구하는 정신을 배제하는 결과를 가져오기 때문에, 객관적인 관
찰자가 이러한 부모-아동 상호작용을 본다면 따뜻하고, 지지적이고, 부모-아동 관계
를 향상시킨다고 묘사하지는 않을 것이다. 경험이 많은 치료사-코치는 신체적 친밀
감과 접촉, 눈맞춤, 목소리의 질, 얼굴 표정, 차례 지키기, 공동으로 같이 사용하기, 공
손한 태도, 발달 단계를 고려하여 교육하기, 끈기 있게 작업하기, 좌절을 견디기 등 관
계의 질적인 면에 대한 코칭과 핵심 기술의 코칭을 통합한다. McNeil(2008)이 실제 내
담자를 대상으로 고급 PCIT 코칭 기술을 보여 주는 DVD가 미국심리학회(American
Psychological Association)에서 제작되었는데 참고할 수 있다.

　　신체적 친밀감과 접촉. CDI 동안 최적의 신체적 친밀감이 얼마만큼인지에 대한 황금
률은 없다. 건강한 부모-아동 쌍이 부모-아동 상호작용에서 보이는 신체적 친밀감과
접촉의 본질과 정도는 상당히 다양하다. 안정적 애착이 형성된 부모-아동 쌍의 어린
아동은 신체적으로 아주 가깝게 있다가(예: 부모의 무릎에 앉기) 더 넓은 환경을 탐색하
려고 자주 이동하고, '홈 베이스'의 안정감을 취하려고 자주 되돌아온다. 그러나 부모가
아동의 놀이를 관찰하는 것이 아니라 CDI에서와 같이 놀이에 참여할 때는 안정적 애착
이 형성된 대부분의 아동은 부모로부터 60~90cm 정도의 거리에서 오랜 시간 놀고, 부
모는 간헐적으로 아동을 다정하게 만져 준다.

기능이 좀 떨어지는 부모-아동 쌍을 치료했을 때에는 불안정한 애착을 보이며 부모에게 매달리는 아동, 부모와 가까이서 상호작용을 하는 데 거의 관심이 없는 아동을 볼 수 있었다. 또한 아동의 주위를 맴돌며 지나치게 통제적인 신체 접촉을 많이 하는 부모나 어린 아동의 신체적인 애정 표현(예: 포옹, 무릎에 앉기)을 불편하게 느끼는 부모도 볼 수 있었다. 그렇기 때문에 각 가정의 특별한 필요에 따라서 치료사는 부모를 다음과 같이 코칭할 수 있다. ① 부모에게 매달리는 행동과 양립할 수 없는 좀 더 독립적인 행동을 칭찬한다. ② 머리 쓰다듬어 주기, 안아 주기, 무릎 두드려 주기와 같은 신체적인 칭찬과 언어적인 칭찬을 결합한다. ③ 아동의 행동을 방지하기 위해 손목을 잡는 등의 통제적인 몸짓을 삼간다. ④ 부모로부터 멀리 떨어진 아동에게 가까이 다가가고 부모를 게임에 참여시켜 준 것을 칭찬한다.

눈맞춤, 얼굴 표정, 목소리의 질. 미국 백인 사이에서는 대화를 할 때 듣는 사람은 말하는 사람과 눈맞춤을 해야 하고, 눈맞춤이 없다면 정서적인 접촉을 거부하거나 사회 기술이 부족하다고 해석된다. 치료사가 치료하는 부모 중 사회 기술이 크게 부족하거나 정서적 교류를 불편해하는 부모에게는 특별 놀이 시간에 적절한 눈맞춤을 어떻게 모델링해야 하는지를 직접적으로 코칭하는 것이 도움이 된다. 적절한 눈맞춤의 모델링이 도움이 되기는 하지만, 때로는 어린 아동의 눈맞춤 패턴을 향상시키기에 충분하지 않을 수도 있다. 눈맞춤을 가끔 하는 어린 아동이라면, 적절한 눈맞춤을 할 때 전략적으로 열정을 다해 칭찬하도록 부모를 코칭한다. 초기에 눈맞춤이 발생하는 횟수가 적다면, 아동의 관심을 끌고 있는 장난감을 부모의 눈높이로 들고 말하도록 한다. 부모와 아동의 눈이 마주치게 되면 아동의 적절한 눈맞춤을 전략적으로 칭찬하도록 하여(예: "말할 때 엄마를 쳐다보니까 참 좋다.") 눈맞춤을 조성하도록 부모를 코칭한다. 자폐스펙트럼장애와 같이 비전형적인 발달을 보이는 아동에게 이 방법이 도움이 된다. 발달장애 아동 치료에 대한 자세한 설명은 제12장에 나와 있다.

때로 부모가 칭찬하기, 반영하기, 따라 하기, 묘사하기를 기계적으로 마스터할지라도 놀이치료가 질적으로 단조롭고 지루해질 수 있다. 이런 부모는 기계적으로 하는 것처럼 보이고 마음이 없는 것같이 보인다. 이런 경우 가만히 생각해 보면, 치료사도 부모처럼 단조롭게 코칭하고 있는 것을 발견하기도 한다. 이런 일이 발생하면, 그것을 깨닫는 순간 치료사는 곧 과장되고 활기차게 말하도록 하고, 이후 부모에게도 좀 더 활기차게 놀아 달라고 코칭한다. 더 열정적인 목소리를 내도록 하고, 어린 아동을 칭찬할 때 박수도 치고, 얼굴 표정도 과장하라고 말한다. 부모가 놀이에 활기를 더할 때 그 효과를 관찰하여, "○○이가 어머니 얼굴을 더 자주 보네요. 지금은 눈맞춤을 더 잘하고 있어요." "얼굴의 광채를 보세요. 어머니의 열정이 ○○이에게 큰 의미가 있습니다." "어머니가 이 시간을 즐기고 계시다는 것을 이제 ○○이가 정말 알 수 있겠어요."와 같이 이야기해 준다. 부모가 이런 코칭에 대해 밝은 감정적 반응을 보이지 않는다면 때로 우울증, 약물 문제 또는 만성 피로의 지표일 수 있다. 또는 치료에 대한 부모의 저항의 지표일 수도 있다. 이런 일이 발생하면 치료사는 잠시 코칭을 중단하고 부모와 '마음에서 마음으로' 대화를 나누며 이런 이슈들을 탐색한다. 때로 우울증이나 약물 문제에 대한 부가적인 개입을 권하고, 스트레스 감소 방법을 제시하며, 치료에 대한 저항의 근원을 알아내고 다룬다.

차례 지키기, 공동으로 같이 사용하기, 공손한 태도. CDI의 '해야 할' 기술의 기초 수준은 모든 연령의 사람들이 대인관계에서 사용하는 사회적 의사소통 기술에 해당된다. 부모가 따라 하면 아동 역시 따라 하게 되기에, 부모가 특별 놀이 시간에 묘사하고 따라 하고 칭찬하고 반영하면 결국 어린 아동들도 이런 기술을 따라 한다. 시간이 지나면서 어린 아동들은 자연스럽게 부모를 칭찬하고, 부모의 언어를 반영하고, 자신과 부모의 놀이를 묘사하기 시작한다. 많은 아동의 경우 이런 긍정적인 사회적 의사소통 기술을 형제와 친구와의 상호작용에서도 일반화시킨다고 볼 수 있다. CDI의 '해야 할' 기술에 포함되지는 않지만 어린 아동에게 유용한 다른 사회 기술을 목표로 코칭할 수 있는데, 특히 차례 지키기, 공동으로 같이 사용하기, 공손한 태도가 그것이다.

'해야 할' 기술의 따라 하기는 차례 지키기를 자연스럽게 코칭할 수 있는 기회를 제공한다. 아동이 어떤 행동을 보이면 부모가 이것을 아동의 차례라고 명명하도록 코칭하고, 이후 아동의 행동을 묘사하게 한다. 그리고 나서 부모가 아동의 행동을 따라 하면서 부모의 차례라고 명명하고, 부모에게 차례를 지킬 수 있게 해 준 것에 대해 아동을 칭찬하도록 코칭한다. 이런 일련의 상호작용이 어떻게 아동에게 도움이 되는지 부모에게 명확히 보여 주기 위해서 치료사는 다음의 예와 같이 추가적인 관찰을 제공할 수 있다.

아동: (탑에 블록을 올려놓는다.)

치료사: "지금 ○○이 차례라고 말하고 행동을 묘사해 주세요."

부모: "○○이 차례구나. 탑에 파랑블록을 올려놓았네."

치료사: "좋아요. 이제 어머니 차례라고 말씀하시고 묘사하세요."

부모: (다른 블록을 집으며) "이제 엄마 차례야. 엄마도 탑에 파랑블록을 하나 더 놓아야겠다."

아동: "네, 엄마 하세요."

부모: "엄마 차례를 지키게 해 줘서 고마워! 차례를 지키니까 재미있다."

치료사: "구체적 칭찬 좋아요."

아동: "네, 우리가 잘 하고 있어요. 이제 내가 할 차례지요?"

치료사: "어머니께서 차례 지키기가 재미있을 수 있다는 것을 가르쳐 주셨어요. 계속 칭찬해 주시면 ○○이가 동생하고 놀 때도 더 많이 할 거예요."

CDI 과정에서 어린 아동들에게 차례 지키기라는 초기 사회 기술을 가르쳐 줄 수 있는 것처럼 공동으로 같이 사용하기와 공손한 태도도 조성할 수 있다. 대부분의 어린 아동은 놀이치료 회기를 진행하는 동안 어떤 순간에 부모에게 장난감을 준다. 이때 부모가 장난감을 같이 쓰고 있다는 것을 인식하고 아동에게 열정적으로 구체적인 칭찬을 해 주어 보상하며 부모도 따라서 장난감을 같이 쓰는 행동을 보여 주도록 한다. 마찬가지로 많은 어린 아동이 CDI 코칭 회기 중 적어도 한 번은 "~해 주세요." 또는 "감사합니다."라고 말한다. 이런 언어에 공손한 표현이라는 이름을 붙여 주도록 부모를 코칭하고 구체적인 칭찬을 제공하도록 하며, 부모 역시 아동에게 '~해 줘'와 '고마워/감사합니다'라는 표현을 적절하게 꼭 사용하도록 한다. 자연스럽게 공동으로 같이 사용하거나 공손한 태도를 보이지 않는 어린 아동을 위해서 부모가 주기적으로 이런 초기 사회 기술을 모델링하고, 자신의 행동을 명확하게 묘사하여 아동이 쉽게 따라 할 수 있도록 코칭한다.

발달 단계를 고려하여 교육하기. 많은 부모에게 CDI는 부모-아동 상호작용의 발전과 더불어 발달적 자극을 주는 도구로 사용된다. 불행하게도, 부모-아동 상호작용의 초기 관찰에서 부모가 아동의 발달적 역량을 잘 이해하지 못하고 있다는 것이 드러난다.

미취학 아동의 소근육 사용(예: 만들기, 그리기)이나 공간적 개념, 순서가 있는 정보 기억 능력, 정신 과정 속도에 대해 부모가 과대평가하는 경우가 있다. 또한 부모는 어려운 일을 끈기 있게 해내고, 정리하고, 만들기를 할 때 다음 순서에 필요한 것을 고르는 아동의 능력을 과소평가할 수 있다. 아동의 발달 단계에 대한 부정확한 이해는 코칭 회기에서 분명하게 드러날 수 있다. ① 아동에게 할 수 있는 능력이 없는 것을 하도록 지시하는 부모, ② 아동의 문제 해결을 방해하고 아동 대신 직접 수행하는 부모, ③ 아동의 작은 발달적 성과를 알아차리고 칭찬하지 못하는 부모, ④ 부적절하게 고급 단계의 놀이를 모델링하는 부모가 있다. 이렇게 하면 아동이 자신의 능력에 대해 실망하거나 너무 어려운 놀이를 하는 것에 대한 흥미를 잃게 되기 때문에 잘못하는 것이다. 또한 너무 높거나 너무 낮은 수준에서 자극을 준다면 부모는 효과적으로 교육할 수 있는 능력을 제대로 발휘할 수 없다.

놀이치료를 확실하게 아동의 발달 수준에서 진행시키기 위해서 '아동이 이끌어 가게 하기'라는 가장 중요한 규칙을 지키도록 부모를 격려해 준다. 바로 그 수준에서 아동이 놀이 활동에 가장 큰 흥미를 보이고 부모의 가르침을 가장 잘 받아들일 수 있다고 설명한다. 치료사는 부모가 ① 아동이 발달적으로 할 수 있는 것들을 정확하게 인식하도록, ② 아동이 도달할 수 있는 다음 단계를 알아차리도록, ③ 잘 드러나지 않는 촉진, 모델링 그리고 점진적 행동 조성을 통해서 특별 놀이 시간에 다음 단계를 가르치도록 코칭한다. 부모가 아동의 발달 수준에 적절하게 학습이 촉진되도록 다음과 같이 코칭할 수 있다.

아동: (칠판에 사각형을 대충 그린다.) "나 강아지를 그렸어요!"

부모: "강아지는 머리랑, 몸이랑, 다리, 꼬리, 얼굴, 그리고 우리 강아지 마티처럼 목걸이도 필요해."

아동: (분필을 내려놓고 신발을 쳐다본다.)

치료사: "저도 모든 부분을 다 기억해서 그릴 수 있을지 모르겠어요! 아이의 표정이 너무 어렵다는 것을 말해 주네요. 다시 뒤로 돌아가서 아이의 발달 수준에서 작업해 보면 좋겠어요. 아이의 그림을 가리키고 말해 주세요. '너는 멋진 강아지 머리를 그렸구나. 나도 그것처럼 그려 봐야겠어.'"

부모: "나는 네가 그린 강아지 머리가 정말 마음에 들어. 나도 한번 그려야겠다." (다른

사각형을 그린다.)

치료사: "시작 잘 하셨어요! 이제 얼굴에만 집중해 보죠. '나는 강아지 얼굴에 뭐가 있었
는지 기억해 보려고 열심히 생각하고 있어.' 같은 말을 해 주세요. 잘 모르겠다는
표정을 지어 주세요."

부모: "음, 강아지 얼굴에 뭐가 있었더라?"

아동: "나 알아, 눈!" (뛰어와 눈을 그린다.)

부모: "눈을 아주 잘 그렸다."

치료사: "구체적 칭찬 좋아요. 아이가 이끌어 가도록 잘해 주셨어요. 이제 지시하지 않
으면서 아이가 다음 것을 생각해 보도록 어떻게 도와줄 수 있을까요?"

부모: "이 강아지는 이제 눈이 있어서 볼 수 있어. 그런데 우리가 까까를 주면 먹을 수
가 없어."

아동: (키득거린다.) "강아지가 입이 필요해요! 내가 입을 그릴 수 있어."

치료사: "아이의 발달적 능력 범위 내에서 힌트를 훌륭하게 주셨어요. 이제 아이가 눈
과 입이 있는 강아지 머리를 그렸네요. 이렇게 계속 하시면 아이의 그림 중에서
가장 자세하게 그린 강아지가 만들어질 거예요. 어머니께서 작은 단계로 나누어
주셔서 아이가 짜증이 나거나 압도되지 않았어요."

부모: "우리가 한 번에 하나씩 하면 나는 네가 강아지 얼굴을 그릴 수 있을 줄 알았어.
너는 똑똑한 아이고 훌륭한 예술가야!"

끈기 있게 작업하기와 좌절을 견디기. 치료사가 만나는 많은 아동은 놀이 시간과 학교
교육 혹은 조기 교육 시간에 쉽게 좌절한다. 그들의 좌절은 활동이 어려워질 때 포기하
기, 파괴적으로 물건 다루기, 투덜대기, 울기, 분노 발작 등으로 표현된다. 아동이 좌절
을 다루는 데 어려움이 있다는 것을 발견하면, 좌절을 견디는 능력을 향상시키기 위해
부모에게 몇 가지 코칭 전략을 사용할 수 있다. 많은 경우에 부모 역시 좌절을 견디는
능력이 없다는 사실을 기억하는 것이 중요하다. 따라서 칼의 양날을 세워야 한다. 이런
부모는 아동에게 긍정적인 대처 방법을 가르치는 것을 더 어렵게 느낄 수도 있다. 하지
만 좌절에 대처하는 새로운 기술을 배움으로써 부모 자신도 도움을 받고, 그렇게 되면
어린 아동에게도 더 적절한 대처 능력을 모델링할 수 있다.

기본적인 CDI 기술을 마스터한 이후에는 부모에게 아동이 한 가지 일을 꾸준히 할

때, 어려운 일을 시도할 때, 좌절이 되는 상황을 차분하게 겪어 낼 때 전략적으로 칭찬을 하도록 코칭할 수 있다. 그러나 어떤 아동에게는 좀 더 집중적인 접근이 필요하다. 그런 경우에 부모는 아동이 좀 전에 보여 준 것과 비슷한 놀이 활동에서 약간의 좌절 상황을 보여 주도록 코칭할 수 있다. 부모가 처음에는 좌절을 언어로 표현하도록 하고, 그런 다음 깊은 호흡을 하고, 다섯을 세고, 긍정적인 대처 문장과 아동의 발달 수준에 적절한 간단한 문제 해결 전략을 보여 주도록 코칭한다. 부모는 아동이 좌절할 때 아동도 할 수 있는 것이라고 가르쳐 주고, 특별 놀이 시간 동안 아동이 긍정적인 대처 전략을 실행하도록 촉진하고 보상한다. 다음의 예시는 좌절에 대해 긍정적인 대처를 촉진하도록 어떻게 부모를 코칭할 수 있는지 보여 준다.

> 아동: (바퀴에 막대기 꽂으려고 하는데 잘 안 된다. 팅커토이를 집어 던진다.) "바보 같아. 이건 들어가는 적이 없어. 나 못해."
>
> 부모: "그건 꽂는 게 어려워. 나도 한번 해 볼게."
>
> 치료사: "좋아요. 이제 약간의 좌절을 모델링해 주세요."
>
> 부모: (연결하는 것이 잘 안 된다.) "이건 같이 연결하는 게 너무 어려워."
>
> 치료사: "좌절을 잘 모델링해 주셨어요. 이제 장난감을 내려놓고 깊은 호흡을 하세요, 눈을 감으시고요. 그리고 다섯을 소리 내어 세어 주세요."
>
> 부모: (깊은 호흡을 하고 눈을 감는다.) "하나, 둘, 셋, 넷, 다섯."
>
> 치료사: "자신을 쉬게 잘 해 주셨어요. 이제 어떻게 느끼는지에 대해 이야기하시고 긍정적인 대처 문장을 모델링해 주세요."
>
> 부모: "됐다. 나는 깊은 숨을 쉬고 다섯까지 세었어. 이제 나는 별로 화가 나지 않아. 이제 다시 해 볼 준비가 됐어. 내가 계속 노력하면 같이 연결할 수도 있을 거야. (같이 연결해 보려고 노력한다. 이번에는 성공한다.) 와, 나는 내가 자랑스러워! 화가 났는데 나는 멈췄고, 쉬었고, 그리고 다시 노력했어. 이건 너도 화가 날 때 할 수 있는 거야."

부모가 아동을 위해서 이 단계를 모델링하는 것을 배운 후 가정에서 좌절에 대해 긍정적인 대처를 사용하도록 아동에게 신호를 줄 수 있고, 칭찬 또는 스마일 스티커와 같은 실제적인 강화물을 보상으로 제공할 수 있다. 또한 어린이집, 유치원, 초등학교에서 좌절을 경험할 때 아동이 이 단계 순서를 실행하도록 신호를 줄 수 있다. 그러나 매우 어린 아동은 부모 또는 교사의 직접적인 신호 없이 적절한 시간에 이런 대처 반응을 시작하는 것을 좀처럼 기억하지 못한다는 것에 주의해야 한다. 가장 효과적인 것은 신호가 아동의 좌절 반응 초기에 제공되어 좌절이 높은 수준으로 악화되고 효과적인 대처를 못하게 하는 것을 예방하는 것이다.

　　공격적이고 파괴적인 아동의 행동을 다루도록 부모 도와주기. 특별 놀이 시간에 대부분의 아동은 그들이 보여 줄 수 있는 최선의 행동을 보여 주고, 파괴적인 행동은 좀처럼 일어나지 않는다. 어쨌든 아동은 부모의 관심을 집중적으로 받고 있고 새로운 장난감을 가지고 놀면서 놀이를 이끌어 갈 수 있게 된다. 그러나 부모는 코칭을 받고 있을 때나 집에서 놀이 시간을 가질 때 아동의 파괴적인 행동을 다룰 수 있는 전략이 필요하다. 앞서 언급한 것처럼 아동이 치료실이나 집에서 약간의 문제 행동(예: 투덜대기, 말대꾸하기)을 보인다면 이 장 앞부분에 설명한 전략적 관심과 선택적 무시하기를 사용하도록 코칭한다. 집에서 놀이 시간에 신체적 공격이나 파괴적 행동과 같은 더 심각한 문제 행동을 보인다면 부모에게 바로 특별 놀이 시간을 종료하도록 한다. 그러나 공격적이고 파괴적인 행동이 치료실 안에서 발생한다면 치료사는 보통 CDI를 중단하지 않는다. 왜냐하면 치료 시간만 소비되고 치료의 발전에 도움이 되지 않기 때문이다. 대신, 치료사는 재빨리 방으로 들어가고 부모에게 방 밖으로 나가서 관찰실에서 보도록 요청한다. 심각한 목소리로 치료사는 아동에게 놀이실의 규칙에 대해 상기시켜 준다. 만약 아동이 부모를 때리고 있었다면 치료사는 '때리지 않기' 규칙을 반복한다. 만약 아동이 무거운 장난감을 유리창에 던졌다면 치료사는 안전에 대한 규칙을 상기시켜 준다. 아동이 곧바로 차분해지면 치료사는 바로 나가고 부모가 들어와서 CDI로 돌아간다. 아동이 오랜 시간 파괴적 행동을 보인다면 치료사는 아동에게 차분하고 안전해져야지만 부모가 들어오고 다시 놀 수 있다고 설명한다. 드문 경우이지만, 아동이 통제가 되지 않을 때는 치료사가 열정적인 CDI를 하여 아동의 관심을 돌리고 분노 발작을 멈추게 해야 한다. 아동이 정서적 통제가 가능해지면 CDI 코칭을 다시 할 수 있다. 위험하거나 파괴적인 행동 때문에 치료사가 방으로 들어가야 하는 드문 경우에는 몇 분 동안 방 안을 정리하는 것(예: 쓰러진 의자를 제자리에 두기)과 부러졌거나 던져진, 잘못 사용된 장난감을 치우는 것이 도움이 된다. 매우 공격적이고 폭발적인 아동에 대한 부모 코칭 전략은 제

16장을 참고하기 바란다.

형제자매와 함께 코칭하기. 대부분의 부모는 큰 어려움 없이 CDI 기술을 아동의 형제자매에게도 적용할 수 있다. 그러나 아동의 발달 단계가 다른 경우라면, 한 번 정도 의뢰된 아동과 아동의 형제자매를 함께 오도록 하고 한 명씩 코칭하는 시간을 갖는 것이 부모의 기술 일반화에 도움이 된다. 보통 의뢰된 아동은 치료실에서의 특별 놀이 시간에 대해 소유권을 느낀다. 그래서 부모가 형제자매에게도 기술을 사용하도록 하는 것이 이 회기 코칭의 주된 초점이라 할지라도, 의뢰된 아동을 코칭하는 시간을 항상 따로 갖는다. PCIT에 형제자매를 함께 포함시키는 주제에 대한 논의는 제11장에 더 자세히 나와 있다.

회기 마무리 디브리핑과 숙제 내주기

치료사는 매 코칭 회기 마지막 10분을 부모의 기술 발전에 대해 피드백을 주고 다음 주 숙제를 토의하는 시간으로 남겨 놓는다. 많은 부모는 PCIT 진행 용지를 확인하고 싶어 한다. 이것은 CDI 기술 발전과 회기별 ECBI 변화에 대한 기록이다. 매주 자신의 발전을 확인하고, CDI 마스터 기준과 PCIT 훈육 단계로의 진행 여부에 얼마나 가까워졌는지 확인할 수 있다. 피드백은 '해야 할' 기술과 '하지 말아야 할' 기술의 발전 상황, 이런 기술에 대한 아동의 호응도, 부모-아동 상호작용의 질적 향상을 점검하면서 시작되어야 한다. 건설적인 피드백은 또한 발전이 더 필요한 부분도 강조해야 한다. 그러나 코칭과 마찬가지로 긍정적 피드백과 교정적 피드백의 균형을 유지하도록 주의를 기울여서, 부모가 그들의 발전에 대해 격려를 받고 한 주 동안 열심히 하겠다는 동기를 가지고 치료실을 떠나도록 한다. CDI 코칭 회기 사이에 부모는 매일 집에서 5분 특별 놀이를 진행하도록 하고 숙제 용지에 연습한 내용을 기록하도록 한다.

CDI 코칭 회기 진행

이 장에 설명된 전략과 방법은 모든 CDI 코칭 회기에 적용된다. 그러나 각 코칭 회기에서 강조되는 일반적인 진행의 패턴이 있다(〈표 5-6〉는 일반적 CDI 코칭 회기 진행 방법을 제공한다). 일반적으로 첫 번째 코칭 회기는 행동 묘사에 중점을 두고, 두 번째 회기

표 5-6 CDI 일반적 코칭 회기 진행 방법

회기 #1
모든 PRIDE 기술과 무시하기에 대한 구체적 칭찬
긍정적인 피드백만 제공하기. 이 회기 동안 실수를 지적하지 않기
행동 묘사를 중점적으로 코칭하기
숙제: 질문을 줄이고 반영을 증가시키는 데 집중하기
회기 #2
'부모 자료: 부모는 자녀의 모델입니다'를 검토하고 분노 통제를 검토하기
모든 PRIDE 기술에 대한 구체적 칭찬과 무시하기
반영을 증가하고 질문을 피하는 것을 중점적으로 코칭하기
CDI 마스터 기준을 설명하기
숙제: 구체적 칭찬을 증가시키는 데 집중하기
회기 #3
'부모 자료: 사회적 지지 받기'를 검토하고 가족의 사회 지원망에 대해 토의한다.
모든 PRIDE 기술과 무시하기를 자세하게 연습하기
구체적 칭찬과 상호작용의 질을 중점적으로 코칭하기
숙제: 마스터 기준에 도달하지 못한 기술에 집중하기
회기 #4와 그 이후 회기
'부모 자료: 아동과 스트레스' 검토하기
모든 PRIDE 기술과 무시하기에 대한 구체적 칭찬
부족한 기술을 2~3분 집중적으로 연습하도록 코칭하기
마스터 기준에 도달했다면 PDI를 소개하고, 다음 회기에 아동을 데려오지 않을 것을 상기시키기
숙제: 마스터 기준에 도달하지 못한 기술에 집중하기

* 이 목록에 있는 부모 자료는 www.pcit.org에서 가용한 Eyberg (1999) 참고.

는 반영과 질문 피하기를 더 강조한다. 세 번째 코칭 회기는 구체적 칭찬을 강조하고, PRIDE 기술을 정교하게 연습한다. 이후 회기들은 마스터하지 못한 특정 기술에 대하여 구체적으로 연습하는 데 중점을 둔다. CDI 회기 수가 정해져 있는 것은 아니다. CDI 코칭은 부모가 10-10-10 마스터 기준(지시+질문+부정적인 말은 3개 이하)에 도달할 때까지 계속된다. 그래서 어떤 가정은 CDI 코칭을 2회기만 받기도 하고 또 어떤 가정은 6회기 이상의 CDI 코칭 회기가 필요할 수도 있다.

CDI 마스터 기준에 미치지 못한다면

우리는 CDI 회기를 충분히 가졌음에도 불구하고(예: 10회기 이상) 부모가 마스터 기준에 도달하지 못하는 경우 어떻게 해야 하는지를 종종 질문받는다. 이런 가족의 경우에는 치료사가 CDI 회기 중에 코딩을 한 번 이상 실시하면서, 코칭을 받았을 때와 불안이 감소되었을 때 부모의 수행 능력이 개선되는지 알아본다. 회기 중간에는 마스터 기준에 도달하는데 초기에는 하지 못하는 경우도 있다. 그러나 이런 경우 불행하게도 집에서 해야 하는 CDI 연습을 하지 않은 경우가 종종 있다. 치료사는 우선 부모에게 CDI 숙제의 중요성에 대해서 최선의 설득을 했는지 생각해 봐야 한다. 그리고 마스터 기준에 도달하지 못하는 이유를 점검해야 한다. 만약 부모가 아동이 이끄는 대로 따라가기는 하는데 질문 몇 개나 PRIDE 기술 몇 개 때문에 마스터 기준에 미치지 못한다면, 그 다음 단계로 진행하는 것이 적절한 결정일 수 있다. CDI 코딩과 코칭이 PDI 회기에서도 계속될 것이기 때문이다. 때로 PDI의 효과를 경험한 후에야 CDI에 대해 더 잘 납득하는 부모도 있다. 그러나 만약 부모가 그냥 CDI를 못하는 경우라면, 치료사는 PDI로 진행하는 것에 주의하여야 한다. PDI는 더 어려울 가능성이 높고, 관계가 잘 형성되지 않았다면 효과적이지 못할 수 있다. 간혹 어떤 부모는 숙제를 매일 하기로 약속하지 못한다면 치료가 중단되거나 종결되는 결과를 가져올 수 있다는 말에 동기를 부여받기도 한다(예: 학대 배경이 있는 가정으로서 부모의 권리를 되찾기 위해 최소한만 하는 경우). 양 부모가 참여할 때 비슷한 문제가 종종 발생하는데 한 부모가 다른 부모보다 마스터 기준에 먼저 도달하는 경우이다. 마스터 기준에 도달한 부모를 다음 단계로 진행시켜야 하는가, 아니면 양 부모가 모두 마스터 기준에 도달할 때까지 기다리게 하는가?

이 질문에 답하기 위해서 보통 마스터 기준에 도달하지 못한 부모의 양육 참여 수준을 고려한다. 만약 주 양육자이거나 자녀 양육에 많이 참여하는 부모라면, 그 부모가 따라올 수 있도록 좀 더 천천히 진행하는 쪽을 선택한다. 그러나 가장 중요한 질문은 '아동을 위해서 가장 좋은 것은 무엇인가?'이다. CDI 회기가 길어지면서 가족의 불만이 아주 높아진다면, 아동을 위해서 PDI로 진행하는 편이 좋을 것이다. 마스터 기준에 도달하지 않는다면 PCIT의 효과가 덜하겠지만 가족이 너무 일찍 종결해 버린다면 효과는 그보다 더 떨어질 것이다. 임상적 경험을 사용하여 사례에 따라서 결정하게 되는데 경험이 많은 PCIT 컨설턴트나 PCIT 리스트서브(www.pcit.org에서 등록할 수 있다)의 치료사들의 조언을 받기를 권한다. PCIT의 강점 중의 하나는 높은 마스터 기준을 통해 부모의 기술에 큰 변화가 생긴다는 점이다. 마스터 조건을 충족하지 못한 채 다음으로 넘어가는 것은 아주 드문 예외가 되어야 한다. 마스터 기준을 존중하고 따를 때 모든 가족이 최적 분량의 CDI 코칭을 받게 된다.

참고문헌

Eyberg, S. M. (n.d.). *Parent-child interaction therapy: Basic coaching guidelines introduction.* A Power Point presentation retrieved 8 Apr 2008, from http://www.pcit.org

Eyberg, S. M. (1999). *Parent-child interaction therapy: Integrity checklists and session materials.* Retrieved 2 Apr 2008, from www.pcit.org

McNeil, C. B. (2008). *Parent-child interaction therapy.* A 2-hour DVD in the APA Psychotherapy Training Video Series hosted by Jon Carlson.

Reprinted by permission from Springer: McNeil, C. B., & Hembree-Kigin, T. (2010). *Parent-Child Interaction Therapy: Second Edition (Chapter 5).* New York: Springer.

아동의 행동 이해하기:
출생에서 2세까지 아동의 신호 알아차리기

조기교육을 위한 사회정서기초센터
(Center on the Social and Emotional Foundations for Early Learning: CSEFEL)

자녀의 행동 이해하기
출생부터 2세까지
자녀의 신호 알아차리기

**이것이 익숙하게
들리시나요?**

생후 9개월 된 제이든은 행복하게 시리얼을 입에 넣고 있다. 그는 잠시 멈추었다가 손을 사용해서 유아용 식탁의 식판 전체에 음식을 흩었다. 아빠와 눈이 마주치자 크게 미소를 지었다. 그리고 시리얼 하나를 바닥에 떨어뜨린다. 아빠가 그것을 집어 들자 제이든은 다리를 차고 팔을 흔들면서 웃는다. 그는 또 다른 시리얼을 던진다. 아빠는 미소 지으면서 말한다. "제이든, 네가 먹는 것을 다 끝낸 것 같구나. 그렇지?" 그는 제이든을 안아 올리고 말한다. "음식 대신에 공을 던지는 것은 어때, 괜찮지?"

30개월 된 나오미는 행복하게 블록을 가지고 놀고 있다. 갑자기 엄마가 시계를 보더니 헉 하고 숨을 내쉰다. "나오미, 시간이 이렇게 지났는지 몰랐어! 오빠를 스쿨버스에 마중 나가야 해! 가자." 그녀는 나오미를 들쳐 안고 급하게 문 쪽으로 간다. 나오미는 소리친다. "안 돼!" 그리고 엄마의 팔에서 빠져나와 블록으로 뛰어가려고 한다. 엄마가 나오미에게 운동화를 신기자 그녀는 벗어 던지고 엄마의 손을 때린다. 그리고 반복한다. "싫어! 난 여기! 블록 놀아!" 엄마는 나오미의 짜증에 한숨을 쉬고 신발을 신기지 않은 채 유모차의 안전띠를 채운다. 이번에 두 번째 항의가 들어온다. "내 신발! 내 신발 어디?" 나오미는 버스 정류장에 가는 내내 유모차의 안전띠를 풀려고 시도하고, 발을 차고, 소리 지르며, 운다.

초점

아기와 유아는 이제 막 말하기를 배우는 중이다. 그러나 그들은 부모에게 어떻게 느끼고 있는지를 알려 주는 다른 방법을 많이 가지고 있다! 아동들도 어른들과 같은 정서를 경험할 수 있다. 그러나 그들은 느낌을 다르게 표현한다. 제이든은 아빠에게 먹는 것을 다 끝냈다는 신호를 많이 보내 주고 있다. 첫째, 그는 식판에다 음식을 쓸면서 놀이한다. 그리고 나서 아빠가 '내가 떨어뜨리면 아빠가 가져와' 게임을 하도록 음식을 바닥에 떨어뜨린다. 제이든의 아빠는 이런 신호를 알아차려서 식사 시간이 끝났다고 반응해 주고 제이든에게 놀이할 수 있는 기회를 준다. 나오미도 자신이 무엇을 느끼는지 분명하다. 그녀는 재미있는 활동(블록)에서 너무 빨리 전환하는 것을 좋아하지 않는다. 그녀도 엄마에게 많은 '신호'를 보낸다. 말, 얼굴 표정, 행동 모두 "이 전환이 나에게는 너무 빨랐어. 나는 재밌었고 이렇게 빨리 이동할 수 없어."라고 말해 준다.

아동의 행동은 의미가 있다. 단지 어른들이 그 의미가 무엇인지 항상 이해하지는 못한다. 언어 기술이 강해지기 전의 어린 시기에는 아기 또는 유아가 무엇을 의사소통하려고 하는지 이해하는 것이 특히 어려울 수 있다. 이 자료가 당신이 자녀의 행동 신호를 더 잘 이해하고 건강한 사회성과 의사소통을 발달시키는 것을 지지하는 방식으로 반응하는 데 도움이 될 것이다.

예상할 수 있는 의사소통 기술

출생~12개월

아기는 울음을 통해서 당신에게 무언가를 말하려고 하는 것임을 알고 있는가? 자녀의 울음은 여러 가지를 의미할 수 있다. "난 피곤해요." "어떻게 스스로 진정해야 할지 몰라요." "난 아파요 또는 불편해요." "엄마가 방금 집은 장난감을 갖고 싶어요."를 포함할 수 있다. 첫해에는 아기들이 의사소통하기 위해 점차 몸짓과 소리를 사용하기 시작한다. 그러나 많은 부모는 첫 12개월이 아기의 행동의 의미를 이해하기 가장 힘든 시기라고 한다. 다음에 아기가 의사소통하는 보편적인 방법이 있다. 시간이 지나면 당신 자녀의 독특한 의사소통 방식을 알아차리게 될 것이다.

소리: 울음은 아기의 주요한 의사소통 방법이다. 당신은 아기가 배고픔, (기저귀가 젖었을 때와 같은) 불편감, 또는 (배가 아픈 것과 같은) 통증에 대해 다른 울음 소리를 내는 것을 알 수도 있다. 이런 울음 소리에 주의를 기울이는 것은 아기가 무엇을 의사소통하려고 하는지 추측하는 데 도움이 된다.

언어: 1년이 되는 시점이면 (어떤 아기는 좀 더 빠르게, 어떤 아기는 좀 더 나중에) 첫 단어를 말하게 될 것이다. 처음에는 아기의 언어 기술이 천천히 성장하는 것처럼 느껴지지만, 2년이 되는 시점에는 정말 급격히 발전한다.

얼굴 표정: 미소의 뜻은 이해하기 쉽다. 또한 당신은 아기가 궁금해하거나 호기심이 생기는 표정, 그리고 좌절감, 즐거움, 흥분, 지루함 등의 표정도 알게 될 것이다.

시선: 아기가 바라보고 있는 곳을 쳐다보라. 그것은 아기가 무엇을 생각하고 있는지에 대해 많은 것을 알려 준다. 과잉 자극을 받았거나 피곤한 아기는 종종 당신과의 눈맞춤을 끝내고 시선을 돌린다. 놀고 싶은 아기는 당신이나 흥미 있는 장난감에 반짝이는 시선으로 초점을 맞춘다.

몸짓: 아기들은 자신의 몸을 사용하여 여러 방식으로 의사소통한다. (몇 가지 예를 들자면) 이들은 사람이나 물건을 향해 손을 뻗고, 물건을 집어 들고, 손으로 물건을 쓸어 버리고, 팔과 손을 흔들고, 발을 차며, 가리킨다. 또한 아기들은 싫어하는 소리로부터 몸을 돌리거나 화가 날 때 등을 뒤로 젖힌다.

모두 종합하면

아기들은 몸 전체를 사용해서 의사소통을 한다. 예를 들면, 아기는 눈을 반짝이며 새로운 장난감을 명확하게 응시하고, 그런 다음 당신을 쳐다보고, 다시 장난감으로 돌아갈 수 있다. 그녀는 흥분해서 발을 차거나 팔을 휘두를 수 있다. 그러고 나서 미소 지으며 "에 에!" 소리를 내면서 장난감을 집으려고 할 수 있다. 아직 아기는 단어를 생각할 수 없지만 "이게 뭐지? 나는 보고 싶어. 나한 테 이걸 줄 수 있어요? 재미있을 것 같아!"라는 메시지를 보

내고 있을 수 있다.

또는 사촌 누나와 행복하게 놀고 있는 아기를 상상해 보라. 사촌 누나는 볼에 바람을 넣었다가 쉭 하는 소리를 크게 내면서 바람을 뺀다. 아기는 소리 내어 웃으며 발을 차고 팔을 흔든다. 그런데 갑자기 아기의 반응이 변한다. 시선을 돌리고 괴로움을 나타내는 표현을 한다. 다리를 차고 등을 젖힌다. 그는 울기 시작한다. 아기는 "그건 한동안 재밌었어. 그렇지만 이제는 너무 과해. 나는 쉬고 싶어." 같은 메시지를 보내는 것일 수 있다.

12~24개월

어린 유아는 생후 두 번째 해에 자신의 욕구와 원하는 것을 의사소통하는 기술이 더 향상된다. 어린 유아의 의사소통 기술이 12개월에서 24개월까지 어떻게 성장하고 변화하는지에 대한 예는 다음과 같다.

소리와 언어: 어린 유아의 어휘는 2년차에 천천히, 그러나 꾸준히 성장하고 있다. 우유를 "유."라고 하는 것처럼 발음이 정확하지 않을 수 있지만, 시간이 지나면 괜찮아진다. 유아는 또한 이전보다 더 많은 단어를 이해한다. 사실 그가 말할 수 있는 것보다 더 많은 단어를 이해한다! 예를 들어, 만일 당신이 자녀에게 코를 만지라고 한다면, 아마도 그는 그것을 할 수 있을

것이다.

유아의 언어 기술이 성장하고 있기는 하지만, 울음은 여전히 분노, 좌절, 슬픔 또는 압도감과 같은 강한 정서를 의사소통하는 주된 방법이다. 또한 유아는 말로 표현하기에 너무 흥분될 때 웃으면서 꽥 소리를 지르거나 신이 나서 소리를 지르는 것을 볼 수도 있다.

얼굴 표정과 시선: 유아는 어느 때보다도 가장 훌륭하게 표현할 수 있다. 그렇기 때문에 2년차에는 항상 카메라를 준비해도 좋다. 당신은 즐거움, 호기심, 질투 그리고 다른 감정이 얼굴에 나타나는 것을 볼 수 있다. 어린 아동은 또한 눈맞춤을 사용하여 당신과 의사소통한다. 예를 들어, 유아가 당신의 관심을 끌기 위해 당신을 응시하고 있는 것을 볼 것이다(나와 같이 놀래요?). 또한 당신의 자녀가 뭔가 새로운 것을 배우기 위해 당신을 지켜볼 수 있다(이제 핸드폰의 버튼을 어떻게 누르지?).

유아는 또한 새로운 상황을 이해하기 위해서 당신의 반응을 주시할 수 있다(내가 조 삼촌이 나를 안아 주기를 원하는지 잘 모르겠어. 나는 삼촌이 괜찮은지 아닌지 엄마 생각을 알아보기 위해서 엄마 얼굴을 확인해 볼 거야). 종종 당신의 자녀는 당신의 표현과 몸짓에 거울반응을 한다. 당신이 브로콜리를 한 입 먹고 코를 찡그리면, 당신의 유아도 그렇게 할 가능성이 높다.

몸짓: 어린 유아는 어느 때보다도 그들의 몸을 사용하여 의사소통하는 데 재주가 있다. 그들은 걷기, 뛰기, 가리키기, 당신의 손을 잡기, 당신에게 무언가를 보여 주기, 물건을 가져가고 옮기기, 오르기, 열고 닫기 등을 할 수 있다. 유아의 신체 언어와 몸짓을 지켜보는 것은 유아가 무엇을 생각하고 있는지, 무엇을 원하는지, 또는 무엇을 느끼는지에 대해 많은 정보를 준다.

모두 종합하면

시간이 지나면서 당신 자녀의 신호와 메시지를 이해하는 것이 쉬워진다. 어린 유아는 자신의 욕구를 더 분명하게 의사소통하기 위해 어느 때보다도 그들의 몸을 사용하고, 표현하고, 언어 기술을 성장시키는 데 능숙하다. 14개월에는 책 바구니로 다가가고, 가장 좋아하는 책을 선택하고, 삼촌에게 다시 돌아와서, 그의 다리에 책으로 두드리며 "채."라고 말할 수 있다. 20개월에는 자신의 샌들을 가져와서 뒷문으로 걸어가고 할머니를 향해서 "놀이 가."라고 말할 수 있다. 유아에게 이런 상호작용은 실상 놀라운 발달적 도약이다! 이들은 이제 마음속에 아이디어를 생각할 수 있고('나는 책을 읽고 싶어, 아무 책이나가 아니라 이 책이야.') 그 아이디어를 실행할 수 있는 사람에게 실제로 어떻게 의사소통해야 하는지 이해한다!

당신의 아기 또는 유아의 행동을 이해하는 3단계

당신이 이해할 수 없는 행동을 보면, 그 행동이 당신의 자녀에게 의미하는 것이 무엇인지 알아차리는 데 다음의 '단서'들을 생각해 보라. 기억해야 할 것은 모든 아동이 다르다는 것이다. 같은 행동(예: 안아 주었을 때 등을 뒤로 젖히는 것)이 어떤 아기에게는 피곤함을 의미할 수 있고 다른 아동에게는 누워서 놀고 싶으니 내려 달라는 것을 의미할 수 있다. 당신의 자녀의 독특한 신호를 알아 가는 것은 당신이 자녀를 사랑하고 이해한다는 것을 보여 줄 수 있는 중요한 방법이다.

1단계: 자녀의 행동을 관찰하고 이해한다.

- 당신의 아기 또는 유아가 사용하는 소리(또는 단어)를 알아차린다. 자녀가 나타내는 소리가 행복한가, 슬픈가, 좌절하는가, 지루한가, 또는 배고픈가? 이 외침 또는 소리를 이전에 언제 들었는가?

- 당신의 자녀의 얼굴 표정은 어떤가? 자녀의 얼굴에서 어떤 느낌이 나타나는가? 당신의 자녀가 새로운 물건을 흥미 있게 바라보는가? 어쩌면 그는 "내가 만져 볼 수 있게 나한테 그걸 줘."라고 말하고 있는 것일 수도 있다.

- 아동의 시선을 알아차린다. 당신의 아기는 당신과 눈맞춤을 하고 있는가, 아니면 다른 곳으로 시선을 돌렸는가?(일반적으로 아기가 휴식이 필요하다는 신호이다). 당신의 유아는 당신에게 시선을 유지하고 있는가? 어쩌면 그녀는 당신의 관심을 받고 싶어 하거나 새로운 상황에 대해 당신이 어떻게 반응하는지 보고 싶어 하는 것이다.

- 당신의 자녀는 어떤 몸짓이나 움직임을 사용하고 있는가? 당신이 안아 주려고 할 때 당신의 자녀가 자신의 눈을 비비고 귀를 잡아당기는가? 그녀는 졸음이 오고 낮잠을 잘 준비가 되었

수 있다. 배변 훈련을 시작할 경계에 있는 나이 든 유아는 배변 현상이 일어날 때 의자 뒤나 옷장 안에 숨기 시작할 수 있다.

- 당신이 이해할 수 없는 행동을 보면 어떤 일이 일어나고 있는지 생각해 보라. 이 행동이 하루 중 특정한 시간(어린이집에 데려다 줄 때 또는 잠자기 전)에 발생하는가? 이 행동이 특정한 장소(불이 밝은 곳, 소음이 있는 쇼핑몰)에서 발생하는 경향이 있는가? 이 행동은 특정한 상황(놀이터에서처럼 한 번에 다른 많은 아동이 있는 것에 대처해야 할 때)에서 발생하는가?

2단계: 당신의 아기나 유아의 행동이 의미한다고 생각하는 것을 바탕으로 반응한다. 당신이 추측하는 것이 맞는지 확신할 수 없어도 괜찮다. 단지 시도해 보라. 당신은 언제든지 다시 시도할 수 있다는 점을 기억하라. 예를 들어, 당신의 11개월 된 자녀가 창문을 향해 가리켰다면 그를 들어 올려 주어 밖을 볼 수 있게 해 준다. 그가 실제로 벽에 있는 거미를 가리킨 것이라고 하더라도 당신이 이해하려고 노력하고 반응했다는 것은 자녀에게 그의 의사소통이 당신에게 중요하다는 것을 알게 해 준다. 이것은 그가 계속 당신과 유대 관계를 맺도록 동기부여를 해 준다. 당신이 자녀에게 반응해 줄 때 그의 행동이 의미하는 것에 대한 당신의 생각을 소리 내어 말하라. 예를 들어, 당신은 유아를 들어 올리며 말할 수 있다. "너는 올려 달라고 말하는 거야? 엄마가 올려 줄 수 있어." 언어를 사용하여 아동이 의사소통하는 것을 묘사함으로써 당신은 자녀에게 단어의 의미를 가르칠 수 있다.

3단계: 만약 당신이 처음 시도한 것이 잘 맞지 않으면 다시 시도한다. 다른 방식으로 시도하는 것은 자녀의 행동의 의미를 생각해 내고, 그의 욕구를 이해하고, 그의 느낌을 타당화할 수 있는 가능성을 증가시킨다. 만약 당신의 4개월 된 자녀가 울고 있지만 젖병을 거부한다면, 그녀의 자리에 변화를 주는 것을 시도해 보라. 그녀를 들어 안고 살살 흔들어 주거나 놀이할 수 있도록 내려 준다.

4단계: 분노 발작도 의사소통이라는 것을 기억하라. 분노 발작은 보통 당신의 자녀가 스스로 진정시킬 수 없다는 것을 의미한다. 분노 발작은 어느 누구에게도 즐겁지 않다. 어린 아동들에게는 압도되고 심지어 두려움까지도 느낄 수 있는 감정이다. 어른들은 화나게 하는 행동을 볼 때 쉽게 화가 난다. 하지만 당신이 정말 화나게 되면, 자녀의 분노 발작이 더 커지는 일이 자주 발생한다. 어렵겠지만, 이런 강력한 순간에 당신이 진정할 수 있다면 당신의 자녀도 진정할 수 있도록 도와주는 것이다.

시도해 볼 수 있는 또 다른 전략은 당신의 자녀가 '참지 못 할 때' 자녀의 강한 정서를 반영해 주면서 자녀가 느끼고 있는 것을 다시 말해 주는 것이다. 당신은 매우 흥분된 목소리로 "너는 생일 파티를 기다릴 수 없다고 말하는구나! 너에게는 기다리는 것이 너~무 힘들어! 너는 지금 당장 파티에 가고 싶구나!"라고 말해 줄 수 있다. 어떤 아동에게는 당신이 그들의 강한 감정을 '거울반응' 해 주는 것이 당신이 그들을 이해하고 진지하게 받아들이고 있다는 것을 알게 해 주어 진정시키는 데 도움이 된다. 어떤 반응이 당신의 자녀를 진정시키는 데 가장 효과적인지 실험해 보라.

기억할 것: 자녀가 의사소통하려는 것을 당신이 항상 이해할 수는 없다. 성인 관계에서도 우리는 다른 사람의 행동의 의미에 대해 궁금해한다. 그러나 이런 순간 당신의 자녀가 괴로워하고 당신은 그 이유를 이해할 수 없을 때, 부모에게는 큰 스트레스이다. 당신이 정말 당신의 아기나 유아를 어떻게 해야 할지 모르는 순간에 자녀를 안전한 곳(유아용 침대 같은)에 두고 잠시 혼자 시간을 갖는 것도 괜찮다. 당신을 돌보는 것은 중요하다. 당신이 진정되고 괜찮다고 느낄 때 당신은 더 좋은 양육 선택을 할 수 있게 되고 자녀의 욕구를 더 효과적으로 충족시켜 줄 수 있게 된다.

마무리하며

아기와 유아는 생각과 느낌을 경험하고 표현한다. 그들은 종종 그들의 강한 느낌을 성인들이 바로 이해할 수 있도록 행동을 통해 의사소통한다. 할머니가 오는 것을 볼 때 아기가 이 없는 잇몸을 드러내며 웃는 것처럼 말이다. 다른 때에는 아동을 돌보는 어른들에게 아동의 행동은 혼란스럽거나 불만스러울 수도 있다. 차분함을 유지할 수 있는 것, 행동의 의미가 무엇인지 좋은 추측을 하는 것, 그리고 반응하는 것은 아동에게 그들이 강력한 의사소통의 전달자라는 것을 이해하도록 도와준다. 장기적으로 이것은 아동이 다른 사람들과 건강하고 존중하는 방식으로 관계 맺는 것을 배우도록 도와준다. 이 기술은 이들이 평생 동안 사용할 기술이다.

0~3세 영유아의 수면 욕구 가이드

카리타네

0~3세 영유아의 수면 욕구 가이드
이것은 단순한 가이드이며, 아동의 개별 욕구를 충족하기 위해서 변형이 필요할 수 있다.

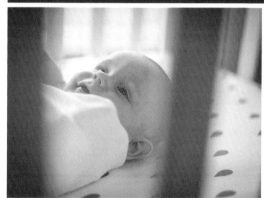

카리타네는 자녀 양육 초기에 가족에게 조언과 지원을 제공한다.

카리타네는 가족들에게 양육 기술을 지원하기 위해서 종합적인 증거기반 자녀 양육 서비스를 제공한다. 여기에는 수면과 재우기, 유아 행동, 규칙적인 일상 만들기, 식사 및 영양, 출산 전후의 기분장애를 포함한다.

건강관리 전문가는 가족을 안내하고, 지지하고, 교육을 제공하여 그들의 자녀에게 안전하고 따뜻한 환경을 확실하게 제공할 수 있도록 한다.

양육에 대한 도움은 한 통화의 전화 또는 웹사이트에서 24시간 가능하다.

케어라인: 1300 CARING (1300 227 464)
www.karitane.com.au/mybabyandme

0~3세 아동을 위한 일일 가이드

우리의 비전은 아동이 안전하고, 건강하고, 신뢰할 수 있는 가정과 지역사회에 의해 발달을 촉진하는 양육을 받게 되는 것이다.

이것은 단순한 가이드이며, 아동의 개별 요구를 충족하기 위해서 변형이 필요할 수 있다.

도움이 필요한가요?

아동의 건강 전문가에게 정기적으로 발달 체크를 하는 것을 권장한다.

당신의 아기나 유아에 대해 염려하는 부분이 있다면 망설이지 말고 가족, 친구, 아동 및 가족 건강 전문 간호사, 일반의의 도움을 구하거나 1300 CARING (1300 227 464) 카리타네 케어라인에 전화하세요.

0~6개월 가이드

0~6주	6주~3개월
수유 2~4시간마다	**수유** 2~4시간마다
평균 수유 횟수 24시간에 6~10회	**평균 수유 횟수** 24시간에 6~8회
깨어 있는 시간(수유 및 놀이 시간) 약 1시간	**깨어 있는 시간(수유 및 놀이 시간)** 1~1.5시간
수면/휴식 매 수면 1.5~3시간	**수면/휴식** 1.5~2.5시간
평균 수면 횟수 24시간에 5~6회 수면	**평균 수면 횟수** 24시간에 4~5회 수면
음식의 종류 모유나 분유	**음식의 종류** 모유나 분유
피곤하다는 신호 -꽉 쥔 주먹 -일그러뜨린 얼굴 -갑작스러운 움직임 -칭얼거림 또는 울음 -눈 비비기 -하품하기 -빤히 쳐다보기	**피곤하다는 신호** -꽉 쥔 주먹 -일그러뜨린 얼굴 -갑작스러운 움직임 -칭얼거림 또는 울음 -눈 비비기 -하품하기 -빤히 쳐다보기
3~4.5개월	**4.5~6개월**
수유 3~4시간마다	**수유** 3~4시간마다
평균 수유 횟수 24시간에 5~6회	**평균 수유 횟수** 24시간에 4~6회
깨어 있는 시간(수유 및 놀이 시간) 1.5~2시간	**깨어 있는 시간(수유 및 놀이 시간)** 2~2.5시간
수면/휴식 1.5~2.5시간	**수면/휴식** 1.5~2시간
평균 수면 횟수 낮잠 3회	**평균 수면 횟수** 낮잠 3회
음식의 종류 모유나 분유	**음식의 종류** 6개월 정도에 이유식 시작 모유나 분유
피곤하다는 신호 -꽉 쥔 주먹 -일그러뜨린 얼굴 -갑작스러운 움직임 -칭얼거림 또는 울음 -눈 비비기 -하품하기 -빤히 쳐다보기	**피곤하다는 신호** -꽉 쥔 주먹 -일그러뜨린 얼굴 -갑작스러운 움직임 -칭얼거림 또는 울음 -눈 비비기 -하품하기 -빤히 쳐다보기

6개월~3년 가이드	
6~9개월	**9~12개월**
수유/식사 3~4회 수유 이유식 시작 하루 3회 식사와 2회 스낵으로 증가(분유로 시작하고 이후 이유식) **깨어 있는 시간(수유/식사 및 놀이 시간)** 2~3시간 **수면/휴식** 1~2시간 **평균 수면 횟수** 2회 낮잠 **음식의 종류** 모유나 분유 이유식 **피곤하다는 신호** -화를 내기 -짜증을 내거나 불평하기 -매달리거나 신경질을 내기 -비협조적 -짧은 집중 시간 -협응력 상실 또는 서투름 -눈 비비기 또는 하품하기 -장난감을 지루해하기	**수유/식사** 3~4회 수유 하루 3회 식사+ 2회 간식 **깨어 있는 시간(수유/식사 및 놀이 시간)** 3~4시간 **수면/휴식** 1~3시간 **평균 수면 횟수** 한 번에 1~2시간 **음식의 종류** 이유식 모유나 분유 **피곤하다는 신호** -화를 내기 -짜증을 내거나 불평하기 -매달리거나 신경질을 내기 -비협조적 -짧은 집중 시간 -협응력 상실 또는 서투름 -눈 비비기 또는 하품하기 -장난감을 지루해하기
12~18개월	**18개월~3년**
식사 유제품 1~1½ 서빙 하루 3회 식사+ 2회 간식 **깨어 있는 시간 (수유/식사 및 놀이시간)** 4~6시간 **수면/휴식** 총 1~3시간 **평균 수면 횟수** 1~2회 낮잠 **음식의 종류** 가족이 먹는 음식, 컵으로 마시는 모든 음료수 **피곤하다는 신호** -화를 내기 -짜증을 내거나 불평하기 -매달리거나 신경질을 내기 -비협조적 -짧은 집중 시간 -협응력 상실 또는 서투름 -눈 비비기 또는 하품하기 -장난감을 지루해하기	**식사** 유제품 1½~2½ 서빙 하루 3회 식사+2회 간식 **깨어 있는 시간(수유/식사 및 놀이 시간)** 5~7시간 **수면/휴식** 1~2시간 **평균 수면 횟수** 1회 낮잠 **음식의 종류** 가족이 먹는 음식, 컵으로 마시는 모든 음료수 **피곤하다는 신호** -화를 내기 -짜증을 내거나 불평하기 -매달리거나 신경질을 내기 -비협조적 -짧은 집중 시간 -협응력 상실 또는 서투름 -눈 비비기 또는 하품하기 -장난감을 지루해하기

Karitane
1923년 이후 자녀 양육 서비스의 리더

연락처

전화번호	02 9794 2300
팩스	02 9794 2323
주소	PO BOX 241, Villawood NSW 2163
이메일	karitane.online@sswahs.nsw.gov.au
웹사이트	www.karitane.com.au

Karitane - Carramar
Head Office, Residential Unit, Jade House, Toddler Clinic,
Education & Research Centre, Venue Hire
126-150 The Horsley Drive, Carramar NSW 2163
(Entrance via Mitchell Street)
Phone   02 9794 2300   Fax 02 9794 2323

Karitane Camden
Residential, Perinatal Mental Health, Parenting Centre,
Toddler Clinic
Camden Hospital, Menangle Road, Camden NSW 2560
Phone   02 4654 6125   Fax 02 4654 6213

Randwick Parenting Centre
146 Avoca Street, Randwick NSW 2031
Phone   02 9399 6999   Fax 02 9399 8510

Liverpool Parenting Centre
10 Murphy Avenue, Liverpool NSW 2170
Phone   02 9821 4555   Fax 02 9821 4559

Karitane Linking Families
130 Nelson Street, Fairfield Heights NSW 2165
Phone   02 9754 2655   Fax 02 9754 2644

Connecting Carers & Talking Realities
124 The Horsley Drive, Carramar NSW 2163
Phone   02 9794 2352   Fax 02 9794 2381
www.connectingcarersnsw.com.au

Karitane Referrals and Intake
Phone   02 9794 2300   Fax 02 9794 2323
Email   karitane.referrals@sswahs.nsw.gov.au

Careline & Parenting Website
Phone   1300 CARING (1300 227 464)
Email   karitane.online@sswahs.nsw.gov.au
Website www.karitane.com.au/mybabyandme

Follow us on

ABN 25000018842   Updated May 2016 - FAM002.
References available on request. Consumer Reviewed.

karitane®
1923년 이후 자녀 양육 서비스의 리더

수면과 재우기 시간의 팁
신생아에서 걸음마기 유아까지

당신의 자녀를 재우는 데 도움이 되는 방법은 다양하다. 그러나 당신과 당신의 가족에게 가장 잘 맞는 방법을 찾는 것은 어려울 수 있다. 당신의 자녀가 잠들기 위해서는 안전함과 안정감, 편안함을 느낄 수 있어야 하고 신체적으로도 잠들 준비가 되어야 한다. 카리타네에서는 당신의 자녀의 신호에 반응하는 전략을 사용한다.

만약 당신이 아기를 재우는 방법을 바꾼다면, 며칠 또는 몇 주간 새로운 방법에 적응할 수 있는 시간을 주어야 한다.

기억할 것:

- 일관성을 유지한다.
- 만약 당신이 충분히 노력했다고 생각되거나 아기가 괴로워한다면 멈추고 아기를 들어 안는다. 아기의 신호에 반응해 주면 아기는 침착해지고 안전함과 안정감을 느끼게 된다.

당신의 자녀가 편안해지고 자연스럽게 잠이 들 수 있도록 안전함과 안정감을 느끼는 것을 배우는 것은 매우 중요하다.

더 많은 정보는 '잠에 대한 이해' 브로셔나 자녀 양육 웹사이트 www.karitane.com.au를 참조하라.

인내하라. 변화에는 시간이 필요하다. 도움 요청을 두려워하지 말라!

0	3	6	9	12	15+개월
안아서 재우기					
손으로 재우기					
		편안하게 재우기			
		부모가 함께하기			
				점진적 철수	

안아서 재우기

추천 연령: 0~3개월 이상

이 방법은 어린 아기 또는 재우기 어려운 아기에게 유용하다.

- 당신의 팔에 아기를 안는다. 아기가 진정될 때까지 부드럽게 흔들어 줄 수 있다. 초기에는 아기가 잠이 들 때까지 안고 있어야 할 수도 있다.
- 부드럽게 아기의 등 쪽으로 아기 침대에 눕힌다.
- 침대에서 아기가 움직이거나 짜증을 낸다면 아기와 함께 있어 주고 진정될 때까지 달래 준다.
- 아기가 잠이 들도록 다음에 언급한 '손으로 재우기' 제안을 함께 사용할 수 있다.
- 아기가 괴로워한다면 아기를 안아 들고 첫 단계로 돌아간다.

손으로 재우기

추천 연령: 0~6개월 이상

- 조용한 시간과 잠자리 일과(예: 싸매기, 이야기 시간, 안아 주기) 이후 아기의 등 쪽으로 아기 침대에 눕힌다.
- 아기가 당신에게 보내는 신호를 살펴보고 반응한다.
- 아기가 차분함을 유지하면 스스로 잠들도록 기다린다. 아기가 울기 시작하면 아기에게 위안과 확신을 주기 위해 다음의 어떤 것이라도 시도한다.
  - 부드러운 '쉬~' 소리
  - 부드럽고 리듬감 있게 토닥인다. 예: 허벅지, 어깨, 복부 또는 매트리스를 토닥인다.
  - 편안한 톤으로 조용하게 말한다. 예: "괜찮아." "잘잘 시간이야."
  - 부드럽게 아기의 머리, 팔 또는 다리를 만지거나 쓰다듬는다.
  - 아기를 진정시키기 위해 천천히 리듬감 있게 아기 침대를 부드럽게 흔들어 준다.
  - 언제든 당신이 충분하다고 느끼거나 아기가 진정되지 않는다면 그만하고 '안아서 재우기'와 같은 다른 전략을 사용한다.

편안하게 재우기

추천 연령: 6개월 이상

편안하게 재우기는 아기가 잠드는 자신의 방법을 발견할 수 있도록 허용하는 면에서 '손으로 재우기'와 다르다.

- 조용한 시간 및 잠자리 일과(예: 목욕, 싸매 주기, 이야기 시간, 안아 주기) 준비
- 깨어 있을 때 아기의 등을 바닥에 대고 침대에 눕힌다.
- 만약 이 전략이 새로운 것이라면, 몇 분 동안 방 안에 머물고 부드러운 '쉬~' 소리를 낸다.
- 만약 아기가 계속 차분하다면 방을 나간다. 진정되지 않는다면 진정될 때까지 머물고 안심시켜 준다.
- 방을 떠나는 경우 더 안심시켜 주어야 하는 상황에 대비해 근처에 머문다.
- 만약 아기가 소리를 내기 시작하면 들어가기 전에 기다린다. 옹알이, 짜증 내는 소리, 짧은 울음, 움직임은 아기가 진정하려고 할 때 흔하게 나타난다.
- 만약 아기의 울음소리가 컸다가 작아진다면, 잠이 드는지 잠시 기다린다.
- 만약 소리가 계속 커진다면 아기에게 돌아가서 침대에 있는 아기를 편안하게 해 준다.

만약 이 방법이 잘 작동하지 않는다면 '손으로 재우기' 또는 '안아서 재우기' 기법을 사용한다. 아기는 일관되고 예측 가능한 방식에서 배우기 때문에 다음 잠자는 시간에 다시 시도한다.

1923년 이후 자녀 양육 서비스의 리더

수면과 재우기 시간의 팁

부모가 함께하기

추천 연령: 6개월 이상

당신이 방을 나갈 때 아기가 힘들어한다면 이 전략이 유용하다. 이 전략은 1~4주 정도 소요된다. 낮에는 아기가 잠이 들 때까지 아기의 방에 머물고 밤에는 아기의 방에서 잔다.

- 조용하고 차분하고 은은한 조명이 있는 방을 준비한다.
- 당신이 누울 수 있는 침대나 매트리스를 준비한다.
- 보이는 곳에 머물면서 차분하게 눈을 감고 천천히 호흡한다.
- 만약 아기가 깨어나면 직접적으로 상호작용을 하지 말고 작은 소리를 내거나 움직여서 아기에게 당신이 그곳에 있다는 것을 알려준다.
- 만약 아기가 울고 안심시켜 주어야 할 필요가 있다면 '쉬~' 소리를 내거나 "지금은 잠자는 시간이야."와 같이 부드러운 소리를 내서 편안하게 해 준다. 필요하다면 다른 방식으로 편안하게 해 줄 수 있다.
- 아기가 아기 침대에 머무는 것을 목표로 한다. 아기가 진정되면 누워서 눈을 감고 천천히 호흡한다.
- 언제든 당신이 충분하다고 느끼거나 아기가 계속 괴로워한다면, 그만하고 '손으로 재우기' 또는 '안아서 재우기'와 같은 다른 전략을 사용한다.
- 아기가 3일 밤을 연속적으로 방해받지 않고 잠을 잘 수 있다면 아기가 잠들기 전에 방을 나가기 시작하고 당신의 방으로 이동한다.

점진적 철수

추천 연령: 12개월 이상

점진적 철수의 목적은 자녀가 당신의 도움 없이 잠드는 것을 배우는 것이다. 아기 침대에서 일반 침대로 이동할 때 사용하기 좋은 전략이다. 점진적 철수는 자녀가 잠이 드는 동안 당신이 자녀 곁에 가까이 있는 것부터 시작한다. 다음 며칠 또는 몇 주에 걸쳐 자녀가 스스로 잠드는 것을 확실히 할 수 있을 때까지 당신은 천천히 점점 더 멀어진다.

- 자녀를 침대에 눕히고 침대 위나 옆에 앉는 것부터 시작한다. 초기에는 자녀가 손잡기와 같은 신체 접촉을 선호할 수 있다.
- 자녀가 침대에 머무르면 자녀가 잠이 들 때까지 당신이 머무를 것이라고(예: 침대 끝, 방 안

의 의자) 자녀를 안심시킨다.

- "물 마시고 싶어요." 또는 "이야기 하나 더." 와 같은 요구에 대화를 하거나 반응을 하는 것을 피한다.
- 만약 자녀가 계속 침대 밖으로 나오면 차분하게 자녀를 다시 침대로 데려간다.
- 다음 며칠 또는 몇 주 동안 당신과 자녀의 거리를 최종적으로 방 밖으로 나갈 때까지 점진적으로 늘린다.
- 방 밖으로 나가게 되면 당신이 근처에 있다고 자녀를 안심시킨다. 만약 자녀가 침대에서 벗어나면 차분하게 "지금은 잠잘 시간이야."라고 말하면서 다시 데려간다.

낮 시간 동안 만약 자녀가 실제로 잠이 들지 않으면 실망하지 말아야 한다. 침대에서 잠이 들도록 시도하는 것은 귀중한 학습 경험이 된다.

아기를 진정시키기 위해 전략을 교체하기

유모차에서 재우기

때로 유모차에서 아기를 재우는 것은 외출 시와 같은 단기적인 선택안이 된다.
아기 침대에서 아기가 잠이 들지 않을 때 가정에서도 사용할 수 있다. 아기가 당신을 향하게 하고 낮 시간에만 이 방법을 사용하기를 권장한다.

외출 시

- 유모차를 덮지 않는 것이 가장 좋다. 그러나 밝은 빛이나 다른 방해물이 있다면 옷에 딸린 모자를 사용하여 공기가 통하게 해 주고 아기가 당신을 향하도록 한다.
- 아기가 너무 덥지 않은지 그리고 잠이 드는지 정기적으로 확인한다.

집에서

- 유모차는 가장 마지막 방법으로 사용한다.
- 움직임은 아기를 진정시키는 데 도움이 될

수 있다. 집 안에서 유모차를 밀어 주는 것을 (단조에서) 시도하거나 유모차를 밀고 아기와 산책을 한다.

당신이 압도감이나 스트레스를 느낀다면

S-T-O-P: S(stop)−하고 있는 것을 멈춘다. T(take breaths)−심호흡을 몇 차례 한다. O(observe)−관찰한다(어떤 일이 일어나고 있는가? 나는 무엇을 느끼고 있는가? 다음에 무엇을 하는 것이 가장 좋은가?) P(proceed)−계속 진행한다.

당신이 해 볼 수 있는 몇 가지 제안은 다음과 같다.

- 아기를 부드럽게 아기 침대에 눕히고 방을 나간다. 당신이 자신을 진정시키는 동안 아기는 그곳에서 안전하다.
- 몇 차례 깊은 호흡을 천천히 한다. 스트레칭을 하거나 잠시 밖에서 걷는다.
- 아동가족건강센터나 친구 또는 가족에게 지지를 요청하는 전화를 한다.
- 카리타네 케어라인에 전화한다. 1300 227 464

도움이 필요한가요?
망설이지 말고 가족, 친구 또는 카리타네 케어라인에 도움을 요청하세요.
1300 CARING (1300 227 464)

www.karitane.com.au
PO Box 241, Villawood NSW 2163
전화: 02 9794 2300 팩스: 02 9794 2323
ABN 25 000 018 842 Charity No: 12991
자녀 양육 정보
www.karitane.com.au/mybabyandme
Karitane.online@sswahs.nsw.gov.au
Careline 1300 CARING (1300 227 464)

부록 D

일상생활에서 독립성 가르치기

조기교육을 위한 사회정서기초센터(CSEFEL)

이것이 익숙하게
들리시나요?

자녀에게 가르치기
일상생활에서
독립적으로 활동하기

너딘은 3세와 5세의 두 어린 자녀를 둔 싱글맘이다. 그녀가 일하는 동안 자녀들은 어린이집에 다닌다. 하루 일과를 마치고 모든 가족이 집에 오면, 너딘은 매우 피곤하지만 여전히 해야 할 집안일이 있다(저녁 식사 준비, 빨래, 청소 등). 뿐만 아니라 그녀는 아이들을 목욕시키고, 잠자리를 준비하고, 이를 닦는 것을 도와주어야 한다. 그녀는 아이들이 매일 해야 할 자기돌봄 일과를 독립적으로 시작하기를 바란다. 어린이집 교사는 5세 자녀가 잘 도와주고 독립적이라고 말했다. 그러나 집에서는 두 자녀 모두 혼자서 옷을 입거나 벗지 않는다. 자녀들에게 손을 씻거나 이를 닦거나 잠자리 준비를 하라고 하면, 아이들은 불평하고 징징거린다.

너딘이 자녀에게 자기돌봄에 해당되는 일 하나를 하도록 요청하면, 이들은 집 안을 뛰어다니거나 징징대고 바닥에 누워 버린다. 저녁 시간을 보내면 너딘의 에너지는 한 방울도 남김없이 다 소진된다. 너딘은 종종 아이들에게 소리치는 자신을 발견하고, 물리적으로 아이들의 일상생활 전체를 도와주어야만 일과를 마칠 수 있게 된다.

초점

어린 아동은 간단한 매일의 자기돌봄 활동을 배울 수 있다. 이들에게 무엇을 해야 하는지 가르쳐 주기만 하면 된다. 아동에게 자기돌봄 기술을 가르쳐 줄 때 당신은 우선 어린 아동에게 일반적으로 기대할 수 있는 것이 무엇인지와 어떻게 해야 하는지에 대한 분명하고 간단한 지시를 주는 방법을 알아야 한다. 그리고 긍정적이고 구체적인 격려를 많이 제공함으로써 아동이 성공하도록 도와준다. 아동은 매우 어린 나이에도 어떻게 혼자서 손을 씻는지, 이를 닦는지 그리고 옷을 입고 벗는지 배울 수 있다. 다음의 정보는 미취학 아동에게 기대할 수 있는 것을 이해하고 자녀가 일상생활에서 더욱 독립적이 되도록 가르치는 데 도움이 되는 팁이다.

기대할 수 있는 것

8~18개월 아동은 종종 다음의 것들을 할 수 있다.

- 컵으로 마시기, 손가락으로 집어 먹기, 숟가락을 사용하기 시작하기
- 옷을 벗고 입는 것을 돕기, 발을 신발에 넣기, 팔을 소매에 넣기
- 신체 부분을 가리키기
- 강한 강점을 느끼고 '싫어'라고 말하기 시작하기
- 원하는 것을 집거나 가리키기
- 규칙적인 일상과 예측되는 것에 대해 안정감을 느끼기(예: 취침 시간)
- 소리와 움직임을 모방하기
- 말할 수 있는 것보다 더 많은 것을 이해하기

18~36개월 아동은 종종 앞의 모든 것을 다 할 수 있고 다음도 할 수 있다.

- 도움을 받으며 손을 씻기
- 빨대로 마시기
- 요청 시 옷을 빨래바구니에 넣기
- 숟가락으로 음식을 스스로 먹기
- 장난감을 밀고 끌기, 통에 담고 쏟기
- 변기 사용하는 것을 배우기
- 넘어지지 않고 몸을 숙이기
- 간단한 동작을 모방하기
- 쉽게 좌절을 경험하기
- 스스로 하는 일을 즐기기(이것이 일을 완수하는 데 시간이 더 많이 소요되는 이유임을 주목한다)
- 따르기, 씻기, 옷 입기
- 옷을 차려입는 것을 즐기기
- 물과 모래 놀이에 매료되기
- 간단하고 명확한 규칙을 배우기 시작하기

3세 아동은 종종 다음을 할 수 있다.

- 이 닦는 것을 돕기
- '지금' '금방' '나중에' 이해하기
- 독립적으로 더러워진 옷을 빨래바구니에 넣기
- 신발장에서 신발을 가져오기
- 끈이 없는 신발을 신기
- 쉬운 노래 부르는 것을 즐기기
- 더 집중해서 듣기
- 때로 한 부모를 다른 부모보다 더 좋아하기
- 소꿉놀이를 즐기기
- 모방하기
- 비슷한 물건을 짝짓기
- 깨지지 않는 접시를 싱크대에 놓기
- 쓰레기를 쓰레기통에 넣기
- 도움을 받으며 몸을 씻기
- 손에 뻘을 때 도움이 필요할 수 있지만, 손을 씻고 말리기

4세 아동은 종종 다음을 할 수 있다.

- 숟가락, 포크, 식사용 나이프를 사용하기
- 도움 없이 옷을 입기(버튼이나 잠금 장치 예외)
- 새 단어를 빠르게 배우기
- 일단 정지 표지와 자신의 이름이 쓰여진 것을 알아차리기
- 관련이 없는 두 단계 지침을 따르기

- 간단한 명확한 규칙을 이해하기
- 함께 나누기 그리고 차례를 지키기 시작하기
- 욕조에서 스스로 씻기
- 혼자서 이 닦기
- 손을 씻고 말리기

5세 아동은 종종 다음을 할 수 있다.

- 정해진 규칙과 일과(예: 먹기 전에 손을 씻기, 더러워진 옷을 빨래바구니에 넣기, 잠자기 전에 이 닦기)를 따르기
- 간단한 일상을 혼자서 시작하기(예: 옷 입기와 벗기, 이 닦기, 손 씻기, 테이블에 앉아서 저녁 식사를 하기, 성인이 지켜보는 동안 목욕하기)
- 시작, 중간, 끝을 이해하기
- 타인의 감정을 이해하기 시작하기
- 대부분의 자기돌봄 기술을 독립적으로 하기

당신의 자녀에게 매일의 일과를 스스로 완수하도록 가르치기

때로 장애가 있는 아동은 규칙적인 일상생활을 하는 데 더 독립적이기 위해 특별한 도움이 필요할 수 있다. 당신은 다음을 고려할 수 있다.

- 자녀가 어려워하는 부분을 당신이 도와주는 동안 자녀가 자기돌봄을 다 할 수 있다고 기대하지 않는다.
- 당신의 자녀가 과제를 완수할 수 있도록 도움을 제공한다.
- 지시를 다른 형태로 제공한다. 모델링을 해 주거나 그림이나 몸짓을 사용하여 당신의 자녀가 무엇을 해야 하는지 이해할 수 있게 해 준다.
- 과제를 완수할 수 있도록 추가 시간을 허용한다.

어린 아동은 독립적이라는 느낌을 좋아한다. 그러나 때로 그들이 유능하다고 느끼고 '할 수 있다'는 것을 어른들이 믿는다고 느끼기 위해서 부모의 격려가 필요하다. 손 씻기, 이 닦기, 옷 입기/벗기와 같은 자기돌봄 기술을 가지고 독립성을 가르치는 것은 아동이 각 일과의 단계를 어떻게 하는지 배우고 도달하게 되는 발달에서 중요한 단계이다. 초기에는 아동에게 이런 기술들을 가르치기 위해서 어른의 집중적인 관심이 필요하다. 아동이 독립적으로 기술을 수행하는 것을 배우고 나면 어른은 점진적으로 일과에서 온전히 신경을 쓰지 않아도 된다.

당신의 자녀에게 자기돌봄 기술(이 닦기, 손 씻기, 옷 입기/벗기)을 독립적으로 하는 것을 가르칠 때 다음의 간단하지만 효과적인 팁을 활용해 보라.

1. 자녀의 눈높이로 낮추고 자녀의 관심을 끄는 것(즉, 아동을 부드럽게 만지기, 눈맞춤을 하기, 물리적으로 안내하기, 같은 물건을 함께 쳐다보기)으로 시작한다.
2. 일과를 간단한 단계로 나누고 각 단계를 한 번에 하나씩 긍정적이고 명확한 지시로 말해 준다. 때로 우리는 "물을 튀기지 마."와 같이 아동이 하지 말아야 할 것을 말하거나 무엇을 잘못했는지 말하는 실수를 한다. 그러나 "씻는 게 끝났어. 이제 물을 잠글 시간이야."라고 말하는 것이 더 효과적이고 명확하다.
3. 단계를 더 명확하게 하기 위해서 일과의 각 단계를 사진 찍고 일과를 해야 하는 장소에 그 사진을 붙여 놓을 수 있다. 예를 들면, 손 씻기의 경우 싱크대 위에 사진을 붙여 놓을 수 있다. 한 번에 한 단계씩 이야기하면서 무엇을 해야 하는지 설명하기 위해서 사진을 보여 줄 수 있다.
4. 자녀에게 각 단계를 가르칠 때 각 단계를 어떻게 하는지 모델링해 준다(즉, 보여 준다). 아동이 단계를 배우기 시작하면 일과를 '어떻게' 하는지 교대로 서로에게 보여 줄 수 있다. 아동에게 무엇을 해야 하는지 상기시켜 주는 것도 준비하라. 아동이 처음 기술을 배울 때 종종 단계를 잊어버리고 도움을 필요로 한다. 당신은 단지 모델링해 주고 말할 수 있다. "이것 봐, 이렇게 해." 그리고 어려워하는 단계를 어떻게 하는지 보여 준다. 필요한 경우 당신은 아동에게 단계를 어떻게 하는지를 부드럽게 물리적으로 안내하여 아동에게 성공의 느낌을 갖게 할 수 있다.

5. 어렵거나 선호하지 않는 활동인 경우 '먼저/그러면' 문장을 사용해 지시한다. 예를 들면, "먼저 손을 씻어. 그러면 우리는 간식을 먹을 수 있어." 또는 "먼저 이를 닦아. 그러면 내가 뽀뽀해 줄 수 있어." 또는 "먼저 옷을 입어. 그러면 너는 아침에 우유를 먹을지 또는 주스를 먹을지 선택할 수 있어." 등이다.

6. 일과를 하는 동안 아동에게 '선택권'을 주면 아동이 활동할 가능성을 높일 수 있다. 이를 닦을 때, 당신은 "너는 민트향 치약을 사용할래, 아니면 풍선껌향 치약을 사용할래?"라고 말할 수 있다.

7. 아동이 처음 일과를 배울 때 당신이 모든 시도를 격려하는 것은 매우 중요하다. 만약 아동이 정확하게 하지 못했을 때 당신이 혼을 내거나 의욕을 꺾는다면 그가 시도하려는 노력을 멈추게 될 수 있다. 당신이 아동의 느낌을 이해한다는 것을 알려 주고 그가 성공적이라고 느낄 수 있도록 도와주는 것은 중요하다. 예를 들면, "이를 닦는 것이 어렵다는 것을 알아. 내가 도와줄게. (이 닦는 것을 도와주면서 노래 부른다.) 이를 닦자, 이를 닦자, 너의 이를 닦자, 앞도 닦고 뒤도 닦고. ……

이를 닦자, 이를 닦자, 너의 이를 닦자, 병균을 공격하자."
어린 아동이 새로운 기술을 독립적으로 할 수 있기 위해서 많은 연습과 당신의 지지가 필요하다는 것을 기억한다.

8. 각 일과를 마칠 때 아동을 격려하고 과제가 완수되면 축하한다.

아동이 스스로 자기돌봄 기술을 배울 때 왜 때로 도전적인 행동을 할까?

아동은 성장하면서 점점 더 독립적이 되도록 많은 종류의 새로운 기술을 배우게 된다. 아동은 도전적인 행동을 사용하여 다양한 메시지를 보낼 수 있다. 예를 들면, 아동이 과제를 하는 데 당신의 도움이 필요할 수 있고, 울음은 당신이 도와주는 결과를 가져올 수 있다. 또는 아동이 분노 발작으로 과제가 너무 어렵다는 것을 의사소통할 수 있다. 다른 아동은 선호하는 활동(예: 장난감을 가지고 놀기)을 그만하고 싶지 않아서 도전적인 행동을 보일 수 있다. 만약 당신이 아동의 메시지를 알고 있다고 생각된다면 그 행동이 말하려고 하는 바를 타당화시켜 주는 것이 좋은 방법이다.
예를 들면, 당신은 이렇게 말할 수 있

다. "너는 목욕하기 위해서 놀이를 그만두고 싶지 않다고 말하는 거구나. 그렇지만 이제 모두 끝내고 욕조에 들어갈 시간이야."

아동이 독립적으로 매일의 일과를 하는 것을 거부한다면 어떻게 할 수 있나?

미취학 아동은 많은 것이 그들에게 제공되었던 유아 단계에서 독립적인 어린이가 되어 가는 새로운 단계로 이동하고 있다는 것을 기억해야 한다. 아동이 매일의 일과를 더 독립적으로 수행하는 능력을 형성하기 위해 새로운 기술을 습득할 때 약간의 도움이나 추가적인 신호를 필요로 할 수 있다. 아동이 필요한 것을 생각해 보고 성공할 수 있도록 도와주어야 한다. 성공이 독립성을 형성할 수 있게 해 준다. 예를 들면, 아동은 다음과 같이 수 있다.

• 당신의 관심을 받고 싶어 할 수 있다. 왜냐하면 과거에 부적절한 행동으로 관심을 받았기 때문이다. 아동이 이전에 이런 방식으로 원하는 것을 얻었기 때문에 당신의 관심을 끌기 위해서 지시 따르거나 협력을 거부할 수 있다.

 - 도전적인 행동을 무시해야 하는 것을 기억하고 과제를 안내해 주면서 차분하고 명확하게 가르쳐 준다.

 - 어느 단계든지 작은 시도를 할 때 칭찬한다. 아동이 새로운 기술을 사용하는 것에 관심을 보이면 그 기술을 강화해 준다.

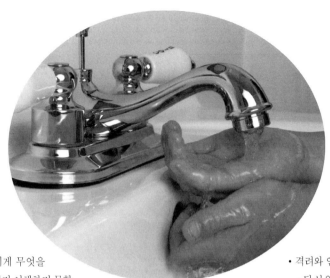

• 당신이 아동에게 무엇을
  하라고 한 것인지 이해하지 못할
  수 있다.
  −긍정적인 말로 당신이 기대하는
   것을 다시 말해 주고 사진이나 모
   델링을 통해서 어떻게 하는지 보
   여 준다.
• 일과를 하기 몇 분 전에 주의를 주
  는 것이 필요할 수 있다.
  −아동에게 '놀이 시간'이 몇 분밖에
   남지 않았다고 알려 준다. 그런
   다음 _____ (손 씻기, 저녁 식사,
   옷 벗기/입기, 이 닦기 등)할 시간
   이라고 알려 준다.
• 당신이 하라고 요청한 것을 듣지 못
  했을 수 있다.
  −아동의 주의를 끌고 차분하고 명
   확하게 지시를 다시 해 준다.
  −언어적인 지시와 몸짓 또는 모델
   링을 함께 짝지어 시도한다.
• 성급하거나 혼란스럽다고 느낄 수
  있다.
  −아동이 새로운 과제를 배울 때 우
   리는 일과를 천천히 해야 하고 완
   수하는 데 추가 시간이 필요할 수
   있다는 것을 알아야 한다.

−아동에 대해 짜증이 나고 아동이
 당신의 짜증에 반응을 보인다고
 생각되면 당신은 안정감을 느끼
 도록 깊은 호흡을 몇 차례 할 수
 있다. 첫째, 코를 통해 깊은 호흡
 을 들이마시고 입을 통해 내뱉는
 것을 몇 차례 한다. 그런 다음 아
 동에게 당신이 기대하는 것을 명
 확하게 이야기해 준다.
• 일과가 너무 어렵다고 느끼면 모델
  링 또는 부분적인 도움이 필요할 수
  있다.
  −먼저 첫 단계를 어떻게 하는지 모
   델링해 주고 말한다. "이제 네가
   나에게 보여 줘." 한 번에 한 단계
   씩 보여 주고 다음 단계로 진행
   하기 전에 아동이 정보를
   습득하고 당신이 한 것을
   모방할 수 있는 시간을
   준다.
  −필요한 경우 부드럽게
   아동에게 단계를 안내
   해 준다.
  −모든 시도를 칭찬한다.

• 격려와 인정이 필요할 수 있다.
  −당신은 "너는 슬퍼 보이네. 이건
   어려운 거야. 너는 할 수 있어. 내
   가 어떻게 하는지 보여 줄게."라
   고 말할 수 있다.

아동의 관점과 느낌을 이해하려고 노
력하는 것은 중요하다. 이것은 당신이
가장 적절한 신호에 반응하도록 도와
준다. 격려해 주고 아동의 시도를 지
지하면 자신감이 형성된다.

아동의 깨물기에 반응하기

조기교육을 위한 사회정서기초센터(CSEFEL)

이것이 익숙하게
들리시나요?

아동의 깨물기에
반응하기

마크는 저녁을 준비하고 있고 두 자녀 잭(3세)과 제일런(1.5세)은 부엌 바닥에서 자동차를 가지고 놀고 있다. 마크는 갑자기 잭의 깜짝 놀랄 비명을 듣는다. 그 비명은 곧 흐느끼는 울음으로 바뀐다. 흐느낌 중간에 잭은 아빠에게 팔을 보이고 천천히 말한다. "얘가 날 물었어." 제일런이 잭을 깨물었던 것이다. 마크는 좌절했다. 그는 무엇을 해야 할지 모른다. 제일런은 종종 깨문다. 그는 형, 놀이터의 다른 아이들, 어린이집의 아이들을 깨문다. 마크는 어떻게 반응해야 할지 확신이 서지 않는다. 그는 대가로 '타임아웃'을 사용해야 하는지 궁금해하지만 제일런이 깨물기와 '타임아웃' 사이의 관계를 이해하기에 너무 어리다고 생각한다.

초점

많은 유아와 어린 아동은 깨문다. 발달적으로, 대부분의 아동은 그들이 느끼는 것을 표현할 수 있는 단어를 충분히 알지 못한다. 그들은 생각하고 느끼는 것을 의사소통하기 위해 소리와 행위에 주로 의존한다. 깨물기는 유아가 그들의 욕구, 바람, 또는 감정을 표현하는 한 방법이다. 깨물기가 매우 좌절스럽지만 아동은 당신을 짜증 나게 하거나 다른 사람을 아프게 하기 위해서 의도적으로 깨무는 것이 아니다. 아동은 "나는 무서워." "내 주위에 사람들이 너무 가까이 둘러싸고 있어." "나는 짜증이 나."를 말하려고 깨무는 것일 수 있다. 자연스럽게 부모와 양육자는 깨물기가 다른 아동을 심각하게 다치게 할까 봐 걱정한다. 그리고 그들은 다른 아동이 피하는 것처럼 깨물기의 부정적인 영향에 대해서도 걱정한다. 좋은 소식은 아동의 깨물기를 감소시키고 멈추게 할 수 있는 방법이 많다는 것이다.

왜 아동은 깨무는가

어린 아동은 여러 다른 이유로 깨문다. 유아가 왜 깨무는지를 이해하는 것이 그 행동을 감소하거나 멈추게 하는 첫 단계이다. 어린 아동이 깨무는 몇 가지 이유는 다음과 같다.

- **좌절을 의사소통하는 것** – 많은 어린 아동은 좌절할 때 깨문다. 그들은 종종 그들의 강한 감정을 표현할 수 있는 다른 방법을 모른다. 깨물기는 "나는 그것이 싫어." 또는 "나는 그 장난감을 갖고 싶어." 또는 "당신은 내 공간을 침범했어."와 같은 메시지를 의사소통하는 것일 수 있다.
- **다른 사람과 놀이하는 데 어려움** – 어떤 어린 아동은 다른 사람 가까이서 또는 함께 놀이할 때 압도된다. 그들은 함께 나누고 순서를 지키는 것, 바라는 것이나 흥미가 있는 것을 의사소통하는 방법을 모를 수 있다.
- **원인과 결과** – 유아는 다른 사람에게 미치는 결과를 보기 위해서 깨물 수 있다. 그들은 그들이 깨문 아동과 목격한 성인으로부터 깨물기가 큰 반응을 일으키고 중요한 영향을 준다는 것을 빠르게 배운다.
- **탐색과 학습** – 유아가 세상에 대해 배우는 가장 중요한 방법 중 하나는 그들의 감각을 통한 것이다. 깨물기는 물건 또는 사람이 어떻게 느껴지는지 알아보는 방법의 하나일 수 있다. 다시 말하면, 깨물기는 "당신은 흥미로운 것 같아. 당신의 느낌과 맛이 어떤지 궁금해."를 의사소통하려고 시도하는 것일 수 있다.
- **구강 자극** – 어떤 아동은 깨물기 또는 씹기의 물리적 감각을 즐기고 추구하기 위해서 깨문다.
- **이가 나는 시기** – 많은 아동은 이가 날 때 고통을 경험한다. 무엇인가를 깨물거나 씹는 것은 이가 날 때의 고통이 감소되도록 도움을 준다.
- **보는 대로 배우기** – 유아는 다른 사람의 행동을 모방하고 흉내 내는 것을 매우 좋아한다. 그들은 관찰하는 행동을 연습함으로써 많은 것을 배운다. 예를 들면, 만약 제일런이 사라가 깨무는 것을 보고 사라가 깨물었기 때문에 많은 관심을 받는 것을 본다면(부정적인 관심이라 할지라도), 제일런은 그의 생활 속 다양한 성인이 어떻게 반응하는지를 보기 위해 깨무는 행동을 시도해 볼 수 있다.
- **불편한 감정에 대처하기** – 아동이 배가 고프고, 졸리고, 심심하고, 또는 불안할 때 그들의 삶의 기복(예: 장난감을 빼앗겼을 때, 점심 식사 후에 두 번째 쿠키를 얻지 못할 때)에 대처하는 능력은 떨어지고 그들의 욕구 또는 감정을 표현하는 다른 방법을 찾는 대신 깨물기를 사용할 수 있다.

정상적이지만 수용 안 됨

깨물기가 어린 아동에게는 일반적인 행동이기는 하지만 그렇다고 그 행동이 수용될 수 있다는 뜻은 아니다. 깨물기는 불편감, 분노의 감정 그리고 때로는 심각한 상처를 유발한다. 다른 아동이 부정적인 말을 하기 시작하거나(예: "애는 나쁜 애야.") 자주 깨무는 아동과의 놀이를 피할 수 있다. 이와 같은 사회적 반응은 다른 아동과의 관계 그리고 자기 자신에 대한 느낌에 매우 해로울 수 있다.

당신은 무엇을 할 수 있는가

아동은 자신의 욕구와 감정을 표현할 수 있는 더 적절한 방법을 배울 수 있다.

관찰하라

아동이 왜 깨무는지 이해하기 위해서 아동을 관찰하라. 아동이 깨물기 전에 어떤 일이 발생했는지와 같이 어떤 패턴이 있는지 알아보라. 아동이 언제, 어디서 그리고 누구를 깨무는지 알아보라. 아동이 좁은 공간에 많은 사람이 있을 때 깨무는가, 아니면 배가 고프거나 졸릴 때 깨무는가? 아동이 많은 아이가 있을 때 깨무는가, 아니면 높은 수준의 소음이 있을 때 깨무는가?

깨무는 것을 예방하려고 노력하라

아동이 왜 그리고 언제 깨물 가능성이 있는지를 이해했다면 당신은 깨무는 행동을 예방하기 위해서 상황을 바꿔 볼 수 있다. 다음은 예방하기 위해서 당신의 관찰을 사용하는 몇 가지 방법이다.

- **아동이 짜증이 나면 깨무는 것 같을 때** – 당신은 "너는 짜증이 많이 났구나. 너는 저 장난감을 갖고 싶어."라고 말할 수 있다. 당신은 아동에게 "내 거야." 또는 "안 돼."와 같은 간단한 말을 가르칠 수 있다. "도와주세요." 또는 "그만."과 같은 기본 수화 또는 몸짓을 가르쳐 준다.

- 아동이 다른 사람 가까이 또는 함께 놀이하는 것에 압도되어 깨무는 것 같을 때 – 바닥에 앉아 아동의 놀이에 참여하고 놀이하는 아동을 코칭한다. 아동이 다른 아동의 아이디어를 이해하는 데 도움이 필요할 수 있다. 또한 아동이 다른 아동들과 놀이에 참여하고, 차례를 지키고, 함께 사용하고, 의사소통하는 것을 배우고 연습하기 위해 안내가 필요할 수 있고, 필요하다면 도움을 받을 수 있다. 예를 들면, 다른 아동이 당신 자녀의 인형을 빼앗으려고 할 때 당신은 이렇게 말할 수 있다. "몰리가 네 인형이 재밌다고 생각하네. 몰리가 가지고 놀고 싶대. 우리가 몰리한테 다른 인형이 어디 있는지 보여 줄까?"
- 아동이 깨물면 어떤 일이 발생하는지 보려고 깨문다고 생각될 때 – 아동에게 깨물면 아프다고 명확하고 차분하게 알려 준다. 깨물기가 어른에게 큰 영향을 준다는 것을 가르치지 않도록 당신의 반응을 자연스럽게, 감정적이지 않게, 짧게 그리고 가능한 한 흥미롭지 않게 해 준다. 어른의 큰 반응은 큰 보상과 강화물이 될 수 있다. 아동이 다른 방법으로 원인과 결과를 실험하도록 격려한다. 예를 들면, 아동에게 '빠이빠이'로 손을 어떻게 흔드는지 보여 줘서, 다른 사람이 아동에게 손을 흔들어 주도록 할 수 있다. 또는 아동에게 당신을 간지럼 태우게 하고 그런 다음 아동에게 큰 웃음 반응을 해 줄 수 있다.

- 아동이 구강 자극을 위해서 깨문다고 생각될 때 – 하루 동안 간식 시간에 크래커, 쌀과자, 프레첼과 같은 바삭바삭하고 건강한 음식을 준다. 또는 아동이 씹을 수 있는 적절하고 흥미로운 물건(예: 치발기)을 제공한다.
- 아동이 이가 나기 때문에 깨물 때 – 아동에게 씹을 수 있는 치발기나 천을 준다. 또한 차가운 치발기는 아픈 잇몸을 진정시킬 수 있다.
- 아동이 피곤할 때 깨무는 경향이 있을 때 – 아동이 휴식을 취할 수 있는 기회를 증가시킨다. 점진적으로 낮잠 또는 밤잠 시간을 10~15분 간격으로 앞당긴다. 아동이 피곤해 보일 때 다른 양육자에게 아동 가까이에서 머물며 봐주도록 요청한다. 아동이 피곤할 때 스트레스가 유발되거나 자극적인 활동은 최소화한다.
- 아동이 배고플 때 깨문다고 생각될 때 – 더 자주 건강한 간식을 제공한다. 아동에게 무엇을 깨물 수 있는지 음식을 보여 준다.
- 아동이 지루할 때 깨문다고 생각될 때 – 탐색하고 놀이할 수 있는 새롭고 흥미로운 활동과 장난감을 제공한다. 필요한 경우(아동이 지루해하거나 집중을 하지 못하는 것을 보면) 장난감의 방향을 돌려주거나, 집 밖이나 다른 놀이 공간으로 이동함으로써 환경을 바꿔 준다.
- 아동이 불안할 때 깨문다고 생각될 때 – 아동이 경험하고 있는 변화에 대해 이야기한다. 아동이 자신의 감정에 단어나 몸짓을 사용하도록 도와준다. 전환, 스케줄, 계획 등에 대해 이야기하여 혼란이나 불확실성을 최소화하도록 노력한다.

The Center on the Social and Emotional Fo

아동이 깨물 때 그 순간 무엇을 할 수 있는가?

1. 빠르게, 그러나 차분하게 아동이 깨문 사람으로부터 아동을 분리시킨다. 차분하게(예: 소리 지르거나 야단치지 않고), 명확하게 그리고 단호하게 말한다. "그만. 깨물면 안 돼. 깨물면 아파." 깨문 것이 다른 아동에게 준 결과를 보여 주고 설명한다. 예를 들면, 당신은 "쟤가 울고 있고 슬퍼. 왜냐하면 물려서 아파."라고 말할 수 있다.
2. 물린 아동에게 당신의 관심 대부분을 집중한다. 이해할 수 있게도, 성인은 종종 깨물기 행동을 교정하려고 깨문 아동에게 강하게 반응한다. 그러나 부정적인 관심도 깨물기를 격려할 수 있다. 깨물린 아동이 진정되도록 돕는 것은 공감을 가르치고 깨문 아동이 그의 행동의 영향을 이해하는 데 도움이 된다. 물린 아동에게 말하는 것은 도움이 된다. 사과와 공감을 모델링하는 방법의 하나로 말한다. "이런 일이 발생해서 너무 미안해. 물리면 정말 아픈 걸 알아." 당신의 자녀가 사과하도록 만드는 것은 피한다. 당신의 자녀가 공감을 발달시키는 것은 중요하지만 아동을 사과하게 만드는 것은 보통 물린 아동이 아닌 깨문 이에게 더 관심을 주는 결과를 가져온다.
3. 아동의 감정을 인정한다. 당신은 "네가 짜증이 났구나. 우리 다른 방법을 찾아보자. 부드럽게 만지거나 장난감을 달라고 부탁해. 너는 '내가 그거 가져도 돼?'와 같이 말할 수 있어."와 같이 말할 수도 있다.
4. 아동이 차분해지면(흥분된 순간이 아니라) 그의 욕구와 원하는 것을 다른 방식으로 표현하도록 가르친다. 예를 들면, 당신은 아동에게 다음과 같이 말할 수 있다. "깨물면 아파. 다음 번에 시에나가 너의 장난감을 가져가면 너는 그만이라고 말할 수 있어. 아니면 어른한테 도와 달라고 부탁해." 아동이 '그만' 또는 '도와주세요'를 연습할 수 있도록 상황에 대한 역할 놀이를 하는 것이 도움이 될 수 있다.

깨무는 것이 계속될 때 할 수 있는 방법

- **인내한다.** 힘든 감정에 대처하는 새로운 방법을 배우는 데는 시간이 필요하다. 계속 관찰하고 최선을 다해 깨무는 것의 목적과 그것이 충족하는 욕구를 이해하려고 노력한다. 깨물기가 발생할 때 차분함을 유지하고 아동에게 욕구를 충족하는 다른 방법을 가르치는 데 집중한다. 계속 아동의 경험을 단어로 설명할 수 있도록 도와준다. "제일런이 깨물면 너는 싫잖아. 너는 '그만해.'라고 말할 수 있어."
- **아동을 따라다니거나 다른 아동들과 놀이할 때 또는 아동이 깨물 가능성이 있다고 생각될 때 손이 닿는 가까운 거리에 머문다.** 가까이 머무는 것은 아동에게 안정감을 주고, 깨물기 전에 개입하는 것이 쉽다.
- **아동을 돌보는 다른 사람과 이야기를 나눈다.** 아동의 어린이집 교사나 다른 양육자에게 아동이 깨물 때 당신이 사용하는 전략을 공유한다. 아동이 더 깨물기 쉬운 때에 대해 당신이 관찰한 것을 공유한다. 깨물기에 반응하고 예방하기 위해 교사에게 도움과 제안을 구한다. 모든 양육자가 깨물기에 같은 방식으로 접근하도록 노력한다.
- **이와 이빨의 용도에 대해서 아동에게 교육한다.** 이빨은 사람이 아닌 음식을 씹기 위한 것이다. 아동에게 씹기에 적절한 것을 제공한다.
- **깨물기와 관련된 책을 읽는다.** 당신이 읽는 동안 아동에게 다른 인물들이 어떻게 느끼고 있을지 물어본다. 더 나이 많은 유아라면 그림에 근거해서 어떤 일이 일어나고 있는지 얘기할 수 있도록 당신에게 책을 '읽어' 달라고 아동에게 요청할 수 있다. 권장하는 몇 가지 책은 다음과 같다.
  - Elizabeth Verdick의 『이 빨은 깨무는 것이 아니에요(Teeth Are Not for Biting)』
  - Karen Katz의 『깨물면 안 돼(No Biting)』
  - Margie Palatini의 『깨물면 안 돼(No Biting)』

하지 말아야 할 것

- **되돌려 깨물지 않는다.** 어떤 느낌인지 보여 주기 위해서 다시 아동을 깨무는 것은 혼란과 공포를 가져온다. 어린 아동은 종종 당신이 왜 깨물었는지와 자신이 깨문 것을 연결 짓지 못한다. 그리고 그것은 깨무는 것이 수용되는 문제 해결 방법이라고 가르친다. 깨무는 것은 아프게 하고 아동 학대의 한 형태로 생각될 수 있다.
- **심한 벌을 주지 않는다.** 소리 지르기, 야단치기, 강의하기 또는 어떤 형태의 체벌도 깨물기를 감소시킨다고 증명되지 않았다. 이와 같은 가혹한 반응은 아동의 불안 또는 공포 수준을 증가시키고 깨물기를 더 증가시킬 수 있다. 또한 이런 반응은 깨물기 대신 사용해야 하는 새로운 기술을 가르치지 못한다.

언제 전문가의 도움을 구해야 하는가

시간이 지나는데도 아동의 깨물기가 감소되지 않는다면 당신은 병원이나 의료 기관에서 소아과 전문의 또는 간호사의 도움을 구하는 것을 고려할 수 있다. 만약 아동이 조기교육 또는 헤드스타트(Head Start) 프로그램에 등록되었다면 그 기관에 깨물기를 다룰 수 있는 사람이 있는지 또는 의뢰할 수 있는 다른 전문가가 있는지 알아본다. 아동 치료사 또는 아동 발달 전문가는 아동이 깨무는 이유를 알아보고 그 문제를 다루기 위한 계획을 수립하는 데 도움을 줄 수 있다.

일부는 "ZERO TO THREE. (n. d.). Chew on This: Responding to Toddlers who Bite," Retrieved June 5, 2008, from http://www.zerotothree. org/site/PageServer?pagename=ter_key_social_biting&JServSessionIdr009=4rzxepxog4.app2a에서 허락하에 조정함.

놀이 시간을 극대화하기

조기교육을 위한 사회정서기초센터(CSEFEL)

놀이 시간을 극대화하기

이것이 익숙하게
들리시나요?

8개월 된 자미아는 아빠와 하는 까꿍 놀이를 매우 좋아한다. 자미아의 아빠 토머스는 소파 뒤에 얼굴을 숨기고 나서 큰 미소와 함께 "아빠 여기 있지!" 하고 말하면서 튀어나온다. 토머스와 자미아는 계속해서 이 상호작용을 반복한다. 토머스가 매번 소파 뒤에서 튀어 오를 때마다 자미아는 순전한 기쁨을 표현한다. 몇번 반복하면 토머스는 게임에 피곤해지고 해야 하는 다른 일을 하고 싶어진다. 토머스가 놀이를 중단하고 빨래를 개기 시작하면 자미아는 소리와 비명을 지르고 아빠를 향해 손을 뻗고 흔든다. 마치 "그만두지 마!" 또는 "더! 더!"라고 말하는 것 같다.

잭슨(14개월)은 유아용 컵을 쓰레기통에 던져 버린다. 그의 엄마 대닛은 조심스럽게 그것을 꺼내고 씻고 다시 잭슨에게 준다. 몇 초 후에 잭슨은 다시 컵을 쓰레기통에 던지고 엄마를 향해 큰 미소를 짓는다. 대닛은 약간 방해받고 짜증이 나지만 다시 컵을 쓰레기통에서 꺼내고 씻어서 다시 돌려준다. 이번에는 잭슨을 야단친다. 그녀는 잭슨에게 컵을 쓰레기통에 두는 것이 아니라고, 쓰레기통에서 놀면 안 된다고 말한다. 대닛이 잭슨의 주의를 다른 게임으로 돌리거나 쓰레기통을 다른 장소로 옮기기 전에 잭슨은 컵을 다시 쓰레기통에 던진다. 그는 또 다른 큰 미소를 지으며 엄마를 쳐다본다. 그는 자랑스러워하며 엄마의 반응을 간절히 바라는 것처럼 보인다.

초점

아기와 걸음마기 유아는 놀이하는 것을 정말 좋아한다. 그것은 때로 부모로서 압도되는 느낌을 갖게 한다. 당신은 당신의 어린 자녀가 모든 것이 게임이라고 생각한다고 느낄 수도 있다. 종종 어린 아동은 그들의 게임을 계속해서 반복하기를 원한다. 그들은 또한 무엇이 적절하고 무엇이 적절하지 않은지를 배우기 위해서 경계를 테스트한다. 이것은 바쁜 부모의 인내심을 테스트하는 것일 수 있다. 때로 당신의 자녀는 당신이 꼭 해야만 하는 일이 있는 바로 그 시간에 '놀고' 싶은 것처럼 보일 수 있다.

유아와 걸음마기 유아의 놀이 기술 발달	
출생~4개월 유아	• 미소 짓기(보통 6주 시기)와 소리 내기 시작한다('우~' 또는 '아~'와 같은 소리를 낸다; 보통 4개월 시기). • 물건이나 장난감보다 사람 얼굴을 선호한다. • 익숙한 목소리나 얼굴을 향하여 돌아본다. • 눈으로 물건을 따라가고 익숙한 얼굴과 물건을 알아본다. • 손을 얼굴로 가져오거나 입에 넣어 탐색하기 시작한다.
4~7개월 유아	• 양육자와 까꿍 또는 짝짜꿍 놀이와 같은 사회적 게임을 즐긴다. • 장난감을 입에 넣는다. • 손가락과 엄지손가락을 사용하여 물건을 집을 수 있다. • 아기 안전 거울에 자신을 비춰 보는 것을 좋아한다. • 웃고 옹알이를 한다('바~바~바~바~'와 같은 말을 한다). • 당신 및 다른 사랑하는 사람들의 목소리 톤을 듣고 감정을 구별한다(아기들은 당신의 목소리 톤으로 당신이 언제 슬픈지, 화가 나는지, 행복한지를 말할 수 있다).
8~12개월 유아	• 알아들을 수 있는 소리를 내기 시작하고('엄~' 또는 '아~') '하이!' 또는 '빠이빠이!'와 같이 당신이 말하는 소리를 듣고 소리/단어를 반복하거나 따라 한다. • 가리키기, 몸짓, 끌어당기기 또는 기어가기를 사용하여 비언어적으로 의사소통한다. • 까꿍 또는 짝짜꿍 놀이와 같은 게임을 한다. • 장난감 전화를 귀에 대기 또는 컵을 입에 대기와 같이 모방 활동에 일부 물건을 정확하게 사용한다. • 물건을 흔들거나 내리치면서 탐색한다. • 주변에 낯선 사람이 있을 때 부끄러워할 수 있다. • 엄마, 아빠 또는 주 양육자가 떠날 때 울 수 있다.
13~24개월 유아	• 나무 숟가락, 판지상자, 음식 담는 빈 플라스틱 통과 같은 물건을 가지고 노는 것을 즐긴다. 또한 유아는 보드 북, 공, 쌓기용 컵 또는 블록, 인형, 간단한 퍼즐 등과 같은 장난감을 즐긴다. • 통 안에 물, 모래 또는 장난감을 가득 채우고 이후 그것들을 쏟는 것을 재밌어 한다. • 다른 아동이 놀이하는 것을 보는 것을 즐긴다. 당신의 자녀는 아동들이 노는 것을 조심스럽게 보거나 미소 지을 수 있지만, 그룹에 참여하는 것을 원하지는 않는다. • 보통 혼자 놀거나 다른 아동들 옆에서 논다. • 양육자나 다른 아동에게 장난감을 제공할 수 있지만 바로 돌려받기를 원할 수 있다. • 다른 아동들 가까이에서 같은 종류의 장난감이나 재료를 가지고 놀이하는 것을 선택할 수 있지만 그들과 꼭 상호작용을 하는 것은 아니다. • 함께 나누는 것과 차례를 지키는 것을 힘들어한다.
25~36개월 유아	• 다른 아동과 함께 놀 수 있지만 가끔, 짧은 시간에 또는 제한적인 방법으로 논다. 예를 들면, 아동은 '귀신' 놀이를 하면서 짧은 시간 동안 다른 아동을 쫓아다니며 어울릴 수 있다. • 나이 많은 유아는 다른 유아와 공동 놀이 활동에서 협력하기 시작한다. 예를 들면, 아동은 블록 탑을 쌓기 위해 함께 작업할 수 있다. 또는 함께 그림을 색칠하는 것, 퍼즐을 맞추는 것, 또는 이야기를 연기하기 위해 역할을 맡는 것을 공동으로 작업할 수 있다. 한 아동이 '엄마' 역할을 하는 동안 다른 아동은 '아기' 역할을 할 수 있다. • 놀이에서 상상력을 사용하기 시작한다. 예를 들면, 유아는 인형에 젖병을 준다고 가장하고, 요리나 청소와 같은 집안일을 한다고 가장하고, 또는 신발 상자가 장난감 자동차의 차고라고 가장할 수 있다. • 여전히 자주 혼자 논다. • 함께 나누는 것과 차례를 지키는 것을 힘들어한다.

당신의 자녀와 삶의 첫 3년 동안 함께 놀이하는 것은 두 사람이 따뜻하고 사랑의 관계를 형성하는 데 도움을 준다. 함께 놀이하는 것은 또한 중요한 사회 기술(함께 나누기와 차례 지키기), 언어 기술(물건의 이름을 말하기, 요청하기, 코멘트하기), 인지 기술(문제 해결)을 개발하도록 지원해 준다.

아기와 유아에게는 놀이가 그들의 '일'이다. 놀이와 반복을 통해서 아기와 유아는 새로운 기술을 시도해 보고 마스터한다. 놀이를 통해서 그들은 행동의 결과로 어떤 일이 발생하는지 배우고, 그들의 상상력과 창의성을 탐색하고, 의사소통하는 것을 배우고, 다른 사람과의 관계에 대해서 배운다. 어린 아동에게는 까꿍 놀이건 스펀지로 테이블을 닦는 것이건 어떤 활동이든지 재미있을 수 있다. 모든 종류의 놀이는 아동이 새로운 기술을 배우고 연습하는 데 도움이 된다.

부모로서 당신은 자녀의 가장 처음이자 좋아하는 놀이 친구이다. 식사 시간에 당신의 얼굴을 쳐다보거나 기저귀를 가는 동안 당신이 노래하는 것을 듣거나 하면서 삶의 처음 시작부터 당신의 자녀는 당신과 함께 놀이를 한다. 당신의 아기는 놀이하는 것을 배우고 다른 사람과 관계를 맺고 우정을 쌓는 사회 기술을 개발하는 데 당신의 도움이 필요하다. 당신의 자녀는 성장함에 따라 자신이 재미있게 즐기고 다른 아동과 함께 놀기 위해 당신 및 다른 양육자와 함께 배운 기술을 사용한다. 또한 당신의 자녀는 가지고 놀이하기에 적절한 것과 그렇지 않은 것을 배우게 된다. 예를 들면, 유아용 컵을 가지고 노는 것은 괜찮지만 그 컵을 쓰레기통에 넣는 것은 괜찮지 않다는 것을 배울 수 있다.

놀이 시간은 특별하다. 당신의 자녀와 함께 놀이하는 것은 재미있을 뿐만 아니라 아기 또는 유아의 건강한 발달을 지원하는 대단히 중요한 시간이다. 매일 자녀와 함께 놀이하는 시간을 확보하는 것이 항상 쉬운 일은 아니다. 그러나 매일 함께 놀이하기 위해 짧은 시간을 따로 확보하는 것은 당신과 자녀가 사랑의 관계를 형성하는 데 많은 도움이 된다. 놀이 하기 위한 시간을 갖는 것, 특히 활

동적인 놀이를 하는 것은 아동의 다루기 힘든 행동을 줄이는 데도 도움이 될 수 있다.

그러면 자녀의 놀이 시간을 최대한 활용하기 위해서 당신은 무엇을 할 수 있는가?

다음 팁을 확인해 보라.

아동이 이끌어 가는 것을 따라간다

아기 또는 유아에게 물건, 장난감 또는 활동을 제공한다. 그리고 나서 그가 그것을 가지고 무엇을 하는지 본다. 아동이 놀이할 때 '바른' 방법으로 놀이하지 않아도 괜찮다. 아동이 '새로운 방법'을 당신에게 보여 주도록 한다. 예를 들면, 당신이 플라스틱 컵을 아동에게 주었을 때 컵으로 마시는 흉내를 내는 대신 '파티 모자'처럼 머리에 쓸 수 있다. 이런 경우 아동의 창의성을 지지해 주고 생일 놀이에 함께 참여한다.

천천히 진행한다

장난감이 어떻게 작동하는지 아동에게 보여 주는 것은 훌륭한 일이다. 그러나 매번 '아동을 대신해서 해 주기'는 하지 않도록 노력한다. 당신은 블록 하나를 다른 하나 위에 쌓기와 같이 무엇인가를 시작할 수 있다. 그런 후에 아동이 시도해 보도록 격려한다. 짜증이 나지 않을 만큼만 도움을 제공하는 것은 아동이 새로운 기술을 배우는 데 동기를 부여해 준다.

아동의 신호를 읽는다

어린 아동은 충분하거나 짜증이 날 때 당신에게 말로 이야기하지 못할 수 있다. 그러나 소리, 얼굴 표정, 몸짓을 사용하기와 같이 아동은 다른 방법으로 표현한다. 이런 신호를 읽으면 아동이 어떤 활동을 선호하는지 또한 당신에게 말해 준다. 분노 발작 전에 나타나는 신호를 읽으면 언제 개입해야 하는지 또는 새로운 활동으로 바뀌어야 하는지 아는 데 도움이 된다.

당신의 놀이 공간을 본다

당신이 놀이하는 장소는 아동 친화적이고 안전한가? 소음이 너무 크거나 다른 방해거리가 있는가? 장소는 탐색하기에 안전한가? 뛰어다니기, 공 던지기, 물감 칠하기와 같이 당신이 선택한 활동을 하기에 좋은 장소인가? 당신의 공간을 미리 점검하는 것은 분노 발작, 사고, 또는 램프가 부서지는 것을 예방한다.

샘, 다시 놀이해 보렴

엄마, 아빠에게는 계속 반복해서 같은 일을 하는 것이 아주 신나는 일은 아닐 수 있지만 어린 아동에게는 그렇다. 그들은 도전 과제를 마스터하기 위해 연습하는 것이다. 아동이 '모두 혼자서' 할 수 있게 될 때 아동 자신의 기술과 능력의 강력함으로 보상받는다. 그것은 아동이 똑똑하고 성공적인 존재라는 자신감이다. 아동이 새로운 기술을 연습하고 마스터할 수 있는 기회가 더 많을 때 그들이 새 도전을 하고 새로운 것을 배울 가능성이 더 많다. 그렇기 때문에 아동이 또 한번 가지고 놀게 되는 것을 견딜 수 없어 장난감을 감추고 싶은 유혹을 느낄 때는 아동의 발달에 반복이 얼마나 중요한 것인지 기억해야 한다.

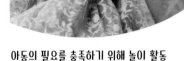

아동의 필요를 충족하기 위해 놀이 활동을 변형하는 방법을 찾아본다

모든 아동은 놀이를 통해서 배우고, 놀이 활동은 아동의 독특한 욕구를 충족하도록 변형될 수 있다. 다음 제안은 특별한 필요가 있는 아동의 부모와 다른 부모들이 아동의 기술, 선호, 능력에 적절하고 즐겁게 놀이 시간을 만드는 것을 생각하는 데 도움을 줄 수 있다.

• **환경을 생각한다.** 소리 또는 불빛과 같은 변수가 아동에게 어떤 영향을 주는가? 당신의 놀이 공간의 배경소음은 어떤가? 텔레비전이나 라디오가 켜져 있는가? 다른 많은 아동이 주위에 있는가? 아동이 놀이 시간 동안 스트레스를 받는 것처럼 보인다면, 그리고 당신이 할 수 있는 모든 것을 시도했다면, 더 조용하고 덜 자극적인 공간으로 이동하여 놀이한다.

• **아동이 새로운 것에 어떻게 반응하는가?** 다른 아동이 많은 활동을 즐기는 동안 어떤 아기와 유아는, 특히 특별한 필요가 있는 경우에는 쉽게 과잉 자극을 받는다. 한 개의 장난감 또는 물건을 가지고 놀이 시간을 시작하고 점차 다른 것을 추가한다. 어떤 반응을 하는지 본다. 곰 인형을 만지거나 안아 줄 때 미소 짓는가? 장난감 불자동차에서 나는 큰 소리에 아동이 깜짝 놀라는가?

• **아동이 다른 촉감, 냄새, 맛에 어떻게 반응하는가?** 예를 들면, 어떤 물건은 어린 아동에게 만지고 붙잡는 것에 특별한 즐거움을 줄 수 있다. 다른 것은 그들에게 '이상한 느낌'이 들 수 있다. 아동의 신호를 읽고 그에 따라 사용하는 물건을 바꿔 준다.

• **또래들을 참여시킨다.** 아동이 같은 나이의 다른 아동들과 관계를 형성하는 것은 중요하다. 형제자매와 함께 놀이하는 것을 격려한다. 다른 아동이나 가족과 함께 놀이할 수 있는 시간을 마련한다. 공원이나 공립도서관의 무료 이야기 시간에 다른 아동과 놀 수 있는 기회를 찾아본다. 또래와 재밌는 시간을 갖는 것은 아동이 나누기, 문제 해결하기, 다른 사람의 감정을 이해하기와 같은 사회 기술을 습득할 수 있는 중요한 방법이고, 또한 나중의 학교생활을 준비하는 데 도움이 된다.

아동과 놀이하는 방법에 대한 아이디어

때로 매우 어린 아동과 어떻게 놀이해야 하는지 생각해 내는 것은 어렵다. 아동이 장난감이나 다른 아동과 함께 놀이하기에 너무 어리면 특히 그렇다. 당신의 미소와 관심이 아기의 가장 좋아하는 '장난감'이라는 것을 기억하라. 놀이할 준비가 되었다는 아기의 신호를 기다린다. 아동이 차분하고, 깨어 있고, 만족스러울 때 놀이한다. 아동이 피곤하거나, 짜증 내거나, 배가 고플 때는 안아 주고 휴식하게 해 준다. 당신의 놀이 시간 모험을 촉발시킬 수 있는 몇 가지 아이디어는 다음과 같다.

6개월 미만의 아기

• 아기가 내는 소리를 모방하고, 소리나 옹알이를 서로 주고받으며 아기와 '대화'를 하려고 노력한다.

• 아기에게 가장 좋아하는 노래나 자장가를 불러 준다.

• 당신이 무엇을 하고 있는지 아기에게 말해 준다. 당신은 "나는 저녁 식사 요리를 시작하고 있어. 먼저 손을 씻을 거야." 또는 "이제 나는 너의 기저귀를 갈아 줄 거야. 먼저 너는 바지를 벗을 거야."라고 말할 수 있다.

• 아기의 주변에 대해 말해 준다. 예를 들면, "오빠를 봐. 오빠가 웃고 아주 즐겁게 놀고 있네!" 또는 "저기 밝은 불빛을 좀 봐."라고 말할 수 있다.

• 아기에게 책을 읽어 준다. 밝은 색의 그림을 다른 밝은 색과 비교하여 가리킨다.

• 아기에게 다른 촉감의 물건을 만지게 한다. 아기가 손이나 발로 칠 수 있도록 닿을 수 있는 곳에 장난감을 잡고 있는다.

6~12개월 아기

- 아기와 상호작용하고 책을 읽어 주거나 그림을 설명하는 시간을 포함하여 잠자기 전 일과를 시작한다.
- 목욕 시간을 부드럽게 물을 튀기고, 따르고, 탐색할 수 있는 시간으로 사용한다.
- 당신의 얼굴을 가리고 그 후 "여기 있지!" 또는 "까꿍."이라고 말하면서 손을 떼고 놀란 얼굴 표정을 하는 까꿍놀이를 한다.
- 이불 아래에 아기가 가장 좋아하는 장난감을 감추고 장난감이 어디로 갔는지 물어본다. 아기가 찾아보도록 격려하고 찾도록 도와준다. 당신은 말할 수 있다. "네 곰이 어디로 갔지? 소파에 있나? 베개 뒤에 있나? 오, 여기 이불 아래에 있네."
- 숨바꼭질을 한다. 당신이 숨는다(당신의 많은 부분이 보이도록 한다). 그리고 아기가 기어 다닌다면 당신에게 와서 찾도록 격려한다.
- 아기의 소리를 모방한다. 듣고 서로의 소리를 따라 하며 대화를 격려한다.
- 통 안에 장난감이나 모래와 같은 물건을 가득 채우고 쏟아부을 수 있게 한다. 신발 박스와 부드러운 스펀지 블

록이나 아기에게 안전한 다른 작은 장난감을 사용할 수 있다.

12~24개월 유아

- 기저귀를 가는 동안 또는 잠자려고 준비하는 동안 특별한 노래를 불러 준다.
- 계속 함께 읽고 이야기한다. 책을 볼 때 아동에게 "멍멍이가 어디 있지?"와 같은 질문을 한다. 아동이 대상을 가리키면 "맞아, 너는 멍멍이가 어디 있는지 알고 있구나."라고 인정해 주면서 신남을 보여 준다.
- 문, 소파 또는 유아용 의자 뒤에 숨는다. 그런 다음 튀어나오며 말한다. "여기 있지!" 아동이 이 게임을 즐거워하면 당신이 튀어나오는 장소를 바꾼다. 예를 들면, 만약 당신이 보통 유아용 의자 아래에서 튀어나왔다면 테이블 아래에서 튀어나오는 것을 시도해 본다. 이 변화는 아동을 즐겁게 해 줄 것이다!
- 놀잇감을 사용하여 가상 활동을 한다. 예를 들면, 장난감 전화를 사용하여 말한다. "따르릉, 따르릉, 따르릉. 전화가 왔어. 여보세요. 테디를 바꿔 달라고요. 테디야, 전화 왔어." 장난감 차를 사용하여 바닥 건너편으로 움직이며 말한다. "부릉, 부릉, 자동차가 나가신다!"
- 아동이 블록을 쌓는 것을 도와준다. 그리고 그것을 무너뜨릴 때 함께 신나한다.
- 산책하고, 공원에 가고, 또는 잔디가 있는 언덕을 뛰어오르고 내리도록 하여 야외를 탐색한다.

24~36개월 유아

- 계속 자주 아동에게 읽어 주고 이야기를 한다. 함께 책을 볼 때 글을 읽어 주기 전에 아동에게 그림을 볼 수 있는 시간을 준다. 책에 대해 "왜 걔는 그렇게 했을까?" "그다음 어떻게 되지?" "그 여자아이는 어디로 갔지?"와 같은 질문을 하기 시작한다.

- 음악에 맞춰 춤추고 점프한다. 아동이 당신과 함께 참여하도록 격려한다.
- 스카프, 모자, 작은 책 또는 당신의 오래된 신발과 같은 꾸밀 수 있는 의복, 그리고 부엌용 플라스틱 그릇이나 접시 또는 장난감 악기를 제공하여 아동의 상상력을 격려한다.
- 크레용, 마커, 고무찰흙, 핑거 페인트, 물감 등을 가지고 놀이하여 아동의 창의성을 격려한다.
- 아동에게 맞는 크기의 빗자루와 쓰레받기, 냄비와 프라이팬, 장난감 계산대 등 '실제'처럼 보이는 놀잇감을 사용한다.

아동의 놀이가 부적절하거나 위험할 때 (예: 유아용 컵을 쓰레기통에 버리기, 전등을 잡아 끌기 등) 당신은 무엇을 할 수 있는가?

- 수용될 수 있는 방식으로 아동이 목표를 달성할 수 있도록 한다. 예를 들면, 아동에게 쓰레기통 대신 빨래통에 공을 넣는 것을 보여 준다.
- 아동이 원하는 것을 말로 타당화시켜 준다. "너는 그 전등을 잡아 끌고 싶구나. 너는 어떤 일이 일어나는지 보고 싶구나. 너는 게임을 하는 거야. 너는 내가 가까이 오고 너와 함께 놀아 주었으면 하는구나."
- 아동에게 무엇을 할 수 있는지 보여 준다. "너는 이것을 바구니에 넣을 수 있어." "너는 양말을 빨래통에 넣을 수 있어." "너는 이 블록 탑을 무너뜨릴 수 있어."
- 아동의 주의를 다른 장난감이나 당신과의 게임과 같은 다른 곳으로 돌리거나 방향 전환을 한다. "이 장난감을 봐." "이 장난감이 어떻게 움직이는지 보이니?"
- 아동에게 "안 돼." 또는 "만지지 마, 위험해."라고 말할 때, 아동이 무엇을 할 수 있는지 제시한다. "만지면 안 돼. 눈으로 봐."

- 놀이 공간이 아동에게 더 적합하도록 가능하면 물건을 치운다.
- 아동을 공간이나 활동에서 멀어지게 한다. "대신에 여기 와서 놀자."
- 유머를 사용하여 놀이에 합류한다. "너는 엄마가 쫓아오길 바라는구나. 이제 나는 너를 간지럼 태울 거야."

아기나 유아가 놀이 시간에 이동하는 것을 어려워한다면 어떻게 되는가? 자미아처럼 멈추고 싶어 하지 않는다면?

- 아동에게 전환이 언제 되는지를 말해 준다. "한 번만 더." "마지막이야."
- 아동에게 시각적으로 전환 신호를 준다. 요리 타이머나 에그 타이머를 '2분 더' 또는 '5분 더'에 맞춰 놓는다.
- 어떤 일이 일어나고 있는지 설명한다. "엄마는 이제 그만 놀아야 해. 엄마는 저녁 식사를 준비해야 해."

- 대체 활동을 제공한다. "엄마는 더 이상 놀 수 없어. 그렇지만 너는 내가 요리하는 동안 테이블에 앉아서 크레용으로 색칠할 수 있어."
- 선택을 제시한다. "너는 퍼즐을 하거나 자동차를 가지고 놀 수 있어."
- 아동의 감정을 말로 타당화시켜 준다. "너는 더 놀고 싶구나." "또? 너는 또 하고 싶구나." "공원에서 가야 할 시간이라서 너는 슬프구나."
- 만약 아동이 화가 난다면, 아동의 감정을 타당화시켜 주고 위로의 말을 제공하려고 노력한다. "내가 기저귀를 갈아야 해서 네가 화가 난 걸 알아. 너는 계속 놀고 싶구나. 기저귀를 갈고 나서 우리는 다시 놀 거야."

일부는 '0에서 3. 놀이 시간을 극대화하기'에서 허락 받고 조정함. 2008년 5월 22일 다음에서 발췌함. http://www.zerotothree.org/site/PageServer?pagename=ter_key_play_tips&Add Interest=1154에서 허락하에 조정함.

부록 G

걸음마기 유아를 위한 추천 도서, 부모 잡지

걸음마기 유아를 위한 추천 도서

출처: 부모 잡지(Parent Magazine)

http://www.parents.com/fun/entertainment/books/best-toddler-books/?slideId=39592

책 제목	저자
배고픈 애벌레	Eric Carle
곰 사냥을 떠나자	Michael Rosen & Helen Oxenbury
화물 열차	Donald Crews
낮잠 자는 집	Audrey Wood
행복한 달걀	Ruth Krauss
패스트푸드	Saxton Freymann
맛있어, 맛없어	Leslie Patricelli
내 곰 인형 어디 있어	Jez Alborough
우리 아기 뽀뽀해 줄까	Karen Katz
뛰뛰빵빵	Nancy Shaw
아기 행복해, 아기 슬퍼	Leslie Patricelli
초록 달걀과 햄	Dr. Seuss
꼬마 곰 코듀로이	Don Freeman
내가 어떻게 해적이 되었냐면	Melinda Long
모든 가족은 특별해요	Todd Parr
우리 엄마 맞아	P.D. Eastman
곤충일기	Doreen Cronin
월터는 방귀쟁이	William Kotzwinkle & Glen Murray
쿠키 세어 보기: 맛있는 팝업	Robert Sabuda
나는 네가 춤을 추었으면 좋겠어	Mark D. Sanders & Tia Sillers
크고 빛나고 반짝이는 첫 단어 책	Willabel Tong
나는 라이노를 알아요	Charles Fuge
아기 벨루가	Raffi
갈색 곰, 갈색 곰, 너 뭘 보고 있지	Bill Martin Jr.
호주머니를 갖고 싶어요	Don Freeman

부록 H

오늘의 발달 팁 카드

제시된 발달 팁 카드는 미네소타 대학이 출간한 『긍정적 훈육: 부모를 위한 지침서(Positive Discipline: A Guide for Parents)』 참고 자료를 바탕으로 만들어졌다. 전체 자료는 다음에서 찾아볼 수 있다. https://www.extension.umn.edu/family/school-success/professionals/tools/positive-discipline/docs/positive-discipline-guide-english.pdf.

오늘의 걸음마기 유아 팁!

대부분의 유아는 나눠 주는 것을 이해하지 못합니다. 부모는 나눠 주는 것을 모델링해 주고 아동이 나눠 줄 때 칭찬할 수 있습니다. 주변에 많은 물건을 두어서 항상 나눠 주어야만 하지 않아도 되게 해 주세요.

오늘의 걸음마기 유아 팁!

유아에게 자주 이야기하고 책을 읽어 주세요. 유아의 어휘는 계속 발전하고 있습니다. 더 많은 단어를 조기에 배우면 성장하면서 더 많은 단어를 이해할 수 있게 됩니다.

오늘의 걸음마기 유아 팁!

유아는 항상 움직입니다. 유아가 가만히 차분하게 있어야 한다면 여분의 활동이나 간식을 챙겨 주셔서 그들이 할 수 있는 일이 있도록 해 주세요. 기다리는 것을 돕기 위해서 노래를 부르거나 게임을 할 수 있습니다.

오늘의 걸음마기 유아 팁!

유아는 아직 감정을 통제하는 것을 배우는 중입니다. 이들은 배가 고프거나, 졸리거나, 기저귀가 젖었거나, 관심을 받고 싶을 때, 분노 발작을 보일 수 있습니다. 그 순간 이들의 욕구를 생각해 보고 충족해 주어서 차분해질 수 있도록 도와주세요.

오늘의 걸음마기 유아 팁!

아동들은 보통 만 2세 정도에 배변 훈련을 시작합니다. 실수할 때 절대로 야단치지 마세요. 실수는 배변 훈련 과정에서 예상되는 부분입니다.

오늘의 걸음마기 유아 팁!

유아들은 규칙적인 일상에서 잘 자랍니다. 매일의 일부(낮잠 시간, 목욕 시간)를 비슷하게 구조화하도록 노력하셔서 아동이 무엇을 예상할 수 있는지 알게 해 주세요.

오늘의 걸음마기 유아 팁!

유아의 일은 탐색하는 것입니다. 때로 그 일은 지저분하고 정돈되지 못한 결과를 가져올 수 있습니다. 항상 아동이 안전하도록 주의를 기울여 주세요. 안전하지 않은 물건은 유아의 손이 닿지 않는 곳에 보관해 주세요.

오늘의 걸음마기 유아 팁!

자녀 양육은 매우 피곤한 일일 수 있습니다. 유아를 돌봐 줄 수 있는 다른 사람이 있을 때 자신에게 휴식 시간을 주세요.

오늘의 걸음마기 유아 팁!

유아는 그들이 주위에서 보고 들은 것을 따라 하면서 배웁니다. 아동이 하기를 바라는 행동을 보여 주세요.

부록 I

추가 자료

비디오 모듈과 예시를 포함하여 다양한 아동의 행동, 정서, 일상생활과 관련된 부모 유인물을 제공하는 유용한 웹사이트는 다음과 같다.

- 조기교육을 위한 사회정서기초센터(Center on the Social and Emotional Foundations for Early Learning): http://csefel.vanderbilt.edu/resources/family.html
- 아동 발달 비디오(Child Development Video)[미네소타 대학 아동발달연구소(University of Minnesota Institute of Child Development)]:
  - 제1부: https://www.youtube.com/watch?v=SpqLzFew9bs
  - 제2부: https://www.youtube.com/watch?v=u0_Y7jSGnp8
  - 제3부: https://www.youtube.com/watch?v=kivv2BJhzbA
  - 제4부: https://www.youtube.com/watch?v=20DdwzhMTTA
- 긍정적 훈육(Positive Discipline):
  - https://www.extension.umn.edu/family/school-success/professionals/tools/positive-discipline/docs/positive-discipline-guide-english.pdf
- 아동의 정서조절을 돕기(Helping Children to Regulate Emotions):
  - https://www.zerotothree.org/espanol/challenging-behaviors

참고문헌

Center on the Social and Emotional Foundations for Early Learning. *Make the most of playtime*. Retrieved from http://csefel.vanderbilt.edu/documents/make_the_ most_of_playtime2.pdf

Center on the Social and Emotional Foundations for Early Learning. *Responding to your child's bite*.

Retrieved from http://csefel.vanderbilt.edu/documents/biting-parenting_tool.pdf

Center on the Social and Emotional Foundations for Early Learning. *Teaching your child to become independent with daily routines*. Retrieved from http://csefel. vanderbilt.edu/documents/teaching_routines.pdf

Center on the Social and Emotional Foundations for Early Learning. *Understanding your child's behavior: Reading your child's cues from birth to age 2*. Retrieved from http://csefel.vanderbilt.edu/documents/reading_cues.pdf

Karitane. (2018). *Resources*. Retrieved from https://karitane.com.au/page/our-ser vices/resources

Parents.com. *The all-time best books for toddlers*. Retrieved from https://www. parents.com/fun/entertainment/books/best-toddler-books/?slideId=39592

**저자
소개**

Emma I. Girard 박사는 캘리포니아 주립대학교 리버사이드 의과대학 정신의학과의 건강과학 임상조교수와 '리버사이드 대학 건강시스템-행동건강: 영유아 0~5 프로그램'의 상임 임상심리사로 일하고 있다. Girard 박사는 국제 PCIT가 공인한 전 세계 마스터 트레이너 20명 중 한 명으로 캘리포니아 리버사이드카운티의 16개 치료실에 PCIT를 보급하고 있으며, 캘리포니아 주립대학교 데이비스 PCIT 훈련센터와 훈련 파트너로도 함께하며 200명 이상의 임상가를 훈련했다. 그녀는 PCIT를 조정한 교사-아동 상호작용 훈련(Teacher-Child Interaction Training)을 교사들에게 보급하고 있다. Girard 박사와 그녀의 리버사이드 팀은 이동식 예방과 조기 개입(Mobile Prevention and Early Intervention) 프로그램으로 2015년에 하버드케네디의 민주적 거버넌스와 혁신을 위한 애시센터에서 수여하는 '브라이트 아이디어 상'을 수상했으며, 국제적이고 열렬한 PCIT의 발표자로 호주, 일본, 포르투갈, 이탈리아, 독일 및 미국 전역에서 정보를 전파하고 있다. 또한 웨스트버지니아 대학교와 캘리포니아 주립대학교 데이비스 PCIT 훈련센터와 공동작업을 하였는데 이 작업은 치료에서 방해물의 영향, 정서조절이 양육자와 아동에게 미치는 영향, 숙제 완수 비율과 임상적 동기 요인을 위한 강화물 사용, PCIT 임상훈련 모델을 평가하였다.

Nancy M. Wallace 박사는 존스홉킨스 의과대학 케네디크리거 연구소의 박사후 선임연구원이다. Wallace 박사는 Cheryl B. McNeil 박사의 지도 아래 웨스트버지니아 대학교의 아동임상심리 박사과정을 마쳤다. 그녀의 주요 연구 관심은 파괴적 행동 문제를 보이는 아동의 치료를 위한 증거기반 부모 훈련 접근의 전파와 실시이다. 부모-아동 상호작용치료의 연구와 임상에 헌신하였으며, 30여 개가 넘는 책의 장, 백과사전 기사, 매뉴얼을 공동 저술했고, 지역사회의 랩어라운드시스템에서 PCIT 기반 프로그램을 실행하는 것을 평가한 학위논문을 포함하여 PCIT와 관련된 발표를 했다. Wallace 박사는 국제 PCIT의 공인 레벨 I 트레이너이며 특별히 영아, 선택적 함묵증이 있는 아동, 지역사회 가정 내 랩어라운드서비스 대상에게 PCIT를 적용하고 조정하는 것에 열정이 있다. Wallace 박사는 그녀의 연구와 지역사회 서비스에 대한 헌신으로 다수의 상을 받았다.

Jane R. Kohlhoff 박사는 임상심리사이자 호주 뉴사우스웨일즈 대학교 정신의학과의 조교수이다. Kohlhoff 박사는 호주의 자녀양육 기관인 카리타네와 협력하여 주산기 및 영유아기 정신건강의 임상적 연구와 중개연구를 실시한다. 그녀는 특히 애착 이론과 임상적 적용, 유아기의 파괴적 행동, 취약 가정의 양육 방식을 개선하기 위한 조기 개입, 잘못된 육아와 이로 인한 심리적 결과의 세대 간 전수에서 초기 환경 및 생리적 요인의 역할에 관심이 있다. Kohlhoff 박사는 애착기반 연구와 임상활동에 전념하며 낯선 상황 절차와 성인애착 면접 코딩자로 승인받았다. 현재는 PCIT-T 개입의 효과성을 평가하는 연구 프로그램을 이끌고 있다. 그녀는 각종 저작을 출간했고, 여러 국제 콘퍼런스에서 발표했으며, 2017년 잉햄 인스티튜트 초기커리어연구자 상, 권위 있는 2017년 호주연구협의회디스커버리 초기커리어 상을 포함한 다수의 상을 수상했다.

Susan S. J. Morgan은 공인 간호사/조산사이다. 주산기 영아정신건강 석사학위를 취득하였으며, 30년 이상을 부모, 영아, 토들러와 함께 작업하였고, 애착관계를 기반으로 하는 작업에 전념하였다. 현재 호주의 유일한 지역사회 PCIT 클리닉인 시드니의 카리타네 영아클리닉의 관리자이다. 국제 PCIT의 레벨 II 트레이너로 열정을 가지고 이 모델을 지원하고 있으며, Morgan의 임상 및 연구 관심은 2세 미만의 아동을 대상으로 하는 조기 개입을 중점으로 한다. 그녀는 PCIT-T 초기 연구의 주 임상가 및 트레이너로서 이 책에서 제시하는 방법의 핵심 정보제공자이다. 또한 다수의 학술지에 논문을 출간했고 국제 토론회에서 발표하였다. 그녀는 모든 가족이 안전하고 민감하게 아동을 양육하는 것을 배우고 아동들의 잠재력이 완전히 실현되는 기회가 제공되기를 열망한다.

Cheryl B. McNeil 박사는 웨스트버지니아 대학교 심리학과의 아동임상 프로그램 교수이다. McNeil 박사의 임상 및 연구 관심은 프로그램 개발과 평가, 학대적인 양육, 아동이 가정 및 학교에서 보이는 파괴적 행동이다. McNeil 박사는 공동으로 몇 권의 책[예: 『부모-아동 상호작용치료(Parent-Child Interaction Therapy: Second Edition)』 『파괴적인 아동을 위한 단기놀이치료(Short-Term Play Therapy for Disruptive Children)』 『ASD 아동을 위한 PCIT 핸드북(Handbook of PCIT for Children with ASD)』]을 저술하고 계속 교육 패키지[『적대적 반항장애 아동과 작업하기(Working with Oppositional Defiant Disorder in Children)』], 교실관리 프로그램[『터프 교실훈육 키트(The Tough Class Discipline Kit)』], 미국심리학회 심리치료 DVD[『부모-아동 상호작용치료(Parent-Child Interaction Therapy)』]를 개발했다. 그녀는 다양한 대상에게 부모-아동 상호작용치료와 교사-아동 상호작용 훈련의 효과성을 검증하는 많은 연구를 하였고, 국제 PCIT의 마스터 트레이너로서 노르웨이, 뉴질랜드, 호주, 대만, 홍콩, 한국 등 많은 나라와 주의 기관과 치료사들에게 PCIT를 보급하였다.

역자
소개

이유니(Eunnie R. Rhee)

미국 일리노이 주립대학교 사회복지학 학사

미국 시카고 대학교 사회복지학 석사

미국 휘턴 대학교 임상심리학 박사

현 햇불트리니티신학대학원대학교 기독교상담학과 교수

　임상심리전문가, 상담심리전문가 1급

　한국기독교상담심리치료학회 감독회원(놀이 · 아동상담)

　한국아동심리치료학회 아동심리상담사 전문가

　부모-아동 상호작용치료 레벨 II 트레이너

〈역서〉

아동을 위한 경험기반 놀이치료(공역, 학지사, 2019)

인지행동치료의 사례공식화 접근(공역, 학지사, 2015)

부모-아동 상호작용치료 프로토콜(공역, 국제 PCIT, 2015)

부모-아동 상호작용치료(학지사, 2013)

걸음마기 유아를 위한
부모–아동 상호작용치료
–애착과 정서조절능력 향상을 위한 지침서–
Parent-Child Interaction Therapy with Toddlers:
Improving Attachment and Emotion Regulation

2021년 1월 5일 1판 1쇄 인쇄
2021년 1월 15일 1판 1쇄 발행

지은이 • Emma I. Girard · Nancy M. Wallace · Jane R. Kohlhoff ·
　　　 Susan S. J. Morgan · Cheryl B. McNeil
옮긴이 • 이유니
펴낸이 • 김진환
펴낸곳 • ㈜**학지사**
　　　　 04031 서울특별시 마포구 양화로 15길 20 마인드월드빌딩
대표전화 • 02-330-5114　팩스 • 02-324-2345
등록번호 • 제313-2006-000265호

홈페이지 • http://www.hakjisa.co.kr
페이스북 • https://www.facebook.com/hakjisa

ISBN 978-89-997-2245-5 93180

정가 23,000원

이 도서의 국립중앙도서관 출판시도서목록(CIP)은 서지정보유통지
원시스템 홈페이지(http://seoji.nl.go.kr)와 국가자료공동목록시스템
(http://www.nl.go.kr/kolisnet)에서 이용하실 수 있습니다.
(CIP 제어번호: CIP2020048094)

출판 · 교육 · 미디어기업 **학지사**
간호보건의학출판 **학지사메디컬** www.hakjisamd.co.kr
심리검사연구소 **인싸이트** www.inpsyt.co.kr
학술논문서비스 **뉴논문** www.newnonmun.com
원격교육연수원 **카운피아** www.counpia.com